von Hauff / Pfister-Gaspary
(Herausgeber)

Entwicklungspolitik:
Probleme, Projektanalysen
und Konzeptionen

Michael von Hauff
Brigitte Pfister-Gaspary
(Herausgeber)

Entwicklungspolitik

Probleme, Projektanalysen
und Konzeptionen

Verlag **breitenbach** Publishers
Saarbrücken · Fort Lauderdale 1984

CIP-Kurztitelaufnahme der Deutschen Bibliothek

Entwicklungspolitik: Probleme, Projektanalysen u. Konzeptionen / Michael von Hauff u. Brigitte Pfister-Gaspary (Hrsg.). – Saarbrücken; Fort Lauderdale: Breitenbach, 1984.

ISBN 3-88156-275-3
NE: Hauff, Michael von (Hrsg.)

ISBN 3-88156-275-3

© 1984 by Verlag **breitenbach** Publishers
Memeler Straße 50, D-6600 Saarbrücken, Germany
P.O.B. 16243 Fort Lauderdale, Fla. 33318, USA
Design und drucktechnische Beratung: Redruc, Saarbrücken
Printed by: Westpfälzische Verlagsdruckerei, St. Ingbert

Vorwort

Entwicklungspolitik wurde in ihrer etwa 30jährigen Geschichte sowohl im Rahmen der wissenschaftlichen Diskussion als auch der angewandten Politik in besonderem Maße kontrovers behandelt und beurteilt. Inhaltlich läßt sich eine sehr starke Verlagerung und (Weiter-)Entwicklung konstatieren. Obwohl es zu diesem Themenkomplex eine Vielzahl von Literatur gibt, erscheint uns die Initiierung dieses Sammelbandes als Fortsetzung zu unserem Buch „Internationale Sozialpolitik" durchaus sinnvoll: das Anliegen der Herausgeber war es, zu dem Thema Entwicklungspolitik Mitautoren zu gewinnen, denen einerseits die theoretische Diskussion bekannt ist und die andererseits praktische Erfahrungen in der Entwicklungspolitik haben. Um die vielfältigen Positionen nicht zu verwischen, war ein wichtiges Anliegen, die Mitautoren inhaltlich nicht einzuengen.

Eine Reihe von Themen ist nicht nur an Sachgebieten, sondern auch unter Berücksichtigung von länderspezifischen Problemen orientiert. Das bedeutet jedoch nicht, daß die in den Beiträgen gemachten Aussagen nicht auch für eine Vielzahl von anderen Entwicklungsländern zutreffen. Doch ist es nach Ansicht der Herausgeber sinnvoll, bei einer Betonung der angewandten Politik immer auch die länderspezifische Komponente mit einzubringen. Das ist auch für den Leser meist von besonderem Reiz.

Die Beiträge sind — abgesehen von den beiden ersten — in drei Themenbereiche eingeordnet. Während es in den beiden ersten Beiträgen um die Abgrenzung und inhaltliche Konkretisierung von Entwicklungsländern und Entwicklungspolitik geht, werden anschließend zentrale Problembereiche der Entwicklungsländer behandelt. Wir sind der Meinung, daß es sich hierbei um wesentliche Problembereiche handelt, die in allen Ländern — in unterschiedlichem Ausmaß — zu finden sind. Ein Anspruch auf Vollständigkeit wird natürlich nicht erhoben. Ferner ist noch zu erwähnen, daß die Reihenfolge keine Rangfolge darstellt. Es wurde nur versucht, innerhalb dieses Themenbereiches Schwerpunkte zu bilden.

Kapitel 3 befaßt sich sowohl mit bekannten als auch mit neueren Verfahren der Projektanalyse und Planung. Hier ist hervorzuheben, daß es recht unterschiedliche Positionen über die „richtige" Projektanalyse gibt. So wird aus den Beiträgen über die Cost-Benefit-Analyse und Nutzwertanalyse deutlich, daß sie hinsichtlich ihrer Einsatzmöglichkeiten und Aussagekraft durchaus unterschiedlich eingeschätzt werden. Der Beitrag über „Organisation und Management integrierter ländlicher Entwicklung" zeigt die Relevanz und Komplexität multisektoraler Maßnahmenprogramme im ländlichen Raum gegenüber monokausalen Projekten. In jüngster Zeit fand schließlich die Methode der „Zielorientierten Projektplanung (ZOPP)" besonderes Interesse; sie wurde in den letzten Jahren u. a. von der Verfasserin des Beitrages entwickelt.

Das letzte Kapitel stellt einige Konzeptionen und Strategien vor. In den meisten Beiträgen ging es nicht nur um die Darstellung, sondern auch um die Frage der konkreten Anwendbarkeit bzw. Umsetzungsmöglichkeit. Beispielhaft seien die Beiträge der grundbedürfnisorientierten Strategie (Basic Needs) und der autozentrierten Entwicklungsstrategie genannt.

Insgesamt ist der Reader so angelegt, daß er einem interessierten breiten Publikum Einblick in die aktuelle Diskussion zur Entwicklungspolitik geben soll. Er spricht sicher auch alle an, die praktisch in der Entwicklungshilfe tätig sind. Als Zielgruppe ist außerdem eine interessierte Studentenschaft vorgesehen, die sich in Seminaren über Probleme der Entwicklungsländer und Wege ihrer Überwindung informieren will. Die Entstehung dieses Readers bereitete vielfältige Schwierigkeiten. Doch auch die „weltweite Korrespondenz" mit einigen Mitautoren konnte die Fertigstellung nur verzögern, nicht aber verhindern. Dafür gebührt allen Mitwirkenden herzlicher Dank.

Die Autoren stellen ihre Beiträge unentgeltlich zur Verfügung; Autorenhonorare werden einer Organisation zugeführt, die Selbsthilfegruppen in Entwicklungsländern unterstützt. Last but not least möchten wir dem Breitenbach-Verlag für sein großes Engagement bei der Entstehung des Buches herzlich danken.

Stuttgart, Januar 1984

Michael v. Hauff
Brigitte Pfister-Gaspary

Inhalt

4. Konzeptionen und Strategien

1. Einführung

Die Situation der Entwicklungsländer

Michael von Hauff

1. Charakterisierung von Entwicklungsländern

Die Beschäftigung mit Problembereichen, Analyseverfahren und Konzeptionen der Entwicklungspolitik setzt eine Vertrautheit mit der Situation bzw. der spezifischen Problematik von Entwicklungsländern wenigstens in den Grundzügen voraus. Hier stellen sich schon erste begriffliche Schwierigkeiten: wann ist ein Land der Dritten Welt zuzurechnen? In der Literatur sind hierzu eine Vielzahl von Ansätzen bzw. Versuchen zu finden. Aus dieser Diskussion ist hervorzuheben:

— Es gibt eine Vielzahl von weitgehend synonymen Begriffen wie Dritte Welt, unterentwickelte Länder bzw. Entwicklungsländer. International setzte sich der Terminus Entwicklungsländer (developing countries) weitgehend durch. In der Literatur wird auch oft von den Metropolen und der Peripherie bzw. peripheren Ländern gesprochen. Problematisch bei dem Begriff „Entwicklungsland" ist, daß er ein diskriminierendes Element enthält, da es entsprechend entwickelte und unterentwickelte Länder gibt. Ferner impliziert der Begriff Entwicklungsland eine Vorwärtsentwicklung, was jedoch die reale Situation vieler Entwicklungsländer völlig verkennen würde: es gibt eine Reihe von Entwicklungsländern, die man treffender als Stagnations- oder Rückschrittsländer bezeichnete. Das gilt beispielsweise für viele afrikanische Länder südlich der Sahara[1]).

— Die Situation von Entwicklungsländern — und damit die Abgrenzung zu Industrieländern — wird in der Regel durch Indikatoren konkretisiert. Der allgemeine Vorteil von partiellen bzw. totalen Entwicklungsindikatoren ist, daß sie sich quantifizieren und international vergleichen lassen. Es stellt sich aber auch in diesem Zusammenhang das generelle Problem von Indikatoren: welche sollen in die Betrachtung mit einbezogen werden (Auswahlkriterien) und welche relative Bedeutung kommt ihnen zu (Gewichtung)?

Es gibt eine Reihe von mehr oder weniger differenzierten Indikatorsystemen. Natürlich haben sie sich an dem zentralen Problem von Entwicklungsländern zu orientieren: es geht um die absolute Armut großer Bevölkerungsschichten, die sich oft in entwürdigenden Lebensbedingungen demonstriert. Typische Symptome sind Ernährungsmangel, Krankheit, Analphabetismus bzw. unzureichende (Schul-)Bildung, wodurch es bei vielen zu einer Verwahrlosung kommt. Obwohl Unterentwicklung sich sehr stark als ein ökonomisches Problem darstellt, reicht es nicht aus, sich auf wirtschaftliche Entwicklungsindikatoren wie das Pro-Kopf-Einkommen zu beschränken. Da die Entwicklung eines Landes auch durch den gesellschaftlichen und politischen Bereich bestimmt wird, spielen z. B. die Geburtenrate und die Lebenserwartung der Bevölkerung ebenso wie der Zentralisierungs- bzw. Dezentralisierungsgrad der politischen Macht eine wichtige Rolle[2]).

Obwohl es eine Reihe von wissenschaftlich fundierten Indikatorsystemen gibt, finden sie bei der Zuordnung bzw. Untergliederung von Entwicklungsländern in bestimmte Gruppen wenig Beachtung. Ein wesentlicher Grund liegt in dem Mangel von statistischem Daten-material über diese Länder. Die Ermittlung und ständige Aktualisierung würde sehr viel Zeit und finanzielle Mittel erfordern. Daher ist es notwendig, sich bei einer Klassifizierung auf die Unterscheidung einiger Gruppen von Entwicklungsländern zu beschränken.

Eine erste Größenordnung vermittelt einem die Gegenüberstellung von „entwickelte Län-der" zu „unterentwickelte Länder": etwa 80 % aller Länder mit einem Bevölkerungsanteil von etwa 73 % sind der Gruppe der Entwicklungsländer bzw. der Dritten Welt — diese Be-griffe werden synonym verwendet — zuzurechnen[3]). Fragt man nun nach den unter-schiedlichen Gruppen von Entwicklungsländern, so ist festzustellen, daß es international keine verbindliche Liste gibt. Während die UN beispielsweise europäische Länder grund-sätzlich nicht zu den Entwicklungsländern zählt, sind in der Liste des Entwicklungshilfe-Ausschusses (DAC) der OECD einige aufgeführt. Da sich die Bundesrepublik an der DAC-Liste orientiert, werden auch die betreffenden europäischen Länder in Tab. 1 aufgeführt, obwohl es nicht unproblematisch ist, z. B. Griechenlage, Spanien und Portugal als Ent-wicklungsländer zu bezeichnen. Die Einteilung der Entwicklungsländer in Gruppen wird hier primär unter wirtschaftlichen Kriterien vorgenommen. In Tab. 1 sollen jedoch noch die Gruppe der 77 und die AKP-Länder berücksichtigt werden.

Tabelle 1: Einteilung der Entwicklungsländer in Gruppen

Entwicklungsländer	UN-Mitglied	LLDC	MSAC	Schwellen-länder	OPEC	Gruppe der 77	AKP
Ägypten	X		X			X	
Äquatorialguinea	X					X	X
Äthiopien	X	X	X			X	X
Afghanistan	X	X	X			X	
Algerien	X			X	X	X	
Angola	X					X	
Antiqua u. Barbuda	X						
Argentinien	X			X		X	
Auguilla (brit.)							
Bahamas	X					X	X
Bahrein	X					X	
Bangladesh	X	X	X			X	
Barbados	X					X	X
Belize	X						X
Benin	X	X	X			X	X
Bermuda (brit.)							
Bhutan	X	X	X			X	
Birma	X						
Bolivien	X					X	
Botswana	X	X	X			X	X
Brasilien	X			X		X	
Brunei (brit.)							
Burma	X		x			x	
Burundi	X	X	X			X	X
Cayman-Inseln							
Ceuta u. Melilla							
Chile	X			X		X	
China VR	X						
Cook-Inseln (neuseel.)							

8

Entwicklungsländer	UN-Mitglied	LLDC	MSAC	Schwellen-länder	OPEC	Gruppe der 77	AKP
Costa Rica	X			X		X	
Djibouti	X					X	X
Dominica	X					X	X
Dominikan. Rep.	X			X		X	X
Ecuador	X			X	X	X	
Elfenbeinküste	X	X				X	X
El Salvador	X		X			X	X
Falkland-Inseln (brit.)							
Fidschi	X					X	X
Gabun	X				X	X	X
Gambia	X	X	X			X	X
Ghana	X		X			X	X
Gibraltar (brit.)							
Grenada	X					X	X
Griechenland	X			X			X
Guadeloupe (frz.)							
Guayana (frz.)							
Guatemala	X		X			X	
Guinea	X	X	X			X	X
Guinea-Bissao	X	X	X			X	X
Guyana	X		X				X
Haiti	X	X	X			X	
Honduras	X		X			X	
Honkong (brit.)							
Indien	X		X			X	
Indonesien	X				X	X	
Irak	X				X	X	
Iran	X				X	X	
Israel	X			X			
Jamaika	X			X		X	X
Jemen VAR	X	X	X			X	
Jemen VDRJ	X	X	X			X	
Jordanien	X					X	
Jugoslawien	X			X			
Jungfern-Inseln (amerik.)							
Jungfern-Inseln (brit.)							
Kaiman-Inseln (brit.)							
Kamputschea	X		X			X	
Kamerun	X		X			X	X
Kanarische Inseln							
Kapverden	X	X	X			X	X
Katar	X				X	X	
Kenia	X		X			X	X
Kiribati							X
Kolumbien	X					X	
Komoren	X	X				X	X
Kongo	X					X	X
Korea DVR						X	

Entwicklungsländer	UN-Mitglied	LLDC	MSAC	Schwellen-länder	OPEC	Gruppe der 77	AKP
Korea Rep.				X		X	
Kuba	X					X	
Kuwait	X					X	
Laos	X	X	X			X	
Lesotho	X	X	X			X	X
Libanon	X			X		X	
Liberia	X					X	X
Libyen	X					X	
Macao (port.)							
Madagaskar	X		X			X	X
Malawi	X	X				X	X
Malaysia	X			X		X	
Malediven	X	X				X	
Mali	X	X				X	X
Malta	X			X			
Marokko	X					X	
Martinique (frz.)							
Mauretanien	X		X			X	X
Mauritius	X					X	X
Mayotte (frz.)							
Mexiko	X			X		X	
Montserrat (brit.)							
Mozambique	X		X				
Mongolei	X						
Namibia							
Nauru							
Nepal	X	X	X			X	
Neukaledonien (frz.)							
Nicaragua	X			X		X	
Niederländische-Antillen							
Niger	X	X				X	X
Nigeria	X					X	X
Niue (neuseel.)							
Obervolta	X	X	X			X	X
Oman	X					X	
Pakistan	X		X			X	
Panama	X			X		X	
Papua-Neuguinea	X					X	X
Paraguay	X					X	
Pazifische Inseln (amerik.)							
Peru	X					X	
Philippinen	X					X	
Polynesien (frz.)							
Portugal	X			X			
Réunion (frz.)							
Ruanda	X	X	X			X	X
Salomonen	X					X	
Sambia	X					X	X

Entwicklungsländer	UN-Mitglied	LLDC	MSAC	Schwellen-länder	OPEC	Gruppe der 77	AKP
Samoa	X	X	X			X	X
Sao Tomé u. Principe	X					X	X
Saudi Arabien	X					X	
Senegal	X		X			X	X
Seychellen	X					X	X
Sierra Leone	X		X			X	X
Singapur	X			X		X	
Somalia	X	X	X			X	X
Spanien	X			X			
Sri Lanka	X		X			X	
St. Helena u. abh. Geb.(brit.)							
St. Kitts-Nevis (brit.)							
St. Lucia	X					X	X
St. Pierre u. Miquelon (frz.)							
St. Vincent u. d. Grenadinen	X					X	X
Sudan	X	X	X			X	X
Surinam	X					X	X
Swaziland	X					X	X
Syrien	X		X		X		
Taiwan				X			
Tanzania	X	X	X			X	X
Thailand	X					X	
Timor (port.)							
Togo	X					X	X
Tokelau-Inseln (neuseel.)							
Tonga						X	X
Trinidad u. Tobago	X			X		X	X
Tschad	X	X	X			X	X
Türkei	X			X			
Tunesien	X			X		X	
Turks- u. Caisos-Inseln							
Tuvalu							X
Uganda	X	X	X			X	X
Uruguay	X			X		X	
Vanuatu (ehem. Neue Hebr.)	X						X
Venezuela	X			X	X	X	
Ver. Arab. Emirate	X				X	X	
Vietnam Soz. Rep.	X					X	
Virgin-Inseln (brit.)							
Wallis u. Futuna (frz.)							
Westindische Inseln							
Zaire	X					X	X
Zentralafrikan. Rep.	X	X	X			X	X
Zimbabwe	X					X	X
Zypern	X			X			
Insgesamt: 170	128	31	45	29	13	115	62

Least Developed Countries (LLDC, wobei das zweite L für den Superlativ von less steht und der Unterscheidung von LDC dient): Am 18. 11. 1971 hat sich die UN-Vollversammlung den ärmsten Entwicklungsländern zugewandt. In ihrem Beschluß stellte sie drei Kriterien auf, um diese Gruppe bestimmen zu können:

— Das jährliche Pro-Kopf-Bruttoinlandsprodukt (BIP) beträgt nicht mehr als 100 US-$.

— Der Anteil der Industrieproduktion gemessen am BIP ist nicht höher als 10 %.

— Die Alphabetisierungsquote der Bevölkerung über 15 Jahren liegt unter 20 %.

Während die erste Liste 25 Länder enthielt, waren es 1981 schon 31 Länder. Voraussichtlich werden in nächster Zeit die Länder Äquatorialguinea, Dschibuti, Sao Tomé, Principe, Sierra Leone und Togo von der UN-Generalversammlung in die Liste mit aufgenommen, wodurch sich die Zahl auf 37 erhöhen würde.

Most Seriously Affected Countries (MSAC): Die starke Energieverteuerung zu Beginn der 70er Jahre führte dazu, daß von der 6. Sondergeneralversammlung im Mai 1974 ein „Special Programme" für die am stärksten betroffenen Länder beschlossen wurde. Das UN-Generalsekretariat legte die Staatengruppe aufgrund von Kriterien fest wie niedriges Pro-Kopf-Einkommen, starker Preisanstieg bei wichtigen Importen im Vergleich zu den Exporten, gestiegene Transport- und Transitkosten, Schwierigkeiten, ausreichende Exporterlöse zu erzielen, hoher Schuldendienst usw. Ursprünglich gehörten dieser Ländergruppe 28 Länder an. Heute sind es 45 Länder, in denen etwa eine Milliarde Menschen, d. h. über die Hälfte der Menschen der Dritten Welt, leben.

Newly Industrialized Countries (NICs): Diese Ländergruppe — man spricht häufig auch von Schwellenländern — ist ebenfalls primär durch ökonomische Kriterien determiniert. Zu nennen sind u. a. das Pro-Kopf-Einkommen, der Anteil des Industriesektors am BIP und die Höhe des Exportes an Industriegütern im Verhältnis zum Gesamtexport. Teilweise werden jedoch auch soziale und politische Indikatoren wie Erziehungs- und Ausbildungssystem und Gesundheitswesen berücksichtigt.[4] Die Berücksichtigung verschiedener Kriterienkataloge führte auf internationaler Ebene zu unterschiedlichen Listen von Schwellenländern.

OPEC-Länder: 1960 wurde in Bagdad die Organisation erdölexportierender Länder von 6 Staaten gegründet. Heute umfaßt die OPEC 13 Länder, wobei es sich um eine sehr heterogene Gruppe handelt: es gibt z. B. große Netto-Kapitalexportländer (z. B. Saudi-Arabien und Kuwait) und Kapitalimportländer wie Algerien, Ecuador und der Iran.[5]

AKP-Staaten: Von den bisherigen Gruppen unterscheidet sich die AKP-Staatengruppe (es handelt sich um 62 Entwicklungsländer aus dem afrikanischen, karibischen und pazifischen Raum = AKP). Die AKP-Staaten und die Mitgliedsländer der EG unterzeichneten am 25. Februar 1975 die erste „Konvention von Lomé". Am 31. Oktober 1979 kam es zur Unterzeichnung der zweiten Konvention. Dabei handelt es sich ganz allgemein um Handelsabkommen, d. h. um Zollvergünstigungen der AKP-Staaten gegenüber den EG-Ländern. Die jüngsten Verhandlungen 1983 zeigten jedoch — auch hier — deutlich, wie unterschiedlich die Interessenlagen der EG-Länder gegenüber den AKP-Staaten sind und wie schwierig es ist, für beide Seiten befriedigende Handelsabkommen zu treffen.

Gruppe der 77: Hierbei handelt es sich um eine Interessengemeinschaft der Entwicklungsländer. Die Unzufriedenheit der Entwicklungsländer mit der Weltwirtschaftsordnung führte 1964 zur Gründung der UNCTAD (United Nations Conference on Trade and Development), einer UN-Sonderorganisation. Daran anschließend kam es 1967 zur Gründung der Gruppe der 77. Während dieser Zusammenschluß damals von 77 Entwicklungsländern unterzeichnet wurde, gehört heute die überwiegende Mehrzahl der Entwicklungsländer dieser Gruppe an. Nohlen und Nuscheler bezeichnen diesen Zusammenschluß als das wesentliche Koordinierungsorgan der Dritten Welt. Auf den Konferenzen geht es entsprechend um die Forderungen der Entwicklungsländer gegenüber den Industrieländern und um die Abstimmung der Positionen verschiedener Länder (Ländergruppen) untereinander.[6]

Die inhaltliche Konkretisierung und Klassifizierung von Entwicklungsländern machte folgendes deutlich:

— Entwicklungsländer sind eine sehr heterogene Gruppe, d. h. sie können einen sehr unterschiedlichen Entwicklungsstand haben.

— Zur Klassifizierung bietet die wissenschaftliche Literatur eine Reihe von differenzierten — teilweise auch interdisziplinären — Indikatorsystemen, die jedoch in der Realität u. a. wegen einer mangelhaften Datenbasis nicht angewendet werden können.

— Die Entwicklungsländer werden heute primär unter ökonomischen Kriterien in Gruppen aufgeteilt, wobei dem Pro-Kopf-Einkommen besondere Bedeutung zukommt. Während die Reduzierung auf ökonomische Indikatoren schon recht problematisch ist, läßt das Pro-Kopf-Einkommen als Durchschnittswert das Ausmaß der tatsächlichen Armut breiter Bevölkerungsschichten in vollem Umfang nicht klar erkennen.

— Während sich die Situation der Entwicklungsländer im Verhältnis zu den Industrieländern insgesamt erheblich verschlechtert hat,[7] ist besonders die steigende Zahl der LLDCs kritisch herauszustellen.

2. Ursachen der Unterentwicklung

Die (sozio-)ökonomische Diskrepanz zwischen den hochentwickelten Industrienationen und den Entwicklungsländern ist unstrittig. Dagegen gibt es eine breite — überwiegend theoretische — Diskussion über die Ursachen dieser Diskrepanz. Besonders wichtig hierbei ist die Unterscheidung zwischen Ursachen und Symptomen: die große Hungersnot bzw. Krankheitshäufigkeit in vielen Entwicklungsländern sind beispielsweise Symptome, keine Ursachen. Ferner erscheint es wichtig, die Ursachen aus dem historischen Kontext abzuleiten, um die aktuelle Situation vieler Entwicklungsländer besser verstehen zu können.

Der Kolonialismus, d. h. die unmittelbare ökonomische und politische Abhängigkeit der peripheren Länder von den Metropolen, dominierte bis zum 2. Weltkrieg. Die Zeit der Kolonialherrschaft führte u. a. zu einer tiefgreifenden Veränderung der psychischen Verfassung breiter Bevölkerungskreise in diesen Ländern, die Bosse in seiner ethnohermeneutischen Untersuchung „Diebe, Lügner, Faulenzer" aufzeigt.[8] Diese Veränderungen sind auch für die heutige Zeit noch von Bedeutung. Der nationale Imperialismus wurde hauptsächlich von Vertretern der klassischen Imperialismustheorie wie Lenin und Rosa Luxemburg angeprangert: die Haltung und Ausbeutung von Kolonien war ihrer Meinung nach für die Reproduktion des kapitalistischen Systems der Metropolen notwendig.

Die Entkolonialisierung führte formal zur Unabhängigkeit der peripheren Länder. Es kam jedoch zu keiner „nationalen Emanzipation" dieser Länder, sondern für viele zu einer zunehmenden Verarmung bzw. Verelendung. Die entwicklungstheoretische Diskussion ging nun hauptsächlich darum, ob die Ursachen der Unterentwicklung oder der mangelnden Weiterentwicklung außerhalb oder innerhalb der Dritten Welt zu suchen seien.[9]

Die Vertreter, die sich den endogenen Faktoren zuwandten, sind der Modernisierungstheorie zuzuordnen. Die neoklassischen Vertreter betonten besonders die endogenen Kausalfaktoren wie die unzureichende Faktorausstattung als wesentliches Wachstumshemmnis. In diesem Zusammenhang ist besonders auch die Dualismushypothese hervorzuheben. Sie geht davon aus, daß sich in Entwicklungsländern durch die Kolonialisierung dualistische Wirtschafts- und Gesellschaftsstrukturen gebildet haben: der traditionell, d. h. historisch gewachsene Sektor wurde durch einen modernen, von außen aufoktroyierten stark zurückgedrängt. Diese beiden Sektoren existieren nebeneinander, wobei es verschiedene Auffassungen darüber gibt, ob sich zumindest der wirtschaftliche Dualismus aufhebt, oder ob sich die dualistische Spaltung noch verstärkt. Besonders Hirschmann und Myrdal vertreten wohl zu Recht die Auffassung, daß sich die Problematik des Dualismus noch verschärft. Myrdal entwickelte in diesem Zusammenhang das berühmt gewordene Prinzip der zirkulären und kumulativen Verursachung: danach führen Abhängigkeit und Armut in der Regel zu Hunger und Krankheit, d. h. der zirkuläre und kumulative Prozeß drückt das Niveau ständig nach unten, „weil ein negativer Faktor zugleich Ursache und Wirkung für andere negative Faktoren ist. ... Es ist einleuchtend, daß eine zirkuläre Konstellation zwischen weniger Armut, mehr Essen, verbesserter Gesundheit und höherer Arbeitskraft einen kumulativen Prozeß nach oben anstatt nach unten auslösen würde."[10]

In den 60er Jahren entwickelte sich als Alternative zur Modernisierungstheorie die Dependenztheorie. Entsprechend der Modernisierungstheorie stellt auch die Dependenztheorie keine konsistente Theorie dar. Gemeinsamer Ausgangspunkt der verschiedenen Ansätze sind exogene Faktoren als entscheidende Ursache für die Unterentwicklung und deren Aufrechterhaltung. Die externe Konditionierung ist begründet in der ausgeprägt asymmetrischen Interdependenz der an der Weltwirtschaft beteiligten Länder: die Industrieländer haben ohne jeden Zweifel eine größere Chance, sich auf den internationalen Märkten gegen die Entwicklungsländer durchzusetzen. So müssen die Entwicklungsländer die Normen des kapitalistischen Weltmarktes akzeptieren und ihre nationalen Volkswirtschaften darauf ausrichten.[11] Auch wenn die Dependenztheorie immer wieder kritisiert wurde, mißt ihr z. B. Ochel das ganz große Verdienst zu, daß sie aufzeigte, wie es durch exogene Einflüsse zur Bildung von einseitigen Produktionsstrukturen und strukturell heterogenen Gesellschaftsformationen kommen konnte. Hieraus resultiert schließlich die Behinderung des Entwicklungsprozesses und die strukturelle Abhängigkeit der Entwicklungsländer.[12]

In diesem Kontext sind noch die modernen Imperialismus-Theorien zu erwähnen, die eine Ergänzung zur Dependenztheorie darstellen. Sie stellen besonders den ungleichen Tausch und die Weltmarktbewegung des Kapitals als entwicklungshemmende Faktoren heraus. Die unterschiedliche Produktivitätsentfaltung in Industrie- und Entwicklungsländern führt zu einer permanenten Ausbeutung, die sich in ständig steigenden terms of trade manifestiert: die Entwicklungsländer müssen für den Kauf von Gütern aus Industrieländern relativ mehr ihrer eigenen Exportgüter geben, da die Preise der „hochwertigen" importierten Güter sehr viel schneller steigen. Dazu kommt, daß auch die internationalen Kapitalströme wesentlich durch die Profitrate gelenkt werden. Diese längst bekannte Tatsache hat für die Entwicklungsländer fatale Folgen: einerseits kommt es besonders durch multinationale Unternehmen zu Investitionen in Entwicklungsländern, also zu Kapitalexporten von Industrie- in Entwicklungsländer. Andererseits kommt es dann wiederum zu erheblichen Gewinntransfers aus den Entwicklungs- in die Industrieländer, wodurch es zu keiner hinreichenden Kapitalakkumulation kommen kann. Im Zusammenhang mit den neueren Imperialismusansätzen sind die völlig berechtigten Forderungen nach einer neuen Weltwirtschaftsordnung zu verstehen.[13]

Dieser rudimentäre Überblick konnte nicht alle bisher diskutierten Verursachungsfaktoren berücksichtigen. Doch geben auch diese knappen Ausführungen einen Einblick in die Problematik der Unterentwicklung und Stagnation der peripheren Länder. Dabei sollten die verschiedenen theoretischen Ansätze nicht so sehr als Kontroversen — z. B. Dualismus- versus Dependenztheorie — betrachtet, sondern eher als sich ergänzende Ursachenanalysen gesehen werden: sowohl endogene als auch exogene Faktoren sind mitbestimmend für die Kluft von Entwicklungs- und Industrieländern.

Zweifellos sind die theoretischen Ursachenanalysen für die Formulierung von Zielen für die Entwicklungspolitik unerläßlich. Bevor diese diskutiert werden, sollen einige wichtige Punkte noch einmal kurz zusammengefaßt werden:

— Neben der Verschiedenartigkeit der Entwicklungsländer verdeutlichte die Ursachenanalyse, daß eine Reihe von Ursachen für die Unterentwicklung peripherer Länder ausschlaggebend sind, die sich aus dem historischen Kontext ableiten lassen und die für die Mehrzahl der Entwicklungsländer gelten.

— Es zeigte sich, daß keine sozialwissenschaftliche Disziplin prädestiniert ist eine Ursachenanalyse alleine zu bewältigen. So hat beispielsweise die Aussage von Fritsch aus den 60er Jahren heute noch Gültigkeit: die ökonomische Analyse vermag nicht alle Probleme zu lösen, „die sich aus der weltweiten Ausbreitung des Industrialisierungsprozesses und des davon bewirkten tiefgreifenden Wandels der Wertsysteme, Verhaltensweisen, Institutionen und der Imagestruktur in den Entwicklungsländern ergeben.''[14]

— Die Unterscheidung in exogene und endogene Kausalfaktoren — wobei es sich jeweils um Faktorengruppen handelt — zeigt, daß sich Entwicklungspolitik auf verschiedenen Ebenen abspielen muß.

— Die theoretische Diskussion muß weitergeführt werden, um die inter- und intranationalen Strukturveränderungen aufzeigen und daraus Konsequenzen ziehen zu können. Wünschenswert in diesem Zusammenhang wäre wohl auch eine Intensivierung der internationalen Diskussion, um eine verbesserte Basis für eine internationale Entwicklungszusammenarbeit zu erhalten.

3. Ziele und Motive der Entwicklungspolitik

In den folgenden Ausführungen geht es nur um einige Aussagen zu dem Verhältnis Industrie- zu Entwicklungsländer. Eine differenzierte Analyse der Entwicklungspolitik vermittelt der folgende Beitrag. Der Begriff Entwicklungspolitik suggeriert oft fälschlicherweise Assoziationen wie Humanität bzw. moralisch begründete Anliegen. Es handelt sich um einen besonders heiklen Begriff, hinter dem sich sehr verschiedene Positionen und Interessen verbergen. Daher ist es notwendig, Entwicklungspolitik inhaltlich näher zu bestimmen. Die Klärung dessen, was ein Entwicklungsland ausmacht, gab schon erste Hinweise, was eigentlich unter Entwicklungspolitik zu verstehen ist. Besonders wichtig ist hierbei, daß Entwicklung kein unilinearer Prozeß ist, und es nicht darum gehen kann, hochentwickelte Industrieländer zu kopieren. Es gibt verschiedene Wege, Strategien und Zugänge zur Entwicklung, d. h. Verschiedenheit ist durchaus ein Schlüssel zu erfolgreicher Modernisierung: Entwicklung heißt daher nicht Aufholen.[15] Damit verliert die ideologische Kontroverse nach der effizientesten Ordnungsstruktur: marktwirtschaftlich versus planwirtschaftlich bzw. kapitalistisch versus sozialistisch an Bedeutung. In diesem Zusammenhang ist auch eine Feststellung von Nyerere bemerkenswert: „Armut hat keine Ideologie. Wir sind arm, ob wir nun Sozialisten, Kapitalisten oder Kommunisten sind.

In dieser Hinsicht sind wir ganz sicher: die Unabhängigkeit armer Länder ist nicht verkäuflich."[16])

Hieran schließt sich nun die Frage an, ob es ein allgemein anerkanntes, übergeordnetes Ziel von Entwicklungspolitik gibt.

Hierzu zwei Positionen: in einer umfassenden Abgrenzung subsumiert Ochel unter Entwicklungspolitik alle Maßnahmen, die darauf abzielen, den wirtschaftlichen und sozialen Fortschritt der Entwicklungsländer zu fördern.[17]) Dagegen beschränken sich Nohlen/Nuscheler auf die Befriedigung der Grundbedürfnisse als Ziel aller Entwicklungspolitik. In diesem Zusammenhang nennen sie das „magische Fünfeck von Entwicklung mit den Elementen Wachstum, Arbeit, Gleichheit/Gerechtigkeit, Partizipation und Unabhängigkeit".[18]) Das Problem bei Ochel ist u. a., wirtschaftlichen Fortschritt zu konkretisieren. Denn wirtschaftlicher Fortschritt ist z. B. im Sinne steigender Wachstumsraten möglich, ohne daß sich die absolute Armut breiter Bevölkerungsschichten verringert. Dagegen treffen Nohlen/Nuscheler mit der Zielsetzung der Befriedigung von Grundbedürfnissen zumindest aus der Sicht der Betroffenen ein zentrales Anliegen, auch wenn diese Zielsetzung sicher für manche Betrachter noch kein eigentliches Entwicklungselement enthält. Grundsätzlich sollte es also darum gehen, den Entwicklungsprozeß zu beschleunigen, um den circulus vitiosus der Armut aufzubrechen. Ferner sollte Entwicklungspolitik dazu beitragen, das Entwicklungsgefälle zwischen Industrie- und Entwicklungsländern auf wirtschaftlichem, sozialem und politischem Gebiet zumindest zu stoppen, aber eigentlich abzubauen. Nach diesen eher normativen Überlegungen ist nun zu zeigen, wie sich Entwicklungspolitik konkret gestaltet. Dabei geht es hauptsächlich um die Frage nach den Motiven.

Das Geburtsjahr der offiziellen Entwicklungspolitik ist 1949, als die Vereinigten Staaten mit einem Entwicklungsprogramm (Point Four Programm) die Verbreitung des Kommunismus in Südostasien aufhalten wollten. Hier kommt das politische Motiv ganz deutlich zum Ausdruck. Davon sind die wirtschaftlichen und schließlich die humanitären Motive abzugrenzen. Sie sollen nun exemplarisch verdeutlicht werden.

Politische Motive: Besonders in der bilateralen Entwicklungshilfe spielen bei allen Industrieländern politische Motive eine mehr oder weniger starke Rolle, die sich in außenpolitischen Leitlinien bzw. Forderungen gegenüber Entwicklungsländern manifestieren. Besonders für die USA, Frankreich und Großbritannien stehen hinter ihrer Entwicklungspolitik eindeutige politische Zielsetzungen. So geht es Frankreich und Großbritannien auch heute noch darum, ihre ehemaligen Kolonien wirtschaftlich und politisch zu binden, während für die USA Entwicklungspolitik in starkem Maße „Antikommunismuspolitik" ist. Die Entwicklungspolitik der Bundesrepublik Deutschland war bis in die 60er Jahre durch die Hallstein-Doktrin geprägt. Dagegen ist heute im Vergleich zu anderen westlichen und östlichen Industrieländern die politische Motivation der Entwicklungshilfepolitik der Bundesrepublik viel weniger deutlich. Dennoch sind immer noch Interessen von dem Bedürfnis nach werbender Zur-Schau-Stellung bis zur gesellschaftspolitischen Ausrichtung von Bedeutung.[19]) Demgegenüber begründet das Bundesministerium seine Motivation heute auffällig selbstlos: „Auch in der Dritten Welt tritt die Bundesregierung für gewaltlose Konfliktlösung ein. Vor diesem Hintergrund sieht die Bundesregierung in der Unabhängigkeit und Selbstbestimmung der Länder der Dritten Welt ein wesentliches Element des Weltfriedens und der Stabilität. Sie bejaht die eigenständige Rolle der blockfreien Länder. Durch ihre Zusammenarbeit mit den Ländern der Dritten Welt auf der Grundlage gleichberechtigter Partnerschaft und in gegenseitiger Achtung ihrer Eigenständigkeit trägt die Bundesregierung dazu bei, echte Blockfreiheit zu stärken. Entwicklungspolitische Zusammenarbeit ist ein wesentliches Element unserer auf Sicherung des Friedens in der Welt gerichteten Außenpolitik."[20]

Es sollte aber stets bedacht werden, daß Entwicklungspolitik ohne Eigeninteressen nicht denkbar ist. Daher ist nur die Frage, wie eng bzw. weit die Grenzen für die Entwicklungsländer gesteckt werden.

Wirtschaftliche Motive: Neben den außenpolitischen gibt es natürlich auch wirtschaftliche Eigeninteressen der „Geberländer", die im Mittelpunkt der Entwicklungspolitik stehen. Die Entwicklungsländer sind unter folgenden Gesichtspunkten interessant:

— eine Reihe von Entwicklungsländern sind reich an Rohstoffen,

— Entwicklungsländer bieten vielfältige Möglichkeiten von Direktinvestitionen,

— Entwicklungsländer sind für exportorientierte Industrieländer wichtige Absatzmärkte.

Eine generelle Beurteilung dieser Motive ist nicht möglich, da es sowohl zu positiven als auch zu negativen Effekten kommen kann. Die Ambivalenz z. B. von Direktinvestitionen durch multinationale Konzerne in Entwicklungsländern wurde immer wieder expliziert. Einerseits ist es durchaus möglich, daß private Direktinvestitionen eine technologische Ausstrahlung, beschäftigungspolitische und exportpolitische Effekte implizieren, die einen Beitrag zur wirtschaftlichen und gesellschaftlichen Bedürfnisbefriedigung leisten. Matthöfer weist jedoch auf das zentrale Problem hin: private Direktinvestitionen sind immer profitorientiert motiviert; positive Effekte sind daher nur ein Nebenprodukt, die nicht gezielt bzw. bewußt, sondern eher zufällig auftreten.[21] Ferner kann es durch das Auftreten von multinationalen Konzernen zu Monopolisierungstendenzen auf speziellen Märkten, zur Verdrängung nationaler Unternehmen auf dem Kapitalmarkt und anderen negativen Effekten kommen.

Humanitäre Motive: Hinter den humanitären Motiven steht allgemein die moralische Verantwortung, Hilfe zu leisten, um die absolute Armut in den Entwicklungsländern zu verringern und einen Beitrag zur gezielten Entwicklung zu leisten. Entwicklungspolitik bzw. -hilfe basiert besonders auf den Elementen der Gleichheit, Gerechtigkeit und Partizipation des magischen Fünfecks. Kirchen und andere karitative Organisationen und Sonderorganisationen der UNO haben sich hier besonders hervorgetan. In zunehmendem Maße sind auch Projekte bzw. Maßnahmen einiger Länder hier einzuordnen. Doch gilt sicher auch heute noch, was Myrdal Anfang der 70er Jahre forderte: „Es ist notwendig, den Begriff der Hilfe und die Praktiken ihrer Gewährung einer Revision zu unterziehen. Um es klar und überzeugend zu formulieren: Die moralische Begründung der Entwicklungshilfe muß getrennt und gereinigt werden von allen unterschobenen Motiven des nationalen Interesses, die ich in Verbindung mit der Hilfspolitik der Vereinigten Staaten kritisiert habe. Und der Begriff der Hilfe muß als der von wirklichen Opfern ausgedrückt werden, die von der Bevölkerung in Form von Steuern gebracht werden sollten. Diese Opfer sollten nicht künstlich in die Länge gezogen werden durch verschiedene opportune Praktiken, die doch nur zur Folge haben, daß der Umfang der wirklichen Entwicklungshilfe niedriger ist als vorgegeben."[22]

Die erläuterten Motive spiegeln sich in Tabelle 2 wider. Auffällig ist beispielsweise, daß die privaten Leistungen 1981 prozentual mit Abstand den größten Anteil ausmachten (53780 Mio. $ = 61 %). Weit geringer ist die öffentliche Entwicklungshilfe und die sonstigen öffentlichen Leistungen (32242 Mio. $ = 37 %). Schließlich sind die sehr wichtigen, aber doch — relativ gesehen — minimalen Zuschüsse privater Hilfsorganisationen zu nennen (2018 Mio. $ = 2 %). Obwohl Tabelle 2 nur die Leistungen der DAC-Länder[23]

Tabelle 2: Finanzielle Nettoleistungen der DAC-Länder

Nettoauszahlungen

	Mio $					Prozentsätze				
	1970	1975	1979	1980	1981	1970	1975	1979	1980	1981
I. Öffentliche Entwicklungshilfe	6 949	13 846	22 820	27 264	25 635	44	31	30	36	29
1. Bilaterale Zuschüsse und zuschuß-artige Leistungen..............	3 321	6 268	11 704	14 123	13 184	21	14	15	19	25
davon: Technische Zusammenarbeit	1 524	2 922	4 685	5 477	5 249	10	7	6	7	6
2. Bilaterale Kredite zu vergünstigten Bedingungen..............	2 351	3 539	4 628	3 985	5 099	15	8	6	5	6
3. Beiträge an multilaterale Stellen ...	1 277	4 039	6 488	9 156	7 352	8	9	9	12	8
davon an: UN-Stellen	371	1 197	1 699	2 170	2 228	2	3	2	3	2
EG..............	158	6736	1 216	1 575	1 561	1	2	2	2	2
IDA..............	582	1 316	1 996	3 101	2 434	4	3	3	4	3
Regionale Entwicklungs-banken	101	418	918	1 717	753	1	1	1	2	1
II. Sonstige öffentliche Leistungen	1 122	3 912	2 894	5 272	6 607	7	9	4	7	8
1. Bilaterale	845	3 833	3 138	5 378	6 470	5	9	4	7	7
2. Multilaterale	276	79	− 244	− 106	137	2	X	X	X	1
III. Private Leistungen..............	7 018	25 706	47 690	40 430	53 780	44	57	63	54	61
1. Direktinvestitionen..............	3 690	10 344	12 745	9 769	14 639	23	23	17	13	17
2. Bilaterale Wertpapierinvestitionen..	697	9 291	23 450	17 702	24 712	4	21	31	23	28
3. Multilaterale Wertpapierinvestitionen	474	2 553	2 087	1 469	3 836	3	5	3	2	4
4. Exportkredite	2 157	3 518	9 408	11 490	10 593	14	8	12	15	12
IV. Zuschüsse privater Hilfsorganisationen	860	1 346	1 997	2 386	2 018	5	3	3	3	2
Nettoleistungen insgesamt	15 948	44 810	75 401	75 352	88 040	100	100	100	100	100
Nettoleistungen in Preisen von 1981 ..	41 103	68 517	79 789	73 086	88 040	−	−	−	−	−

Quelle: OECD Bericht für Entwicklungshilfe, Paris 1982

— 95 % der öffentlichen Leistungen aller Industrieländer werden vom DAC aufgebracht
— enthält, wird deutlich, wer als entwicklungspolitischer Träger auftritt. Es sind u. a. die
Industriestaaten, die unmittelbar, d. h. bilaterale Entwicklungshilfe leisten. Ferner leisten
diese Länder an multilaterale Stellen wie UN und ihre Sonderorganisationen, die EG, die
IDA (Internationale Entwicklungsorganisation) und der IAO (Internationale Arbeitsorganisation) Beiträge. Schließlich sind noch große nationale und multinationale Unternehmen
und private Hilfsorganisationen zu nennen.

Bisher blieb die Entwicklungspolitik der sozialistischen Staaten unberücksichtigt. Der
Grund ist, daß die Entwicklungspolitik dieser Länder weitgehend ein Instrument zur „Verwirklichung ideologisch-politischer Zielsetzung" in der Dritten Welt ist.[24] Entwicklungshilfe beschränkt sich auf relativ wenige Länder, wobei bilaterale Hilfe gegenüber multilateraler Unterstützung eindeutig Priorität hat. Hier zeigt sich sehr klar eine Parellele zu den
politischen Motiven kapitalistischer Industriestaaten.

Aus dieser Erläuterung wird deutlich, warum sowohl östliche als auch westliche Entwicklungspolitik oft von Vertretern der Dritten Welt, aber teilweise auch von Vertretern der Industriestaaten sehr kritisch bzw. skeptisch betrachtet wird. So beklagt beispielsweise
Nyerere, daß hinsichtlich der Bedeutung internationaler Hilfe häufig Verwirrung oder sogar Heuchelei vorherrschen. Er stellt in Frage, jede Transaktion als Hilfe zu bezeichnen,
ohne zu klären, für welche Seite sie wirklich Vorteile bringt.[25] In diesem Kontext herrscht
auch heute noch ein weit verbreitetes Vorurteil, das Nitsch treffend charakterisiert: „There is a basic belief that it is the economic strength of the industrialized countries which
pulls the Third World out of misery and underdevelopment, and that more could and
should be done in using this strength. Any radical criticism, however, relating underdevelopment to the structure of the international economic order is viewed with incomprehen-
sion if not with open hostility."[26]

4. Resümee

Das Resümee beschränkt sich auf einige allgemeine Erkenntnisse und Empfehlungen,
die in den folgenden Beiträgen noch vertieft werden:

— Entwicklungspolitik als Beitrag zu einer effektiven und eigenständigen Entwicklung
   der peripheren Länder muß stärker als bisher zu einem Dialog der Beteiligten werden,
   der den Entwicklungsländern eine Entwicklung ermöglicht bzw. sie dazu ermutigt.

— Es gilt die Problemfelder immer wieder auf Neue zu analysieren, um strukturelle Veränderungen aufzeigen zu können.

— Daraus wird deutlich, daß auch die entwicklungspolitischen Instrumente und Konzeptionen keine Endgültigkeit bzw. Absolutheit beanspruchen können. Sie haben sich einem ständigen Wandlungsprozeß zu stellen und müssen diesem angepaßt werden.

— Entwicklungspolitik sollte stärker als bisher von dem politischen und ökonomischen
   Eigennutzkalkül der Industrieländer abgekoppelt und primär zu einer den Entwicklungsländern dienlichen Hilfe werden.

— Eine Veränderung weltwirtschaftlicher Strukturen und Bedingungen zugunsten der
   Entwicklungsländer ist erst dann möglich, wenn sich die Entwicklungsländer über ih-
   re Eigenentwicklung klar werden und es zu einer größeren Solidarität zwischen den
   Entwicklungsländern kommt.

Literaturhinweise

[1]) Vgl. Zusammenarbeit im Dienst der Entwicklung, Bericht des Vorsitzenden des Ausschusses für Entwicklungshilfe R. M. Poats, OECD Paris 1982, S. 17.

[2]) Eine ausführliche Analyse und Systematisierung von Entwicklungsindikatoren ist zu finden bei Hemmer, H.-R.: Wirtschaftsprobleme der Entwicklungsländer, München 1978, S. 8ff.

[3]) Vgl. Senghaas, D.: Weltwirtschaftsordnung und Entwicklungspolitik — Plädoyer für Dissoziation, 3. Aufl., Frankfurt 1980.

[4]) Vgl. Bergmanns, J.: Growth and Equity in Semi-Industrialized Countries, World Bank Staff Working Paper, Washington 1979, S. 3.

[5]) Vgl. Zusammenarbeit im Dienst der Entwicklung a.a.O., S. 270.

[6]) Vgl. Nohlen, D., Nuscheler, F.: Was heißt Dritte Welt? in: Nohlen, D., Nuscheler, F.: Handbuch der Dritten Welt, 2. überarb. und erg. Aufl., Hamburg 1982, S. 19.

[7]) Vgl. hierzu u. a. Langhammer, R. J., Stecher, B.: Der Nord-Süd-Konflikt, Würzburg — Wien 1980, S. 12ff.

[8]) Vgl. Bosse, H.: Diebe, Lügner, Faulenzer — Zur Ethno-Hermeneuutik von Abhängigkeit und Verweigerung in der Dritten Welt, Frankfurt 1979. Vgl. Auch Wagner, W. u. a.: Ökonomie der Entwicklungsländer, Stuttgart 1983, S. 25ff.

[9]) Einen guten Überblick der theoretischen Diskussion vermitteln u. a. Wöhlke, M., v. Wogan, P., Martens, W.: Die neuere entwicklungstheoretische Diskussion, Frankfurt 1977. Vgl. auch Grimm, K.: Theorien der Unterentwicklung und Entwicklungsstrategien, Opladen 1979.

[10]) Myrdal, G.: Ökonomische Theorie und unterentwickelte Regionen, Frankfurt 1974, S. 26.

[11]) Vgl. hierzu besonders Senghaas, D.: Weltwirtschaftsordnung und Entwicklungspolitik, a.a.O.

[12]) Vgl. Ochel, W.: Die Entwicklungsländer in der Weltwirtschaft, Köln 1982, S. 99ff.

[13]) Vgl. u. a. Nitsch, M.: Zur Diskussion über die Neue Weltwirtschaftsordnung, in: Stiftung Wissenschaft und Politik (Hrsg.): Polarität und Interpendanz, Baden-Baden 1978, S. 317ff., Ochel, W.: Die Entwicklungsländer in der Weltwirtschaft, a.a.O., S. 255ff.

[14]) Fritsch, B.: Die ökonomische Theorie als Instrument der Entwicklungspolitik, in: Fritsch, B. (Hrsg.): Entwicklungsländer, Köln Berlin 1968, S. 423.

[15]) Vgl. Reshaping the International Order: A Report to the Club of Rome, London 1977, S. 71ff. Vgl. auch „Das Überleben sichern", Bericht der Nord-Süd-Kommission, Frankfurt u. a. 1981, S. 33ff.

[16]) Nyerere, J.: Zur Situation der Entwicklungsländer, in: Tinbergen, J. (Hrsg.): Der Dialog Nord-Süd, Köln 1977, S. 22.

[17]) Vgl. Ochel, W.: Die Entwicklungsländer in der Weltwirtschaft, a.a.O., S. 198.

[18]) Nohlen, D., Nuscheler, F.: Was heißt Entwicklung? in: Nohlen, D., Nuscheler, F. (Hrsg.): Handbuch der Dritten Welt, a.a.O., S. 54ff. Vgl. auch Eppler, E.: Wenig Zeit für die Dritte Welt, 8. Aufl., Stuttgart 1981, S. 31 ff.

[19]) Vgl. Kebschull, D. u. a.: Entwicklungspolitik, 3 verb. und erw. Aufl., Düsseldorf 1976, S. 70.

[20]) Fünfter Bericht zur Entwicklungspolitik der Bundesregierung, BMZ, Bonn 1983, S. 7.

[21]) Vgl. Matthöfer, H.: Multinationale Konzerne und Entwicklungsländer, in: Leminsky, G., Otto, B. u. a. (Hrsg.): Gewerkschaften und Entwicklungspolitik, Köln 1975, S. 425.

[22]) Myrdal, G.: Politisches Manifest über die Armut in der Welt, Frankfurt 1970, S. 356ff.

[23]) Das DAC (Development Assistant Commitee) ist der wichtigste Ausschuß der OECD für Entwicklungspolitik. 18 der 24 Mitgliedstaaten der OECD sind DAC-Mitglieder.

[24]) Vgl. Kebschull, D. u. a.: Entwicklungspolitik, a.a.O., S. 81.

[25]) Vgl. Nyerere, J.: Zur Situation der Entwicklungsländer, a.a.O., A. 18.

[26]) Nitsch, M.: Rich Country interests and Third World development: The Federal Republic of Germany, in: Cassen, R. a. o. (ed.): Rich Country Interests and Third World Development, London 1982, S. 216.

Socio-Cultural Research Development Policy:
Some Contributions in Theory and Practice

Richard Tutwiler

The relationship between deliberately planned efforts to foster economic development and the general body of social science theories, concepts and methods for understanding social change has undergone major changes during the past thirty years. Although both groups are fundamentally concerned with similar phenomena, development planners and social researchers have generally pursued their interests independently. The purpose of this essay is twofold: to examine from a broad perspective the influence of socio-cultural research on development policy and to discuss the part research can play in the design and implementation of projects.

The first section of the essay briefly reviews the historical relationship between economic development policy and studies of social change. The history has three rather distinct periods, roughly corresponding to the decades of the 1950's, 1960's and 1970's. During the first period, planners and researchers shared the same development paradigm. However, there was little recognition of the potential contributions social research could make to development efforts. During the second period, the interests of policy makers and researchers overlapped very little, and researchers disengaged from direct involvement in development actions. The third stage is characterized by the convergence of development policy and social research. As a consequence, a number of important bilateral and multilateral development assistance agencies have instituted formal mechanisms for incorporating socio-cultural research directly into the project cycle. This social awareness in development policy has important implications for project planning, implementation, and evaluation.

The second part of the essay focuses on the practical use of socio-cultural research at the level of individual projects, and several ways are suggested in which research efforts may be directed towards identifying and achieving project objectives. The final section presents a number of conclusions regarding the contributions of social science to economic development and project activities.

Emergence of Social Awareness in Development Policy.

International development assistance programs emerged during the early years of the Cold War as a response by the Western industrialized countries to the perceived danger of political and economic destabilization in the Third World. Economic development was viewed by Western leaders as the required cure for the social ills of poverty, ignorance and disease were ubiquitious in the colonial territories moving toward independence during the 1940's and 1950's. Economic growth in the Third World was seen as consistent with the mutually beneficial expansion of trade, the pursuit of humanitarian goals, and the encouragement of stable democratic political institutions.[1]

The theroretical paradigm which dominated development policy during the 1950's is perhaps best summarized in the work of W. W. Rostow.[2] The paradigm is based upon the assumed universality of the historical experience of economic development in Western Europe and North America. Although the progress of economic development **per se** may be measured by such indicators as GNP and rises in national levels of income and productivity, the paradigm holds that development is not merely an economic phenomenon. In order for any given society to reach a „take-off" point leading to sustained economic growth, certain socio-cultural forms must be present which will facilitate and promote capital accumulation, innovation, risk-taking, and the other economic activities which are associated with the development of the Western industrialized countries.[3]) According to the paradigm, economic development requires a fundamental and all-encompassing transformation of society in which „traditional" forms of social organization together with their value systems are replaced by „modern" forms resembling those of the West. Traditional institutions such as the extended family, kinship-based organizations, particularistic ties of horizontal and vertical reciprocity, communal control over resources, and the like are considered detrimental to development because they stifle individual initiative, experimantation, market participation, and economic competition.[4]) Traditional society is understood to be static and incapable of change from within. Behavior of individuals and groups is governed by customs and values inappropriate to economic development.

During the initial period of development assistance, sociologists and anthropologists working in the Third World generally shared the same understanding of traditional society. Field research was dominated by the functionalist school, an avowedly synchronic orientation to the study of socio-cultural systems. Functionalists decribed and analyzed societies as though these were in a state of equilibrium, with all the parts contributing to the maintenance of the whole. This functionalist model of non-Western societies contributed to the economists' predilection for believing in the myth of the stasis of traditional society. The development paradigm's stereotype of traditional society was further reinforced ba a genuine anthropologicial concern with cultural relativity, emphasizing the uniqueness of each society and the diversity of custom. In fact, the importance of the concept of custom led some anthropologists to conclude that it was impossible to analytically distinguish an economy within many traditional societies. These researchers, called substantivist, argued that exchange and production relations were so deeply embedded within the broader fabric of social organization and values that the formal concepts and theories of economists could not be applied in understanding human behavior in traditional society.[5]) Traditional man was not economic man; traditional social organization precluded strictly economic motives for behavior.

Armed with this ethnocentric view of non-Western societies, development planners in the 1950's optimistically thought that their own societies possessed the technological and organizational solutions for the problems of the Third World. Characteristically, a paternalistic attitude was taken towards indigenous peoples.[6]) Despite the assumptions of passivity, lack of initiative and disinterest in improving their lives, it was expected that native peoples would readily respond to the outsiders' demonstrably superior ways of doing things. If the solutions proposed by development experts could only be adequately explained, so the reasoning went, then local people would have the good sense to do away with their old customary behaviors and adopt the technology and economic behaviors introduced by development projects.

Social scientists with first-hand experience in underdeveloped societies were frequently engaged as consultants to suggest the best ways to present innovations to the local population. Their role in development programs was essentially that of interpreters mediating between foreign planners and the intended beneficiaries of direct action programs. The terms of reference focused on the task of facilitating the diffusion of new technology packages by identifying the constraints inherent in traditional society and then suggesting ways for overcoming resistance to change. This task often puts social scientist in an awkward position.[7]) On the one hand, researchers were expected to employ concepts and methods of their disciplines in collecting facts related to the conduct of a given policy.

On the other hand, they played little or no role in formulating or criticizing policy and were expected to refrain from advocating positions derived from their own personal value judgements (no matter how much these judgements may have been influenced by experiences in the field). Since few social researchers could claim any expertise in economics or development planning, they served in very limited capacities as „resource people" for the planners. To the extent that knowledge of local institutions and customs was useful to development agencies, it was used to provide **post facto** explanations for the failure of individual projects.[8]

The 1960's was a decade of frustration for both planners and researchers concerned with issues of development and social change. The results of the efforts undertaken in the 1950's were disappointing. Only a few, if any, of the newly independent nations appeared to have reached the economic take-off point. The general economic indicators showed the Third World lagging far behind the optimistic projections of just ten years before. The political and economic impetus behind development efforts nevertheless was still strong, if not stronger than before, and donors and host governments continued to subscribe to the same basic paradigm and its prescriptions. However, the development efforts of the 1960's increasingly focused not on the general transformation of society, but on developing the urban industrial sector of local economics. The notion of top-down development initiatives was kept and, in fact, accentuated. Capital intensive infrastructural projects involving only small numbers of local people were the order of the day. Programs intended to benefit the mass of rural and urban poor directly were neglected in favor of the idea that encouraging the emergence of a small but modern entrepreneurial class investing capital in export and service industries would indirectly improve the lot of the masses by raising national productivity and providing increased employment opportunities. The rural and community development programs in which social researchers had been principally employed were reduced, and the researchers themselves frequently left development work altogether.

Paradoxically, the disengagement of social scientists from direct involvement in development programs coincided with significant advantages in the theoretical understanding of the socio-cultural dimension of economic development. Among these were a shift away from synchronic description to the analysis of social process, the emergence of the „formalist" school in economic anthropology,[9] and the orientation towards actor-oriented research designs and methodologies. The 1960's also witnessed the publication of numerous monographs by anthropologists and sociologists documenting processess of economic and social change in village and urban communities. Ironically, it seems the less researchers were direcly involved in donor and government development schemes, the more they applied their knowledge and skills towards understanding the socio-cultural feasibility and impact of such programs.

Of particular significance was the work of T. S. Epstein and F. Barth. Epstein, a social anthropoligist with prior training in economics, must be regarded as a leader in the utilization of Western economic theory towards analyzing the behavoir of people in non-Western cultures. Her studies of South India and Tolai have consistently taken a formalist position, asserting first and foremost that indigenous people are indeed rational in their economic behavior, and that marginal analysis or micro and macrocomomic theory can be applied to traditional non-industrial society. The conclusions of Epstein and other formalists, however, are that marginal analysis alone is insufficient for analyzing economic development and social change. The multiplex links between economy, politics, and the general social system will inevitably affect the behavioral outcome of development projects.[10]

Strictly economistic models are therefore often inappropriate for individual development programs because they fail to take into account exogenous social variables which independently change the direction of the development process in a given socio-cultural environment. Economic analysis in development planning should be combined with social variables into a single analytic system. Towards this end, economic anthropologists working in a variety of social environments have examined the cultural permutations of a broad spectrum of standard economic concepts including maximization (profit motive), uncertainty and risk, and the balancing of factor proportions by household producers. R. Firth, for example, has concluded that inhibiting factors to development in peasant societies have their origin not in hide-bound tradition, but rather in the local reality of high opportunity costs.[11] The shifting of resources to a different type of production, coupled with increased involvement in product markets, may entail unacceptable losses in indigenous systems which, for most peasants, continue to provide definition of status and social security. From a pragmatic viewpoint, the promise of economic advantage alone is insufficient incentive for many farmers to change production strategies.

The work of Norwegian anthropologist F. Barth introduced transactional analysis to the study of social change. In essence, his work represents a shift in theory toward analyzing enduring patterns of behavior and changes in them as the cumulative product of recurrent decisions in specific contexts.[12] Both stability and change are the observable results of the same human process---decision-making. Actor-oriented research has concentrated on the description of the contexts in which decisions are made and the ways in which people utilize indigenous value systems in making decisions. There has been a marked increase in the use of rigorous quantitative methods to analyze the individual decision process within an environment of constraints and encouragements. This leads away from erroneous generalizations about group behavior that are not based on accurate assessments of the heterogeneity of bahavior within the group.[13] From an initial focus on the circulation of goods and values in non-Western societies, anthropologists have paid increased attention to the organization of production and, in particular, the relationships of individuals to the production process and each other.

The early work of the transactional anthropologists in the 1960's dealt primarily with entrepreneurial behavior, since entrepreneurship was seen as the critical factor in changing patterns of decision-making. Indeed, entrepreneurship was defined as essentially a rational risk-taking act which breaks out of a logically closed system to form a bridge with another system.[14] In so doing, the act provides an avenue for changing the system. Current decision-making research tends to focus not so much on entrepreneurship **per se** as on the logic of adaptive strategies people follow in their economic and social behavior. Barlett lists the goals of these studies as including the following: 1) careful description of current strategies and the diversity within those choices; 2) determination of the variables and conditions that create and reinforce those diverse strategies; 3) clarification, if possible, of the causal priority of some variables over others; and 4) prediction of the future directions and the long-term adaptive processes.[15]

The increased understanding of the dynamic part played by socio-cultural variables in economic change, together with the research focus on adaptive decision-making, suggests important modifications to the dominant development paradigm. First among these is that the effective formulation of development programs requires the inclusion of a specific socio-cultural context to the universalistic dormal models of economists. Too often the assumption „al things being equal" upon which the models rest is fallacious. All things are not equal, and the variations in the societal context of the program will lead to variable program results. Second, tradition is a relative thing and assumptions of homogeneity and changelessness in traditional society are not valid. The behavior of the most „traditional" of people, the low income rural population, is based on pragmatic choice as much as on custom. The problem for the development planner is to find out what local factors contribute to those choices and to determine how the new elements introduced into the socio-cultural scene by the development program will affect decision-making. Third, the primacy of exogenous variables for instituting the development process may not be as strong as was once assumed. Development may be endogenously induced through the activities of native individuals and groups spontaneously altering their behavior. These behavioral changes can result from factors in the indigenous system as much as from external infusions of capital, technology, or expertise.[16]

The trends in socio-cultural theories of change began to converge with the policies of the major bilateral and multilateral development agencies in the late 1960's and 1970's. Whatever the benefits derived from the capital intensive infrastructural and technological projects of the 1960's, there was no noticeable trickle-down to the rural poor. The failure of the much-heralded „development decade" to ameliorate problems of inequalities in the distribution of food and productive resources, declining agricultural productivity, severe food shortages in some countries, massive unemployment and underemployment, and accelerated rural flight to overcrowded cities contributed to a dramatic turn in international development policy. The new direction in policy was signaled by World Bank president Robert MacNamara in a speech in Nairobi in 1970.[17] This was followed for the United States Agency for International Development by Congressional legislation in 1973 and 1975. These initiatives were aimed at promoting more equitable income distribution and employment opportunities for the „poor majority" in Third World countries.[18] The gap between rural and urban sectors of developing economies, which had been exacerbated by the programs of the 1960's, was to be narrowed by a new emphasis on agriculture and rural development, with particular attention being paid to participation by small farmer producers and the dessimination of „appropriate" technology packages which would enable them to increase their productivity. By getting rural people directly involved in development programs, it was thought, the people themselves could express their wants and desires and take positive action towards bettering the conditions of their lives.[19]

The participatory goal of the new direction in development policy is related to what has become known as the „small farm strategy" of agricultural development. In contrast to earlier attempts to entirely reorganize agricultural production by consolidation and massive mechanization, the small farm strategy views peasant farmers as potential entrepreneurs. Development is to be induced by creating a progressive rural structure to deliver farmers both the incentives and the means to spontaneously raise their levels of productivity. Agricultural research stations, improved crop varieties, rural roads, and sustained extension work are important elements of the new rural structure that will encourage agricultural households to raise the proportion of capital investments in the production process and thereby increase harvests. These production related elements frequently form part of a more general program of integrated community development that includes improvements in health care, sanitation, craft industries, and education.

The important difference between these new rural development policies and those of the 1950's is the belief that the progressive improvement in peasant methods of crop and animal husbandry does not require any radical changes in traditional social and legal systems. Indeed, small farm strategies inherently assume the continuity of the minimal productive unit---the agricultural household---in the development process and are designed, whenever possible, to take advantage of other existing local institutions and organizations. It is thought that indigenous groups are inherently more participatory than newly introduced organizational forms and therefore may provide a sounder basis for the articulation of local concerns and future cooperative efforts.[20] In short, the new direction of development policy acknowledges the possibility of substantial contributions by local beneficiaries to the development process. The importance of understanding the socio-cultural environments of programs is further underlined by the stated goal of improving the well-being of the rural population, and not simply the size of their harvests. The old approach of top-down administration dealing with technological solutions must be tempered with a healthy dose of development from below and participatory organization on the ground.

The 1970's change in development policy brought socio-cultural research back into the process of project design and implementation. Most notably, requirements for formal social soundness and feasibility studies were added to program formulation and approval procedures in many donor agencies, ranging from the World Bank and USAID to the United Nations and European national assistance agencies.[21] Rural development in the broadest sense continues to be the subject of most social research efforts, with the focus on indigenous farming systems, decision-making, rural organizations, and beneficiary participation. Anthropologists and rural sociologists have devoted considerable time tracing the economic, political and social linkages among household producers, the rural community, and national structures. By its very nature, integrated rural development has led to research in non-agricultural fields as well. There have been notable advances in understanding and utilizing native systems of health care, for example. As a general rule, researchers are asked to evaluate the feasibility and possible impact of introducing new technologies and innovations in organization into existing social, political and economic contexts.

Socio-Cultural Research and Development Projects.

Each development assistance agency has its own unique procedure and requirements for initiating and executing development programs. Nevertheless, they all share a common purpose, which is to introduce projects into specific natural and social environments with the goal of improving the conditions of life for the people living in those environments. The new direction in development policy has made the relationship between the development project and its intended beneficiaries more immediate than was the case in the old trickle-down projects. Socio-cultural research has a very important intermediary role to play in the articulation of development programs and their target populations. In this section we will examine the contributions socio-cultural research can make in terms of practice. The utilization of research is discussed by making suggestions for application at each step in the project cycle---design, implementation, and stabilization or evaluation.

Project design is the planning stage of the project cycle. During this stage, project planners must set reasonably achievable objectives which can be defined in terms of measurable indices. The objectives having been set, the planners next determine the best means to realize these objectives. Means include material inputs such as financing, technology packages, infrastructure, etc. and activities undertaken by trained personnel and local participants. The sequencing of the inputs and activities constitutes the skeleton of the project design. A further dimension of design is the identification of the basic assumptions underlying the process by which the means selected will lead to the actualization of project objectives. Every project is based on a set of assumptions, some explicitly stated and some tacitly understood, about the means-end relationships in the project at hand and about the wider processes of development and change.

The use of socio-cultural research in project design is based upon the assumption that it is necessary to build on existing ecological, socio-political and economic systems instead of only introducing technological solutions derived from models specific to European and North American experiences. In the design stage, the research component may take various forms depending upon the relevant planning context. Among the various labels given to research activities associated with project design are baseline studies, needs assessment, and socio-economic feasibility.[22] Each is differentiated by its particular focus and place in the design process.

Baseline studies are perhaps the simplest and most straightforward. Their purpose is to describe the pre-project situation on the ground with special reference to quantification of the social and economic indices specified as indicators of the proposed project objectives. For example, if one of the objectives is to raise producer household income during the lifetime of the project, then the initial baseline study should be designed to provide data on pre-project income levels, sources of income, and income distribution among the target population. This information and the methods by which it was derived can then be used to measure changes in income and income distribution during the implementation and stabilization phases of the project. Without the baseline study, there is very little basis for a valid evaluation of progress in achieving design objectives.

As Hoben points out, the techniques used by anthropologists and other field workers „can provide highly reliable data for small, meaningful stratified samples that can be used to judge the plausibility of data that have been collected by census and (general) survey techniques."[23] The most reliable baseline studies are derived from direct fieldwork among the target population. Without on-the-ground data collection, baselines formulated from highly aggregated data may mask significant patterns of behavior and fail to indicate important relationships among the variables concerned. This is especially true for questions of income and investments in subsistence agriculture, access to resources, community power relationships, and the like.

Related to baseline studies is basic needs assessment. Needs assessment is a specialized study which focuses on the socio-cultural understanding which local people have of their own life situation and their position within the development process. A needs assessment should reveal to those responsible for planning and implementation insights about how the assumed participants define their problems and the strategies they use to pursue their interests. A needs assessment provides a detailed description of the cultural view or understanding held by the intended beneficiaries of the project's proposed objectives and the means to attain them. Predictably, the local population will not share the views of the planners in all respects. Anthropological studies of risk-taking and opportunity costs in peasant societies are a case in point. The peasant's understanding and experience of commercial cropping is often a far cry from that of the Western economist or, for that matter, the Western commercial farmer. A proper needs assessment should also give planners information for devising cross-cultural definitions and indicators for project objectives. If we take the question of raising income, for example, the needs assessment should be designed to discover the target population's own definition of income. This may not be measured in money terms at all, but rather in strengthening local social ties and securing community status. If this is so, then farmers may not see increasing their money income by market competition as an advantageous avenue for attaining their perceived needs.[24] Without adressing the culturally perceived needs in ways that make sense to local people, a project which is designed as development from below, relying upon participation, will in all likelihood face difficulties in achieving its objectives.

Needs assessment and baseline studies go hand-in-hand with the first part of the design process. Socio-economic feasibility studies relate to the second part, that of selecting project inputs and activities. Feasibility studies are meant to assess the applicability and appropriateness of various proposed means for achieving the proposed objectives. The first step in a feasibility study is to describe and analyze the existing social, economic and political environments influencing present patterns of behavior which concern the project. To a limited extent, this data can be taken from the baseline study and needs assessment. Unlike these previous studies, however, the emphasis of the feasibility study is on process, not just the description and quantification of key variables. The problem ist not so much to see change as the differences between situation „A" and some future situation „B", but rather to explain how situation „A" becomes situation „B". Situation „A" is the baseline, and situation „B" is a hypothetical condition described by the design objectives. The feasibility study's utility is to indicate the best way to transform situation „A" into situation „B".

The feasibility study should clarify in detail the decision-making processes of the intended participants within the target population. For example, in agricultural projects research should be oriented to discovering answers to such questions as: „What are the existing incentives, constraints and other variable factors affecting production strategies, market participation, and social investments?"; „How did these factors impact on different groups in the society?"; „What new resources will the proposed project inject into this environment, and how will they be perceived and used by people?"; and „Which groups will most likely benefit from the changed circumstances?". Once answers to these questions are discovered, a new set of question frames can be generated by varying the content of project inputs and activities. These alternative schemes should, in turn, produce a range of possible outcomes from which project planners may select in formulating the final design.

Research designs for feasibility studies must be tailored to accomodate both specific socio-cultural environments and the range of alternative designs proposed by planners. For the most part, the contribution of feasibility studies lies in the elucidation of means-ends relationships rather than in the choice of ends themselves.[25] That is done by the planners through a careful balancing of their own development objectives, seen as part of a cumulative process, and the perceived needs of the intended beneficiaries. Once the ends have been determined, however, there is available a broad range of research tools which may be applied towards selecting the best fit between means and ends. In the case of small farm agricultural development, for example, decision-tree modeling has been successful in predicting the outcome of improvement projects using extension programs in which the farmer as decision-maker is „directing" the program.[26] This success is due in large part to using formal ethnographic techniques to modify analytic models with cognitive relationships and folk categories discovered in the cultural environments of the projects. Similar progress is being made in the fields of health care and nutrition, family planning and fertility, social forestry, and applications of appropriate technology.

The implementation phase of a project constitutes the practical test of the project design. Socio-cultural research has several roles to play in this test. First and foremost, the research component must be part of information management in the field. Research done during implementation is a resource serving as a tool for furthering project objectives. Since the majority of rural projects under the new directions in development policy require direct contact between project personnel (managers and staff) and local participants (intended beneficiaries), the socio-cultural researcher should serve as a facilitator of communication between the two groups. It is appropriate, and usually necessary, at the beginning of project activities to join with the local people in identifying and defining the work to be done and the reasons to do it. Only when the participants themselves begin to perceive benefits from the project (and perhaps inadequacies in the old ways of doing things) will suggestions for new behaviors and organization be adopted. From the viewpoint of project management, feedback information should be received by the project staff in a continuous and timely manner. This will allow project decision-makers to make tactical adjustments in the implementation plan as field conditions warrant.

The applied research component should concentrate on three related areas during implementation. First, subproject activities planned during implementation will need basic data on specific topics similar to the general studies undertaken during the project's design phase. Feasibility studies are an important aspect of subproject design and implementation. They also provide an opportunity for local participation in activity identification and planning. The monitoring of design indicators is the second research activity during implementation. This is a continual process, and serves as an important vehicle for eliciting local response to the project. The evaluation of project response should be done routinely in order to take steps encouraging further positive response by participants. The third aspect of research during implementation is the early identification of unexpected or unintended consequences of project activities. These may be seen as contributing either to positive or negative response, or they may be side effects of the project which will have no significant impact until much later, perhaps even after the project cycle is completed.

It is advisable during project implementation to establish a socio-cultural research training programm involving project participants. The programm and its content should be directly related to other participant activities.[27] As well as laying the groundwork for a self-sustaining, institutionalized research effort, the training of local people in research techniques and uses is an important mechanism of two-way communication between the cummunity and the project personnel. Oftentimes the best suggestions for project innovations come from the participants, and their direct involvement in monitoring objective indicators gives them ready access to expression of their response to project activities and organization.   `

The evaluation of project impact is the core function of socio-cultural research during the stabilization phase of the project cycle. Like the development process itself, evaluation is an on-going phenomenon. Depending on the design schedule and the requirements of donor agencies, there should be periodic evaluations of the progress or non-progress in attaining project objectives. These determinations are based upon changes in the indices used to measure the objectives and can only be made if there has been a sustained date collection effort throughout the life of the project. Any project evaluation is only as thorough as its data base.

The socio-cultural aspect of project evaluation should address two areas of inquiry: anticipated benefits and side effects. The anticipated benefits are part of the stated objectives of the original project design (as modified during implementation). The assessment of project impact is done in terms of benefit levels, growth, distribution, and spread effects within the target population. If the necessary groundwork has been laid with adequate baseline, feasibility, and monitoring studies, then the evaluation of project benefits can be routinized within the stabilization phase and presents no need for new initiatives.

Unlike the project objectives, side effects represent the aspect of project impact which must be discovered during implementation and evaluation. Ideally, the unforeseen consequences of project inputs and related activities should be tentatively identified as part of the results of research conducted during implementation. However, this may not be possible, and special efforts must therefore be made to analyze side effects during evaluation. Frequently project side effects are as important to beneficiary communities as are the stated project objectives, and they may dramatically alter the ways in which the people respond to the project itself. Above all, evaluation of a project must consider the long-term consequences of stabilization or duplication. For example, in a number of countries agricultural development projects desiged to increase rural income by increased commercial/industrial cropping have been successful to the point that there has been a drastic decrease in food production. The imbalance has made farmers dependent upon imported food and subject to higher costs of subsistence and periodic shortages. When international prices for their commercial crops fall, the farmers find themselves in a difficult situation, unable to easily revert to their former food production strategies.[28]

Researchers and planners should realize that if project technologies and activities alter basic relationships between humans and their environment, then the possibility is high that unforeseen long-term social or physical imbalances will be created.[29]

The evaluation of a development project is done in order to contribute to policy formulation. If the evaluation indicates that the project has been successful (as measured in terms of attainment of objectives without negative side effects), then the project may be replicable in similar socio-economic contexts elsewhere. If the project has not been successful, them the design may be discarded as inappropriate, or it may be redesigned. The redesign of a project should enhance the positive response and side effects and include measures to combat negative response and side effects. Redesign efforts can be aided by social expertise and research findings in a number of ways. Lessons learned from previous research in the same region or country (i. e., a similar socio-cultural systems) can assist in the redesign of a project targeted for the area. Gross-cultural experience with the same type of project or development problem can be brought to bear on redesign efforts. Finally, the wealth of social science theory and methodological tools can be tapped to improve policy guidelines.

Contributions of Socio-Cultural Research to Development Policy.

The two previous sections briefly examined the on-going relationship between economic development policies and the gross-cultural study of social change and the practical incorporation of social research into the project cycle. In this final section we will briefly review some conclusions which can be drawn from the discussion.

From a broad perspective, long-term and comparative studies of social change and detailed case studies of small communities have made significant contributions to our understanding of the relationship between the economy and other aspects of socio-cultural systems. This understanding is reflected in important alterations in the basic development paradigm:

(1) The apparent equilibrium and absence of international dynamism in so-called traditional societies is illusory.

(2) People living in traditional societies do not behave on the basis of unquestioned tradition or custom anymore than other people do. They reason about their situation and use the knowledge, resources, and opportunities available to them to find solutions to life's problems.

(3) It would appear that the most productive approach to understanding mid-level patterns of change in development societies is through actor-oriented research methods and modes of analysis.

(4) Careful attention needs to be given in development planning to the systematic relations among economic change and its socio-cultural environment. These linkages are interdependent and mutually causal.

(5) Development actions must be integrated within the local social milieu. This involves joining with the local people to identify and define development problems and prospects, and designing the appropriate inputs and avtivities which will provide solutions.

Socio-cultural research has a practical utility in the design, implementation, and evaluation of individual projects. The following are general observations concerning the use of research results and researchers in projects:[30]

(1) An understanding of the intended beneficiaries' patterns of thought and action is an important guide in project planning and implementation.

(2) Determination of culturally appropriate indicators of development and its benefits facilitates in the design, implementation, and stabilization of projects.

(3) Research can provide the basis for communication between intended participants, on the one hand, and development planners and project personnel, on the other hand. This communication should be sustained throughout the project cycle.

(4) Research activities can describe and analyze the organization, interests, and strategies of local people whose cooperation and/or participation are essential for project success.

(5) Socio-cultural research can provide sensitive, continuous, and rapid feedback on project impact to help manage and redesign projects.

In view of these observations, it seems indispensible to allow a place for specialists in the social sciences in the planning and execution of projects, if not in the formulation of development policy in general.

Notes

[1] Hoben, A., "Anthropologists and Development", **Annual Review of Anthropology,** vol. 11, 1982, p. 350.

[2] See Rostow, W., **The Process of Economic Growth** (Oxford, London, 1953) and **The Stages of Economic Growth** (Oxford, London, 1962) by the same author.

[3] See Bendix, R., "Tradition and Modernity Reconsidered," **Comparative Studies in Society and History,** vol. 9, 1967, pp. 292—346.

[4] Hoben, "Anthropologists and Development," p. 353.

[5] Cook, S., "The Obsoleted ,Anti-Market' Mentality: A Critique of the Substantive Approach to Economic Anthropology" in Fried, M. (ed), **Readings in Anthropology, Vol. II** (Growell, New York, 1968), pp. 239—261.

[6] Uphoff, N. and M. Esman, **Local Organization for Rural Development: Analysis of Asian Experience** (Cornell University, Ithaka, 1974), p. xxi.

[7] For an excellent and insightful discussion of this aspect of development work, see Piddington, R., "Action Anthropology" in Clifton, J. (ed), **Applied Anthropology: Readings in the Uses of the Science of Man** (Hoghton Mifflin, Boston, 1970).

[8] Schaedel, P., "Anthropology in AID Overseas Missions: Its Practical and Theoretical Implications", **Human Organization** vol. 23, 1964, pp. 190—192.

[9] The central tenet of formalism in economic anthropology is that if the concepts of Western economic science are broadened, they can serve as analytic tools for studying any economic systems.

[10] See in particular her study comparing the differential impact of an irrigation project on two farming communities, Epstein, T. S., **Economic Development and Social Change in South India** (Manchester University, Manchester, 1962).

[11] Firth, R., "Social Structure and Peasant Economy: The Influence of Social Structure on Peasant Economies" in Wharton, C. (ed), **Subsistence Agriculture and Economic Development** (Aldine, Chicago, 1969), pp. 23—37.

[12] Barth, F., "On the Study of Social Change" **American Anthropologist,** vol. 69, 1967, pp. 661—669. See also Hoben, "Anthropologists and Development," p. 355.

[13] Barlett, P., "Adaptive Strategies in Peasant Agricultural Development," **Annual Review of Anthropology,** vol. 9, 1980, p. 547.

[14] Schneider, H., "Economic Development and Anthropology," **Annual Review of Anthropology,** vol. 4, 1975, p. 280.

[15] Barlett, "Adaptive Strategies in Peasant Agricultural Development," p. 549.

[16] This argument has been made by Salisbury, R., **Vunamami: Economic Transformation in a Traditional Society** (California, Berkley, 1979) for Tolai; Cochran, G., **Big Men and Cargo Cults** (Clarendon, Oxford, 1970) for New Guinea; and Pitt, H., **Tradition and Economic Progress in Samoa, A Case Study of the Role of Traditional Social Institutions in Economic Development** (Clarendon, Oxford, 1970) among others.

[17] MacNamara, R., **Address to the Board of Governors, Nairobi, 1970** (World Bank, Washington, 1973).

[18] Hoben, "Anthropologists and Development", p. 357.

[19] In the words of the US Congress, the poor majority should participate in the "decisions which shape their lives," **Foreign Assistance Act: Legislation on Foreign Relations through 1978: Current Legislation and Related Executive Orders, Vol. 1** (US Senate-House of Representatives Joint Committee, Washington, 1979) sec. 102a.

[20] Two of the major studies supporting this proposition are: Development Alternatives, Inc., **Strategies for Small Farmer Development: An Empirical Study of Rural Development Projects** (DAI, Washington, 1975) and Uphoff, N. and J. Cohen and A. Goldsmith, **Feasibility and Application of Rural Development Participation: A State-of-the-Art Paper** (Cornell University, Ithaca, 1979).

[21] See Hoben, "Anthropologists and Development," p. 363.

[22] This list of categories is to some extent idiosyncratic, but it does reflect the current terms of reference used by the major development assistance agencies.

[23] Hoben, "Anthropologists and Development," p. 369.

[24] See the informative case analyzed by Epstein, T. S., **Capitalism: Primitive and Modern: Some Aspects of Total Economic Growth** (Ausst. Nat. Univ., Canberra, 1968), in which farmers preferred to sell at lower than market price in order to insure that proceeds would be hidden from matrilineal kin. The need as perceived by men was not just more money income, but passing some of their wealth on to their children within the matrilineal system.

[25] Hoben, "Anthropologists and Development," p. 366, makles this assertion for anthropology's theoretical contribution to development in general.

[26] See Gladwin, C., "Contributions of Decision-Tree Methology to a Farming Systems Programm," **Human Organization,** vol. 42, no. 2, 1983, pp. 146—157, and Barlett, P., (ed), **Agricultural Decision Making: Anthropological Contributions to Rural Development** (Academic, New York, 1981).

[27] It is suggested that the socio-cultural researcher must have a locally understood responsibility and function in project activities. He or she must have a perceived competence in a role which the participants can readily define in order for them to have confidence in his or her understanding of their lifeway. This role may be derived from project activities such as farming, marketing, technology transfer, health, or the like. Of course, the point is valid for any applied research context.

[28] For the West African case, see Amin, S., **Neo Coloialism in West Africa** (Monthly Review, New York, 1973).

[29] See Handle, G., E. Morss, J. Van Sant, and D. Gow, **Integrated Rural Development: Making It Work?** (DAI, Washington, 1980) for discussion of this point. See also USAID, **Project Assistance Handbook 3,** Appendix 5A, Social Soundness Analysis (USAID, Washington, 1975).

[30] This list is in part derived from Hoben, „Anthropologists and Development," pp. 369—370.

2. Ausgewählte Problembereiche

> *„In demographic matters, as in others, people tend to act in accordance with their interests as they best see them.”*
> Paul Demeney

Das Weltproblem des Bevölkerungswachstums in der Dritten Welt*

Frank Hirtz

Die folgenden Erläuterungen beschäftigen sich mit einem, dem vielleicht auffälligsten Problem der menschlichen Bevölkerung, seinem Wachstum. Das Wachstum ist numerischer Ausdruck einer Dynamik, die in extrem komplexen Zusammenhängen das Gesamte einer menschlichen Bevölkerung ausmacht. Die heutigen Kenntnisse der Wissenschaften, die sich mit der Gesamtheit der menschlichen Bevölkerung beschäftigen, sind weit davon entfernt, ausreichende Erklärungen zu liefern. Das liegt zum einen an der geforderten Interdisziplinarität des Themenbereiches. Die Demographie, Bevölkerungslehre, Bevölkerungssoziologie — wie die häufigsten Bezeichnungen dieser Disziplin lauten — nimmt ihre Erkenntnisse von so entfernten Teildisziplinen wie Genetik und Archäologie, Familiensoziologie und Wirtschaftsgeschichte, um nur einige zu nennen. Nach dem Zweiten Weltkrieg hat diese Teildisziplin der Sozialwissenschaften in der Bundesrepublik wenig Beachtung gefunden. Dafür gibt es Gründe, die aus der vornehmlich unter rassistischen Aspekten geführten nationalsozialistischen Bevölkerungsbeschäftigung herrühren. Erst allmählich „wagt” man sich wieder an die wissenschaftliche Beschäftigung mit de Bevölkerung heran (Gründung eines universitären Institutes an der Universität Bielefeld). Jedoch muß der Interessierte sich weitgehend auf ausländische Literatur einlassen, noch stärker als in anderen Bereichen der Sozialwissenschaften. Im Folgenden wird versucht, die zur Zeit bestehenden Annahmen über das Phänomen des Bevölkerungswachstums darzustellen und aus demographischer Sicht zu erläutern. Besonderer Schwerpunkt wird dabei die Diskussion einer möglichen theoretischen Erfassung dieses Bevölkerungsvorganges liefern.

Eine Diskussion über die einzelnen beobachteten und erwartbaren Auswirkungen des Bevölkerungswachstums kann auf diesem kurzen Raum nicht erfolgen. Sie betreffen mehr oder weniger stark alle Lebensbereiche.[1] Eine Auswahl wäre willkürlich, und eine wesentliche Fragestellung, die der Landwirtschaft und Ernährung, wird an anderer Stelle dieses Buches abgehandelt.

1. Bevölkerungswachstum

Bevölkerung sind die Einwohner eines bestimmten Gebietes (meist innerhalb einer Staatsgrenze). Die Bevölkerungsgröße ist die Summe dieser Einwohner. Das Bevölke-

---

*) Für kritischen Kommentar sei M. Marzi, für Hilfe bei der Literaturbeschaffung sei M. Berghaus an dieser Stelle gedankt.

rungswachstum bestimmt sich aus der Veränderung dieser Bevölkerungsgröße innerhalb eines Zeitraumes. Dieser wird üblicherweise für ein Jahr berechnet.

Von nicht zu unterschätzender praktischer Schwierigkeit ist es, eine Bevölkerungsgruppe zu ermitteln. Bei jeder Volkszählung — dies ist die am häufigsten angewandte Methode — gilt es, die **Zählmasse** und den **Zeitpunkt der Erfassung** festzulegen. Die Zählmasse gibt an, **wer** überhaupt in **welchem** Gebiet gezählt wird. Der Zeitpunkt der Erfassung, der sog. **Stichtag**, ist häufig eine theoretische nachträgliche Bestimmung, da sich in den meisten Entwicklungsländern eine Zählung über einen längeren Zeitraum hinzieht.

Zwei Methoden zur Erfassung der Zählmasse werden international unterschieden: die der „Wohnbevölkerung" (de jure population) und die der „ortsanwesenden Bevölkerung" (de facto population).[2] Wenngleich diese Unterscheidung nur geringfügig die Bestimmung der gesamten Bevölkerungsgröße beeinflußt, zeigen sich doch Unterschiede bei einer differenzierteren Betrachtung einer Bevölkerungsgröße.

Wenn Gebietsgröße und Bevölkerungsmerkmale hinreichend bestimmt sind, dann hat die Unterscheidung von Wohnbevölkerung und ortsanwesender Bevölkerung kaum Bedeutung. In den industrialisierten Ländern wird die Methode der „de jure population" fast ausschließlich angewandt. Diese setzt voraus, daß die Elemente genau definiert sind (z. B. „Problemgruppen" wie: Touristen, Strafgefangene, Soldaten etc.) und daß ein ausgebautes und funktionierendes Registrierwesen besteht.

Hinsichtlich der Festlegung des „Stichtages" fallen die beiden Methoden jedoch mehr ins Gewicht. Hier prägt sich der Unterschied zwischen Wohnbevölkerung und ortsanwesender Bevölkerung stärker aus. Dies gilt in besonderem Maße für die Entwicklungsländer, in denen wir die verschiedensten Formen von saisonalen Wanderungen vorfinden.[3] Bei der Methode der „ortsanwesenden Bevölkerung" treten damit, je nach Wahl des Stichtages, unterschiedliche Dichten innerhalb eines Staatsgebietes auf. Beispiel: Bei der Interpretation von „Verstädterung", „Landflucht" etc. ist immer zu berücksichtigen, in welcher Weise die sich darauf beziehenden Zahlen ermittelt wurden.

Eine Bevölkerungsgröße ist jedoch deswegen schwer exakt zu bestimmen, weil eine jede Bevölkerung in dauerndem Wandel begriffen ist. Um eine feste Berechnungsgröße zu haben, hat man sich international auf eine sog. „mittlere Bevölkerung" geeinigt. Sofern entsprechende Daten verfügbar sind, ist dies das arithmetische Mittel der Summe von Anfangsbevölkerung und Endbevölkerung eines definierten Zeitraumes (meist ein Jahr). Da in Entwicklungsländern fast immer entsprechende Zahlen fehlen, müssen Schätzungen hinreichen.[4]

Der Vergleich zweier mittlerer Bevölkerungen ergibt den numerischen Wert ihres Wachstums. Dieser bezeichnet nur die absolute Veränderung einer Bevölkerungsgröße zwischen zwei Zeitpunkten. Das Wachstum in Prozent bezeichnet die Veränderung der Bevölkerungsgrößen zwischen zwei Zeitpunkten, wobei der Konvention nach die Bevölkerungsgröße der älteren Zählung als Basis (= 100 %) genommen wird. Die in der internationalen Diskussion am häufigsten gebrauchte Ziffer ist die des Bevölkerungswachstums. Diese Zahl drückt die durchschnittliche Zu/Abnahme einer Bevölkerung für eine bestimmte Zeitspanne in Prozent aus. Sie unterscheidet sich insofern von den beiden erstgenannten Zahlen, die Bevölkerungswachstum numerisch repräsentieren, dadurch, daß ihr bestimmte Verteilungsannahmen zugrunde liegen. Vier Verteilungsannahmen sind hier theoretisch möglich:

— die lineare Verteilung
— die geometrische Verteilung

— die umgekehrt geometrische Verteilung
— die expontielle Verteilung.

Abbildung 1: Übliche Annahmen für die Verteilung der Bevölkerung zwischen zwei Zeitpunkten

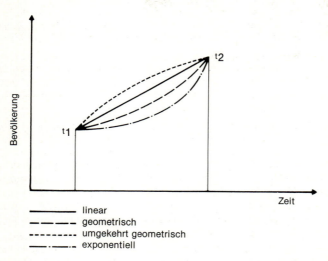

linear
geometrisch
umgekehrt geometrisch
exponentiell

Quelle: Hauser, J., Bevölkerungslehre, 1982, S. 61.

Zu beachten ist, daß man Wachstumsraten auf kürzere und längere Zeiträume beziehen kann. Grob gesagt sind dabei 10 Jahre eine kurze Periode. Längere Zeiträume geben zwar mehr Daten, weisen jedoch eine solche Menge an nicht bekannten Variablen auf, daß zwar eine ex post Berechnung sehr genau ist, jedoch — wie zu sehen sein wird — die prognostische Validität beim gegenwärtigen Stand demographischen Wissens äußerst zweifelhaft ist.

Ohne dies hier weiter zu begründen, kommt wohl die Annahme einer geometrischen Verteilung der Wirklichkeit am Nächsten[5]). Sie gilt deshalb auch als international verbindliches Maß: „(It) assumens that the population increases or decreased at the same rate over each year. The geometric rate of increase (also known as the compound interest rate) ist different from the expotential rate of change, ..., which assumes that compounding is occurring continiously".[6])

Bei der Berechnung von Wachstumsraten ergeben sich Probleme im Hinblick auf folgende Bereiche:

(1) Stabilität der Erfassungsgrundlagen

(2) Annahmen über die Verteilung.

zu (1): Bei spektakulären Änderungen der Wachstumsraten sind zuvörderst die Qualität der Datenerhebungen, die den Berechnungen zugrunde liegen, zu überprüfen. Zweifel über die Datenqualität sind im Bereich der Entwicklungsländer grundsätzlich angebracht. Vielfältige Gründe sind dafür verantwortlich zu machen. Auch die Verbesserung von Datenerhebung kann sich in steigenden Wachstumsraten zu Buche schlagen.

zu (2): Annahmen über die Verteilung über einen längeren Zeitraum werden sog. Zeitreihen entnommen. Vier Komponenten tragen zu der Formung einer solchen Zeitreihe bei[7]:
— die säkulare Komponente
   (d.h. ein über einen längeren Zeitraum andauernder Trend),
— die zyklische Komponente
   (eine regelmäßige, sich innerhalb mehrerer Jahre sich wiederholende Bewegung),
— die saisonale Komponente
   (eine regelmäßige, sich innerhalb eines Jahres wiederholende Bewegung),
   die zufällige — irreguläre Komponente.

Wenngleich bei der Bestimmung von Bevölkerungswachstumsraten der säkuläre Trend ausschlaggebend ist, darf nicht vergessen werden, daß eben jede Bevölkerungszählung die drei anderen Komponenten mit einschließen kann. Die Bevölkerungsstatistik hat dazu mathematische Modelle entwickelt, die es ermöglichen vor allem die den letzten drei Komponenten zuzurechnenden „Fehler" wieder herauszurechnen[8]).

Die demographischen Elemente, die das Bevölkerungswachstum bewirken, sind in einer einfachen Formel darzustellen:

$B_2 = B_1 + (Geburten — Sterbefälle) + (Einwanderung — Auswanderung)$

Dabei ist B_1 die Bevölkerung bei der früheren Zählung. Die Differenz der Geburten und Sterbefälle ergibt das „natürliche Wachstum"; die Differenz der Wanderungen die „Nettowanderung". Bei Wanderungsbewegungen hat man Binnen- und Außenwanderung zu unterscheiden, für die Bestimmung des Wachstums sind jedoch nur Auswanderungen, d. h. über Staatsgrenzen hinweg, von Bedeutung.

Wie sich das Wachstum der Menschheit im einzelnen historisch vollzogen hat, soll im Folgenden dargestellt werden:

2. Zur gegenwärtigen Situation des Bevölkerungswachstums in der Welt

Es hat nicht an starken Vokabeln gefehlt, die gegenwärtige Situation des Weltbevölkerungswachstums zu kennzeichnen: Bevölkerungsexplosion[9]) ist die gängiste, Bevölkerungslawine[10]) oder gar Bevölkerungsbombe[11]) wurden geprägt. Sie deuten darauf hin, daß es sich um einen für die menschheitsgeschichte außergewöhnlichen Vorgang handelt. Darum sei der Betrachtung der gegenwärtigen Situation ein kurzer Abriß über die Menschheitsentwicklung aus demographischer Sicht vorangestellt.

Zur Geschichte der menschlichen Bevölkerung[12])

Drei Perioden werden gemeinhin bei der Menschheitsentwicklung angenommen:
— das Auftauchen des **homo sapiens** vor ca. 1. Mill. Jahren,
— das Seßhaftwerden des Menschen (neolithische Revolution) in Verbindung mit der „Erfindung" der Landwirtschaft und der Domestizierung von Tieren,
— die Neuzeit ab ca. 1750 mit der Industriealisierung von Europa und Nordamerika.

Diese Periodisierung fällt in etwa mit der Genauigkeit zusammen, mit der sich die Bevölkerungsentwicklung schätzen läßt:

Nur Hypothesen können die Bevölkerungsgröße der Zeit zwischen dem Erscheinen des Menschen auf der Erde und dem Neolithikum (ca. 8 000 v. Chr.) erfassen.

Nur geschätzt werden können die Bevölkerungszahlen der Sammler und Jägergesellschaften in ihrer subsistenzorientierten Wirtschaftsform. Daten dazu werden den Untersuchungen von Anthropologen und Archäologen entnommen.

Eine erste ungenaue Schätzung der Weltbevölkerung kann für die Zeit um Christi Geburt angenommen werden. Es gab erste Volkszählungen im Römischen Reich, im imperialen China und in Teilgebieten Indiens. Die übrigen Gebiete sind mit einer Fehlerquote von ± 2 zu multiplizieren.

Eine relativ genaue Schätzung der Weltbevölkerung setzt mit Beginn der Neuzeit ein. Mit ± 20 % sind ab Mitte des 18. Jhdts. Schätzungen möglich. Die so gewonnenen Zahlen sind in der folgenden Tabelle zusammengefaßt.

Tabelle 1: Schätzungen der Weltbevölkerung und ihre Zuwachsraten.

Zeitperiode	Stand der Bevölkerung bei Ende der Periode	Zuwachsrate in ‰
1 Mill. v. Chr. — 8 000 v. Chr.	10 000 000	—
8 000 v. Chr. — 1 n. Chr.	300 000 000	0.36
1 n. Chr. — 1750	800 000 000	0.56
1750 — 1800	1 000 000 000	4.4
1800 — 1850	1 300 000 000	5.2
1850 — 1900	1 700 000 000	5.4
1900 — 1950	2 500 000 000	7.9
1950 — 1974	4 000 000 000	17.1
1974 — 2000	6 400 000 000	19.0

Quelle: Glubrecht 1972; Häuser 1982; Coale 1974; Demeney 1974[13])

Die folgende graphische Darstellung zeigt eindrücklich die Berechtigung der oben erwähnten dramatischen Begriffe

Abbildung 2: Das Bevölkerungswachstum von der Urzeit bis zur Gegenwart

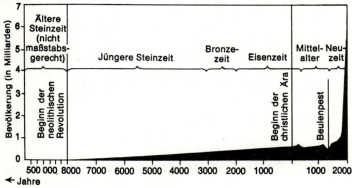

entnommen: Schmidt, J., Bevölkerungssoziologie, 1976, S. 111.

In der Zeit von 1750 bis 1975 stieg die Weltbevölkerung von ca. 1 Mrd. auf 4 Mrd. Menschen, die hat sich in einer Zeit vervierfacht, die noch nicht einmal 2 % der gesamten Menschheitsgeschichte ausmacht.

Eine andere Möglichkeit, sich diese enorme Entwicklung zu vergegenwärtigen, beruht auf der Berechnungsweise der sog. Verdoppelungszeiten.[14]) Während die Verdoppelungszeit in der Zeit zwischen 1 n. Chr. bis zum Jahre 1750 bei einer Wachstumsrate von 0,56 ‰ noch 1200 Jahre betrug, ist bei einer weltweit angenommenen Wachstumsrate von ca. 2 % p. a. die Verdoppelungszeit auf 35 Jahre geschrumpft. Die Weltbevölkerung hat ihre gegenwärtige Größe durch eine geringe Anzahl von Verdoppelungen erreicht. Selbst wenn man von dem hypothetischen ersten Menschenpaar Adam und Eva ausgeht, sind wir nunmehr bei der 31sten Verdoppelung. Sollte die gegenwärtige Zuwachsrate beibehalten werden, würde sich die Weltbevölkerung in den nächsten 350 Jahren 10 mal verdoppeln und auf die unglaubliche Anzahl von 4 Billiarden (eine Zahl mit 15 Nullen) anwachsen.[15]

Allgemein bekannt ist, daß Wachstumsraten sich regional sehr unterschiedlich darstellen. Tabelle 2 zeigt die gegenwärtigen Wachstumsraten von nach sozioökonomischen Indikatoren geordneten Regionen.

Tabelle 2: Bevölkerungswachstum und Verdoppelungszeiten nach sozioökonomischen Kriterien

	Wachstumsraten in %	Verdoppelungszeit in Jahren
Entwicklungsländer	2,3 %	30,1
Industrieländer	0,5 %	138,6
OPEC-Staaten	2,8 %	24,8
Staatshandelsländer	1,1 %	63,0

Quelle: Weltbank, Weltentwicklungsbericht 1979 und eigene Berechnungen

Mit einer leichten Differenz in den Zahlen läßt sich diese Tatsache recht eindrücklich graphisch darstellen. (Abb. 3)

Abbildung 3: Verteilung und natürliches Wachstum der Weltbevölkerung nach Ländern

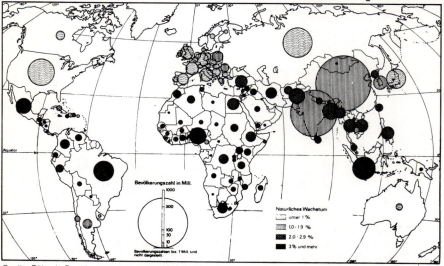

Quelle: Bähr, J., Bevölkerungsgeographie, 1983, S. 56

Die großen Unterschiede innerhalb der Weltregionen sind en detail den verschieden statistischen Spezialveröffentlichungen zu entnehmen.[16] Aus Platzgründen sei hier auf ein Abdruck verzichtet.

Es sind drei Eigentümlichkeiten, die bei einer eingehenden Betrachtungsweise der Wachstumsraten auffallen[17]).

Erstens ist festzustellen, daß die Wachstumsrate von weniger als 0,5 % p. a. in den Jahren 1750 bis 1850 auf 1,9 % in dem Vierteljahrhundert 1950 bis 1975 angestiegen ist. Innerhalb dieser Zeitperioden sind jedoch starke Differenzen festzustellen. Die heutigen Industrienationen wuchsen um 0,5 % p. a. während die jetzigen Entwicklungsländer, wahrscheinlich, in denselben frühen Jahren um 1750 nur um 0,4 % p. a. wuchsen (das sind Verdoppelungsraten von 138,6, bzw. 173,3 Jahren). Die Zahlen für 1850 bis 1950 waren 0,9 % p. a. bzw. 0,6 % p. a. und für den Zeitraum 1950 bis 1975 änderte sich die Relation auf 1,1 % zu 2,3 % p. a. der Entwicklungsländer. Eine genauere Analyse zeigt, daß die Industrienationen in den 50ern ein Hoch von 1,3 % p. a. erreichten und die Entwicklungsländer ein Hoch von 2,4 % innerhalb der letzten 10 Jahre. (2,4 % bedeutet eine Verdoppelungszeit von 28,9 Jahren!)

Zweitens hat sich die Relation zwischen den Bevökerungen der Entwicklungsländer und der der Industrienationen wie folgt verändert:

1750 = 75 : 25
1950 = 66 : 34
1975 = 73 : 27

Drittens verbirgt dieses ,Zahlenspiel' die ungeheure absolute Zunahme der Bevölkerung in der Dritten Welt. Zwischen 1750 und 1850 vermehrte sich die Bevölkerung der Entwicklungsländer um ca. 3 Mill. p. a., die der Industrieländer um 1,5 Mill. In den Jahren 1850 bis 1950 waren die Zahlen 7,5 Mill. zu 5 Mill. p. a. und von 1950 bis 1975 betrug die Zunahme 50 Mill. in den Entwicklungsländern und 10 Mill. p. a. in den Industrieländern. Abb. 4: verdeutlicht diesen Trend. Gegenwärtig beträgt der jährliche Zuwachs in den Entwicklungsländern etwa 60 Mill. Menschen (das ist in etwa die Bevölkerung der Bundesrepublik Deutschland ohne Westberlin).

Abbildung 4: Wachstum der Weltbevölkerung 1750 — 1970 und weitergehende Prognosen

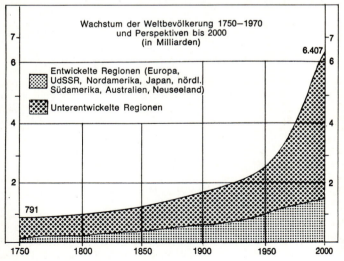

Quelle: Schmidt, J. Bevölkerungssoziologie, 1976, S. 298

Auch hier würde eine eingehende Betrachtung der jeweiligen Entwicklungen in den verschiedenen Entwicklungsländern wichtige unterschiedliche Erkenntnisse zutage fördern. Auch ist die hohe Aggregationsform ‚Entwicklungsländer' im Zweifel eher verschleiernd als aufklärend. Genaueres ist der entsprechenden Spezialliteratur zu entnehmen.[18]) Ohne jedoch auf die Unterschiede hier näher einzugehen, ist wohl mit dem bisher dargelegten die Dimension des Problems auf Weltebene hinreichend deutlich geworden.

3. Die Theorie des demographischen Überganges (demographic transition)

Wie verschiedentlich erwähnt, ist im wesentlichen die Differenz zwischen Sterbefällen und Geburten für den Anstieg der Weltbevölkerung verantwortlich zu machen. Im Rahmen der Analyse des Problems können die einzelnen, oft auch starken Wanderungsströme — besonders im asiatischen Raum — vernachlässigt werden.

Die zur Zeit herrschende ‚Theorie' für die Erklärung des sprunghaften Wachstums, d. h. des Überhanges von Geburten über Sterbefälle, ist die des **‚demographischen Überganges'** (demographic transition). Ihr zugrunde liegenden Annahmen sollen im Folgenden zusammengefaßt werden. Die Kenntnis dieser Grundlagen ermöglicht dann auch eine Einschätzung von Entwicklungsvorhaben, die sich direkt oder indirekt auf eine Reduktion von Bevölkerungswachstum beziehen. Es sind dies die überwältigende Mehrheit aller Entwicklungsprojekte.

Die Theorie[19])

Folgende vier Grundtypen, die das Wachstum einer Bevölkerung beeinflussen, lassen sich unterscheiden:
(1) hohe Sterblichkeit und hohe Geburtenrate
(2) niedrige Sterblichkeit und niedrige Geburtenrate
(3) hohe Sterblichkeit und niedrige Geburtenrate
(4) niedrige Sterblichkeit und hohe Geburtenrate.

Die dritte Variante kann bei den folgenden Überlegungen außer acht bleiben, weil eine solche Bevölkerung über kurz oder lang aussterben würde.

Die Kombination der übrigen drei Varianten weist, wenn man die europäischen Bevölkerungsbewegungen seit 1750 in ihrem historischen Ablauf grob generalisiert, einen typischen Verlauf von hoher Sterblichkeit und hoher Geburtenrate zu einem Zustand niedriger Sterblichkeit und niedriger Geburtenrate (ausgedrückt in (a) Geburtenziffer, das ist die Anzahl der Lebendgeborenen eines Jahres auf 1 000 Frauen im gebährfähigen Alter; Sterbeziffer, das ist die Zahl der Gestorbenen eines Jahres auf 1 000 der mittleren Bevölkerung). In der Abbildung 5 ist dieser Verlauf idealtypisch abgebildet.

Dieser beobachtete Transformationsprozeß wird in drei Phasen eingeteilt, wobei die eigentliche Transformationsphase noch einmal unterteilt werden kann. Zum einen kann diese Theorie über generatives Verhalten der Bevölkerung und schließlich als Prognosemodell. Die Beschreibung der gesamten Transformation ist Hauser's Bevölkerungsprobleme entnommen[20]):

„1. — Prätransformative Phase
Nur geringe Beeinflussung oder Kontrolle sowohl der Geburten — als auch der Sterbeverhältnisse (...) (E)ine Bevölkerung mit hohen Geburten- und Sterbeziffern, aber kleinem bis gar keinem Wachstum ....[21])

Abbildung 5: Der Transformationsprozeß und seine Phasen

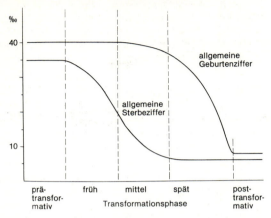

Quelle: Hauser, Bevölkerungsprobleme der Dritten Welt, 1974, S. 131

2. — Transformative Phase

Sterblichkeit und Fruchtbarkeit befinden sich auf dem Weg zu niedrigen Werten. Dabei ist die Sterblichkeit der Fruchtbarkeit voraus, was ein mittleres bis rasches Wachstum, ja zuweilen ‚explosives' Bevölkerungswachstum zur Folge hat.

Drei Subphasen können zusätzlich unterschieden werden:

2a — Frühtransformativ

Die Sterbeziffer beginnt zu fallen, während die Geburtenziffer noch konstant hoch bleibt.[22]) Klassifikatorisch rechnen wir dieser Stufe jene Länder zu, deren allgemeine Sterbeziffer 15 ‰ oder mehr, deren allgemeine Geburtenziffer 35 ‰ und mehr betragen.

2b — Mitteltransformativ

Sterbeziffer und Geburtenziffer fallen, wobei die Sterbewerte immer einen Vorsprung haben. Zu einem mittleren Typ zählen Länder, deren allgemeine Sterbeziffer unter 15 ‰ gesunken, deren allgemeine Geburtenziffer wohl langsam im Fallen ist, aber immer noch 35 ‰ und mehr beträgt.

2c — Spättransformativ

Die Sterblichkeit ist niedrig und stabil; die Fruchtbarkeit ist leicht fluktuierend. Methoden und Mittel betreffend Geburtenkontrolle sind bei der Bevölkerung weitherum bekannt und verbreitet. Alle Länder mit allgemeinen Geburtenziffern unter 35 ‰ und allgemeine Sterbeziffern unter 15 ‰ werden dieser Stufe zugeteilt.

3. — Postransformative Phase

Sterblichkeits- und Fruchtbarkeitswerte sind beide äußerst niedrig. Kontrazeptive Mittel und Methoden sind innerhalb des Reproduktionsprozesses zum integrierenden Bestandteil geworden; sie dienen dazu, die beiden demographischen Variablen im Gleichgewicht zu halten. Das Bevölkerungswachstum ist null oder nur wenig über null.''

Es hat nun viele Berechnungen dahingehend gegeben, die jeweilige Position eines Landes in diesem transformativen Prozeß zu bestimmen. Bei allen Ländern der Erde nimmt man an, daß sie zumindest die prätransformative Phase — vorausgesetzt man akzeptiert diese Theorie — verlassen haben. Bei allen Entwicklungsländern ist ein Absinken der Sterblichkeit festzustellen, z. T. sogar dramatischen Ausmaßes. Geringfügige Abnahme der Fruchtbarkeit ist bei ebenfalls den meisten festzustellen. Vgl. Abbildung 6.

Abbildung 6: Die Lage einzelner Regionen bei Annahme der Theorie der demographischen Transformation

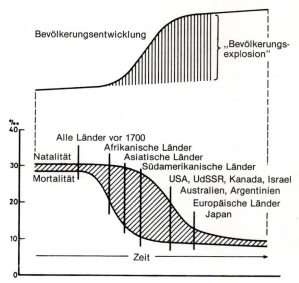

Quelle: Hauser, Bevölkerungslehre, 1982, S. 226

Da diese beobachtete Bevölkerungsdynamik mit bestimmten sozioökonomischen Indikatoren korrelierte, liegt es nahe, das Verhältnis von demographischer Entwicklung und ,allgemeinem Entwicklungsstand' eines Landes als ein kausales zu interpretieren. Je ,moderner', je ,urbanisierter', je ,industrialisierter', je ,besser ausgebildet' ein Land ist, desto mehr tendiert es zu der posttransformativen Phase. Umgekehrt, je ,traditioneller', je ,agrarischer', je ,weniger ausgebildet' ein Land eingestuft wird, desto eher wird es der Prätransformativen oder der frühtransformativen Phase zugeordnet werden können. Die jeweilige sozioökonomische Verfassung wäre dann als der Grund der jeweiligen Position in diesem Transformationsprozeß.

Dieser Interpretation liegen verschiedene Annahmen über das generative Verhalten der Menschheit zugrunde. Eine grundlegende ist die, daß jede Gesellschaftsordnung bemüht sei, ihre Bevölkerungsvorgänge in einem Gleichgewicht zu halten und die kollektiven Sterbevorgänge jeweils bis zu dem Grade zu ersetzen, wie es den vorherrschenden Normen der jeweiligen Gesellschaft entspricht. Weiterhin wird angenommen, daß eben diese Normen sich als derart flexibel erweisen, daß sie sich den demographischen Vorgängen anpassen[23]). Hinter dieser Annahme verbirgt sich die dem Darwinismus entlehnte Vorstellung vom Ausgleich der Natur.

Nun hat jede Gesellschaft als einen hohen Wert den der Verminderung der Sterblichkeit und das Erreichen hohen Alters. Aus diesem Grunde setzten sich ,westliche' Methoden zur Herabsetzung der Sterblichkeitsrate eben deswegen so schnell durch, weil ihnen eine universelle Akzeptanz innewohnt. Diese Methoden sind kurative Medizin und präventive Verbesserung der allgemeinen sanitären Situation.

Jedoch scheint die Anpassung des Fruchtbarkeitsverhaltens an das schnelle Sinken der allgemeinen Sterbeziffer von Bevölkerungen sehr komplexen Normenbündeln zu unterliegen und kann eben nicht als ein einfacher ‚Reflex' auf die andere wesentliche demographische Größe verstanden werden. Eine ‚einfache' Umkehrung des Schlusses also, daß ‚Modernisierung' eine geringere Geburtenziffer zur Folge hätte, verwechselt — bei aller Fragwürdigkeit des Begriffes ‚Modernisierung' — somit das Ziel mit den Mitteln. Diese (leider) weit verbreitete Annahme liegt nicht zuletzt in der Schwäche der **Theorie** des demographischen Überganges begründet. Damit erschöpft sich jedoch nicht die Kritik an dieser Theorie. Kritiken, das sei der Fairnes halber gesagt, die z. T. auch schon von den Begründern dieses Konstrukts vorgebracht wurden. Die kritischen Einwände im Einzelnen:[24])

(1) Es handelt sich bei der Theorie um keine historisch gültige Beschreibung des europäischen Bevölkerungsverhaltens (Dessen Dynamik wurde ja diese Regelhaftigkeit unterstellt). Die Entwicklungen auf dem europäischen Kontinent verliefen in recht unterschiedlicher Weise (z. B. der ‚französische Fall' des Rückganges des Bevölkerungswachstums schon bei einer agrarischen Gesellschaft). Coale[25]) hat nachgewiesen, daß Unterschiede bis zu 30 % hinsichtlich des Fruchtbarkeitsniveaus bei Eintritt in die sog. Transformationsphase innerhalb Europas bestanden. Diese Unterschiede beruhen auf verschiedenen Normen, die indirekt die Fruchtbarkeit beeinflußten (z. B. dem Zölibat zugeschriebener hoher Wert; später Eintritt in das Heiratsalter bei gleichzeitiger Ächtung außerehelicher Kinder etc.).

(2) Die Theorie des demographischen Überganges klärt nicht die Beziehung zwischen ‚Modernisierung' und Bevölkerungsrückgang. Es sind theoretisch durchaus Bevölkerungsvorgänge vorstellbar, in der hoher Urbanisierungsgrad und Industrialisierung mit hoher Fruchtbarkeit und geringer Sterblichkeit korrelieren. Zudem nimmt die Theorie so etwas wie einen ‚glatten' Übergang von einer Phase zur anderen an, wenngleich dieser Übergang mit sehr hoher Fluktuation behaftet sein kann.

(3) Ein häufig vorgebrachter Einwand besteht darin, daß die Theorie des demographischen Überganges kulturspezifische und historische Besonderheiten außer acht lasse. Im wesentlichen sei die Theorie eine Angelegenheit der europäischen Länder. Auf diesen Punkt des ‚ahistorischen' Vorgehens („Kausalität in einem Kulturkreis sagt noch nichts über Kausalität in einem anderen Kulturkreis aus"[26]) hat vor allen Dingen Hauser hingewiesen[27]). Seine Argumente lauten zusammengefaßt folgendermaßen: Das Erreichen geringer Sterblichkeitsvorgänge in den jetzt industrialisierten Ländern vollzog sich in ganz anderer Weise in den Ländern der Dritten Welt. Die ‚Entwicklung' (hier als rein deskriptive Kategorie gebraucht) der Industrienationen vollzog sich in einer bestimmten Reihenfolge. Bei dieser Reihenfolge von Ereignissen war die Reduktion der Sterblichkeit und das Erreichen höherer Lebensalter auch ein Teil. Mit anderen Worten, die Verringerung der Sterbefälle sind in den europäischen Nationen endogener Natur, aus ihnen selbst heraus entstanden, bei den Ländern der Dritten Welt handelt es sich um ein Ereignis exogener Natur, von außen eingebracht. Stellt man die verschiedenen entscheidenden Entwicklungsschritte der entwickelten Länder und der Dritten Welt stark vereinfacht nebeneinander, ergibt sich folgendes Bild (nach Hauser 1974 a. a. O., S. 56):

Westlicher Kulturkreis	Nicht-westlicher Kulturkreis
1. Kommerzielle Revolution (1100)	1. Revolution der Kriegstechnik
2. Revolution der Kriegstechnik (1400)	2. Kommerzielle Revolution
3. Agrarrevolution (1700)	3. Revolution im Transport und Kommunikationswesen
4. Industrierevolution (1780)	4. Medizinische Revolution
5. Medizinische Revolution (1800)	5. Bevölkerungsexplosion
6. Bevölkerungsexplosion (1850)	6. Industrierevolution(?)
7. Revolution im Transport- und Kommunikationswesen (1850)	7. Agrarrevolution(?)

Deutlich wird dabei, daß die Bevölkerungsexplosion der Dritten Welt zu einem Zeitpunkt stattfand (stattfindet), in dem ganz im Gegensatz zu der Erfahrung der Industrieländer von wirtschaftlicher Entwicklung nicht gesprochen werden kann. Überspitzt ausgedrückt: Die Entwicklung in den Entwicklungsländern findet in der **schlechtestmöglichen,** schädlichsten, die Probleme vermehrenden Reihenfolge statt.

(4) Ein weiterer Einwand gegen die Theorie bringt vor, daß bisher die eine Transformation hervorbringenden oder verursachenden Variablen nicht geklärt seien. Sie befänden sich zudem auf einer unterschiedlichen theoretischen Abstraktionsebene. Kriterien wie ‚Einstellung gegenüber Geburtenbeschränkung', ‚Alphabetisierungsrate', ‚Stellung der Frau in der Gesellschaft', ‚Urbanisierungsrate', sind derart verschieden, daß sie nicht zu einem Index zusammengefaßt werden können.[28])

(5) Schließlich, der Theorie des demographischen Überganges ist kein Prognosewert zuzuschreiben. Damit sind zwei Einwände zusammengefaßt: erstens ist es ungeklärt, wann denn der Transformationsprozeß — nach der hier vorgelegten Klassifikation die mitteltransformative Phase — einsetzen wird. M. a. W., welches wäre denn ein minimaler oder typischer Wert, um den eine Sterblichkeit zu sinken hätte, damit ein Nachfolgen des Sinkens der Fruchtbarkeit konkret erwartbar wäre. Weiterhin sagt die Theorie nichts über die Dauer des jeweiligen Transformationsprozesses aus.[29])

Zusammengefaßt läßt sich zwar sagen, daß anhand der bisher vorliegenden empirischen Untersuchungen eine sehr große Wahrscheinlichkeit besteht, daß sich ‚irgendwann' einmal das hohe Niveau der Fruchtbarkeit senken werde. Jedoch „(...) a demographer can explain why fertility declines and when it does and can specify conditions that are sufficient for dertility to decline, such knowledge does not add up to a useful predictive theory" resumiert Paul Demeney[30]). Alle Einwände lassen es angeraten erscheinen, eine rigide Anwendung oder Umsetzung der Theorie des demographischen Überganges wenn möglich zu vermeiden. Ihre Formulierung und die daran seit Jahrzehnten andauernde Diskussion haben jedoch viele demographische Überlegungen gefördert, die wohl ohne diese Theorie nicht oder nicht so entstanden wären. „Zur Zeit ist eine bessere Theorie auf ähnlichem Abstraktionsniveau nicht in Sicht"[31]).

4. Ausblick:

„Der Mensch als Plage" oder „Die Bevölkerungsbombe ist ein Rockefeller Baby"[32])

Nachdem nun festgestellt wurde, **was** Bevölkerungswachstum ist, muß nun geklärt werden, **wie** dieses Phänomen seit ca. 30 Jahren argumentativ eingesetzt wird. Und was diese Verwendung anbelangt, sieht es weit beängstigender aus, als uns die pure Beschreibung vom Zunehmen der Weltbevölkerung suggeriert.

Der Begriff des Bevölkerungswachstums wird gedeutet als **Überbevölkerung**. Diese Überbevölkerung, die Menschheit im „Schwärm-Stadium", wird nicht selten mit dem Verhalten von Lemmingen oder den biblischen Heuschreckenplagen Ägyptens verglichen. Doch bleibt es nicht bei den Vergleichen mit der Tierwelt. Zudem wird man nicht müde festzustellen, daß es gerade die Armen und die „Unintelligenten" (welche Intelligenz?) sind, die sich diesem irrationalen Vermehrungstrieb hingeben. Und dadurch unterscheiden sie sich so ungemein von den rationalen, intelligenten, reichen und (!) kinderarmen Bewohnern des industrialisierten Nordens. Es ist also zu befürchten, daß diese Menschenmassen nicht nur allmählich all das aufzehren, was gerade für wenige zu reichen scheint, sondern daß zudem die Dummheit überproportional zunehmen kann. Dieser Gefahr könne man doch nur mit einer geburtenregelnden Bevölkerungspolitik begegnen.

Und damit zeigt sich der ideologische Gehalt der Diskussion um das Wachstum der Bevölkerung, die mit Malthus begann: Die Menschen werden im Verhältnis zur Konsumtion und nicht zur Produktion gesehen. Und das Konsumtionsniveau der Habenden ist gegen die Habenichtse zu verteidigen.[33] Gerade bei der Beschreibung der Bevölkerungszunahme in der Dritten Welt wird von der „Konsumtionsexplosion" der Ersten Welt nur allzu wenig verlautbart. Da es nun die Armen sind, die sich so stark vermehren, können sie nun implizit für ihre Armut verantwortlich gemacht werden. Denn: Wenn sie weniger wären, dann hätten sie ja auch mehr. Und zu allem Überfluß sind sie nicht bereit, sich diesen logischen Argumenten zu beugen. Ganz klar drückt sich da der „Ingenieur" der Bevölkerungsbombe, Paul Ehrlich, aus: „Unter Umständen werden wir gezwungen sein bekanntzugeben, daß wir nicht länger Nahrungsmittel in Länder liefern werden, die entweder nicht bereit oder in der Lage sind, das Wachstum der Bevölkerung zu kontrollieren."[34] Ähnliche Argumentationsmuster werden auch gegenüber unseren Armen nur allzugerne gebraucht. Immer wieder führt die Diskussion über den Bevölkerungszuwachs auf die Schlüsselbegriffe von Armut und Hunger. Armut und Hunger sind jedoch zunächst einmal der Hinweis auf ein Problem der Verteilung und nicht das Problem fehlender Ressourcen (Katastrophen ausgenommen)[35]. In einer (entwicklungs)politischen Atmosphäre, in dem sich dem wirtschaftlichen Wachstum alleine widmet und nicht der Entwicklung der allgemeinen Wohlfahrt, dem Zugang zu Produktion und Verteilung von Produkten, ist eine Hinwendung zu einer geburtenbeschränkenden Bevölkerungspolitik eigentlich „neutral", „natürlich", lasse sich doch, so die Argumentation, die objektive Zunahme der Bevölkerung nicht leugnen. Investitionen, die zu dem wirtschaftlichen Wachstum führen sollen, müßten sonst in der Masse versickern, bevor sie ihre positive Wirkung zeigten.

Die armen Menschen passen sich jedoch in ihrem generativen Verhalten nicht der Investitionsquote an, sondern an die Armut (die ungleiche Verteilung). Mehr Menschen haben mehr Chancen und erhöhen die Sicherheit. Eine Änderung der Verteilung ist aber nicht mit Hilfe des wirtschaftlichen Wachstums zu lösen. Diesem politischen Problem unter Beibehaltung des günstigen Investitionsklimas glaubt man durch eine solche Bevölkerungspolitik zu entgehen. Doch dieser **Ursache** der Armut sollten alle Energien gewidmet sein.

Eines muß ganz klar sein: Frauen und Familien haben alle Rechte, sich der modernen Methoden der Geburtenregelungen zu bedienen und selbst die Größe ihrer Familien zu bestimmen. Es sind dies rationale Entscheidungen, ihre Situation zu bewältigen. Eine von oben verordnete oder aufgezwungene Familien-/Bevölkerungspolitik kann nur zum Scheitern verurteilt sein. Das Skalpell für die Vasektomie ist kein geeignetes Instrument der Entwicklungspolitik. Als Zwang eingesetzt, bringt es nicht Geburtenraten zum Fallen, wohl aber Regierungen.

Literaturhinweise

[1] Brown, L.; McGrath, P.; Stokes B., Twenty-Two Dimensions of the Population Problem. Worldwatch Paper No 5, Washington 1976.

[2] In den verschiedenen UNO-Publikationen wird dazu folgende handliche Definition angeboten: de jure population = ‚place of usual residence', de facto population = ‚place where foung at time of census' vgl. dazu als letzte Veröffentlichung Demographic Yearbook 1981, New York 1983, Technical Notes, S. 17.

[3] Dazu mit ausführlicher Literatur: Bähr, J., Bevölkerungsgeographie, Stuttgart 1983, S. 278 ff.

[4] Mit dem Problem von Schätzungen setzen sich die in Sachen Demographie führenden Vereinten Nationen auseinander. UN-Manuals on Methods of Estimating Population Vol IV, (Methods of Estimating Basic Demographic Measures from Incomplete Data, New York, 1972); dazu auch: Coale, A. J. & Demeney P., Regional Model Life Tables and Stable Population, Princeton 1966.

[5] Feichtinger, G., Bevölkerungsstatistik, Berlin 1973, S. 193 f.

[6] UN-Demographic Yearbook 1981, a. a. O., S. 20. Formelmäßig ist die geometrische Wachstumsrate folgendermaßen definiert:

$$r = \left(\sqrt[t]{\frac{P_t}{P_o}} - 1 \right) \times 100$$

Wobei: P_o = Population at basis year
P_t = Population at end year
t = time difference between P_o and P_t
r = annual percentage of change

[7] Hauser, J., Bevölkerungslehre, 1982, S. 59

[8] siehe Anm. 4, aber auch: Winkler, W., Demometrie, Berlin 1969; Feichtinger 1973 a. a. O.

[9] Als erster wohl geprägt hat es: Cook, R. C., Wer wird morgen leben? Die Krise der menschlichen Fruchtbarkeit, Hamburg 1951.

[10] Wirsing, G., Die Menschenlawine, Stuttgart 1958.

[11] Ehrlich, P., The Population Bomb, New York 1968

[12] Dieser Teil ist eine Zusammenfassung folgender Arbeiten: Desmond, A., How Many People Have Ever Lived on Earth? in: Mudd, St. (Hrsg), The Population Crisis and the Use of World Ressources, Bloomington 1964, S. 27—46; Köllmann, W. u. Marschalck, P. (Hrsg), Bevölkerungsgeschichte, Reinbek, 1976, S. 108—118; sehr anschaulich: Coale, A. J., The History of the Human Population, in: The Human Population, Scientific American Book, San Francisko 1974, S. 15—25; Durand, J. D., Historical Estimates of World Population: An Evaluation, in: Population and Development Review No 3, 1977, S. 253—296; aus kulturhistorischer Sicht: Imhof, A. E., Die gewonnenen Jahre. Von der Zunahme unserer Lebensspanne seit dreihundert Jahren oder von der Notwendigkeit einer neuen Einstellung zu Leben und Sterben, München 1981, bes. S. 29—75.

[13] Glubrecht, H., Das Wachstum der Weltbevölkerung und seine antropologischen Konsequenzen in: Gadamer, H.-G., u. Vogler, P. (Hrsg), Neue Antropologie, Bd. 3 ‚Sozialanthropologie', Stuttgart 1972, S. 33—34; Hauser, J., Bevölkerungslehre, a. a. O., S. 196—204, Coale, A. J., The History of the Human Population, a. a. O., S. 17, Demeney, P., The Populations of the Underdeveloped countries, in: The Human Population, Scientific American Book, San Francisko 1974, S. 108.

[14] Genaueres dazu in: Shryock, H. S. u. Siegel, J. S., The Methods and Materials of Demography, Bd. I u. II, US Department of Commerce, Bureau of the Census, 3. Aufl., Washington D. C., 1975, S. 386.

[15] Coale, A. J., The History . . . a. a. O., S. 17.

[16] Jährliche Überblicke sind folgenden Werken zu entnehmen: Europa Publication Ltd. (Hrsg), London, mit folgenden Einzelbänden: Europe Yearbook I/II, Africa South of the Sahara, the Middle East and North Africa, The Far East and Australia; ILO — Yearbook of Labour Statistics, Geneva, mit besonderen Statistiken die Erwerbsbevölkerung betreffend; UNESCO Statistical Yearbook, Paris; WHO — World Health Statistics Annual, mit speziellen Statistiken zu Fruchtbarkeits- und Sterbeverhältnissen; UN- Social and Economic Council, Demographic Yearbook; Sehr verläßlich auch: Population Reference Bureau Inc., Washington mit ihrem jährlichen ‚World Population Data Sheet'. In der BRD gibt das Statistische Bundesamt, Wiesbaden, in unregelmäßiger Folge Übersichten über die Weltbevölkerung heraus, das letzte: Stand und Entwicklung der Bevölkerung im Ausland, Stuttgart/Mainz, 1981.

[17] Demeney, P., The Population of the Underdeveloped Countries, a. a. O., S. 105.

[18] Hauser, J., Bevölkerungsprobleme der Dritten Welt, Stuttgart/Bern 1974, als gute Einführung mit weiterführender Literatur; aber auch: Brown, L., Resource Trends and Population Policy: A time for Reassessment, Worldwatch Paper 29, Washington 1979.

[19] Entwickelt wurde diese Theorie von Thompson, W. S., Population, in: American Journal of Sociology Vol. 23, No 6, 1929, S. 959 ff., von ihm weiterentwickelt in: Plenty of People, Lancester, Penn., 1944; verfeinert anhand neuerer demographischer Daten, besonders über Japan — in: Population Progress in the Far East, Chicago 1959; vgl. aber auch: Notestein, F., Population — The Long View, in: Shultz, Th. W., ‚Food for the World', Chicago 1945.

[20] zitiert aus Hauser, J., Bevölkerungsprobleme . . ., a. a. O., S. 132/133.

[21] Es ist sehr wahrscheinlich, daß die Relation von Geburtenziffer und allgemeiner Sterbeziffer nicht so ebenmäßig verlief, wie es die Graphik der Vorderseite vermuten läßt. Wahrscheinlich — geschlossen aus anthropologischen Untersuchungen — wechselten Phasen hoher Sterblichkeit und hoher Geburtlichkeit mit kurzer Phasenverschiebung sich schnell hintereinander ab. Dies wird aus der Tatsache geschlossen, daß Jäger- und Sammlervölker weitaus mehr Umwelteinflüssen und Krankheiten ausgesetzt waren als spätere Generationen, vgl. Schmidt, J., Bevölkerungssoziologie, Reinbek 1976, S. 113; van der Walle, E./Kantrow, L., Historical Demography: A Bibliographical Essay, in: Population Index, 40, Nr. 14, S. 611—623, Coale, A. J., The History . . . a. a. O., S. 22.

[22] Original Fußnote von Hauser in dem hier zitierten Text: „Es kann sogar der Fall eintreten, daß aufgrund verbesserter Gesundheitsverhältnisse der fruchtbaren Bevölkerungsgruppe die Geburtenziffer vorerst gar noch ansteigt."

[23] Bogue, D. j., Principles of Demography, New York 1969, S. 51.

[24] Die folgende Darstellung folgt der von Schmidt, J., Bevölkerungssoziologie a. a. O., S. 292—296; Hauser, J., Bevölkerungsprobleme . . ., a. a. O., S. 133—138; ders., Bevölkerungslehre, a. a. O., S. 234—240 und Coale, A. J., The Demographic Transition, in: International Union of the Scientific Study of Population, Liège 1973, Vol. I, S. 53 ff.

[25] Coale, A. J., The Demographic Transition a. a. O., S. 64 f.

[26] Hauser, J., Bevölkerungslehre, a. a. O., S. 235.

[27] Hauser, J., Bevölkerungsprobleme, a. a. O., S. 48 ff.

[28] Hauser, Ph. M./Duncan, O. D., Demography as a Body of Knowledge, in: Hauser, Ph. M. u. Duncan, O. D., the Study of Population — An Inventory and Appraisal, Chicago/London 1966, S. 94.

[29] Schmidt, J., Bevölkerungssoziologie, a. a. O., S. 294 mit weiteren Literaturhinweisen.

[30] Demeney, P., The Populations of the Underdeveloped Nations, a. a. O., S. 113.

[31] Okediji, H. O., Changes in Individual Reproductive Behavior and Cultural Values, in: International Union for the Scientific Study of Population, Liège, 1974, S. 15, zitiert in Schmidt, J., a. a. O., S. 294.

[32] Eyre, S. R., Man the Pest: Eine Frage des Überlebens, in KURSBUCH 33 (1973), S. 53—71. Weissmann, S., Die Bevölkerungsbombe ist ein Rockefeller Baby, in: KURSBUCH 33 (1973), S. 81—94.

[33] vgl. dazu Bondestam, L., The Political Ideology of Population Control, in: ders. und Bergströn, S., (Hrsg.), Poverty and Population Control, London et al, 1980, S. 1—38.

[34] Ehrlich, P., Bevölkerungsbombe, a.a.O., S. 156.

[35] De Ravignan, F., La Faim, Pourquoi?, Paris (2. Aufl.) 1983, S. 48—57; Baytelman, D., Rural Structures, Food Production and Distribution., International Union for the Scientific Study of Population, Liège 1980.

Bildungssystem und Beschäftigungssystem in der Dritten Welt

Volker Lenhart

Die bisherige internationale, und d. h. vor allem von den genannten internationalen Organisationen und Institutionen getragene Forschung, nähert sich dem Problemfeld mit drei unterschiedlich breiten Fragestellungen, die zugleich die ersten Gliederungsgesichtspunkte dieser Darstellung abgeben:

— der generellen nach dem umfassenden Zusammenhang von Bildungssystem und Beschäftigungssystem (1),

— der mittleren nach der Bedeutung von Ausbildungsmerkmalen für die Struktur und Funktion von Arbeitsmärkten (2),

— der spezifischen nach dem Zusammenhang von Ausbildungsvariablen mit Einzelmerkmalen des ökonomischen Systems, z. B. Arbeitsproduktivität oder Arbeitseinkommen (3).

Neben den Hypothesen und Ergebnissen von Forschung enthält die hier zu analysierende Literatur Vorschläge zu und Berichte über Reformmaßnahmen im Bildungsbereich, mit denen eine bessere Verbindung von Bildung und Arbeit erreicht werden soll. Die im formalen Bildungssystem angesiedelten Modelle, die die meiste internationale Aufmerksamkeit gefunden haben, sollen abschließend dargestellt werden (4).

1. Der generelle Zusammenhang von Bildungssystem und Beschäftigungssystem

Globalanalysen über den Beitrag von Bildung bei der Verursachung der angeführten Zustände oder die mögliche Funktion von Bildung bei ihrer Behebung haben — wie zu vermuten war — zu widersprüchlichen Ergebnissen geführt. So erhöht nach korrelationsstatistischen Berechnungen, z. B. in Kolumbien, Kenia oder Indien, eine höhere Bildung für den einzelnen die Chance, eine Anstellung zu finden. In Ceylon, Iran, Argentinien, Malaysia, Syrien und Venezuela ist die Arbeitslosigkeit unter Sekundarschulabgängern höher als die unter Primarschulabgängern, sinkt aber wiederum bei Universitätsabsolventen.

Blaug diskutiert die grundlegenden Annahmen über den Zusammenhang von Bildung und Beschäftigung, die nicht nur bei praktischer Bildungsplanung, sondern auch als Hypothesen entsprechender empirischer Studien eine Rolle gespielt haben. Er prüft die widersprüchlichen Annahmen in einer ersten Konfrontation mit Forschungsergebnissen auf ihre Plausibilität.[1])

a) Bildung vermehrt das Ausmaß an Beschäftigung.

Diese These trifft direkt zu, wenn man daran denkt, daß das Bildungssystem selbst zahlreiche Ausbildungsplätze bereitstellt. Indirekt, so wird behauptet, stimmt die These, weil Bildung die Menschen produktiver macht. In dieser Allgemeinheit ist die Aussage freilich mißverständlich, solange der Zusammenhang zwischen Bildung und Produktivität nicht geklärt ist, solange nicht festgestellt werden kann, ob und inwieweit Bildung eine Investition darstellt.

b) Bildung ist ein Beitrag zur Beseitigung von Armut.

Alle für die erste These angeführten Argumente gelten zunächst einmal auch für die zweite. Darüber hinaus gibt es eine Korrelation zwischen Ausweitung der Bildung und Reduk-

49

tion der Geburtenrate in einer Gesellschaft. Wenn aber die Geburtenrate sinkt, steigen die Pro-Kopf-Einkommen.

Darüber hinaus gilt die These im Hinblick darauf, daß in Ländern der Dritten Welt noch eine Nachfrage nach qualifizierten Ausgebildeten vorhanden ist, die parallel besteht zur Arbeitslosigkeit von Ausgebildeten. Allerdings nimmt die Nachfrage nach qualifizierten Ausgebildeten immer mehr ab. Arbeitslosigkeit von Menschen, die eine Schule besucht haben, verbreitet sich immer mehr.

c) Bildung verursacht Arbeitslosigkeit.

Das Argument wird in der Regel auf das Aspirationsniveau bezogen. Ausgebildete Leute streben Berufspositionen an, die in der gegebenen gesellschaftlichen Realität nur ganz wenige erreichen können; die übrigen können ihre Aspirationen nicht realisieren. Bildung stattet darüber hinaus Menschen mit falschen Qualifikationen und unangemessenen Haltungen aus. Die Kritik an der These ergibt sich aus der Umkehrung des Arguments. Gäbe es keine Bildung, würde die Armut sicher erklärend auf eben das Fehlen von Bildungschancen zurückgeführt. Wenn das gegenwärtige Bildungssystem ökonomisch und sozial bedeutungslos und verfehlt ist, sagt das noch nichts darüber aus, ob nicht ein Bildungssystem mit veränderten Zielen, Inhalten und Methoden die Aufgabe der passenden Vorbildung für das Beschäftigungssystem besser erfüllen würde.

d) Bildung verwandelt Unterbeschäftigung in offene Arbeitslosigkeit.

Mit der These ist gemeint, daß durch Bildung Menschen, die bisher in der Subsistenzwirtschaft, z. B. als mithelfende Familienangehörige, möglicherweise unterbeschäftigt waren, mit einem formalen Bildungsabschluß als Anbieter von Arbeitskraft auf den Arbeitsmarkt drängen. Hinter den Aspirationen der um die Lohnarbeitsplätze konkurrierenden Jugendlichen steht die Hoffnung auf höhere Verdienstmöglichkeiten in der Stadt, in der Industrie und in Dienstleistungsberufen oder auch nur im informellen städtischen Sektor. Die Hoffnung ist nicht völlig unbegründet. Bildung ist so ein in seinen Auswirkungen nicht genau quantifizierbarer Teil jenes Prozesses, in dem Menschen aus traditionellen Beziehungen herausgelöst werden und als Anbieter von Arbeitskraft auf einem städtischen Arbeitsmarkt erscheinen. Da Bildung immer auch Ressourcen bindet, stellt sich das Problem einer alternativen Entwicklungsstrategie, die die für Bildung aufgewendeten Finanzmittel zu Investitionen ins ökonomische System verwendet, um direkt Arbeitsplätze zu schaffen.

e) Bildung ist schlicht Teil eines Kampfes um wenige hochbezahlte Arbeitsplätze.

Die hier gemeinte sogenannte Siebungs-Hypothese geht davon aus, daß Arbeitgeber unabhängig von den am Arbeitsplatz geforderten Qualifikationen immer Bewerber mit ausgewiesenen höheren Bildungsabschlüssen einstellen. Das Gegenargument lautet, daß sich die eventuelle Untauglichkeit solcher lediglich nach dem in Zeugnissen dokumentierten Bildungsabschluß ausgesuchten Leute im Laufe ihrer Arbeitstätigkeit erweisen müßte, so daß die Arbeitgeber dann zu einem anderen Einstellungsmodus übergehen.

f) Öffentliche Mittel für die höheren Stufen des Bildungssystems führen immer zu einer überschüssigen Nachfrage nach Bildung und damit zu einem überschüssigen Angebot von ausgebildeten Arbeitskräften.

Die gängige Umsetzung dieser bildungspolitischen Hypothese — die Kosten für die Bildung auf die Eltern zu verlagern und diese über das Vorhandensein von Arbeitslosigkeit der Ausgebildeten aufzuklären — ist sozial nicht legitimierbar. Die Arbeitslosigkeit muß sowohl durch Eingriffe in die Bildungsfinanzierung als auch in die Arbeitsmarktpolitik angegangen werden.

g) Große Gehaltsunterschiede im Interesse der regierenden Elite sind verantwortlich für die Arbeitslosigkeit von Ausgebildeten.

Dieser Hypothese mit der deklamatorischen Forderung nach einer Einebnung der Unterschiede im Hinblick auf den Abbau von Arbeitslosigkeit zu beantworten, führt nicht sehr viel weiter. Die Ursachen der hohen Einkommensunterschiede müssen erkannt und angegangen werden. Hierfür scheinen Arbeitsmarktstudien als diagnostische Mittel geeignet.

Eine detaillierte, Zensusdaten aus der Schweiz, Frankreich, Venezuela, Panama, Tunesien, Ecuador, Marokko, Kongo, Sudan und Sri Lanka verarbeitende Studie zum Verhältnis von Bildungssystem und Beschäftigungssystem kommt zu folgenden Ergebnissen[2]:

a) Vergleichbare Bildungsstrukturen kommen bei unterschiedlichem ökonomischen Entwicklungsstand vor.

b) Je entwickelter ein Land ist, desto geringer ist der in der Landwirtschaft beschäftigte Anteil der berufstätigen Bevölkerung, und der in den Dienstleistungsbereichen im engeren Sinne (Finanzwesen, öffentliche Dienste, besonders Sozialdienste, andere Dienstleistungen) ist relativ groß, darüber hinaus wächst mit dem ökonomischen Entwicklungsstand der Anteil des wissenschaftlichen und technischen Personals unter den Gesamtbeschäftigten.

c) Der Ausbaustand des Bildungswesens ist nur ein Faktor in der Beziehung zwischen Bildung und Beschäftigung. Die für eine Stelle erforderliche, im Bildungswesen erworbene Qualifikation ist zwischen den Ländern unterschiedlich und spiegelt Entsprechungen und Verzerrungen zwischen Bildungs- und Beschäftigungssystem wider.

d) Bei den Entwicklungsländern ist ein segmentierter Arbeitsmarkt, zumindest nach Alter und Geschlecht, feststellbar, d. h., junge Leute mit denselben Qualifikationen, die sie im Bildungswesen erworben haben, können nicht die gleiche Position einnehmen wir ältere, Frauen nicht die der Männer.

Schulen wurden und werden in der Dritten Welt weitgehend als Ausbildungsinstitutionen angesehen, die auf eine Berufstätigkeit im modernen Sektor vorbereiten. Mit der Ausdehnung des formalen Bildungssystems ist die Kluft zwischen der Zahl der Schulabsolventen und der Zahl der offenen Stellen im modernen Sektor immer größer geworden. Die Anstrengungen der Gesellschaften beim Ausbau ihres Bildungssystems waren relativ erfolgreich, die beim Wirtschaftswachstum nicht. Die von den Eltern gehegten Hoffnungen und von den Schülern mit dem Schulbesuch verbundenen Aspirationen auf einen Arbeitsplatz im modernen Sektor, und das heißt

— auf eine Stelle mit relativer Arbeitsplatzsicherheit, Vorhersehbarkeit und Regelmäßigkeit des Einkommens,

— auf ein Leben in den städtischen Ballungszentren mit entsprechendem Konsumangebot

wurden zunehmend dramatisch enttäuscht. Dore/Humphrey/West sind dem Auseinanderklaffen von Bewerberzahlen und der Zahl der Arbeitsplätze quer durch die Länder der Dritten Welt für die 70er Jahre nachgegangen.[3] Sie kommen zu dem Ergebnis, daß in der Mehrheit der Länder nur 20—30 % der Angehörigen eines auf dem Arbeitsmarkt erscheinenden Altersjahrgangs mit einer Beschäftigung im modernen Sektor rechnen können. Dies korrespondiert mit den 70 % arbeitsloser Schulabgänger, die afrikanische Bildungsforscher 1980 als Standardzahl der städtischen Jugendarbeitslosigkeit angaben.[4] Bei der Auswertung nationaler Statistiken definierten Dore/Humphrey/West die Grundgesamtheit der Beschäftigten im modernen Sektor als die Summe aller Beschäftigten in akademischen Berufen, in Verwaltung und Management, aller Gehaltsempfänger in Büroberufen, im Verkauf und im Dienstleistungsbereich, aller Lohnarbeiter in Produktion, Transport u. ä. sowie 50 % der Selbständigen in Büroberufen.[5] Als „Anpassungsrate" errechneten sie das Verhältnis der Schulabgänger eines Jahrganges zu den ihnen offenstehenden Stellen im modernen Sektor. Für 1973 ergibt sich dabei folgendes Bild hinsichtlich ausgewählter Staaten Afrikas und Südamerikas: Algerien 55,7 %; Botswana 30,7 %; Elfenbeinküste 40,1 %; Peru 38,2 %; Sambia 33,4 %. Mit dem Ausbau des formalen Bildungssystems war ein Sinken dieser Anpassungsrate in den meisten Ländern bei Annahme eines 5 %igen Wirtschaftswachstums bis 1980 zu erwarten, und zwar besonders in den Staaten mit hohem Ausgangsniveau, z. B. für Algerien auf 34,8 %, für Peru auf 34,5 %, während einige Länder mit niedrigerem Ausgangsniveau geringere Steigerungen verzeichnen können sollten.

Ebenfalls deskriptive Absichten verfolgt die Vergleichsstudie von Chapman Smock, die der Benachteiligung von Frauen für sechs Länder — Kenia, Ghana, Ägypten, Philippinen, Mexiko und Pakistan — hinsichtlich der Dimensionen

— Bildungsmöglichkeiten,
— Teilnahme am Arbeitskräfteangebot,
— Verteilung auf verschiedene Berufstätigkeiten,
— bildungsspezifische Teilnahme am Arbeitskräfteangebot

nachgeht.[6] Neben den üblichen methodischen Problemen der Vergleichbarkeit und nachträglichen Standardisierung von in nationalen Einzelerhebungen gewonnenen Daten stellt sich gerade bei diesem Thema die Frage, was als Arbeit angesehen wird. Auch die Frauen, die nicht eine Stelle suchen oder erwerbstätig sind, arbeiten, aber ihre Tätigkeit in Haushalt und Familie, bei der Kindererziehung, in der Landwirtschaft, als Heimarbeiterinnen oder mithelfende Familienangehörige wird nicht als „Arbeit" von den Statistikern anerkannt. Die Studie richtet sich daher auf die Benachteiligung von Frauen im Hinblick auf Bildungschancen und bezahlte Arbeit — in der Regel Lohnarbeit — vornehmlich im modernen Sektor.

Hinsichtlich der ersten Dimension — der Bildungsmöglichkeiten und der Bildungsbeteiligung — zeigen die Ergebnisse (hier wie im folgenden für den Anfang der 70er Jahre), daß auf die Schule in ihren verschiedenen Stufen immer noch mehr Jungen als Mädchen geschickt werden. Die deutlichsten geschlechtsspezifischen Unterschiede ergaben sich für die islamischen Länder Ägypten und Pakistan, dort ist das Verhältnis der Sekundarschüler der entsprechenden Alterskohorten (Angaben in Prozent) 31 zu 16 bzw 33 zu 7. Ausnahmen der Stichprobe waren die Philippinen, die für Mädchen eine durchweg höhere Bildungsbeteiligung registrierten.

Eine deutliche Benachteiligung für Frauen hinsichtlich der Möglichkeit, sich am gesamten Arbeitskräfteangebot zu beteiligen, war in den untersuchten Ländern festzustellen. In Mexiko standen nur 10 %, in Ägypten 4 %, in Pakistan 5 %, auf den Philippinen 31 % der Frauen im erwerbstätigen Alter auch tatsächlich in einer bezahlten Erwerbstätigkeit, während die Werte bei den Männern deutlich höher lagen, in der Regel 50 % überschritten.

Dieselben Tendenzen lassen sich für den Anteil der Frauen an den verschiedenen Berufsgruppen feststellen. Mit Ausnahme der Philippinen, bei denen die höhere Bildungsquote der Mädchen auch auf die entsprechende Berufstätigkeit der Frauen durchschlägt, sind Frauen unter den akademischen und vergleichbaren technischen Berufen, ebenso aber auch im Bereich der industriellen Arbeiterberufe sehr unterrepräsentiert. Im ersten Falle liegen die Prozentanteile zwischen 24 % (Ägypten) und 34 % (Mexiko), im zweiten zwischen 4 % (Ägypten) und 35 % (Ghana). Die Philippinen weisen im ersten Bereich die Quote von 60 %, im zweiten von 39 % auf.

Entsprechend zeigen die Vergleichsdaten, daß für jedes Bildungsniveau — ausgedrückt in Klassen von jeweils drei Jahren Schulbesuch — die Berufstätigkeit der Männer verbreiteter ist als die der Frauen. Für Ghana und die Philippinen ergibt sich eine charakteristische, graphisch in Form einer U-förmigen Kurve darstellbare Verteilung für beide Geschlechter. Die Menschen mit einer niedrigen und die mit einer sehr hohen Ausbildung haben eher einen Arbeitsplatz als die mit mittlerer Ausbildung, aber für Männer ist die Kurve nicht so ausgeprägt, sie erscheint „flacher". Frauen mit mittlerem Bildungsniveau haben in den beiden Ländern sehr viel geringere Chancen auf einen Arbeitsplatz als Männer.

2. Der Beitrag von Bildung für die Struktur und Funktion von Arbeitsmärkten

Die Diskussion um den Zusammenhang von Arbeitsmarkt und Bildungssystem in Ländern der Dritten Welt wird fast ausschließlich von Ökonomen bestritten. Die Grenzen zwischen den einzelnen Grundpositionen — mit dem von Kuhn auf die Wissenschaftsgeschichte angewandten Begriff: Paradigmen — sind in der Wirtschaftswissenschaft nicht weniger ausgeprägt als in den Sozialwissenschaften. Die Grenzziehungen verlaufen aber anhand anderer Indikatoren als zum Beispiel in der Erziehungswissenschaft. So wird etwa zwischen konservativer, liberaler und radikaler, d. h. marxistisch orientierter, wirtschaftswissenschaftlicher Theorie unterschieden. Wenn es sich um arbeitsmarkttheoretische und bildungsökonomische Probleme handelt, werden bei der Einordnung der Autoren die Kriterien bereichsspezifisch modifiziert und bei der Fokussierung auf die Länder der Dritten Welt nochmals durch vorausgesetzte allgemeine entwicklungstheoretische Bezüge gebrochen werden müssen. Von den Autoren, die sich nicht um eine Einbeziehung der Fragestellungen in einen theoretischen Kontext höher Ebene bemühen, sind Psacharopoulos[7] dem liberalen, Carnoy[8] dem radikalen „Lager" zuzurechnen. Beiden ist gemeinsam, daß sie für westlich-kapitalistische Industriegesellschaften — insbesondere die USA — entwickelte Erklärungsmuster und Theorien auf Länder der Dritten Welt übertragen bzw. Daten, die aus beiden Gruppen von Ländern kommen, im Lichte eines durchgehenden theoretischen Ansatzes interpretieren. Diese, die entwicklungstheoretischen Überlegungen hintanstellende Vorgehensweise, zwingt zu großer Vorsicht bei der Rezeption der Ergebnisse. Von den bei Psacharopoulos berichteten 15 Ergebnissen sind nur 9 auf Entwicklungsländer bezogen bzw. mit Daten aus Ländern der Dritten Welt belegt.[9]

a) Der soziale Nutzen der Bildung ist auf den unteren Ebenen des Bildungssystems höher. Die soziale Profitabilität der Investitionen in Bildung schätzt er weltweit — also nicht nur für die Entwicklungsländer — folgendermaßen ein: Grundstufe über 50 %, Sekundarstufe über 12 %, Hochschulstufe 10 %, Graduiertenausbildung nach dem 1. Hochschulexamen 5 %.

b) Die privaten Erträge von Bildungsinvestitionen sind höher als die sozialen Erträge.

Hier schlagen die als Subsidien ansehbaren staatlichen Aufwendungen für das Bildungswesen in der Weise durch, daß von einer verhältnismäßig teuren, langen (Hochschul-)Ausbildung der einzelne mehr profitiert als die die Hochschule finanzierende Gesellschaft.

c) Die Erträge von Bildung sind in Entwicklungsländern höher als in Industriestaaten.

In der Dritten Welt kann man von einem Ertrag von 20 % der Bildungsinvestitionen, in Industriestaaten von 8 % ausgehen. Die Erträge dieser „Humankapital"-Investitionen stehen im umgekehrten Verhältnis zu denen von Sachkapital. Dort ist der Wert für Entwicklungsländer etwa 8 %, für Industrieländer aber 11 %. Humankapitalinvestitionen in Entwicklungsländern lohnen sich also.

d) Ökonomische Anreize schlagen auf die Entscheidungen von Individuen, ein bestimmtes Bildungsniveau anzustreben, durch. Auf Hochschulebene gilt dies für die Wahl einer bestimmten Studienrichtung.

Obwohl beim Schulbesuchsverhalten nicht nur ökonomische Kosten-Nutzen-Kalküle eine Rolle spielen, ist doch das Motiv erwarteter ökonomischer Vorteile bei der Wahl eines Bildungsabschlußniveaus spürbar. Bekanntes Beispiel ist der relative Rückgang der Studentenzahlen angesichts sinkender Berufschancen von Akademikern in Industrieländern.

e) Die Siebungshypothese ist nicht belegt. Nach dieser Hypothese (screening hypothesis) wählen die Arbeitgeber Arbeitskräfte vor allem nach der Qualität von Zeugnissen aus. Bildung, genauer der in Zeugnissen dokumentierte Bildungsabschluß, wirkt so als Sieb bei der Besetzung von Arbeitsplätzen. Dieser Hypothese widerspricht, daß die Erträge (bezogen auf Investitionen in Bildung) für Schulabbrecher nicht immer niedriger sind als die für diejenigen, die eine bestimmte Bildungsstufe abgeschlossen haben. Ferner divergieren Alters-/Einkommenskurven eher, als daß sie konvergieren. Nach mehrjähriger Beschäftigung müßten bei der anfänglichen Einstellung aufgrund von Zeugnisnoten gemachte Fehler eigentlich korrigiert werden, wenn die Beschäftigten nicht die erwünschten Qualifikationen tatsächlich erbringen können. Hinter den Bildungsabschlüssen stehen doch realere Qualifikationen, als die Siebungshypothese nahelegt.

f) Die Dauer von Arbeitslosigkeit (oder anfänglicher Stellensuche) läßt sich als Funktion von Bildungsniveau und Alter darstellen. Bezogen auf eine Stichprobe von zwei südamerikanischen und drei asiatischen Entwicklungsländern läßt sich feststellen, daß Schulabsolventen der Sekundarschule in höherem Ausmaß arbeitslos sind als Hochschulabsolventen oder sogar Arbeitskräfte ohne Schulausbildung.

g) Die Abwanderung von ausgebildeten qualifizierten Arbeitskräften aus Entwicklungsländern in die Industrieländer ist eine Funktion der relativen Löhne. Erwiesen ist, daß vornehmlich ökonomische Anreize die Abwanderung hochqualifizierter Arbeitskräfte bewirken. Der plausiblen Annahme eines Verlustes für das die Ausbildung bereitstellende Herkunftsland werden Argumente wie die Rückwanderung und die Überweisung von verdienten Einkommen in das Herkunftsland gegenübergestellt.

h) Die Austauschmöglichkeiten zwischen ausgebildeten Arbeitskräften von vergleichbarem Qualifikationsniveau, aber verschiedenem Qualifikationsprofil ist hoch, jedoch in Entwicklungsländern niedriger als in Industrieländern. Sowohl ökonometrische Studien als auch mehrere industriesoziologische Arbeiten zeigen eine hohe Substitutionsmöglichkeit ungefähr gleich hoch qualifizierter, aber verschieden ausgebildeter Arbeitskräfte (gemeint ist, daß z. B. Psychologen, Pädagogen oder Soziologen trotz unterschiedlicher Ausbildung dieselbe Stelle in einem Sozialamt ausfüllen können).

i) Arme Familien finanzieren die Ausbildung der Kinder reicher Familien. Dieses Ergebnis ist sowohl für Industrieländer, z. B. den Staat Kalifornien in den USA, als auch für Entwicklungsländer mehrfach belegt. In vielen Entwicklungsländern haben die Kinder ärmerer Familien zu den aus allgemeinen Steuermitteln unterhaltenen Hochschulen kaum Zugang.[10])

Im Gegensatz zur neoliberalen insistiert die von Carnoy vertretene radikale Arbeitsmarkttheorie darauf, daß nicht Individuen mit bestimmten Human-Charakteristika Wahlhandlungen vornehmen und somit unmittelbar theoretische Beachtung beanspruchen dürfen, sondern daß Gruppen, genauer Klassen, in unterschiedlicher objektiver sozialer Situation die Analyseeinheiten sein müssen.[11]) Carnoy nimmt damit die Marx'sche Unterscheidung in zwei Hauptklassen auf, die lohnabhängigen Arbeiter einerseits und die um die Gruppe der Manager zu ergänzende Klasse der Kapital- bzw. Produktionsmittelbesitzer. Primäre Ursache ökonomischen Wandels ist eine Veränderung der Beziehungen der Klassen in der gegebenen Struktur und nicht eine Modifikation der Technologie oder der Arbeitsplätze. Letztere wandeln sich vielmehr mit Veränderungen der in die Klassenstruktur eingelassenen Sozialbeziehungen. Für Länder der Dritten Welt kommt als besondere Bedingung hinzu, daß ihr Kapitalismus durch ausländische Investitionen und eine in weitgehender Interessenidentität mit den ausländischen Investoren stehende einheimische Elite geprägt ist. Investitionsentscheidungen im modernen ökonomischen Sektor fallen nach den Gewinnabsichten der ausländischen Kapitalgeber und der einheimischen Eliten (wobei bei letzteren als Determinante bestimmte Konsumbedürfnisse hinzukommen). Die einheimischen Eliten sichern ihre Interessen durch Beherrschung des Staatsapparates ab, dabei wird insbesondere das staatliche Bildungssystem als Instrument der Reproduktion der gegebenen Klassenstruktur auch in ihren ökonomischen Grundlagen eingesetzt.

Die Klassenstruktur steuert den Arbeitsmarkt und führt nicht zu einer Verteilung von Berufswahlmöglichkeiten entsprechend den individuellen Qualifikationsvoraussetzungen der Arbeitsuchenden, sondern zu deutlich unterscheidbaren Typen von Stellen mit spezifischem Rekrutierungsfeld. Carnoy faßt die verschiedenen Auffassungen über die einzelnen Bereiche des segmentierten Arbeitsmarktes in einem Schema zusammen, das ein primäres und ein sekundäres Segment umfaßt, wobei ersteres noch einmal in unabhängige und untergeordnete Tätigkeiten unterteilt wird.[12]) Arbeitsplätze im primären unabhängigen Segment zeichnen sich durch sehr spezialisierte Arbeitsaufgaben, die Chance innerbetrieblicher Mobilität, Gratifikationen bei individuellem Erfolg aus. Sie fordern vom Stelleninhaber Initiative, kreatives Problemlösen, situationsadäquates Handeln nach internalisierten Normen, abstraktes Denken. Arbeitsplätze im primären untergeordneten Segment bieten Arbeitsplatzsicherheit, ein vergleichsweise hohes und regelmäßiges Einkommen, Beförderungsmöglichkeiten nach Anciennität, etablierte Mitspracherechte über gewerkschaftliche Organisierung der Arbeitenden. Sie fordern vom Stelleninhaber Verläßlichkeit einschließlich Betriebstreue, Zufriedenheit in der gegebenen Arbeitsstruktur, Hinnahme und Umsetzung externer Zielsetzungen. Arbeitsplätze des sekundären Segments gewähren keine Arbeitsplatzsicherheit, eröffnen kaum Beförderungsmöglichkeiten, auf ihnen werden vergleichsweise niedrige Löhne gezahlt, die Stelleninhaber kennen weder gewerkschaftliche Organisierung noch Absicherung durch eine Sozialversicherung. Forderungen an die Arbeitenden sind nur ein Minimum an Ausbildung, nur eine geringe Stabilität des Arbeitsverhaltens.

Unter diesen Voraussetzungen ist Arbeitslosigkeit nicht durch fehlende Humankapitalmerkmale der Arbeitsuchenden erklärbar. Obwohl eine gewisse Mobilität zwischen den Segmenten nachgewiesen ist, muß Nicht- oder Unterbeschäftigung zunächst für die Gruppen in den Segmenten analysiert werden. Eine besondere Rolle bei der Arbeitslosigkeit spielt das Bestreben der Produktionsmittelbesitzer, eine die Lohnkosten senkende (für Arbeiter: die Löhne drückende) Reservearmee in Bereitschaft zu halten.

Die Auswirkungen von Bildung auf die Chance, Arbeit zu finden, und die Art der Berufstätigkeit werden dementsprechend durch die Stellung des Individuums zu bzw. in den einzelnen Segmenten definiert. Maßnahmen im Bildungssystem, mit denen Vollbeschäftigung angestrebt werden soll, z. B. quantitative Beschränkungen des Hochschulzuganges (zur Senkung der Arbeitslosigkeit der Hochqualifizierten), Berufsorientierung der Curricula, Ausbildung zur Selbstschaffung von Arbeitsplätzen, Entschulung des Bildungswesens, etwa u. a. durch Erweiterung nonformaler Bildungsangebote, haben allein keine Erfolgsaussicht. Die Beseitigung von Arbeitslosigkeit und Unterbeschäftigung muß im ökonomischen System selbst ansetzen. Der Einstieg ist hierbei ein politischer. Vollbeschäftigungspolitik muß von Arbeiterorganisationen erkämpft werden. Politisch durchzusetzende Eingriffe in das ökonomische System sind u. a. Produktivitätssteigerung durch Massenmobilisierung und Steigerung der Selbstverantwortung der Arbeitenden, Unterstützung einstellungswilliger Firmen durch direkte Subventionen auf der Grundlage der Lohnsumme und der Zahl der Beschäftigten, direkte Beschäftigung in öffentlichen Projekten, Unterstützung selbstverantwortlicher Kooperativen von Produzenten. Einiges davon, z. B. der letztere Vorschlag, kann von Ausbildungsprogrammen begleitet werden.

3. Der Zusammenhang zwischen Ausbildungsvariablen und Einzelmerkmalen des ökonomischen Systems

Zahlreiche Untersuchungen zum Zusammenhang von Ausbildungsmerkmalen und Einzelvariablen des ökonomischen Systems wurden für den sogenannten informellen Sektor vorgelegt.[13]-[20]

Zum informellen Sektor werden jene, meist kleinen gewerblichen Betriebe gerechnet, die sich nach einer beschreibenden Definition des Internationalen Arbeitsamtes (Bureau International du Travail) durch sieben Merkmale auszeichnen[21]:

— leichte Eintrittsmöglichkeit,
— Rückgriff auf landeseigene Ressourcen,
— Betrieb in Familienbesitz,
— schmale Tätigkeitsbreite,
— arbeitsintensive und angepaßte Technologie,
— Qualifikationserwerb außerhalb des formalen Schulsystems,
— unregulierte Konkurrenzmärkte.

Überschneidungen ergeben sich für Afrika mit dem traditionellen Handwerk, aber es finden sich vor allem neue Erwerbsziele, z. B. Auto- und Radioreparatur, Herstellung von Gebrauchsgegenständen aus Industrieabfällen (z. B. Eimer aus alten Autoreifen). In vielen afrikanischen und lateinamerikanischen Städten haben die Betriebe unsichere Standorte — in der Stadtplanung sind keine Gewerbegebiete für sie ausgewiesen —, im informellen Sektor gibt es keinen gesetzlichen Mindestlohn, die Beschäftigten werden nicht von der Kranken- und Sozialversicherung erfaßt. Das technologische Niveau ist meist sehr niedrig — für Kenia z. B. konstatiert King eine technologische und auf seiten der Arbeitenden eine Qualifikationslücke zwischen dem informellen und modernen Sektor, die besonders im Betrieb der Zulieferung und der Reparatur hochwertiger Maschinen der modernen Industrie spürbar wird.[22] Dennoch spielt der informelle Sektor für die Ökonomien der Länder der Dritten Welt eine erhebliche Rolle: In Kenia sind 20 % der städtischen Gesamtbevölkerung, in Belo Horizonte, Brasilien, z. B. 69 % im informellen Sektor tätig. Verdienste im informellen Sektor erreichen zuweilen die Höhe des gesetzlichen Mindestlohnes (so zum Beispiel in Abidjan, Elfenbeinküste), sind aber doch deutlich von denen des modernen industriellen Sektors unterschieden. In Belo Horizonte verdienen Männer, die im informellen Sektor beschäftigt sind, nur 55 %, Frauen nur 47 % der in der Industrie gezahlten Löhne.[23]

Das Ausbildungsniveau der im informellen Sektor Tätigen ist sehr niedrig, die vorherrschende Ausbildungsform ist eine informale Anlern- oder Lehrzeit im Sektor selbst. „In Freetown/Sierra Leone, haben zwei Drittel der abhängig Beschäftigten im informellen Sektor nie eine Schule besucht, 12 & die Primarschule vorzeitig abgebrochen."[24] Von den selbständig Tätigen derselben Stadt haben 40 % keine Schule besucht, 45 % haben nur eine informale Ausbildung. In Kumasi/Ghana haben 90 % der Beschäftigten des Sektors ihre Ausbildung in informalen Lernprozessen in einem Betrieb des informellen Sektors, 5 % in einem Betrieb des modernen Sektors und nur 3 % in formellen beruflichen Bildungsinstitutionen erhalten. 70 % der Beschäftigten des informellen Sektors in Dakar/Senegal haben eine informale Ausbildung hinter sich. In Yaounde/Kamerun haben 70 % der Selbständigen des Sektors keine andere Berufsausbildung als die im Sektor selbst.[25]

In seinem zusammenfassenden Bericht über das Education and Employment Research Project des Internationalen Arbeitsamtes geht Versluis vor allem der Frage nach, ob Bildung irgendwelche beschäftigungspolitisch relevanten Merkmale des ökonomischen Systems beeinflusse.[26] Er kommt zu dem Ergebnis, daß Bildung in den verschiedenen Formen durchaus von Bedeutung sei — aber nur sofern im Produktionsbereich Tendenzen existieren, die er als „dynamisch" bezeichnet. „Generell läßt sich klar bejahen, daß Ausbildung eine Rolle spielt, aber nur in Gegenwart von Bedingungen, die eine dynamische Umgebung schaffen. Die Industrie Singapores und Koreas, eine wahrlich dynamische Umgebung, zeigt einen deutlichen Einfluß von Ausbildung auf Produktivität und Arbeitslohn. Der informelle Sektor Ghanas weist eine positive Beziehung zwischen Ausbildung und Qualität der Beschäftigung auf, betont aber die Wichtigkeit komplementärer Faktoren. Martin Carnoy schlußfolgert (in seiner Zusammenfassung südamerikanischer Ergebnisse), daß Ausbildungsvariablen Einkommen beeinflussen, aber daß Faktoren, die den Ertrag im Verhältnis zur Ausbildungsqualifikation beeinflussen, bei der Einkommensverteilungspolitik wichtiger sind. Die Peru-Fallstudie wurde in einer Zeit ökonomischer Stagnation unternommen. Sie legt die Existenz verschiedener Arbeitsmärkte nahe, in denen Ausbildung nicht unter den Hauptdeterminanten des Einkommens ist. Die Hallak/Versluis-Studie zeigt, daß Arbeitgeber Ausbildungsqualifikationen für diejenigen Beschäftigungen für wichtig halten, die mit Dynamik in Zusammenhang gebracht werden. Schlußfolgerungen aus all diesen Studien ist also: „Ja, Ausbildung spielt eine Rolle, vorausgesetzt, ergänzende Bedingungen sind erfüllt, d. h. in einem dynamischen System."[27]

4. Die Verzahnung von Bildung und produktiver Arbeit in der Schule

Ausgehend von der Kritik an der Entwicklungsirrelevanz der Schule sind in Ländern der Dritten Welt Versuche unternommen worden, schulische Bildung eng mit produktiver Arbeit zu verzahnen. Dabei sind Varianten der Produktionsschulidee entstanden, die unter angestrebter Vermeidung exploitativer Kinder-, Jugendlichen- und Erwachsenenarbeit die Bildungsinstitution nicht nur zu einer Stätte der Qualifizierung künftiger Arbeitskräfte, sondern zu einem Ort aktueller materieller Produktion machen. In allen Ländern auch der Dritten Welt dient Schule der Vermittlung von grundlegenden Qualifikationen künftiger Arbeitender, in einer Vielzahl von Ländern gibt es im schulischen Curriculum eine arbeitsorientierte oder polytechnische Bildung, die auf ein Kennenlernen der Grundlagen der Produktion, auf eine positive Haltung zur Arbeit und Achtung vor den Arbeitenden und schließlich auf eine allseitige Entwicklung der Persönlichkeit gerichtet ist. Alle Bildungssysteme wiederum kennen etablierte Formen der beruflichen Bildung, wobei die Verbindung von Bildungs- und Wirtschaftssystemen zum Teil durch eine Kombination des schulischen mit betrieblichen Lernorten sichergestellt wird. Die theoretisch ertragreichsten (wenngleich bisher nur deskriptiv dokumentierten und wissenschaftlich noch nicht systematisch evaluierten) und entwicklungspraktisch folgenreichsten Modelle beziehen über die genannten Formen der Verbindung von Bildung und Arbeit hinausgehend sowohl schulorganisatorisch als auch curricular produktive Arbeit entweder in erziehender Absicht oder in Produktionsabsicht in das schulische Lernen ein. Das Weltkinderhilfswerk (UNICEF) hat für die IBE-Konferenz 1981 neben den verschiedenen Produktions-schulformen der nur begrenzt der Dritten Welt zuzurechnenden Volksrepublik China als besondere Beachtung verdienende Modelle herausgestellt[28]):

1. Die dörflichen Bildungszentren in Tanzania. Dabei handelt es sich um auf Landwirt-schaft und Technik ausgerichtete, umgewandelte Primarschulen, die nicht nur zu-gleich als Ort der Erwachsenenbildung, sondern auch als dörfliche Werkstätten die-nen.

2. Produktionsschulen in mittelamerikanischen Ländern, wie Panama, und im afrikani-schen Staat Benin. Die Primarschule ist dabei zugleich Produktionsstätte, in der land-wirtschaftliche, handwerkliche und kleinindustrielle Erzeugnisse hergestellt werden. Der erwirtschaftete Gewinn kommt der Finanzierung der Schule zugute.

3. Die äthiopischen Arbeitserziehungsprojekte. Jeder Schüler verrichtet 5 — 10 Wochen-stunden lang eine sozial nützliche und, wenn möglich, produktive Arbeit in Landwirt-schaft oder Handwerk.

4. Die „Schulen auf dem Lande" in Kuba. Bei dieser Regelform des ländlichen kubani-schen Sekundarschulwesens arbeiten die in Internaten wohnenden Schüler 15 Wo-chenstunden in der Landwirtschaft.

5. Die Bario-High-Schools auf den Philippinen. Diese sind von Eltern gegründete Selbst-hilfeeinrichtungen. Aus ihrem laufenden Arbeitseinkommen oder zusätzlicher Mehr-arbeit finanzieren die Eltern teilweise eine Schule, um ihren Kindern den Sekundar-schulbesuch zu ermöglichen. Die Schüler arbeiten während eines Teils ihrer Zeit in der Landwirtschaft, in Betrieben des formellen Sektors und in der Kleinindustrie, um die Restkosten für die Schule zu erwirtschaften.

6. Die Brigaden in Botswana. In den Brigaden erhalten Primarschulabgänger eine quali-fizierte berufliche Ausbildung. Produktive Arbeit vom ersten Tage an hilft, die Einrich-tungen zu unterhalten.

Die Realisierungsformen der Produktionsschulidee können mit ihrer Antwort „Schule als partielle Stätte der Produktion" zwar auch das Problem des Übergangs eines Schülers vom Bildungs- in das Beschäftigungssystem nicht aufheben, jedoch sind sie nicht allein in Begriffen von Bildung und Beschäftigung diskutierbar. Sie verweisen auf einen der Pro-blematik zugrundeliegenden Zusammenhang, der angemessen nicht einmal in system-theoretischer Terminologie als Interpenetration der ausdifferenzierten gesellschaftlichen Subsysteme Bildungssystem und Wirtschaftssystem, sondern nur in anthropologischen und gesellschaftstheoretischen Kategorien des Verhältnisses von Bildung und Arbeit er-örtert werden kann.

Literatur:

[1]) Vgl. Blaug, M.: Education and Employment, in: Commonwealth Secretariat (Hrsg.): Commonwealth Youth Program-me, Issue on employment oriented development strategy, London 1977, S. 23—28.

[2]) Vgl. Caillods, F.: Analyse comparative des Structures d'Emploi. Rapport de synthèse interimaire, Paris 1978 (IIEP/S 44/20F Prov.).

[3]) Vgl. Dore, R., Humphrey, J., West, P.: The Basic Arithmetics of Youth Employment. Estimates of school outputs and modern sector vacancies for twenty-five countries, 1973—1980, Genf 1976 (WEP 2-18/WP 9).

[4]) Vgl. Goldschmidt, D., Lenhart, V.: Bildungsforschung in Zusammenarbeit mit afrikanischen Erziehungswissen-schaftlern. Bericht über die erste afrikanisch-deutsche Forschungskonferenz auf Mauritius 18. bis 27. Februar 1980. In: Goldschmidt, D., Melber, H. (Hrsg.): Die Dritte Welt als Gegenstand erziehungswissenschaftlicher Forschung. In-terdisziplinäre Studien über den Stand der Wissenschaft. Zeitschrift für Pädagogik, 16. Beiheft, Weinheim/Basel 1981, S. 291—297.

[5] Vgl. Dore, R. u. a.: The Basic Arithmetics of Youth Employment, a. a. O.
[6] Vgl. Chapmann Smock, A.: Sex Differences in Educational Opportunity and Employment in Six Countries, Paris 1979 (IEEP/S 49/4A Prov.).
[7] Vgl. Psacharopoulos, G.: Eduction and Work: An Evaluation and Inventory of Current Research, Paris 1978 (IIEP/S 44/6A Prov. Rev. 1).
[8] Vgl. Carnoy, M.: Education and Employment. A Critical Appraisal, Paris 1977 (International Institute for Educational Planning. Fundamental of educational planning 26).
[9] Vgl. Psacharopoulos, G.: Education and Work, a. a. O.
[10] Ebenda, S. 32—43.
[11] Vgl. Carnoy, M.: Education and Employment, a. a. O.
[12] Vgl. Carnoy, M.: Segmented Labor Markets: A Review of the Theoretical and Empirical Literature and its Implication for Educational Planning, Paris 1978 (IIEP/S44/3 Prov.).
[13] Vgl. Nihan, G.: Le secteur non structuré. Signification, aire d'extension du concept et application expérimentale, Genf 1979, (WEP 2-33/Doc. 7).
[14] Vgl. King, K.: Investment in skills. A review of the relationship between the structure of small industry in developing countries and prevocational learning systems, Paris 1976 (UNESCO Reports, Studies S. 2).
[15] Vgl. Aryee, G. A.: Effects of formal Education and Training on the Intensity of Employment in the Informal Sector: A Case Study of Kumasi, Ghana; Genf 1976 (WEP 2-18/WP 14; WEP 1-19/WP 17).
[16] Vgl. Nihan, G.: Le secteur non structuré, a. a. O.
[17] Vgl. Nihan, G., Demol, E., Tabi, A. A.: Le secteure non structuré „moderne" de Yaounde (Republique-unie du Cameroun). Rapport d'enquête et analyse des resultats, Genf 1979 (WEP-s-33/Doc. 16).
[18] Sethuraman, S. V.: The Urban Informal Sector in Africa, in: International Labour Review 116 1977, S. 343—352.
[19] Vgl. UNESCO, Division of Educational Policy and Planning (Hrsg.): Annotated Bibliography of Recent Literature on „Employment and Education in the Informal Urban Sector.", Paris 1977 (UNESCO Reports, Studies S. 48).
[20] Vgl. Bureau International du Travail: Le secteur non structuré „moderne". Une première synthese à partir de l'etude de cinq villes, Genf 1980 (WEP2-33/Doc 17).
[21] Vgl. Bureau International du Travail, a. a. O., S. 4.
[22] Vgl. King, K.: Investment on skills, a. a. O.
[23] Vgl. UNESCO, Division of Educational Policy and Planning (Hrsg.): Annotated Bibliography of Recent Literature on „Employment and Education in the Informal Urban Sector.", a. a. O.
[24] Sethuraman, S. V.: The Urban Informal Sector in Africa, a. a. O., S. 345.
[25] Vgl. Nihan, G., Demol, E., Tabi, A. A.: Le secteur non structuré „moderne" de Yaounde, a. a. O., S. 20.
[26] Vgl. Versluis, J.: Education and Employment. A Synthesis, Genf 1978 (WEP 2-18/WP 19).
[27] Versluis, J.: Education and Employment, a. a. O., S. 30.
[28] Vgl. UNESCO (Hrsg.): International Conference on Education, 38th Session. Productive Work within Educational Programmes: Can it Help Expand Educational Opportunities? (prepared by the UN-Children's Fund), Genf 1981.

Ergänzende Literatur:

— Leonor, M. D. Jr.: Education and Productivity: Some Evidences and Implications, Genf 1976 (WEP 2-18/WP6).
— UNESCO (Hrsg.): Education and Employment Policy and Planning Issues. Abstracts of technical papers presented to the Symposium on Educational Planning, Human Resources and Employment (Paris 20. — 24. September 1976), Paris 1976 (UNESCO Reports, Studies S. 36).
— UNESCO (Hrsg.): International Conference on Education, 38th Session, Interaction between Education and Productive Work, Genf 1981 (ED-81/CONF. 205/COL. 6).
— UNESCO (Hrsg.): International Conference on Education, 38th Session, Interaction between Education and Productive Work. Contribution of the International Teachers' Organizations to the Debate on the Special Theme, Genf 1981 (ED-81/CONF. 205/COL. 7).
— UNESCO (Hrsg.): International Conference on Education, 38th Session. Case Studies on the Interaction between Education and Productive Work, Genf 1981.
— UNESCO (Hrsg.): International Conference on Education, 38th Session, Interaction between Education and Productive Work. Recommendation No. 73 to the Ministries of Education Concerning the Interaction between Education and Productive Work as Adapted by Commission II, Genf 1981.
— Versluis, J.: Education, the Labour Market, Employment and Basic Needs, Paris 1976 (UNESCO Reports, Studies S. 8).

Nahrungsproduktion und -bereitstellung, Ernährung und Gesundheit

Rainer Gross/Ulla Gross/Arnfried A. Kielmann

1. Allgemeine Entwicklung der Nahrungsproduktion

Entgegen der Befürchtung vieler Wissenschaftler und Politiker sind in den letzten beiden Jahrzehnten erstaunliche Leistungen im Wachstum der Nahrungsproduktion erreicht worden. Wie aus Abbildung 1 zu ersehen ist, gelang es den entwickelten Ländern ebenso wie den Entwicklungsländern, die absolute Nahrungserzeugung deutlich zu steigern, wobei die Entwicklungsländer noch größere Wachstumsraten erreichten als die Industrienationen.[1])

Abbildung 1: Entwicklung der landwirtschaftlichen Gesamtproduktion und der Pro-Kopf-Produktion in den Entwicklungs- und Industrieländern in den Jahren 1960—1980

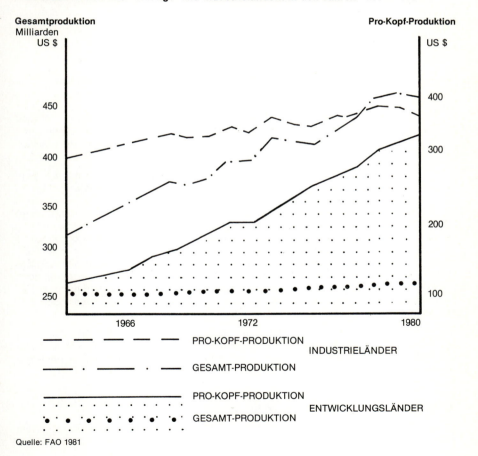

Quelle: FAO 1981

Dieses für die Entwicklungsländer sehr günstige Bild wird jedoch zerstört, berücksichtigt man dabei den Bevölkerungszuwachs. Dann muß festgestellt werden, daß die Nahrungsversorgung pro Kopf in den Entwicklungsländern praktisch gleich geblieben ist, während sich die Pro-Kopf-Produktivität in den Industrienationen, trotz der geringen Wachstumsraten, und die Nahrungserzeugung erheblich verbessert haben aufgrund der deutlich geringeren Bevölkerungszunahme. Schlüsselt man die Daten des Wachstums der Agrarproduktion nach Regionen auf, so ergeben sich entsprechend Tabelle 1 teilweise erhebliche regionale Unterschiede.

Tabelle 1: Wachstum der Agrarproduktion in den Jahren 1961 — 1970 und 1971 — 1980 aufgeschlüsselt nach verschiedenen Regionen

	1961 — 1970	1971 — 1980
Entwickelte Marktwirtschaftliche Länder (n = 26)	2,1	2,1
Staatshandelsländer (n = 8)	3,2	1,4
Entwicklingsländer (n = 90)	2,8	2,9
Afrika	2,8	1,4
Ferner Osten	3,0	3,1
Latein Amerika	2,9	3,2
Naher Osten	2,8	3,0
Einkommensschwache Entwicklungsländer	2,8	2,3
Entwicklungsländer mit mittleren Einkommen	3,0	3,5

Quelle: FAO 1981

Bereits in den entwickelten Ländern gibt es unterschiedliche Wachstumsraten: Während die Zunahme der Agrarproduktion in den marktwirtschaftlich orientierten Ländern mit 2,1 % in den letzten zwei Jahrzehnten konstant blieb, fiel sie in den Staatshandelsländern in den sechziger Jahren von 3,2 % auf 1,4 % in den siebziger Jahren ab.

In den Entwicklungsländern blieb das durchschnittliche Agrarwachstum mit 2,8 % in dem Zeitraum von 1971 — 1980 unverändert. Während sich die Wachstumsraten im Nahen und Fernen Osten sowie in Lateinamerika leicht verbesserten, fielen sie in Afrika von 2,8 % in den sechziger Jahren auf 1,3 % in den siebziger Jahren ab. Berücksichtigt man dabei, daß gerade in Afrika das Bevölkerungswachstum mit 3 % am höchsten liegt, so stehen in den letzten zehn Jahren für diesen Erdteil pro Kopf immer weniger heimische Nahrungsmittel zur Verfügung. Unterscheidet man die Entwicklungsländer in einkommensschwache Länder und solche mit mittlerem Einkommen, so geht daraus hervor, daß in den letzten beiden Jahrzehnten die Bevölkerung der armen Länder pro Kopf mit noch weniger Nahrung auskommen mußte, während die Bewohner von Ländern mit mittleren Einkommen die Wachstumsraten der landwirtschaftlichen Produktion sogar noch steigen konnten.

Zusammenfassend muß also festgestellt werden, daß trotz der beachtlichen Ausweitung der weltweiten Nahrungsproduktion, beträchtliche regionale Ungleichheiten in der quantitativen Nahrungsversorgung bestehen. Diese unterschiedlichen Wachstumsraten lassen sich begründen durch Differenz in der
● geographischen Lage der Länder,
● ihrer wirtschaftlichen Situation und
● der Steigerungsrate des Bevölkerungswachstums.

In Tabelle 2 ist der Selbstversorgungsgrad der Entwicklungsländer mit Nahrungsmitteln wiedergegeben. Daraus läßt sich ersehen, daß die Entwicklungsregionen, mit Ausnahme des Nahen Ostens, in den letzten beiden Jahrzehnten immer weniger in der Lage sind sich selbst mit Nahrung zu versorgen. Daher hängt die Sicherung der Ernährung in weiten Teilen der Entwicklungsländer zunehmend von den reichen Agrarexportländern ab. Es bedarf sicherlich nicht viel, sich die politischen und ethischen Konsequenzen dieser fatalen Situation auszumalen, wenn sich dieser Trend weiter fortsetzen sollte.[2])

Tabelle 2: Selbstversorgungsgrad der Entwicklungsländer mit Nahrungsmitteln, aufgeschlüsselt nach Regionen (in %)

	1961 — 65	1968 — 72	1975 — 79
Entwicklungsländer (n = 90)	96	95	92
Afrika	95	91	83
Ferner Osten	95	95	95
Lateinamerika	104	103	98
Naher Osten	91	89	82
Einkommensschwache Entwicklungsländer	94	94	93
Entwicklungsländer mit mittlerem Einkommen	99	97	91

Quelle: FAO 1981

Besonders betroffen davon sind die Länder Afrikas und des Nahen Ostens. Dies bedeutet, daß neben den beträchtlich wachsenden finanziellen Anstrengungen der Entwicklungsländer zur Energieversorgung nach der Preisexplosion des Erdöls auch der Aufwand zur Nahrungsversorgung immer größer wird. Diesem wachsenden Bedarf können aber gerade die Bedürftigsten nur ungenügend nachkommen. Deshalb hat sich der Selbstversorgungsgrad in den einkommensschwachen Entwicklungsländern kaum verändert, im Gegensatz zu den Ländern mittlerer Einkommen.

Zwischen den entwickelten- und Entwicklungsländern bestehen nicht nur quantitative sondern auch qualitative Unterschiede in der Nahrungsproduktion. So beträgt der Anteil der Tierhaltung an der gesamten landwirtschaftlichen Erzeugung zwischen 1976 und 1981 in den Entwicklungsländern 22 %, während er in den entwickelten Regionen 47 % erreicht. Umgekehrt dazu ist der Beitrag der pflanzlichen Grundnahrungsmittel in den Entwicklungsregionen mit 41 % bedeutender als in den entwickelten Ländern mit 31 %. In den Ländern mittleren Einkommens verändert sich das Produktionsverhältnis von Nahrungsmitteln tierischen zu pflanzlichen Ursprungs zugunsten der Tierhaltung. Besonders deutlich ist dieser Trend bei den ölexportierenden Entwicklungsländern, wo der Beitrag der Tierproduktion zur gesamten landwirtschaftlichen Erzeugung in den letzten 20 Jahren von 20 auf 36 Prozent gestiegen ist.

In den Entwicklungsländern nimmt die Produktion von Kohlehydratträgern wie Getreide, Knollengewächse und Körnerleguminosen den wichtigsten Platz ein. Währenddessen sinkt die Erzeugung traditioneller Hülsenfrüchte, die für den direkten menschlichen Konsum bestimmt sind, immer mehr, unter anderem, da der Zuwachs der Flächenerträge dieser Pflanzengruppe in den letzten 20 Jahren mit der Steigerung der Getreideerträge nicht Stand halten konnte. Neben der Erzeugung von Grundnahrungsmitteln spielen in einzelnen Entwicklungsländern die Erzeugung von Baumfrüchten und Rohstoffkulturen, die vor allem für den Export bestimmt sind, in der Landwirtschaft eine wichtige Rolle. Fast 100 % der gesamten Produktion und der Ausfuhr von Bananen, Tee, Kaffee, Kakao und Kautschuk, sowie etwa 50 % von Baumwolle, Tabak und Zucker, werden von den Entwicklungsländern gestellt. Im Gegensatz zu den Baumfrüchten nahm die Produktion von Rohstoffkulturen in den letzten Jahrzehnten ab, da die Nachfrage von Naturstoffen durch neue industrielle Substitutionsgüter sank. Allerdings bewirkten die gestiegenen Erdöl-preise in den letzten Jahren wieder eine Trendwende bei der Erzeugung von pflanzlichen Rohstoffen.

Der Weltfischfang erlitt in den siebziger Jahren einen dramatischen Rückgang. Betrug die Steigerungsrate nach dem 2. Weltkrieg bis Ende der sechziger Jahre 6 %, verursacht durch die Entwicklung neuer Fischereitechniken, so liegt seit Anfang des letzten Jahr-zehntes, die Zuwachsrate bei nur 1 %. Für diesen Knick sind hauptsächlich klimatische Faktoren, sowie Überfischung verantwortlich, die vor allem die Anchovetta Fischerei an der südamerikanischen Pazifikküste betraf. Generell kann man einen stetig verlaufenden Anstieg der Nutzung von Fisch für die direkte menschliche Ernährung beobachten, weg von der Produktion von Fischmehl für die tierische Ernährung.

Obwohl die Forstwirtschaft keinen direkten Beitrag zur Ernährungssituation leistet, so stellt sie doch eine wertvolle Einkommensquelle für viele Menschen dar und ist ein wichti-ger indirekter Faktor zur menschlichen Ernährung. Denn es gehen jährlich weite Regio-nen, die landwirtschaftlich genutzt wurden, durch Überschwemmungen, Trockenheit und Erosion verloren, da Wälder unkontrolliert gerodet werden. Allein in den letzten 10 Jahren sind wahrscheinlich 110 Millionen ha oder 6 % des gesamten tropischen Waldbestandes abgeholzt worden. Der expandierende Bevölkerungsdruck und die steigenden Energie-preise sind hauptsächlich dafür verantwortlich. Sollten nicht sehr rasch nachhaltige Maß-nahmen zu einer Trendwende ergriffen werden, erwartet die Entwicklungsländer bald ein ernsthaftes, unabschätzbares, ökologisches Problem.

Die Agrarproduktion wird durch die Faktoren Land, Arbeits- und Kapitaleinsatz bestimmt, wobei die Bedeutung der einzelnen Faktoren entsprechend des Produktionssystems un-terschiedlich sein kann. Dies findet im Vergleich zwischen den Agrarstrukturen der ent-wickelten und sich entwickelnden Regionen ihren Niederschlag. Entsprechend Abbil-dung 2 bearbeitete in der ersten Hälfte der sechziger Jahre in den entwickelten Ländern durchschnittlich eine Person 5,5 ha landwirtschaftliche Nutzfläche. Durch einen gestei-gerten Kapitaleinsatz waren es 1978 bereits 9 ha. Unterschiedlich dazu lag der Arbeitsein-satz/Fläche in den Entwicklungsländern 1978 zwischen knapp 3 ha /Person in Lateiname-rika und 0,5 ha/Person in Asien. Mit Ausnahme von Lateinamerika war dabei die Rate seit Anfang der sechziger Jahre rückläufig. Daraus folgt, daß in den Ländern mit niedrigem Einkommen der landwirtschaftliche Sektor dominiert, wobei rund 70 Prozent der Bevölke-rung in diesem Bereich arbeiten. Mit fortschreitendem Entwicklungsstand nimmt der Be-völkerungsanteil in der Landwirtschaft ab und liegt in den meisten Industrieländern unter 10 %.

Entsprechend dazu ist die gesamtwirtschaftliche Bedeutung der Agrarproduktion am Bruttosozialprodukt in den Entwicklungsländern groß, deshalb schlägt sich dort jeder Fortschritt in der Landwirtschaft rasch auf die Gesamtwirtschaft nieder. Laut den Schät-zungen der FAO werden gegenwärtig nur ein Drittel bis zwei Drittel der potentiell urbaren Kulturflächen landwirtschaftlich genutzt. Allerdings treten mit zunehmender Erschlie-ßung dieser Flächen, ökologische Schwierigkeiten auf, wobei zumeist ungenutztes Land gerade dort nicht zur Verfügung steht, wo es am meisten benötigt wird, wie z. B., in China. So schätzt die FAO, daß bis zum Jahre 2000 lediglich 10 bis 15 Prozent des brachliegen-den Bodens zusätzlich kultiviert werden. Daher müssen zukünftige Produktionssteigerun-gen der Nahrungsmittel im wesentlichen aus der Verbesserung der Flächenerträge her-rühren.

Abbildung 2: Landwirtschaftliche Nutzfläche pro Landarbeiter in verschiedenen Regionen

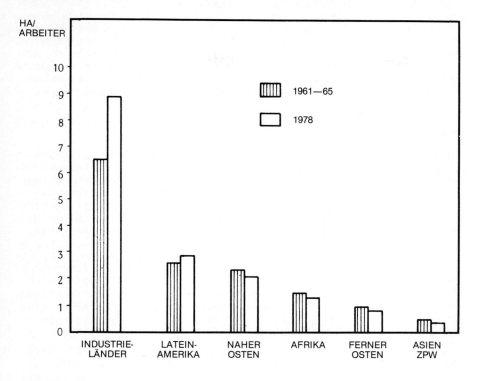

Quelle: FAO 1981

Tabelle 3: Energieaufwand zur Produktion einiger Getreide (Stand 1975)[3])

	Ertrag	KG Erdöl/t
Weizen	1,28	33,4
Reis Entwicklungsländer (n = 90)	1,39	27,8
Mais	1,39	27,2
Weizen	2,33	59,1
Reis U.S.A.	5,09	207,2
Mais	5,54	82,2

Vergleicht man die in Tabelle 3 dargestellten Flächenertragszahlen einiger Getreide zwischen den Entwicklungsländern und den U.S.A., so läßt sich zweifellos daraus ein großes Potential der Ertragsteigerung erkennen. Allerdings ist dies nur durch einen größeren Einsatz verbesserter Technologien, wie Saatgut, Düngung, Pflanzenschutzmaßnahme und Bewässerung möglich. Die Ertragssteigerungen sind also nur durch einen erhöhten Energieeinsatz in der Landwirtschaft zu erreichen. So ist der Energieeinsatz pro produziertes Korngewicht im Falle von Mais in den U.S.A. zehn mal höher als im Durchschnitt von

90 Entwicklungsländern. Wolle man in den Entwicklungsländern mit der gleichen landwirtschaftlichen Technologie produzieren wie in den Industriestaaten, so würden Schätzungen nach die heute bekannten Erdölquellen nur mehr knapp drei Jahrzehnte reichen. Wenn auch sicherlich der Erdölverbrauch gegenwärtig abgenommen hat und darüberhinaus immer wieder neue Erdölquellen gefunden werden, muß man trotzdem feststellen, daß die gegenwärtige Produktionstechnologie der entwickelten Länder nicht dazu geeignet ist langfristig die Nahrungsmittelproduktion aller Länder abzusichern. Angesichts dieser Situation finden weltweit intensive Forschungsprogramme statt, um einerseits den Energieeinsatz in der Landwirtschaft zu senken und zum anderen vermehrt auf erneuerbare Energiequellen auszuweichen.

2. Ernährungssituation

Entsprechend der Produktionsunterschiede zwischen den armen und reichen Ländern ergeben sich auch Differenzen in der Nahrungsaufnahme. Während in den Entwicklungsländern pflanzliche Nahrungsmittel mit einem Anteil von ungefähr 90 %, fast ausschließlich als Versorgungsquelle dienen, stammen in den Industrieländern rund ein Drittel der Nahrungsmittel aus der tierischen Erzeugung. Gerade bei der Eiweißversorgung nehmen die tierischen Proteine in den reichen Ländern mit über 50 % eine wichtige Rolle ein, während sie in den Entwicklungsländern nur ungefähr ein Fünftel der Gesamtversorgung ausmachen. Es sei darauf hingewiesen, daß eine vegatarische Ernährung bei einer geeigneten Mischung von verschiedenen pflanzlichen Produkten ernährungsphysiologischen Bedarfsnormen ohne weiteres entspricht, was auch in verschiedenen Kulturräumen erfolgreich gezeigt wurde. Allerdings ist eine ausgewogene Ernährung durch tierische Produkte leichter zu erreichen, angesichts der sich wandelnden Ernährungsgewohnheiten, weg von der rein pflanzlichen Ernährung und unter Berücksichtigung des hohen Gehaltes an Eiweis, Fett, Kalzium, Eisen, Vitamin A, B und E, Nährstoffe, die vor allem in der Kost von mangelernährten Menschen fehlen.

Wie die unterschiedlichen Pro-Kopf-Wachstumsraten der Nahrungsproduktion erwarten lassen, ergeben sich erhebliche Differenzen in der Nahrungsversorgung zwischen Industrie- und Entwicklungsländern (Tabelle 4). Vergleicht man die durchschnittliche Nahrungsenergieversorgung verschiedener Regionen, so ergibt sich mit 3 315 Kalorien pro Person/Tag eine deutlich höhere Energieaufnahme in den entwickelten Ländern als in den Entwicklungsländern mit durchschnittlich 2 180 Kalorien pro Person/Tag. Dabei liegt die Situation in Lateinamerika und im Nahen Osten etwas günstiger als in Afrika und im Fernen Osten. Selbst wenn man von der Überlegung ausgeht, daß das nationale Nahrungsangebot theoretisch gleichmäßig verteilt sein würde, besteht in den beiden letzten Regionen ein Nahrungsdefizit.

Berücksichtigt man dabei, daß in Afrika, während des letzten Jahrzehntes, die Steigerung der Agrarproduktion weit hinter dem Bevölkerungswachstum blieb, so muß davon ausgegangen werden, daß in diesem Erdteil die Versorgungssituation am kritischsten ist. Nur durch massive Importe konnte ein größerer Einbruch im Nahrungsangebot verhindert werden.

Nach Schätzungen der FAO, sind gegenwärtig rund eine halbe Milliarde Menschen ernsthaft unterernährt. Der Hauptanteil davon findet sich in Asien, wobei vor allem die einkommensschwachen Länder betroffen sind, die die fehlende heimische Agrarproduktion nicht durch Zukauf ausgleichen können. Da die Nahrungsverteilung nicht gleichmäßig vonstatten geht, andererseits der Nährstoffbedarf unterschiedlich ist — so haben schwangere und stillende Frauen, sowie Kinder und Kranke einen erhöhten Nährstoffbedarf —, gibt es auch unterernährte Menschen in den Regionen, die rein rechnerisch eine durchschnittlich über den Bedarfsnormen liegende Nahrungsversorgung aufweisen.

Tabelle 4: Durchschnittliche Energieversorgung und Anzahl der unterernährten Bevölkerung in verschiedenen Regionen (1974—1976)

	Energieaufnahme		Anzahl der ernsthaft unterernährten Personen (Millionen)
	Kalorien/Kopf	% des empfohlenen Bedarfes	
Entwickelte Länder	3 315	129	· · ·
Entwicklungsländer	2 180	95	435
Afrika	2 180	93	72
Ferner Osten	2 025	91	304
Naher Osten	2 560	104	19
Lateinamerika	2 525	106	41
Einkommensschwächere Entwicklungsländer	2 010	89	349
Entwicklungsländer mit mittlerem Einkommen	2 485	104	87

Quelle: FAO 1981.

Zusammenfassend lassen sich hinsichtlich der Nahrungsproduktion und -versorgung folgende Feststellungen treffen:

— Obwohl in den Entwicklungsländern die Nahrungsmittelproduktion erheblich größer ist als in den Industrieländern, stehen den Menschen der Dritten Welt, auf Grund des stärkeren Bevölkerungswachstums, nicht mehr Nahrungsmittel zur Verfügung.

— Der Unterschied in der Nahrungsproduktion zwischen den ärmsten Ländern und den Ländern mittleren Einkommens hat sich weiter zu ungunsten der ärmsten Länder vergrößert.

— Der Anteil der Eigenversorgung nimmt in vielen Entwicklungsländern stetig ab, weshalb diese Nationen zunehmend auf Nahrungsimporte angewiesen sind.

3. Verflechtung der Nahrungsproduktion und der Ernährungssituation

Immer verfeinerte Techniken ermöglichen es uns ein detailliertes Bild über die vergangene und gegenwärtige Situation der Menschheit zu erhalten. Daraus erwächst der Wunsch zunehmend Einfluß auf unser zukünftiges Wirken zu nehmen. Seit den siebziger Jahren wurde versucht komplexere Kausalitäten der Entwicklungen zu erfassen, um daraus zukünftige Trends zu prognostizieren, sogenannte Weltmodelle. Die drei vielleicht bekanntesten sind das MIT — Modell des Club of Rome („Die Grenzen des Wachstum") die Studie „Global 2000" und das FAO-Modell. Alle diese Modelle gleichen sich in den Aussagen, daß:

● durch die Begrenztheit des irdischen Raumes und auf Grund unserer physischen und psychischen Eigenschaften dem Bevölkerungswachstum Grenzen gesetzt sind und

● monokausale Entwicklungsmodelle nicht dazu beitragen können, die kybernetisch vernetzten Faktoren der Weltentwicklung positiv zu beeinflussen.

Daraus läßt sich ableiten, daß unsere Nahrungsproduktion zur Absicherung der Ernährungssituation durch eine „Wachstumsidiologie" alleine zukünftig nicht garantiert werden kann. Andererseits fehlen jedoch bisher Erfahrungen über „Nullwachstums-modelle". Eine stark vereinfachte Darstellung der kausalen Beziehung zwischen Nah-rungsproduktion und Ernährungssituation zeigt Abbildung 3. Wie man sieht, läßt sich von einer alleinigen Steigerung der Nahrungserzeugung keine Verbesserung der Ernährungs-situation kausal ableiten. Vielmehr ist es auch notwendig andere die Ernährungssitua-tion beeinflussende Faktoren zu kontrollieren. Gerade dies wird durch Programm der inte-grierten ländlichen Entwicklung versucht.

Abbildung 3: Vereinfachte Darstellung der kausalen Beziehungen zwischen Nahrungs-produktion und Ernährungssituation.

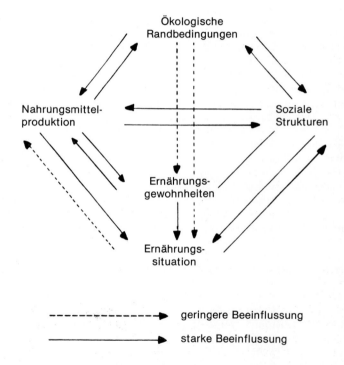

Ein negatives Beispiel für eine mangelhafte Beachtung kausaler Vernetzungen zwischen Nahrungsproduktion und der Ernährungssituation von Bevölkerungsgruppen stellt der Sonderbeitrag 5,5 des Welternährungsberichtes 1982 der Weltbank dar, in dem das brasi-lianische Sojaprogramm als beispielhaftes Modell gelobt wird. Es spricht jedoch alles da-für, daß durch das unkritische, nur auf Wachstum orientierte Produktionsprogramm der Sojabohne folgende Nebenwirkungen erreicht wurden:

● Das Sojaanbauprogramm förderte vor allem kapitalstarke großflächigere Betriebe, während die kleinflächigeren, kapitalschwächeren, traditionellen Bohnenproduzenten verdrängt wurden.

● Dadurch brach aber zunehmend die Versorgung ärmerer Bevölkerungsschichten mit dem traditionellen, billigen Eiweißlieferanten zusammen, weshalb zuweilen Bohnen sogar rationiert und importiert werden mußten.

● In diese „Eiweißlücke" stießen jedoch nicht die Sojabohnen, da sie hauptsächlich Verwendung als Hühnerfutter fanden, also zur Produktion von teurerem tierischen Eiweiß dienten oder in den Export gingen, weshalb sich das heimische Angebot an billigen Eiweißträgern für die direkte menschliche Ernährung verringerte.

Eine Steigerung der landwirtschaftlichen Produktion alleine garantiert nicht eine Verbesserung der Ernährungssituation, sondern sie kann sich, wie in diesem Beispiel dargestellt, sogar gegenteilig auswirken und zu einer Verschlechterung der Ernährungssituation der labilsten Bevölkerungsgruppe führen.

Auch die „grüne Revolution" ist immer wieder der Kritik ausgesetzt, zu sehr monokausal auf die Steigerung von Hektarerträgen ausgerichtet zu sein und dabei begleitende soziale Aspekte zu wenig zu berücksichtigen. Denn die neuen anspruchsvollen Getreidesorten verlangen einen höheren Einsatz von Kapital und „know-how" und sind gegenüber klimatischen Schwankungen erheblich empfindlicher als die traditionellen Landsorten. Durch die Einführung dieser neuen Zuchtlinien geraten gerade die bedürftigsten Bauern in einen nicht zu gewinnenden Konkurrenzkampf.

Ohne jeden Zweifel müssen angesichts der steigenden Weltbevölkerung alle Anstrengungen unternommen werden, die Nahrungsmittelproduktion weiter zu steigern. Wie aber aus Abbildung 3 zu ersehen ist, kann nur dann eine Verbesserung der Ernährungssituation erwartet werden, wenn

● ökologische Randbedingungen nicht negativ durch den Menschen geprägt werden, sodaß die Nahrungsmittel quantitativ, durch Verlust von Anbaufläche und qualitativ, durch Kontamination verringert werden;

● der notwendig sich steigernde Rohstoff- und Energieeinsatz in der landwirtschaftlichen Produktion vor allem auf erneuerbare Rohstoff- und Energiequellen zurückgreift;

● die gesellschaftlichen Strukturen so angelegt sind, daß die produzierten Nahrungsmittel allen Bevölkerungsgruppen entsprechend ihres Nährstoffbedarfes zugute kommen;

● hygienische und medizinische Präventivmaßnahmen eine optimale Nutzung der angebotenen Nährstoffe erlauben;

● Nahrungsgewohnheiten, die auf die Möglichkeiten der regionalen Nahrungsproduktion, des Nährstoffbedarfes und des kulturellen Entwicklungsstandes abgestimmt sind, berücksichtigt werden.

Diese technischen Maßnahmen können jedoch wiederum nur wirksam werden, wenn:

● in den Entwicklungsländern so rasch als möglich eine effektive Bevölkerungspolitik einsetzt zur Eindämmung des Bevölkerungswachstums;

● in den Entwicklungsländern die Agrarentwicklung energischer als bisher gefördert wird;

● in den Industrieländern die Wirtschaftspolitik stärker den Interessen der ökonomischen Entwicklung der armen Länder entgegenkommt.

4. Gesundheit und Ernährung

Die gegenwärtige Weltproduktion an Getreide würde allein ausreichen, um für jeden Menschen eine Energiezufuhr von 12,6 Megajoules (3 000 Kalorien) und 65 Gramm Protein zu gewährleisten. So überraschend dies angesichts der fast täglichen Meldungen in Zeitung und Rundfunk über Unterernährung und Hungersnot auch klingen mag, noch ist die Welt in der Lage, ihre 4,2 Milliarden Bewohner zu ernähren. Die Tatsache, daß es Millionen von Hungrigen gibt, ist einerseits bedingt durch die ungleiche geographische Verteilung der Nahrungsmittelproduktion, und andererseits durch die ungleiche Verteilung des Nahrungsmittelbestandes in den verschiedenen sozialen Schichten einer Gemeinschaft. Die Hungernden setzen sich vorwiegend aus drei Gruppen zusammen: Besitzlose in Stadt und Land, wie sie in den Favelas Südamerikas und den Shanty-towns Asiens und Afrikas zu finden sind, landwirtschaftliche Arbeiter ohne eigenen Landbesitz und Arbeitslose. Von diesen 600 Millionen sind wiederum mehr als zwei Drittel Kinder und werdende oder stillende Mütter. Gerade für diese beiden Gruppen ist ein Nahrungsmittelmangel besonders folgenschwer.

Auf Tabelle 5 sind einige ausgewählte primäre, sekundäre und tertiäre Gesundheitsindikatoren von 21 Ländern, entsprechend des Pro-Kopf-Bruttosozialproduktes, aufgelistet. Daraus läßt sich ersehen, daß in reichen Ländern die Chance größer ist, günstige Gesundheitsindikatoren anzutreffen als in armen Ländern. Es muß jedoch eingeschränkt werden, daß neben dem Reichtum noch andere Faktoren eine Rolle spielen. So liegt die Säuglingssterblichkeit in der Republik China um 30 % niedriger als in der Bundesrepublik Deutschland, obwohl hier achtmal mehr Geld zur Verfügung steht. Aber auch die tertiären Indikatoren garantieren nicht immer günstige primäre Gesundheitsdaten. Obwohl es in Kenia und Bangladesh die gleiche Anzahl von Ärzten pro Einwohner gibt, liegt die Säuglingssterblichkeit in Bangladesh dreimal so hoch. Der Gesundheitszustand einer Bevölkerung wird durch zahlreiche Faktoren beeinflußt, wobei dem Ernährungsstatus eine besondere Bedeutung zukommt.

Ausreichende Nahrungszufuhr ist neben Luft und Wasser absolut lebensnotwendig. Während unzureichende Mengen der letzten beiden das Leben überhaupt nicht bzw. nur für wenige Tage ermöglichen, kann sich der menschliche Körper bis zu einem gewissen Grad an chronische Nahrungsmittelknappheit gewöhnen, wobei das Spektrum der Adaptionsmöglichkeiten je nach Größe des Nährstoffmangels von physiologischer Reduktion des Wachstums bis zur Verringerung körperlicher und schließlich auch intellektueller Leistungen und Fähigkeit reicht.

Zur normalen Körperfunktion braucht der Mensch ungefähr vierzig verschiedene Nährstoffe, die er selbst nicht herstellen kann. Dazu gehören zehn Aminosäuren (zur arteigenen Proteinsynthese), eine Fettsäure, ungefähr ein Dutzend Vitamine, etwa zwanzig Mineralien und Spurenelemente und allgemeine Energieträger, wie sie Kohlehydrate, Fette und auch Proteine darstellen, die den Metabolismus überhaupt ermöglichen.

Die genaue Nahrungsmittelbedarfsmenge, die notwendig ist, ein „normales" Leben zu gewährleisten, um z. B. Kinder ihr genetisches Wachstumspotential erreichen zu lassen, variiert von einem Individuum zum anderen. So stellen Körpergewicht, Geschlecht, Alter, Wachstumsrate, Schwangerschaft und Stillen wichtige Faktoren dar, die den Nahrungsmittelbedarf des Einzelnen mit bestimmen. Im Laufe der Jahre hat man Durchschnittswerte für mehr als ein Drittel der notwendigen Nährstoffe bestimmt, die bei regelmäßiger Zufuhr „normale" physiologische und biochemische Funktionen des Körpers gewährleisten. In Tabelle 6 sind die von der Food and Agricultural Organization (FAO) der Vereinten Nationen empfohlenen täglichen Mindestmengen der wichtigsten Nährstoffe aufgeführt. Diesen Empfehlungen lag die Erhaltung „normaler" Körpervorräte an wichtigen Nährstoffen wie z. B. Serumeisen und nicht das Verhindern pathologischer Erscheinungen, wie z. B. Anämie, zugrunde. Es handelt sich demnach jeweils um Mindestmengen, die als nowendig erachtet wurden, um bei Erwachsenen „normale" Tätigkeit und Gesund-

Tabelle 5: Ausgewählte primäre, sekundäre und tertiäre Gesundheitsindikatoren von 21 Ländern (1976/1977)

Land	Säuglingssterblichkeitsrate (‰ der gesamten Säuglinge)	Sterberate (‰ der Gesamtbevölkerung)	Lebenserwartung	Geburtenraten (‰ der Gesamtbevölkerung)	Fertilitätsrate	Bevölkerungsanteil mit Zugang zu Trinkwasser (%)	Nahrungsenergieversorgung (% des Bedarfs)	Erwachsenenalphabetisierungsrate (% der Gesamtbevölkerung)	Ausgabe für öffentliches Gesundheitswesen (% vom BSP)	Pro-Kopf-Ausgaben für öffentliches Gesundheitswesen (US $)	Menschen pro Krankenhausbett	Menschen pro Arzt	Menschen pro Gesundheitspersonal	BSP pro Kopf
Bangladesh	140	18	47	46	6,5	53	92	22	0,8	1	5,640	15,050	38,540	90
Mali	120	22	42	49	6,7	9	75	10	1,5	2	1,350	42,770	2,480	110
Malawi	142	20	46	52	7,0	33	103	25	1,4	2	760	48,500	4,370	140
Afghanistan	269	22	42	48	6,9	6	83	12	0,6	1	6,590	28,310	19,400	190
Sri Lanka	45	6	69	26	3,6	20	91	78	1,9	4	330	4,010	1,300	200
Haiti	150	17	51	43	5,9	14	90	23	0,6	1	570	11,630	5,570	230
Kenia	51	14	53	51	7,8	17	91	40	1,8	4	760	16,300	2,470	270
Ägypten	101	13	54	36	4,8	66	113	44	2,2	8	470	4,630	1,870	320
Volksrepublik China	56	9	64	22	2,9	..	99	..	1,5	5	..	..	..	390
Nigeria	163	18	48	50	6,9	..	88	25	0,7	3	1,170	14,810	1,620	420
Arabische Rep. Jemen	160	19	47	49	7,2	4	83	13	0,5	1	..	26,440	10,810	430
Kuba	23	6	72	19	2,5	..	117	96	2,2	19	230	1,110	..	910
Chile	79	7	67	22	2,7	83	117	88	1,3	14	270	2,320	420	1,160
Republik China	14	5	72	21	2,5	..	119	82	2,4	25	..	..	..	1,170
Jugoslawien	41	9	69	18	2,2	..	136	85	4,1	69	170	850	400	1,980
Iran	120	14	52	40	5,9	51	98	50	1,5	27	650	2,570	1,630	2,160
UdSSR	30	9	70	18	2,4	..	138	99	2,7	90	80	350	160	3,020
Japan	10	6	76	15	1,8	..	121	99	3,9	171	100	860	290	5,670
BR Deutschland	20	12	72	10	1,4	..	129	99	5,8	117	80	520	270	8,180
Schweden	8	12	75	12	1,7	..	114	99	6,1	550	70	620	140	9,250
Kuwait	44	5	69	45	7,1	89	..	60	1,6	244	230	910	200	12,270

Tabelle 6: Empfohlene tägliche Nährstoffzufuhr⁶)

Alter	Körpergewicht Kilogramm	Energie Kilokalorien	Energie Megajoule	Protein Gramm	Vitamin A Mikrogramm	Vitamin D Mikrogramm	Vitamin B_1 Milligramm	Vitamin B_2 Milligramm	Niacin Milligramm	Folsäure Mikrogramm	Vitamin B_{12} Mikrogramm	Vitamin C Milligramm	Kalzium Gramm	Eisen Milligramm
Kinder														
<1	7.3	820	3.4	14	300	10.0	0.3	0.5	5.4	60	0.3	20	0.5-0.6	5-10
1-3	13.4	1 360	5.7	16	250	10.0	0.5	0.8	9.0	100	0.9	20	0.4-0.5	5-10
4-6	20.2	1 830	7.6	20	300	10.0	0.7	1.1	12.1	100	0.9	20	0.4-0.5	5-10
7-9	28.1	2 190	9.2	25	400	2.5	0.9	1.3	14.5	100	1.5	20	0.4-0.5	5-10
Jungen														
10-12	36.9	2 600	10.9	30	575	2.5	1.0	1.6	17.2	100	1.5	20	0.6-0.7	5-10
13-15	51.3	2 900	12.1	37	725	2.5	1.2	1.7	19.1	200	2.0	30	0.6-0.7	9-18
16-19	62.9	3 070	12.8	38	750	2.5	1.2	1.8	20.3	200	2.0	30	0.5-0.6	5- 9
Mädchen														
10-12	38.0	2 350	9.8	29	575	2.5	0.9	1.4	15.5	100	2.0	20	0.6-0.7	5-10
13-15	49.9	2 490	10.1	31	725	2.5	1.0	1.5	16.4	200	2.0	30	0.6-0.7	12-24
16-19	54.4	2 310	9.7	30	750	2.5	0.9	1.4	15.2	200	2.0	30	0.5-0.6	14-28
Männer (mittelschwere Tätigkeit)	65.0	3 000	12.6	37	750	2.5	1.2	1.8	19.8	200	2.0	30	0.4-0.5	5- 9
Frauen (mittelsschwere Tätigkeit)	55.0	2 200	9.2	29	750	2.5	0.9	1.3	14.5	200	2.0	30	0.4-0.5	14-28
Schwangerschaft (2. Hälfte)		+ 350	+ 1.5	38	750	10.0	+ 0.1	0.2	+ 2.3	400	3.0	50	1.0-1.2	(9)
Stillen (1. 6 Monate)		+ 550	+ 2.3	46	1 200	10.0	+ 0.2	+ 0.4	+ 3.7	300	2.5	50	1.0-1.2	(9)

heit, bei Kindern ein altersentsprechendes Normalgewicht bzw. Normalgröße sowie das Erreichen des vollen Intelligenzpotentials zu gewährleisten. Zu diesen Empfehlungen muß man ergänzend erwähnen, daß extreme Klimaverhältnisse, schwere körperliche Betätigung sowie Krankheit den Bedarf fast all dieser Nährstoffe erheblich erhöhen.

Neuere Studien haben gezeigt, daß die Bedarfszahlen der FAO für Energie zu hoch und für Protein zu niedrig angesetzt sind. Es ist daher zu erwarten, daß in der nächsten Zeit die Empfehlungen näher den Bedarfszahlen vieler Industrieländer angepaßt werden.

Fehlernährungserscheinungen treten dann auf, wenn dem Körper zu wenig oder zuviel Nahrungsmittel allgemein oder vorwiegend zuwenig spezifische Nährstoffe zugeführt werden, wobei man das Zuwenig generell als Unterernährung, das Zuviel als Überernährung oder Fettsucht und das Fehlen spezifischer Nährstoffe als Mangelernährung bezeichnet.

Überernährung ist häufig in Industriestaaten wie auch in Entwicklungsländern anzutreffen. Pathologische (Körper-)Veränderungen aufgrund eines Überschusses an spezifischen Nährstoffen wie Vitamin A oder Kalzium findet man zwar, doch sind sie im Vergleich zu Mangelerscheinungen relativ selten.

4.1 Protein — Energie — Unterernährung

Weltweit ist in erster Linie für Ernährungsprobleme die Protein-Energie-Unterernährung ("protein-energy-malnutrition" PEM) verantwortlich. Die beiden physiologisch extremen Formen der PEM sind Kwashiorkor und Marasmus.

Kwashiorkor wird durch einen Proteinmangel in der Diät hervorgerufen und führt zu Ödemen, die einen Schwellbauch verursachen, Hellerfärbung der Haare und Depigmentierung der Haut[6]). Marasmus entsteht durch einen Energiemangel und ist an der extremen Abmagerung des Individuums zu erkennen, bei der das subkutane Fett vollkommen fehlt und die Muskelmasse stark reduziert ist, so daß die Konturen der Knochen deutlich sichtlich sind.

Freilich sind die beiden klassischen Formen der PEM nur selten anzutreffen. Zuallermeist handelt es sich um eine Zwischenform eines Mangels beider Nährstoffe, oftmals noch verbunden mit einer Unterversorgung von Vitaminen und Mineralien.

4.2 Ernährungsbedingte Anaemien (EA)

EA treten sowohl im Kindesalter als auch bei Erwachsenen auf, vor allem bei Frauen. In Entwicklungsländern ist es keinesfalls selten, bei hämatologischen Erhebungen mehr als zwei Drittel der Kinder und Frauen mit Haemoglobinwerten unter zehn Grammprozent anzutreffen. Die zwei wichtigsten und häufigsten Ursachen sind Eisen- und Folinsäuremangel, bedingt entweder durch zu geringe Zufuhr, verringerte Bioverfügbarkeit, erhöhten Bedarf (z. B. bei Hakenwurmbefall) oder,was meistens der Fall ist, das Zusammentreffen aller drei Faktoren.

4.3 Andere ernährungsbedingte Mineral- und Vitaminmangelerscheinungen

Von einer reichen Anzahl verschiedener Mangelerscheinungen sind Xerophtalmie (Vitamin-A-Mangel), Endemischer Kropf (Jodmangel) und Rachitis (Vitamin-D-Mangel) wohl am verbreitetsten und global am bedeutendsten.

5. Ursachen von Mangel- und Unterernährung

Unter- und Mangelernährung in den Entwicklungsländern beruhen auf einer Multikausalität, deren einzelne Faktoren eng miteinander verbunden sind und aufeinander einwirken. Aus diesem Grunde können monokausal ausgerichtete Interventionsmaßnahmen, wenn überhaupt, auf die Dauer nicht zu einer anhaltenden Verbesserung der Ernährungs- und Gesundheitslage führen.

Mangel- und Unterernährung werden durch drei Hauptfaktoren bestimmt: Nahrungsmittelproduktion, Nahrungsmittelbereitstellung bzw. -verteilung und Nährstoffnutzung. Jede dieser Komponenten wird von einer Anzahl von Nebenfaktoren beeinflußt. So hängt beispielsweise die Nahrungsmittelproduktion sowohl von Bodenverfügbarkeit, Anzahl der „Produzenten" und deren Fähigkeiten und Leistungen, von landwirtschaftlichen Faktoren wie Bodenbeschaffenheit, Bewässerung, Saatgut, Mechanisierung usw. ab.

Zusammenhänge dieser Haupt- und Nebenfaktoren sind graphisch in erweiterter Form in Abbildung 4 dargestellt. Dabei ist zu berücksichtigen, daß die Nebenfaktoren sich direkt untereinander beeinflussen können. So hängt z. B. die Bodenverfügbarkeit von der Agrarpreispolitik, Bevölkerungswachstum und der Landflucht ab.

6. Gesundheitliche Folgen

Der Begriff „Gesundheit" läßt sich unterschiedlich definieren. Breit ausgelegt, stellt „Gesundheit" das Erreichen und die Erhaltung eines vollen körperlichen und geistigen Wohlbefindens und einer maximalen Leistungsfähigkeit dar. Im engsten Sinn kann der Begriff als Abwesenheit von Krankheit und damit zusammenhängendem vorzeitigen Tod ausgelegt werden. Gesundheitsschädliche Folgen von Mangel- und Unterernährung sind schwerer festzustellen, wenn man die erste Definition wählt, denn die Meßbarkeit von Wohlbefinden und körperlicher wie geistiger Leistungsfähigkeit in Abwesenheit augenscheinlicher Krankheiten ist begrenzt und beinhaltet ein großes Maß an subjektiver Beurteilung. Wissenschaftlich und objektiv nachgewiesen ist jedenfalls, daß unterernährte Kinder im Durchschnitt größere Konzentrationsschwierigkeiten beim Lernen zeigen und schlechter bei Leistungsprüfungen abschneiden als „normal-genährte" Gleichaltrige. Daß dies nicht allein auf sozialkulturellen Klassenunterschieden beruht, hat man nachgewiesen, in dem dieselben Schüler bei regelmäßiger Zusatzspeisung wesentlich bessere Leistungen zeigten.

6.1 Wachstum

Studien der letzten 25 Jahre haben wiederholt gezeigt, daß Kinder der sozialen Oberschicht, gleich in welchem Land oder Erdteil sie aufwachsen, während der ersten fünf Jahre eine vergleichbare Wachstumsrate (Gewicht und Körpergröße) erzielen. Bei einer verringerten Nahrungsmittelzufuhr paßt sich der menschliche Körper durch reduziertes Wachstum an, ohne daß dabei gesundheitliche Schäden auftreten müssen. Fällt die Nahrungsmittelzufuhr jedoch auf ein Niveau, das das physiologische Anpassungsvermögen übersteigt, so stellen sich Gesundheitsschäden in Form von Wachstumsstörungen sowie körperlichen und geistigen Leistungsabfällen ein.

Vergleicht man die Entwicklung der Körpergröße und des Körpergewichtes eines einzelnen Kindes oder einer Kindergruppe mit den Standardwachstumskurven bzw. -tabellen, so kann man ein recht gutes Bild über die Ernährungssituation der Individuen oder der Gemeinschaft erhalten. Die gegenwärtig am häufigsten verwendete Referenztabelle wurde vom Nationalen Zentrum für Gesundheitsstatistik, Atlanta, Georgia 1976 entwickelt[8]).

Abbildung 4: Graphische Darstellung der multifaktoriellen Ursachen von Mangel- und Unterernährung[7]

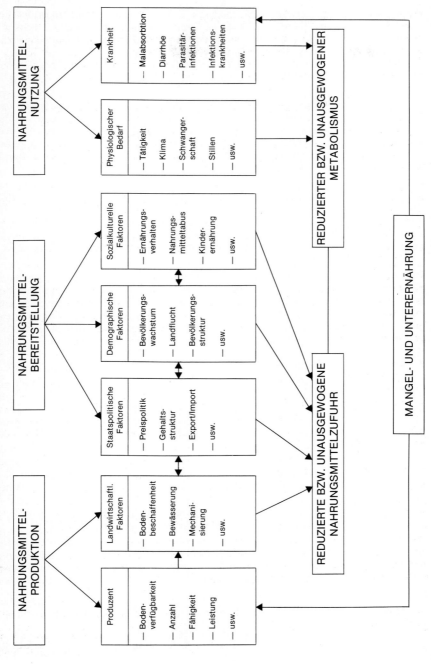

Untergewichtigkeit ("wasting") ist ein Indikator für eine akute Unterernährung, eine geringere Körpergröße ("stunting") weist auf eine chronische Unterernährung hin. Nicht selten liegen in Entwicklungsländern mehr als die Hälfte der Kinder im Vorschulalter sowohl unter der unteren Gewichts- als auch Größenwachstumsgrenze.

6.2 Krankheitsrate (Morbidität)

Abgesehen von akuten und chronischen Erkrankungen wie z. B. Eisenanämie, Rachitis und Pelagra, die auf Mangel spezifischer Nährstoffe zurückzuführen sind, bewirkt Unterernährung generell eine Verschlechterung, Häufung und/oder Verlängerung von Infektionskrankheiten. Besonders bei Durchfallserkrankungen, Erkrankungen der Atemwege und Masern ist dieser Synergismus zwischen Infektion und Mangelernährung zu beobachten, wie die ersten fünf Todesursachen von Kindern im Vorschulalter der meisten Entwicklungsländer beweisen.

Studien, vor allem der letzten fünfzehn Jahre, haben die wechselseitige Beziehung zwischen Unterernährung und Infektionsprävalenz gezeigt, wobei Unterernährung und Infektionsinzidenz einen synergistischen Einfluß auf die Resistenz gegenüber Infektionskrankheiten ausüben. Dabei verringert Unterernährung die humorale (zirkulierende) Immunkapazität (z. B. Antikörperproduktion auf spezifische pathogene Keime oder das unspezifische Komplementsystem) sowie die zellengebundene (z. B. Tuberkulinreaktion).

Darüberhinaus führt jede akute und chronische Erkrankung zu Katabolismus d. h. Gewichtsverlust, was in einem bereits unterernährten Kind eine weitere Verschlechterung des Ernährungszustandes bewirkt. Selbst relativ milde Infektionen, wie sie z. B. durch Lebendimpfstoffe (Masern, BCG, Pocken usw.) hervorgerufen werden, können zu erheblichem Gewichtsverlust bei Kleinkindern führen[9]. Aus diesem Grund sollten Impfungen in Entwicklungsländern zu einem Zeitpunkt durchgeführt werden, an dem die Kinder noch besser ernährt sind (z. B. vor dem Abstillen; auf dem Lande nach der Ernte).

6.3 Sterblichkeitsrate (Mortalität)

Die Kindersterblichkeitsrate, vor allem der ersten vier Lebensjahre, ist ebenfalls ein guter Indikator für den Ernährungsstand einer Gesellschaft. Fehlernährung erhöht vor allem bei dieser Altersgruppe die Sterblichkeit. Nach vorsichtigen Schätzungen sterben jährlich mehr als zehn Millionen Kinder an den Folgen der Unterernährung, die meisten davon im Vorschulalter. Während in Industrieländern Todesfälle bei Kindern im Vorschulalter weniger als fünf Prozent ausmachen, liegt der Prozentsatz in Entwicklungsländern meist über 50 %. Abbildung 5 zeigt graphisch das (nicht lineare) Verhältnis zwischen Ernährungszustand (hier Gewicht und Alter) und Kindersterblichkeit zwischen dem ersten und 36. Lebensmonat, wie es eine ernährungswissenschaftliche Studie im Nordwesten Indiens ergab. Demnach hat ein Kind, das weniger als 60 % des Normalgewichtes aufweist, ein zwanzigmal größeres Risiko, vor dem dritten Lebensjahr zu sterben, als ein Kind, dessen Gewicht bei oder über 80 % des Normalgewichtes liegt.

Das Risiko eines vorzeitigen Todes hängt sowohl vom Ernährungszustand als auch vom Alter des Kindes ab, denn bei gleichem Ernährungsstatus erhöht sich das Risiko, je jünger das Kind ist. Aber auch die Natur der Unterernährung scheint dabei eine Rolle zu spielen, denn Mangel- und Unterernährung wirken sich wesentlich schlimmer aus als Unterernährung allein.

7. Ausblick

Die gesundheitlichen Konsequenzen aus Mangel- und Unterernährung setzen ihrerseits eine Lawine negativer Wirkungen in Bewegung. So führt erhöhte Krankheitsprävalenz

Abbildung 5: Zusammenhänge zwischen Ernährungszustand und Todesrisiko bei Kindern von einem bis 36 Monaten[10])

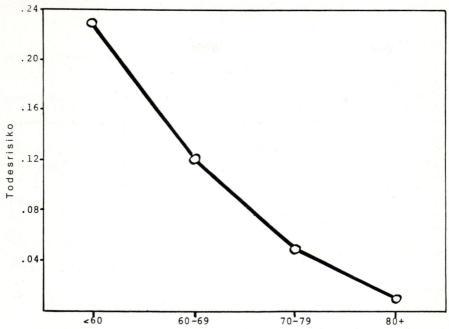

Ernährungszustand ausgedrückt in Prozent der Harvard Gewicht/Alterskurve

einerseits zu größerem Bedarf an Sozialausgaben, andererseits zu geringerer Arbeitsleistung, was beides zu reduziertem Staatshaushalt und weniger Investitionsmöglichkeiten führt. Verringerte Sozialausgaben und beschränkte Lernfähigkeit der Schüler vermindern ihrerseits den Erfolg der fachlichen Ausbildung, die Einsatzmöglichkeit sowie das Verdienstpotential des zukünftigen Arbeitnehmers. Solange nur die Hälfte der Kinder ein arbeitsfähiges Alter erreichen und von den Überlebenden wiederum nur ein Teil Arbeit findet, um schließlich ihre Eltern zu unterstützen, sind Familienplanungsprogramme nur schwer durchführbar. Familienplanungsprogramme sind also nur dann moralisch vertretbar, wenn sie mit flankierenden Sozialprogrammen einhergehen.

Welche Möglichkeiten bestehen, um den Teufelskreis zwischen Armut, Nahrungsmittelmangel und Krankheit zu durchbrechen?

Die gegenwärtig größte Gefahr ist ohne Zweifel das anhaltende Bevölkerungswachstum der Entwicklungsländer und die ungleichmäßige Verteilung der Güter. Beide Faktoren sind fest miteinander verbunden und keines läßt sich in Isolation des anderen beheben. Die erste und wichtigste Maßnahme muß sich somit verstärkt dem Bestreben zuwenden, international einen sozialgerechteren Ausgleich zwischen Arm und Reich herbeizuführen. Dabei müssen wesentlich mehr Gemeinsinn, Aufmerksamkeit, Tatkraft und Mittel sowohl der Industrie- als auch der Entwicklungsländer selbst aufgebracht werden.

Anmerkungen:

[1] Agriculture: Towards 2000, FAO, Rome 1981.

[2] **The Global 2000 Report to the President: Entering the 21st Century,** Vols 1 & 2, Technical Report, Washington, D. C. Government Printing Office, 1980.

[3] Weltentwicklungsbericht 1982, Weltbank, Washington, D. C. 1982.

[4] Health Sector Policy Paper, World Bank, Februar 1980.

[5] **Handbook on Human Nutritional Requirements.** FAO Nutritional Series No. 28; WHO Monograph Series, No. 61, FAO, Rome 1974.

[6] Cecile D. Williams beschrieb erstmals die Anzeichen und Symptome Kwashiorkors und verlieh der Krankheit auch ihren Namen (vgl. C. D. Williams; Lancet, Vol. 1, 1954).

[7] Vereinfacht nach C. E. Taylor and E. M. Taylor, Kapitel 7, in: **Nutrition in the Community: A Text for Public Health Workers,** ed D. S. McLaren (England: John Wiley & Sons Ltd., 1976).

[8] **Growth Charts 1976** herausgegeben durch den National Center for Health Statistics Reports, Vol 25, 3, Supplement, U. S. Dept. H. E. W. Rockville, M. d., 1976.

[9] Kielmann A. A.: „Weight Fluctuations Following Immunization in a Rural Preschool Child Community", **Amer. J. Clin. Nut.** 30. 4. 1977.

[10] Aus Kielmann A. A. and McCord, C.: „Weight for Age as an Index of Death in Children", **The Lancet,** June 10, 1978.

Frauen und Entwicklung

Eva-Maria Bruchhaus

„Femmes 1980 — pas assez de progrès!" hieß es anläßlich der internationalen Konferenz in Kopenhagen, die die Halbzeit der UN-Frauendekade 1975 — 1985 markierte.[1]) Enttäuscht zeigten sich nicht nur die Frauen aus den Industrieländern, sondern auch die Delegierten aus der Dritten Welt. Diese Enttäuschung bezog sich vor allem auf den weiterhin ausbleibenden Erfolg der Entwicklungsbemühungen, ein Jahrzehnt nach der Veröffentlichung von „Women's Role in Economic Development" von Ester Boserup[2]) (inzwischen bereits ein Klassiker unter den Veröffentlichungen zu diesem Thema), fünf Jahre nach der UN-Frauenkonferenz in Mexico-City und zwei Jahre vor der Schlußkonferenz in Nairobi. Dieser Zeitraum soll als Rahmen für den Beitrag zum Thema „Frauen und Entwicklung" gewählt werden, wobei aus Platzgründen darauf verzichtet wird, die inzwischen hinlänglich bekannte Problematik noch einmal ausführlich darzustellen[3]), d. h. zu erläutern, welche Projektarten zu frauenfördernden Maßnahmen gehören, welche Vorgehensweisen angeraten erscheinen[4]), welche regionalen Besonderheiten zu berücksichtigen sind und nicht zuletzt, welche Bedeutung der Frau im Wirtschafts- und Sozialleben in den Ländern der Dritten Welt zukommt. Angesichts der Komplexität des Themas sollen die Erläuterungen vielmehr auf folgende Punkte beschränkt werden:

— Instrumentarium der Frauenförderung,

— Umsetzung in die Praxis,

— Beurteilung der Ergebnisse,

— Diskussion um Theorie und Praxis.

1. Instrumentarium

Die großen Linien der Maßnahmen zur Förderung von Frauen für den Zeitraum 1975 — 1980 wurden in einem „UN-Weltaktionsplan" festgelegt[5]), in dem neben Verbesserungen auf den Gebieten Gesundheit und Ernährung, Bildung und Ausbildung, Zugang zur Erwerbstätigkeit und Arbeitsbedingungen auch die Anerkennung des wirtschaftlichen Wertes der Frauenarbeit in Haushalt, Handel und Landwirtschaft, sowie die Partizipation der Frauen auf lokaler, nationaler und internationaler Ebene gefordert wird. Die Schaffung von speziellen Institutionen auf Regierungsebene sollte zur Durchsetzung dieser Forderungen und Verwirklichung der Chancengleichheit der Frauen beitragen. Zu diesem Zweck wurden von den regionalen UN-Wirtschaftskommissionen Konferenzen einberufen, auf denen über die Implementierung dieser „national machinery" debattiert wurde.[6]) Rückblickend scheint es, als ob die Durchsetzung dieser Forderung auf den geringsten Widerstand stieß. Bald hatten alle Länder ein entsprechendes Instrument, überwiegend in Form von „Nationalen Frauenkommissionen", die meist aus Vertreterinnen der Frauenorganisationen, der betroffenen Ministerien und teilweise auch der Projektträger zusammengesetzt waren. Während es in einigen Ländern, z. B. Bangladesh und Elfenbeinküste, sogar zur Schaffung von eigenen Ministerien zur Förderung der Frauen kam, reichte es in anderen gerade zur Einrichtung einer Unterabteilung im Sozialministerium. Auch regionale Stellen wurden eingerichtet, z. B. innerhalb der UN-Koordinierungszentren („Multinational Programming and Operational Centres"), z. B. in Niamey (Niger) und Lusaka (Sambia). Desgleichen legten sich Sonderorganisationen der UN, wie die ILO, Koordinationsstellen für frauenfördernde Maßnahmen zu. Innerhalb ihres Weltbeschäftigungsprogramms wurde zudem ein Sonderprogramm für ländliche Frauen in Entwicklungsländern eingeführt.[7])

Andere Institutionen hatten nicht auf das internationale Jahr der Frau gewartet, um spezielle Einrichtungen für die Belange der Frauen vorzubereiten. Als Beispiel sei hier das ATRCW (African Training and Research Centre for Women) in Afrika genannt, das 1975 von der UN-ECA eröffnet werden konnte, und dessen Notwendigkeit folgendermaßen begründet wurde: „die Entwicklung der afrikanischen Region erfordert die Mobilisierung aller menschlichen Ressourcen."[8])

Gleichzeitig wurde auch eine „African Women's Development Task Force" gegründet, deren Aufgabe darin besteht, den Mitgliedsländern zu helfen, speziell für Frauen konzipierte Projekte durchzuführen. Ein Schwerpunkt liegt auf dem Gebiet der Einführung von arbeitserleichternden Technologien.

Während in der Zeit zwischen 1965 und 1975 die Belange der Frauen von den internationalen Organisationen sektoriell gefördert wurden (Frauenarbeit: IAO, Frauenbildung: UNESCO, Gesundheit: WHO, Kinder: UNICEF, Frauen in der Landwirtschaft: FAO)[9]), versuchte man jetzt, die Frauen in allen ihren Lebensbereichen zu fördern. Die UNESCO führte nicht mehr nur Bildungs- und Ausbildungsprogramme durch, sondern sie bezog in ihre Alphabetisierungsprojekte Gemüsebau und angepaßte Technologie mit ein. Das UN-Kinderhilfswerk UNICEF wurde ebenfalls in der Vermittlung angepaßter Technologien zur Erleichterung der Frauenarbeit aktiv, und bei allen Organisationen konnte man eine Konzentration der Bemühungen auf die Landfrauen erkennen.

Oft ist das Interesse der internationalen Organisationen für die neuentdeckte Zielgruppe „Frauen" auf die hartnäckigen Bemühungen weiblicher Mitarbeiter zurückzuführen. Als Beispiel sei hier die OECD genannt. Auf Betreiben einiger aktiver Frauen im DAC (Development Aid Committee) wurden verschiedene Konferenzen mit internationaler Beteiligung (z. B. 1978 in Paris) veranstaltet und eine Veröffentlichung zum Thema Frauen und Entwicklung herausgebracht.[10]) Eine Koordinierungsgruppe aus Vertreterinnen der Delegationen der Mitgliedsländer bemüht sich um Datensammlung, das Erstellen von Dokumentationen und die Veröffentlichung eines „Newsletters". Auf ihr Betreiben wurde eine zentrale Dokumentationsstelle für alle Mitgliedsländer in New York gegründet, die bis 1982 von US-AID (Agency for International Development) über die „New Century Foundation" finanziert wurde; seither ist die finanzielle Lage unklar.[11])

Unter den westlichen Industrieländern sind die USA am weitesten gegangen, sowohl was die Gesetzgebung, als auch was den Projektaufwand betrifft. 1973 stimmte der Kongreß für eine Novellierung des „Foreign Assistance Act" („Percy Amendment")[12]), demzufolge Frauen angemessen bei Entwicklungsprojekten zu berücksichtigen sind. Gleichzeitig wurde innerhalb der „US-Agency for International Development" (AID) ein Sonderbüro für „Frauen und Entwicklung" eingerichtet.

In der Bundesrepublik fiel die UN'Frauenkonferenz in Mexico-City in die Amtszeit der bisher einzigen Ministerin für wirtschaftliche Zusammenarbeit, Marie Schlei. Sie stellte sicher, daß die Empfehlungen und Beschlüsse der Konferenz soweit wie möglich in die deutsche Entwicklungspolitik Eingang finden würden. Folgende Neuerungen wurden eingeführt:[13])

— beim Sektorreferat 225 des BMZ (Gesellschaft, Bevölkerung, Jugend, Familie und Frauen) wurde eine Stelle für Frauen eingerichtet (inzwischen gestrichen);

— im Oktober 1978 wurde das erste Grundsatzpapier „zur Förderung von Frauen in Entwicklungsländern" veröffentlicht;

— im Oktober 1978 erschien die „Grundbedürfnisstrategie mit Frauenaspekt", in der die Berücksichtigung von „Frauen in Entwicklungsländern als Teil der Befriedigung von Grundbedürfnissen" gefordert wird;

— es wurde ein Memorandum veröffentlicht, in dem die Delegationen aus Entwicklungsländern bei Regierungsverhandlungen über die Länderquoten hinausgehende Sondermittel zur Finanzierung von frauenfördernden Maßnahmen angeboten werden;[14]

— ein spezieller „Frauenfonds" wurde eingerichtet, aus dem für etwas mehr als 4 Millionen DM jährlich frauenfördernde Maßnahmen zusätzlich zu den Länderquoten finanziert werden können;

— ein Forschungsauftrag sollte Kenntnisse über die Situation der Frauen in fünf ausgewählten Entwicklungsländern und den Beitrag der nichtstaatlichen Organisationen bei der Förderung von Frauen in diesen Ländern und allgemein erbringen[15]; darüberhinaus wurden in einigen Projketen der bilateralen Hilfe Pilotstudien über die Auswirkungen der Maßnahmen auf die Lage der Frauen durchgeführt;

— ein weiterer Forschungsauftrag betraf die Aufstellung von „frauenrelevanten Projektkriterien zur Planung, Durchführung und Evaluierung von Projekten".[16]

Von den „frauenrelevanten Projektkriterien" versprach man sich offensichtlich nicht nur im BMZ eine stärkere und realitätsbezogenere Berücksichtigung der Frauen in der praktischen Projektarbeit, sowohl was die geschlechtsspezifische Arbeitsteilung, den Anteil an der landwirtschaftlichen Produktion und Verarbeitung als auch die Arbeitsbelastung und die Einkommenslage betrifft.[17]

Ebenfalls im Rahmen der Frauendekade wurde 1980 eine Studie vom UNRISD (UN Research Institute for Social Development) veröffentlicht, in der versucht wird, eine Methode zu entwickeln, anhand derer der Fortschritt der Entwicklung und die Auswirkungen von Projekten auf die Frauen in den essentiellen Bereichen ihres Lebens gemessen werden können. Gleichzeitig hofft man, auf diese Weise nach ethnischen und sozialen Gruppen unterscheiden zu können. Voraussetzung dafür ist die Prüfung der Zuverlässigkeit und des Nutzens statistischer Daten. Dabei wurde klar, daß es sich hier nicht nur um statistische Probleme handelt, sondern tiefergehende Untersuchungen durchgeführt werden müssen, z. B. um zu erklären, „warum die Ernährungslage der Familie sich verschlechtert, während Transistorradios und Fahrräder in die Hütten Einzug halten."[18]

Das Problem der Nutzung von Statistiken erwies sich als besonders hinderlich für die Versuche, den Anteil der Frauen nicht nur im Wirtschaftsgeschehen, sondern darüberhinaus in praktisch allen Bereichen zu messen. Tatsächlich wurden — und werden teilweise noch — Bäuerinnen als „Hausfrauen" bzw. „Ehefrauen von Bauern" gezählt und ihre zum Teil beachtliche Beteiligung an der landwirtschaftlichen Produktion wird schlichtweg unterschlagen. Das gleiche gilt für das Handwerk und die sogenannten informellen Berufe, ganz zu schweigen von der Hausarbeit.

Ein anderes Problem sah man darin, daß innerhalb der internationalen und nationalen Entwicklungsinstitutionen — sowohl in den Entwicklungsländern als auch in den Industrieländern — Mitarbeiter und vor allem qualifizierte Mitarbeiterinnen fehlen, die diesen neuen Bereich betreuen könnten, daß „Frauen in den Trägerorganisationen vor allem tippen und sachbearbeiten, kaum aber planen und entscheiden."[19] So ist es nicht erstaunlich, daß überall Forderungen nach verstärktem Einsatz von weiblichen Experten — sowohl in den Zentralen, als auch beim Gutachtereinsatz und nicht zuletzt in den Projekten selbst — erhoben wurden. Darüberhinaus sollten sich auch Männer in verantwortlichen Positionen sachkundig machen.

Man war sich zwar allgemein darüber einig, daß die Frauen erwiesenermaßen im Modernisierungsprozeß mehr Nachteile als Vorteile ernteten. Aber man war gleichzeitig davon überzeugt, daß dies durch eine sorgfältigere Projektplanung und die Frau einbeziehende

Projektkonzeption vermieden werden könnte.[20]) Eine zweite Annahme bestand darin, daß es durch eine Steigerung der Produktivität der Frauenarbeit sehr wohl möglich sein müsse, die Frauen verstärkt in die Marktproduktion zu integrieren, zum Nutzen der gesamten Volkswirtschaft.[21])

2. Umsetzung

Zu Beginn der Dekade war man noch davon ausgegangen, es genüge, die „unsichtbare Frau" sichtbar zu machen[22]), um ihre Integration in den Entwicklungsprozeß zu gewährleisten: „Wenn man die gemeinsame und gleiche Verantwortung der Frauen im ländlichen Haushalt erkennen könnte, und die Wirkung dieser Rolle auf die ländliche Dynamik, würde man versuchen, sich besser zu informieren und diese Wissensgrundlage für ländliche Planung nutzbar machen und in ländliche Entwicklungsprogramme umsetzen."[23]) Bald stellte man jedoch fest, daß die erhofften Erfolge weiterhin ausblieben.

Die Überschrift „Frauenprojekte führen Schattendasein"[24]) faßt die Situation in der Bundesrepublik Deutschland treffend zusammen. Aus dem „Frauenfonds" (etwas über 4 Millionen DM, bei einem Gesamtetat des BMZ von 5.757,7 Millionen im Jahr 1981, einschließlich Verwaltungskosten[25])) wurden bisher insgesamt 23 Projekte in 17 Ländern — davon die überwiegende Mehrzahl (14) in Afrika — unterstützt.[26]) Das ist ein Bruchteil der gesamten deutschen bilateralen Entwicklungshilfe im Jahr 1981, in dem insgesamt 507 Personalprojekte in 107 Ländern durchgeführt wurden[27]). Kritiker merken an, daß auch andere als Frauenprojekte zur Förderung von Frauen dienen. Abgesehen davon, daß dies meist nicht der Fall ist wenn nicht von vornherein auf die Belange der Frauen Rücksicht genommen wird, kann man entgegnen, daß ja auch die Frauenprojekte wiederum positive Auswirkungen auf andere Bevölkerungsgruppen haben. So dient z. B. das Geld vom Verkauf der Produkte eines Gemüseprojektes sowie die Produkte selbst überwiegend zur Verbesserung der Familienernährung.

In 18 der 23 genannten Maßnahmen für Frauen handelt es sich um Frauenkomponenten integrierter Projekte, die meist einen geringen Anteil an der Finanzierung des Gesamtprojektes haben[28]). Generell werden die Frauenprojekte vom BMZ „recht halbherzig unterstützt".[29]) Dabei gibt es unter diesen Maßnahmen durchaus positive Ansätze und teilweise echtes Interesse bei Projektpersonal und -verantwortlichen in der Zentrale. Dennoch erscheinen die Perspektiven eher entmutigend: „Beobachtern zufolge werden vor dem Hintergrund der Mittelknappheit Frauenförderungsprogramme in Zukunft noch geringere Chancen eingeräumt als bisher."[30]) Die Ursachen dafür sind offensichtlich nicht ganz klar, man vermutet sie in den Entwicklungsländern selbst:" generelle mangelhafte Organisation als Folge ihrer (der Frauen) schwachen sozialen und rechtlichen Stellung in der Gesellschaft und ihrer Abhängigkeit von den Entscheidungen des männlichen Familienoberhauptes."[31]) Unerwähnt bleiben hingegen die internen Gründe, daß z. B. weiterhin in den wenigsten Fällen die Auswirkungen von Entwicklungsmaßnahmen ex-ante und ex-post geprüft werden, daß viele Frauenprojekte Zufallsprodukte sind und nicht auf gründliche vorherige Untersuchungen aufbauen, und daß in den meisten Projekten ganz offensichtlich die Belange der Frauen berührt aber nicht berücksichtigt werden. Das trifft z. B. für die Siedlungsprojekte zu.[32])

Darüberhinaus gibt es weiterhin viel zu wenig Expertinnen im Einsatz, sowohl in den Zentralen, als auch in den Projekten und Projektprüfungen, und die wenigen, die eingesetzt werden, dürfen sich meist nur um die Belange der Frauen kümmern und werden in den seltensten Fällen zur Prüfung der allgemeinen Projektaktivitäten hinzugezogen.[33]) Das gilt nicht nur für die deutsche bilaterale Entwicklungshilfe, sondern mindestens in gleichem Umfang auch für die internationalen Organisationen, ebenfalls sowohl in den Zentralen als auch in den Projekten und Vertretungen vor Ort. In Führungspositionen von FAO und UNDP z. B. finden sich kaum Frauen. Weiterhin gelten viele Posten als „unpassend" für Frauen, sogar wenn die Behörden des Gastlandes nichts gegen eine weibliche Besetzung einzuwenden haben. Gleichzeitig wird immer wieder der Mangel an qualifizierten Fachfrauen beklagt. Und in der Projektpraxis werden auch hier die Frauen oft einfach „vergessen".[34]

Auf der Seite der Entwicklungsländer hat sich ebenfalls nicht viel verändert, abgesehen von der Einrichtung „nationaler Frauenkommissionen" und ähnlicher Gremien, die ohnehin nur beratend wirken können. Aus einer Untersuchung von Entwicklungsplänen 11 afrikanischer Länder geht hervor, daß nur in vier von ihnen Frauen als Zielgruppe erscheinen, in 9 bleibt die Hälfte der Bevölkerung weiterhin unsichtbar.[35] Von der durch das BMZ angebotenen Möglichkeit, über die Länderquoten hinaus Mittel zur Durchführung von Maßnahmen zur Förderung von Frauen zu erhalten, machten nur 17 Länder von 113 Gebrauch.[36] Diese Minderbewertung der Frauenprojekte drückt sich auch in der weit verbreiteten Praxis aus, sie personell und materiell sehr sparsam auszurüsten und ihr Budget in Zeiten erhöhter Sparsamkeit unverhältnismäßig zu kürzen.

Offensichtlich wird diese Diskriminierung praktiziert, „ohne daß sich selbstverständlich die Verantwortlichen dessen bewußt sind. Sie spiegelt sich jedoch deutlich in der Auswahl der Zielgruppen, der zu fördernden Aktivitäten, der Höhe der hierauf verwandten Mittel und nicht zuletzt in der Darstellung und Bewertung der Ergebnisse wider. Darüberhinaus läßt die weiterhin praktizierte Vernachlässigung der Lebensmittel- und übrigen häuslichen Produktion die Frauen als ‚Randgruppe der Randgruppen' erscheinen." Und so ist der „Fehlschlag übrigens unzureichend evaluierter Projekte eigentlich nicht weiter erstaunlich."[37]

Beurteilung der Ergebnisse

Die Bilanz von fast sieben Jahren Bewußtseinsbildung in den Entwicklungsinstitutionen — wenn wir das Erscheinen von Ester Boserups „Role of Women in Economic Development" als Referenzdatum nehmen, sind es sogar schon 13 Jahre — ist eher negativ. Sicher, es gibt kaum ein Thema, zu dem in so kurzer Zeit so viel publiziert (und noch mehr geforscht, geschrieben und diskutiert) wurde.[38][39][40] Aber die Lebensbedingungen der Frauen in der Dritten Welt haben sich nicht verbessert, eher hat sich die Lage verschlimmert, abgesehen von punktuellen Verbesserungen meist auf sehr begrenztem Raum. Was Ester Boserup 1970 feststellte, gilt weiterhin:

— der Großteil der Entwicklungsprojekte geht weiterhin an den Frauen vorbei;

— die Subsistenzaktivitäten werden weiterhin statistisch nicht bzw. unzureichend erfaßt;

— die Beratungsaktivitäten für Frauen liegen weiterhin überwiegend in den Bereichen Ernährung und Hauswirtschaft;

— da der Lohn für Frauenarbeit nicht als Ergebnis von Angebot und Nachfrage festgesetzt, sondern zur Deckung der Reproduktionskosten bemessen wird, können Frauen billiger entlohnt werden.[41]

Auf der Suche nach den Gründen für diesen Zustand stellen wir fest, daß das erklärte Ziel der Modernisierung der Landwirtschaft, in der der weitaus größte Teil der Frauen der Dritten Welt arbeitet, darin besteht, durch Produktionssteigerung einen Überschuß zu produzieren, sowohl zur Ernährung der eigenen Bevölkerung, als auch zur Ausfuhr, um Devisen zu erwirtschaften. Das führt zu:

— Bevorzugung des Marktfruchtanbaus zu Lasten der Lebensmittelproduktion;

— zur Erhöhung der Männereinkommen zu Lasten der Fraueneinkommen;

— zur Verminderung der Männerarbeit durch Mechanisierung und Erhöhung der Frauenarbeit, teilweise um mehrere Stunden pro Tag.

So werden die Frauen in den Entwicklungsländern, obwohl sie entscheidend an der landwirtschaftlichen Produktion beteiligt sind, in allen Bereichen offensichtlich benachteiligt. Darüberhinaus führt diese Praxis zum Fehlschlag der Entwicklungsprojekte, die diese Tatsache unberücksichtigt lassen.[42])

Außerdem vernichten viele Projekte Einkommensmöglichkeiten der Frauen, v. a. im Handwerk, im Handel und in der Verarbeitung landwirtschaftlicher Rohstoffe: in Asien wird durch die Errichtung von Reismühlen armen und oft landlosen Frauen die Einkommensmöglichkeit durch Lohnschälen genommen. Die Schibutterproduktion in Westafrika, die einzige nennenswerte Einkommensquelle der Bäuerinnen, wird durch industrielle Herstellung zerstört.[43]) Es ist der Autorin keine Durchführbarkeitsstudie bekannt, in der vor der Errichtung solcher Industrien auf diese Tatsachen Rücksicht genommen worden wäre.

Lange Zeit wurde der Zugang zur Erwerbstätigkeit, bzw. die Ausbildung dazu, für eine der Möglichkeiten zur Verbesserung der Situation der Frauen in den Entwicklungsländern bewertet. Die meisten Untersuchungen zu diesem Thema kommen zu dem Schluß, daß neben einigen positiven Auswirkungen — z. B. Erwerb nützlicher Kenntnisse, sinkende Kinderzahl — überwiegend negative Begleiterscheinungen zu verzeichnen sind. Die Industrialisierung in den Entwicklungsländern ist fast ausschließlich exportorientiert, hier werden Frauen als billige Arbeitskräfte gebraucht[44]). Während gleichzeitig die Anzahl der männlichen Arbeitsuchenden steigt, werden den fast ausschließlich jungen und unverheirateten Arbeiterinnen Billigstlöhne gezahlt.

Trotzdem gehen qualifizierte Arbeitsplätze an die Männer, Frauen finden sich überall auf den am schlechtesten bezahlten Arbeitsplätzen wieder, die oft nicht einmal das Überleben sichern. Gleichzeitig wird durch eine Politik billiger und unsicherer Arbeitsplätze und den anhaltenden Zustrom vom Land eine sehr mobile Arbeitskraftreserve geschaffen[45]). Außerdem ist in verschiedenen Ländern, z. B. in Indien der Trend eines kontinuierlich abnehmenden Anteils der erwerbstätigen Frauen am Arbeitsmarkt erkennbar, v. a. im Sekundärbereich[46]). Noch schlechter als die Lage der Lohnarbeiterinnen erscheint diejenige der Heimarbeiterinnen, v. a. auf dem Land, die neben der Hausarbeit und der Versorgung von Vieh und Hausgarten Niedrigstentgelt für überlange Arbeitszeiten erhalten[47]). In neueren landwirtschaftlichen Projekten übernehmen Hausfrauen auf dem Land auch noch das Unternehmerrisiko: ohne über den Einsatz von Produktionsmitteln und den Absatz der Produkte entscheiden zu können, tragen sie die Verluste für Ausfälle, z. B. wenn die Hühner sterben, die sie im Auftrag und mit dem Futter des Auftraggebers aufziehen[48]).

In allen Kontinenten nehmen die Migrationsbewegungen zu. Während in Lateinamerika überwiegend Frauen in die Städte wandern, um dort überwiegend als Hausangestellte oft ohne Vertrag zu arbeiten, und in den asiatischen Ländern Frauen vom Land die Arbeitskräfte für die Exportindustrie stellen, sind es in Afrika überwiegend die Männer, die sich auf die Suche nach entlohnter Arbeit in die Städte, Minen und Plantagen begeben. In beiden Fällen werden Familien auseinandergerissen und die Frauen mit der alleinigen Verantwortung für die Kinder, und in vielen Fällen auch für die landwirtschaftliche Produktion, allein gelassen. Inzwischen soll weltweit einer von drei Haushalten von einer Frau alleine geführt werden.

Die zitierten Aussagen und Beobachtungen beziehen sich überwiegend auf Entwicklungsprojekte, die von internationalen Institutionen oder Entwicklungsorganisationen westlicher Industrienationen durchgeführt werden. Wir verfügen über keine Untersuchungen von Entwicklungsprojekten der sozialistischen Länder, und wir wissen nur wenig über die Auswirkungen des Modernisierungsprozesses in sozialistischen Entwicklungsländern. In einer der wenigen vergleichenden Studien über die Lage der Frauen in sozialistischen und nichtsozialistischen Entwicklungsländern, die sich mit dem Thema befassen[49]), können wir erfahren, daß Kuba zwar die fortschrittlichste Familiengesetzgebung hat, nach der Männer gehalten sind, 50 % der Hausarbeit und der Kindererziehung zu leisten, aber daß es auch in Kuba kaum Frauen in Führungspositionen gibt, und nur wenige Männer die ihnen vom Gesetzgeber auferlegten Pflichten erfüllen.

Beobachtungen in Entwicklungsländern während des nationalen Befreiungskampfes und danach lassen erkennen, daß Befreiungskämpfe und revolutionäre Bewegungen zwar immer zur Anerkennung der Bedeutung der Frauen und ihrer Leistungen beitragen und egalitäre und patriotische Gefühle wecken[50]), aber daß nach der Befreiung von der Fremdherrschaft eine Rückwärtsentwicklung stattfindet. Die Bemühungen um eine Gleichstellung der Geschlechter treten schnell hinter die Forderung nach schnellem wirtschaftlichem Wachstum zurück. Beispiele aus Zimbabwe[51]), Vietnam, ja sogar China beweisen die Richtigkeit dieser Feststellung. Auch in diesen Ländern werden die Frauen nach Gewinnung der Unabhängigkeit eher in typisch weiblichen Fertigkeiten wie Häkeln und Haushaltsführung unterrichtet, als daß ihnen die Möglichkeit zu einer gleichberechtigten Teilnahme am Wirtschaftsleben geboten würde.[52])

4. Diskussion um Theorie und Praxis

Die zahlreichen Literaturhinweise verraten die Fülle der Veröffentlichungen zum Thema Frauen und Entwicklung. Hierbei handelt es sich überwiegend um Länderstudien, um Gebrauchsanweisungen („wie mache ich ein vernünftiges Frauenprojekt") und um vergleichende Abhandlungen über den sozialen Wandel und seine Auswirkungen auf Frauen in unterschiedlichen Regionen und Wirtschaftssystemen. Die Untersuchungen von Auswirkungen von Entwicklungsprojekten auf die Frauen werden generell nicht publiziert.

Unter den Schwerpunkten finden wir immer wieder folgende Themen:[53])
— Verdrängung der Frauen aus dem Wirtschaftsleben, z. B. durch den Entzug von Land;
— Bedeutung und Veränderungen der geschlechtsspezifischen Arbeitsteilung;
— Einfluß von Kolonialismus, Geldwirtschaft und Entwicklungsprojekten;
— Für die meisten Autorinnen trifft zu, was eine Kritikerin u. a. der allgemein als wichtig beurteilten Veröffentlichung von Barbara Rogers, „The domesticiation of women", vorwirft: „sie nehmen zu viel als gegeben hin."[54]) Andere Autorinnen begnügen sich hingegen nicht mit der Feststellung von Tatsachen und dem Nachzeichnen von Entwicklungen, sondern versuchen die Kausalzusammenhänge zu verstehen und zu erklären. Einen Weg zum besseren Verständnis sehen sie darin, die gesellschaftliche Situation und die wirtschaftliche Funktion der Frauen in Industrie- und Entwicklungsländern zu vergleichen. Dabei kann man feststellen, daß überall die von den Frauen geleistete Reproduktionsarbeit, insbesondere das Kindergebären und -aufziehen, nicht als wirtschaftlich produktive Arbeit, sondern als biologische Funktion bewertet wird. Das gleiche gilt für die Subsistenzarbeit allgemein, die durch die direkte Produktion von Lebensmitteln (v. a. in der Dritten Welt) und deren Auf- und Zubereitung (auch bei uns) die Reproduktion der Arbeitskraft, d. h. das Überleben des Einzelnen und der Gruppe, erst ermöglicht.[55]) Demnach handelt es sich bei der Aussage von der „Vernachlässi-

gung der Frauen im Entwicklungsprozeß" um eine Fehlinterpretation, es geht vielmehr um eine der Marktwirtschaft mit internationaler Arbeitsteilung eigenen Integration der Frauenarbeit.[56])

Dies geht auch eindeutig aus den in diesem Zusammenhang üblichen Begriffen hervor, die nicht nur in offiziellen Stellungnahmen, sondern auch von Autoren und Autorinnen verwendet werden, die sich für die Belange der Frauen einsetzen. Da werden Frauen immer wieder als „Ressourcen" gesehen,[57]) die es gilt zu mobilisieren, wie Rohstoffe und Bodenschätze, die man bekanntlich „ausbeutet". Man stellt die Frage, ob es sich „eine in der Entwicklung befindliche Wirtschaft leisten kann, Produktionsgewinne auf der einen (männlichen) Seite durch Produktionsverluste auf der anderen zu verlieren."[58])

Da an dieser internationalen Arbeitsteilung auch die sozialistischen Länder beteiligt sind, trifft diese Feststellung für sie gleichermaßen zu. Auch hier muß für den Aufbau Kapitalakkumulation betrieben werden, und auch hier leisten die Frauen den überwiegenden Anteil der unbezahlten Reproduktionsarbeit. Statt „Hausfrauenlohn" wird hier die Vergesellschaftlichung eines Teils der Frauenarbeit gefordert, wofür wiederum Geld im notwendigen Umfang nicht aufgebracht wird.

Die These von der Subsistenzwirtschaft als Akkumulationsquelle und Arbeitskräftereservoir ist nicht neu.[59]) Die Autorinnen, die diesen Ansatz weiter verfolgen, weisen jedoch darauf hin, daß es nicht so sehr die Großfamilie bzw. Gruppe in der Subsistenzwirtschaft ist, die als Produktions- und Konsumtionseinheit die Lohnproduktion subventioniert, sondern daß es zum größten Teil die Frauen sind, die diese Aufgabe erfüllen. Desgleichen ist die Wanderbewegung der Lohnarbeitskräfte zwischen Subsistenzwirtschaft und Erwerbsleben nicht auf wechselweise längere Zeiträume beschränkt, sondern sie findet praktisch tagtäglich statt, indem die Männer mehr und mehr für den Markt produzieren, während die Frauen weitgehend für die unbezahlte Reproduktion der Arbeitskräfte verantwortlich sind.[60]) Dieses Problem betrifft nicht nur die Frauen, sondern auch die Männer, die Kleinbauern, die weiterhin für den Eigenbedarf produzieren, es wird jedoch für die Frauen in dem Maße akut, in dem die Männer für den Markt arbeiten.

Diese Aufteilung der Geschlechter nach Produktionsbereichen wird über die geschlechtsspezifische Arbeitsteilung und ihre Veränderungen herbeigeführt und zementiert. Nachdem dieses Thema vor dem Auftreten der Entwicklungshilfe fast ausschließlich Ethnologen interessierte, erhielt es zunehmend praktische Bedeutung für die Entwicklungsarbeit, nachdem Ester Boserup auf seine grundlegende Bedeutung für den Erfolg von Projekten und das Gelingen des Modernisierungsprozesses hingewiesen hatte[61]), aber versäumt hatte, auf die generelle Bedeutung der geschlechtsspezifischen Arbeitsteilung für die Unterordnung der Frauen nicht nur in der Dritten Welt aufmerksam zu machen.[62]) Darüber hinaus werden v. a. folgende Fragen aufgeworfen:

— Führt Entwicklungshilfe automatisch dazu, daß Frauen auf den häuslichen Bereich beschränkt werden?

— Welche Faktoren sind für die Veränderungen in der geschlechtsspezifischen Arbeitsteilung verantwortlich?

— Ist die geschlechtsspezifische Arbeitsteilung ein Grund oder eine Folge der weiblichen Unterordnung?

Die meisten Autorinnen stellen fest, daß der Übergang von der Subsistenzwirtschaft zur Marktwirtschaft eine Ausweitung der Lohnarbeit überwiegend der Männer und damit die Differenzierung der Arbeitsbereiche von Männern und Frauen fördert. Das Ausmaß, indem dies geschieht, ist wiederum durch Klasse, Beschäftigung, ethnische Zugehörigkeit, nationalen Hintergrund etc. bedingt.[63]) Großes Interesse findet in diesem Zusammenhang die These der zunehmenden „Hausfrauisierung". Unter diesem Begriff wird nicht nur die Reduzierung der Frauen auf den Haushalt verstanden, sondern darüber hinaus die Verlagerung von Erwerbsarbeit in den Haushalt, in Form von Heimarbeit. Dabei ist die lohnlose, abhängige Hausarbeit die Voraussetzung für alle weitere weibliche Erwerbstätigkeit. Indem die Hausarbeit als Nichtarbeit definiert ist, wird die Heimarbeit zur „Freizeit"-Beschäftigung. Für die Schöpferinnen dieses Begriffs stellt diese Symbiose keine Übergangsphase zur globalen Lohnarbeit dar, wie oft fälschlich angenommen wird, sondern sie ist bereits das Ergebnis der Einbeziehung von Frauen (und Kleinbauern) in die Weltwirtschaft, um die Kapitalakkumulation zu ermöglichen. Darin wird auch der Sinn der „neuen" Entwicklungsprogramme gesehen, die „einkommensschöpfende" Tätigkeiten anstelle von Ernährungsberatung und Hauswirtschaft favorisieren, wie sie u. a. von US-AID und der Weltbank zunehmend durchgeführt werden.[64])

In der Bundesrepublik erfreut sich das Thema „Frauen und Entwicklung" anhaltender Popularität. Nicht nur in den Sozialwissenschaften, sondern auch in Disziplinen wie Landwirtschaft und Ökotrophologie ist es ein beliebtes Forschungsthema. An mehreren Stellen wird versucht, Forschungsschwerpunkte und Dokumentationszentren zu schaffen. Hier soll der Hinweis auf die „Interdisziplinäre Forschungsgruppe Frauenforschung" an der Universität Bielefeld, das Forschungsprojekt „Frauenarbeit und Widerstandsformen von Frauen in der Dritten Welt" am Lateinamerika-Institut der FU Berlin, und die reichhaltige Bibliothek am Arnold-Bergstraesser-Institut in Freiburg genügen.[65])

In anderen europäischen Ländern existieren ebenfalls Schwerpunkte der Frauenforschung und -dokumentation, die sich speziell den Problemen der Frauen in der Dritten Welt widmen. In Holland sind es die Universitäten von Den Haag und Leiden, in Großbritannien ist es v. a. die Universität von Sussex, die seit Jahren Lehr- und Forschungsarbeiten über dieses Thema durchführen und in unregelmäßigen Abständen auch internationale Treffen unter Beteiligung von Frauen aus der Dritten Welt veranstalten.

Aber auch in der Dritten Welt bilden sich Netzwerke und Vereinigungen heraus, in denen sich Akademikerinnen und Praktikerinnen zusammenschließen, um zu forschen und konkrete Projekte durchzuführen. Stellvertretend seien hier die AFARD (Association des Femmes Africaines pour la Recherche et le Développement) mit Sitz in Dakar (Senegal)[66]) und das „Rede de Apoyo del Movimiento Popular de Mujeres" genannt, in dem Frauen aus fünf Regionen Lateinamerikas zusammengeschlossen sind, die es sich zum Ziel gesetzt haben, mit Basis-Frauengruppen partizipativ zusammenzuarbeiten.[67])

Literaturhinweise

[1]) Vgl. Mignot-Lefèbvre, Y.: Einführung zu Band XXI, Nr. 84 er „Revue Tiers Monde", Okt. 1980, PUF Paris.

[2]) Vgl. Boserup, E.: Women's Role in Economic Development, George Allen and Unwin, London 1970.

[3] Vgl. Pfister-Gaspary, B.: Frauen als Zielgruppe in der Entwicklungshilfe, in: Internationale Sozialpolitik, Hrsg. M. v. Hauff und B. Pfister-Gaspary, Stuttgart/New York 1982.

[4]) Vgl. Bruchhaus, E.-M., Leßner-Abdin, D., Wolsky, M.: Frauen in Entwicklungsländern, ABI, Freiburg im Breisgau 1978.

[5]) Vgl. UN-Weltaktionsplan, N. Y. 1975, zitiert im Grundsatzpapier des BMZ.

[6] Vgl. UN-ECA „Regional Conference on the Implementation of National, Regional and World Plans of Action for the Integration of Women in Development", Nouakchott (Mauritania), 27. 9. — 2. 10. 77.

[7]) Vgl. Loutfi, M.: Rural Women — Unequal Partners in Development, ILO, 1980.

[8]) Staff of ATRCW, „African Training and Research Centre for Women: Its Work and Program" in: „Africa-Report" (Veröffentlichung des ‚African-American Institutes'), Band Nr. 26, Nr. 2, März/April 1981.

[9]) Vgl. Mignot-Lefèbvre, Y.: Femmes et développement — idées et stratégies des organisations internationales, in: Revue Tiers Monde, Okt. 1980, PUF, Paris.

[10]) Vgl. Weekers-Vagliani, W.: Women in Development, OECD, Paris 1980.

[11]) Persönliche Informationen.

[12]) Vgl. Tinker, I: Policy Strategies for Women in the 1980s, in: Africa-Report, Band Nr. 26, Nr. 2, März/April 1981.

[13]) Vgl. Obermaier, D.: Frauenprojekte in Entwicklungsländern — eine Zwischenbilanz, in: GTZ-Info 5/82.

[14]) Vgl. abgedruckt in Bruchhaus et al.: Frauen in Entwicklungsländern, a. a. O.

[15]) Vgl. Bruchhaus, E.-M. et al.: Frauen in Entwicklungsländern, a. a. O.

[16]) Martius-von Harder, G.: Frauenrelevante Projektkriterien zur Planung, Durchführung und Evaluierung von bilateralen Projekten der deutschen technischen und finanziellen Zusammenarbeit, im Auftrag des BMZ, Berlin 1978.

[17]) Vgl. Liste de questions sur le rôle des femmes dans les lesjets de développement agricole, in: Revue Tiers Monde, Band XXI, Nr. 84, Okt./Dez. 80, PUF, Paris.

[18]) Vgl. Palmer, I., v. Buchwald, U.: Monitoring changes in the condition of women — a critical review, UNRISD, Genf 1980.

[19]) Mies, M., in: Beiträge zur feministischen Theorie und Praxis, Nr. 3, Verlag Frauenoffensive, München 1980.

[20]) Vgl. Tinker, I.: Policy Strategies for Women in the 1980s, a. a. O.

[21]) Vgl. Pfister-Gaspary, B.: Frauen als Zielgruppe in der Entwicklungshilfe, a. a. O.

[22]) Vgl. Weltbank: Women in development: recognizing the invisible woman in development — the World Bank experience, N. Y. 1980.

[23]) Zeidenstein, S.: Learning about Rural Women, in: Studies in Family Planning, Band 10, Nr. 11/12, Nov./Dez. 1979.

[24]) Vgl. in: epi, 1/83.

[25]) Vgl. aus Angaben des Journalistenhandbuches „Entwicklungspolitik 82", BMZ.

[26]) Vgl. Obermaier, D.: Frauenprojekte in Entwicklungsländern — eine Zwischenbilanz, a. a. O.

[27]) Vgl. Journalistenhandbuch „Entwicklungspolitik 82", BMZ.

[28]) Vgl. Ermittlungen der Autorin in Mali, Obervolta und Sudan.

[29]) in: epi, 1/83.

[30]) ebenda.

[31]) ebenda.

[32]) Eigene Beobachtungen.

[33]) Eigene Beobachtungen.

[34]) Vgl. Rogers, B.: The domestication of women, Tavistock Publications, London/New York 1981.

[35]) Vgl. Mignot-Lefèbvre, Y.: Du côté des planificateurs et experts, in: Revue Tiers Monde, a. a. O.

[36]) Vgl. Obermaier, D.: Frauenprojekte in Entwicklungsländern — eine Zwischenbilanz, a. a. O.

[37]) Mignot-Lefèbvre, Y.: Du côté des planificateurs et experts en developpement, in: Revue Tiers Monde, Band XXIII, Nr. 91, Juli — Sept. 82, PUF, Paris.

[38]) Vgl. Nelson, N.: The role of women in rural development, a selection of books, articles and papers available in the libraries of the Institute of Development Studies, Univ. of Sussex (ohne Datum).

[39]) Vgl. Martius-von Harder, G.: Frauenrelevante Projektkriterien, a. a. O.

[40]) Vgl. Hafkin, N.: Women in development in Africa, an unnoted bibliography, UN-ECA 1977.

[41]) Vgl. Boserup, E.: Women's Role in Economic Development, a. a. O.

[42]) Vgl. Dey, J.: Women farmers in the Gambia, unveröffentlichtes Manuskript, o. J.

[43]) Vgl. Erhebungen der Verfasserin in Mali.

[44]) Vgl. einige sind aufgeführt in „Signs", Winter 81, Band 7, Nr. 2, in dem Beitrag von Maria Patricia Fernandez Kelly: Development and the Sexual Division of Labour: an Introduction.

[45]) Vgl. Lenz, I.: Frauen und das globale Fließband, in: Beiträge zur feministischen Theorie und Praxis, Nr. 3, 1980.

[46]) Vgl. Mies, M.: The Lacemakers of Narsapur — Indian Housewifes produce for the World-Market, Zed Press, London 1982.

[47]) Vgl. Mies, M.: Hausfrauen produzieren für den Weltmarkt — die Spitzenmacherinnen von Narsapur, in: Peripherie, Nr. 7, Winter 81/82, Münster.

[48]) Vgl. v. Werlhoff, C., in: Beiträge zur feministischen Theorie und Praxis, Nr. 9, Okt. 83.

[49]) Vgl. Lindsay, B. (ed.): Comparative Perspectives of Third World Women: the Impact of Race, Sex and Class (12 Beiträge) N. Y. 1980, Praeger Publishers, 1980.

[50]) Vgl. Urdang, S.: Fighting two colonialisms — Women in Guinea-Bissau, N. Y., Monthly Review Press, 1979.

[51]) Vgl. Nestvogel, R.: Es ist schwer, aber wir werden es schaffen! Zur rechtlich-sozialen Stellung der Frauen im unabhängigen Zimbabwe, in: EPK, 4/82.

[52]) Vgl. Mies, M.: Frauenbefreiung und nationaler Befreiungskampf — geht das zusammen? in: Beiträge zur feministischen Theorie und Praxis, Nr. 8/83, 6. Jg., Eigenverlag des Vereins Sozialwissenschaftliche Forschung und Praxis für Frauen, Köln 1983.

[53]) Vgl. Burce, A., in: Signs, Band 7, Nr. 2, Winter 81.

[54]) S. speziell zur Problematik in afrikanischen Bauerngesellschaften: Claude Mellassoux: Femmes, greniers et capitaux, 1977, Maspero, Paris. Auf deutsch im Syndicat-Verlag unter dem Titel „Die wilden Früchte der Frau".

[55]) Vgl. Kelly, Maria Patricia Fernandez: Development and the Sexual Division of Labour: an Introduction, in: Signs, Winter 81.

[56]) Vgl. u. a. die Arbeiten von M. Mies, V. Bennholdt-Thomsen und C. v. Werlhoff.

[57]) Vgl. Tinker, I.: Policy Strategies for Women in the 1980s, a. a. O.

[58]) Pfister-Gaspary, B.: Frauen als Zielgruppe in der Entwicklungshilfe, a. a. O.

[59]) Vgl. Mellassoux, C.: Femmes, greniers et capitaux, a. a. O.

[60]) Vgl. Jacobi, C.: Frauen als Naturressource: ‚Überlebensproduktion' in Dritter und Erster Welt, in: Beiträge zur feministischen Theorie und Praxis, Nr. 3, 1980.

[61]) Vgl. Boserup, E.: Women's Role in Economic Development, a. a. O.

[62]) Vgl. Beneria, Lourdes, u. Sen, Gita: Accumulation, Reproduction and Women's Role in Economic Development: Boserup Revisited, in: Signs, Band 7, Nr. 2, a. a. O.

[63]) Vgl. Kelly, Maria Patricia Fernandez: Development and the Sexual Division of Labour: an Introduction, a. a. O.

[64]) Lindsay, B. (ed.): Comparative Perspectives of the Third World Women: the Impact of Race, Sex and Class, a. a. O.

[65]) s. v. a. die Arbeiten von M. Mies, C. v. Werlhoff etc. in den „Beiträgen zur feministischen Theorie und Praxis", a. a. O.

[66]) Generalsekretärin Marie Angélique Savané c/o IPD Dakar (Senegal) oder UNRISD Genf.

[67]) Koordinatorin des Projektes: Moema Viezzer, „Rede Mulher", Caixa Postal 1803, CEP 011000 — Sao Paolo, Brasilien.

Soziale Sicherheit in der Dritten Welt
— Bestandsaufnahme und Perspektiven

Maximilian Fuchs

1. Problemstellung

Art. 22 Satz 1 der Allgemeinen Erklärung der Menschenrechte der Vereinten Nationen vom 10. 12. 1948 lautet: „Jeder Mensch hat als Mitglied der Gesellschaft Recht auf soziale Sicherheit". Damit ist eine universelle Geltung des Anspruchs auf soziale Sicherheit verbrieft. In der neueren internationalen Diskussion wird soziale Sicherheit als wesentliches Element einer neuen internationalen Weltwirtschaftsordnung hervorgehoben[1]). Die Frage, ob Maßnahmen sozialer Sicherheit auch in den Entwicklungsländern zu gewährleisten seien, wurde in der Vergangenheit unterschiedlich beantwortet[2]). Befürworter verwiesen auf den konkreten Bedarf an sozialer Sicherheit, der nicht durch angebliche ökonomische Zwänge unbefriedigt bleiben dürfe, während die ablehnende oder zurückhaltende Beurteilung sozialer Sicherheit im Entwicklungsprozeß sich auf wachstumstheoretische Bedenken stützt[3]).

Im Rahmen dieses Beitrags soll diese Fragestellung nicht weiter vertieft werden[4]). Vielmehr geht es im Folgenden darum, eine — notgedrungen kursorische — Bestandsaufnahme der bisherigen Entwicklung sozialer Sicherheit in der Dritten Welt vorzulegen. Davon ausgehend soll in einem weiteren Schritt einiges über Perspektiven und Reformen gesagt werden, die aus den Erfahrungen der Vergangenheit abgeleitet werden können.

2. Überblick über bestehende Systeme sozialer Sicherheit in der Dritten Welt

In nahezu allen Ländern[5]) Afrikas, Asiens und Lateinamerikas sind in der einen oder anderen Form Systeme sozialer Sicherheit eingeführt worden[6]). Ihre konkrete Ausgestaltung ist nicht selten von den Vorstellungen des Übereinkommens Nr. 102 über die Mindestnormen der sozialen Sicherheit vom 28. Juni 1952[7]) beeinflußt worden, das von der 34. und 35. Internationalen Arbeitskonferenz beschlossen wurde[8]). Das Abkommen enthält Bestimmungen über die neun Zweige Krankheit (Behandlungs- und Einkommensersatz), Arbeitslosigkeit, Alter, Arbeitsunfall und Berufskrankheiten, Mutterschaft, Invalidität, Tod, Familie. Durch die technische Hilfe internationaler Organisationen, vor allem der Internationalen Arbeitsorganisation[9]) und der Internationalen Vereinigung für soziale Sicherheit in Genf[10]) ist die Einführung und Ausgestaltung sozialer Sicherheit in der Dritten Welt ganz wesentlich geleitet worden.

Angesichts der Vielzahl und der Unterschiede in den einzelnen Ländern ist es schwierig, in einem Überblick das Spektrum der verschiedenen Systeme darzustellen[11]). Auf der anderen Seite darf freilich nicht übersehen werden, daß viele Gemeinsamkeiten in Form und Inhalt sozialer Sicherheit in jenen Ländern bestehen, welche ehemals der gleichen Kolonialmacht unterstanden und erst nach dem Zweiten Weltkrieg ihre Unabhängigkeit erlangt haben. Dies hat seine Ursache darin, daß die von den Kolonialverwaltungen getroffenen Vorkehrungen sozialer Sicherheit nach der Unabhängigkeit beibehalten oder nur geringfügig geändert wurden[12]). So haben die Länder ehemals britischer Kolonialherrschaft in Afrika, Asien und der Karibik im wesentlichen gleiche Systeme sozialer Sicherheit[13]).

Im Gesundheitswesen haben alle Staaten der Dritten Welt öffentliche Gesundheitsdienste geschaffen, die allen Bürgern — meist unentgeltlich — offenstehen. Zahlreiche Länder (vor allem in Lateinamerika) haben daneben für einzelne Bevölkerungsgruppen Krankenversicherungen eingeführt. Dieses Nebeneinander von nationalem Gesundheitsdienst und Krankenversicherung ist nicht unproblematisch, weil sich gezeigt hat, daß dadurch der „urban bias" des Gesundheitswesens mit seiner hochtechnologisierten und kurativen Ausrichtung in Entwicklungsländern[14]) verstärkt wird[15]).

Die Mutterschaftsleistungen sind zum einen Sachleistungen im Zusammenhang mit der Geburt des Kindes und auf der anderen Seite bei weiblichen Beschäftigten begrenzte Fortzahlung des Lohnes vor und nach der Geburt des Kindes. Die Leistungen werden entweder über Krankenversicherungsorganisationen erbracht oder aber es besteht eine Verpflichtung des Arbeitgebers nach der jeweiligen nationalen Arbeitsgesetzgebung. Die Sicherung für den Fall der Arbeitslosigkeit ist am wenigsten ausgeprägt, eine Folge der chronischen und strukturellen Arbeitslosigkeit und Unterbeschäftigung in der Dritten Welt[16]).

Demgegenüber finden sich fast überall Vorkehrungen bei Arbeitsunfällen und Berufskrankheiten, historisch gesehen handelt es sich meist sogar um die erste Intervention des Sozialgesetzgebers. In der Regel erfolgt der Schutz in Form staatlicher Unfallversicherung, die neben dem Anspruch auf medizinische Behandlung Rentenleistungen vorsieht. Das auch in Europa ursprünglich geltende Prinzip der Arbeitgeberhaftung bei Arbeitsunfällen (employer's liability) findet nach wie vor in den meisten Ländern mit früherer britischer Kolonialverwaltung Anwendung, wo sog. Workmen's Compensation Regelungen bestehen. Im Gegensatz zur staatlichen Arbeitsunfallversicherung mit Rentenzahlung sehen diese Einrichtungen lediglich einmalige Abfindungszahlungen (lump-sum) vor[17]).

Der Sozialschutz bei Invalidität und Alter sowie für Hinterbliebene gehört ebenfalls zum festen Bestandteil der Sozialgesetzgebung in Entwicklungsländern[18]). Überwiegend handelt es sich um Rentenversicherungssysteme mit beitragsabhängigen Leistungen. Ganz typisch ist die Normierung von Mindestrenten, die angesichts der instabilen Beschäftigungssituation in den Entwicklungsländern und der damit verbundenen Reduzierung von Beitragszeiten unentbehrlich ist. Eine Besonderheit ist wiederum für die ehemaligen britischen Kolonialländer zu vermerken. Dort stellen die regelmäßige Form der Invaliditäts- und Altersversorgung sog. Provident Funds (Vorsorgefonds) dar[19]). Dabei handelt es sich um Zwangssparsysteme dergestalt, daß Arbeitnehmer und Arbeitgeber einen bestimmten Prozentsatz des Lohnes in einen Fonds einzahlen und die Leistungen sich nach den eingezahlten Beiträgen und der Verzinsung ergeben. Bei Eintritt des Versicherungsfalles wird die Leistung in Form einer einmaligen Abfindungszahlung erbracht.

Familienleistungen sind ein ebenso verbreiteter (Ausnahme: Länder mit britischer Kolonialtradition) wie umstrittener Zweig der sozialen Sicherheit in Entwicklungsländern. Letzteres bezieht sich vor allem auf das Problem, ob dadurch bevölkerungspolitisch unerwünschte Anreize gegeben werden[20]).

3. Der Kreis der von sozialer Sicherheit erfaßten Personen

Aussagen über die Bedeutung sozialer Sicherheit für die Menschen eines bestimmten Landes in der Dritten Welt lassen sich erst treffen, wenn man nach dem Kreis der von sozialer Sicherheit erfaßten Personen fragt. Generell läßt sich sagen, daß Ansprüche auf Leistungen fast durchweg an das Vorhandensein eines vertraglichen Beschäftigungsverhältnisses auf unbestimmte Dauer anknüpfen[21]). Damit scheiden insbesondere Gelegenheitsarbeiter und mitarbeitende Familienangehörige (unpaid family workers[22]), also zahlenmäßig sehr relevante Gruppen, aus dem Anwendungsbereich aus. Desweiteren bleiben die Selbständigen ausgeschlossen, wobei man in der Dritten Welt bei dieser Kategorie vornehmlich an die unzähligen kleinen Handwerker, Händler und sog. own-account workers[23]) in Stadt und Land denken muß.

Auf einen kurzen Nenner gebracht ist soziale Sicherheit in der Dritten Welt der Sozialschutz für die Arbeitnehmerschaft des öffentlichen und privaten Sektors. Die Nichtarbeitnehmer (und damit vor allem die Landbevölkerung) haben keinen Zugang zur sozialen Sicherheit. Das führt zu der bekannten Erscheinung, daß in vielen Ländern der Dritten Welt (insbesondere in den Agrarländern) der Kreis der von sozialer Sicherheit erfaßten Personen oft nicht einmal 10 % der Gesamtbevölkerung erreicht[24]).

4. Zu einer möglichen Neuorientierung sozialer Sicherheit

Welche Konsequenzen sind aus dieser Bestandsaufnahme zu ziehen, insbesondere welche Erwartungen können an das Leistungsvermögen sozialer Sicherheit unter Berücksichtigung der aktuellen entwicklungspolitischen Positionen und Aktivitäten geknüpft werden? Der ehemalige Weltbankpräsident McNamara hat in einer berühmt gewordenen Rede vor dem Gouverneursrat der Weltbank im September 1973 in Nairobi die Beseitigung absoluter Armut in der Dritten Welt als Jahrhundertaufgabe bezeichnet. Kann soziale Sicherheit an der Bewältigung dieser Aufgabe mitwirken? Was Mesa-Lago für Lateinamerika konstatiert hat, daß nämlich soziale Sicherheit in den meisten Ländern wenig oder nicht zum Abbau absoluter Armut beigetragen hat[25]), gilt auch für die übrige Dritte Welt. Die Entwicklung der sozialen Sicherheit in den verschiedenen Ländern hat der Tendenz nach eher eine Reproduktion der Einkommenspyramide gebracht, mit dem Ergebnis, daß die soziale Sicherung im Hinblick auf die Zahl der abgedeckten Risiken und das Leistungsniveau mit der Einkommenshöhe gekoppelt wurde[26]).

Bei der Kritik dieser Zustände muß man freilich verhindern, daß falsche Wertmaßstäbe zugrunde gelegt werden. Klassische Formen sozialer Sicherheit, insbesondere Sozialversicherung basierend auf dem Beitrags-, Versicherungs- und (mehr oder weniger modifiziertem) Äquivalenzprinzip, sind von ihrer Funktion her primär keine Instrumente der Armutsbekämpfung, wie sie heute in der Dritten Welt nötig wäre. Wie Zacher treffend für das deutsche Sozialrecht hervorgehoben hat[27]), geht dieses, und damit auch das Recht der sozialen Sicherheit, von einer gesellschaftlichen Normalität aus, in der die Versorgung mit Bedarfsgütern prinzipiell sichergestellt ist. Sozialrecht tritt erst auf den Plan, wenn der Normalfall gestört ist. Sozialrecht ist so das Recht der Defizite der Normalität. Zu Recht hat deshalb Shome mit Bezug auf Indien festgestellt[28]): „...where the basic needs of a large segment of the population are not met during ‚normal' periods, social security coverage during ‚subnormal' periods of income assumes a second order of importance".

Daraus muß man folgern, daß die wichtigste und vorrangige politisch-strategische Aufgabe der Befriedigung von Grundbedürfnissen zukommt. Dieses Erfordernis muß eine Politik der sozialen Sicherheit in der Dritten Welt stets im Auge behalten. So wäre etwa die Diskussion um den Sozialschutz der Landbevölkerung in Entwicklungsländern[29]) unfruchtbar, wenn sie ohne Bezug zu sonstigen Maßnahmen stünde, welche die Situation der Landbevölkerung verbessern sollen, wobei an vorderster Stelle an das Problem der Boden- und Agrarreform[30]) zu denken ist[31]).

Aus der berechtigten Kritik, daß soziale Sicherheit bislang keinen nennenswerten Beitrag zum Abbau absoluter Armut erbracht hat, müssen die richtigen Konsequenzen gezogen werden. Eines hat die Vergangenheit bewiesen: Das Kopieren und die bloße Übernahme von Modellen aus Industriestaaten Europas und Nordamerikas hat sich negativ ausgewirkt. Diesen Sachverhalt hat jüngst Sachs sehr treffend zusammengefaßt[32]): „...the practice of mimicking welfare-state institutions in Third World countries serves to turn those institutions into an instrument of social differentiation working in favour of the urban middleclasses at the expense of the disadvantaged, i. e. the bulk of the rural population. This is one aspect of the ‚urban bias' referred to by Lipton (1977). And since in addition such an approach is likely to be costly in absolut terms, and even more so in relative terms, it must necessarily imply that there will be much less chance of achieving a more democratic social protection policy, i. e. one which is aimed at the great mass of inhabitants of rural areas and those city-dwellers who are not regularly employed in the modern sector".

Die Quintessenz daraus kann aber nicht die Verwerfung sozialer Sicherheit schlechthin sein. Gefragt ist vielmehr nach anderen Formen sozialer Sicherheit. Vereinfacht gesprochen müßte die gängige durch Beiträge finanzierte Einkommenssicherung für Arbeitnehmer durch eine beitragsunabhängige Mindesteinkommenssicherung für alle abgelöst werden.

Die gegenteilige Auffassung, die lange Zeit unbestritten war[33]) und nach wie vor mit einer gewissen Selbstverständlichkeit vertreten wird[34]), wonach soziale Sicherheit vorrangig die Minorität der städtischen Arbeitnehmer schützen müßte, kann angesichts der sozialen Bedarfssituation in der Dritten Welt nicht länger gerechtfertigt werden. Die zu ihrer Begründung vorgebrachten Argumente besagen, daß die Konzentration auf die städtischen Arbeitnehmer notwendig sei, weil diese ihre Verbindung zum traditionellen Milieu verloren hätten. Zum anderen seien diese aufgrund ihres regelmäßigen Geldeinkommens in der Lage, Beiträge zu leisten. Obendrein sei in den Städten die nötige Infrastruktur zur Verwaltung eines Systems sozialer Sicherheit vorhanden[35]). Die Vorstellung, daß die Bindungen der städtischen Arbeitnehmer zu ihrer ländlichen Umgebung abgeschnitten seien und sie deshalb im Notfalle niemanden hätten, der ihnen Unterstützung zukommen ließe, kann nach dem heutigen Forschungsstand kaum noch aufrecht erhalten werden[36]).

Der Hinweis auf die Finanzierbarkeit und administrative Durchführbarkeit ist sicherlich ein stichhaltiges Argument, wenn die Einführung und Verwaltung eines Systems sozialer Sicherheit herkömmlichen Typs in Frage steht. Es besagt aber wenig darüber, ob nicht andere Alternativen und Formen sozialer Sicherheit im Hinblick auf die Bedürftigkeit der nichtstädtischen Bevölkerung den Vorzug genießen müßten. An theoretischen und praktischen Vorschlägen in Richtung Mindesteinkommenssicherung für alle hat es in der Vergangenheit nicht gefehlt. So hat Mouvagha-Tchioba gefordert, ein steuerfinanziertes Einheitssystem sozialer Sicherheit zu installieren, das nur noch eine einzige und einheitliche Geldleistung vorsieht, die er als „allocation sociale" bezeichnet[37]). Diese allocation sociale ist identisch mit einem festzulegenden Mindesteinkommen. Anspruch darauf hat nur derjenige, dessen eigenes individuelles Einkommen das festgesetzte Mindesteinkommen nicht erreicht.

Ein bemerkenswertes Programm sozialer Sicherheit ist zu Beginn der 50er Jahre im Rahmen der technischen Hilfe der Vereinten Nationen für Ägypten ausgearbeitet worden[38]). Die im Jahre 1950 neu gewählte ägyptische Regierung hielt einen vor ihrem Amtsantritt eingebrachten Gesetzentwurf, der die Einführung einer Sozialversicherung für städtische Arbeiter vorsah, als „inequitable in a country like Egypt where three-quarters of the population live in rural communities and work in agriculture"[39]). Das Ministerium für soziale Angelegenheiten propagierte stattdessen ein allgemeines, das heißt ohne Rücksicht auf beruflichen Status und Wohnsitz, System, aus dem nur wirklich Bedürftige Ansprüche auf Renten nach dem flat-rate-Princip herleiten konnten und das aus Steuermitteln finanziert werden sollte. Die nach Bedürftigkeitskriterien ausgewählten Zielgruppen waren

Witwen mit Kindern, Waisen, Erwerbsunfähige sowie Personen über 65 Jahre. Eigenes Einkommen gleich welcher Art wurde auf die Mindestrente angerechnet.

Solche Lösungswege stehen im Gegensatz zu dem früher wie auch heute vertretenen Prinzip einer schrittweisen Ausdehnung (gradual extension, extension progressive)[40]) von Sozialversicherung. Dieses Prinzip verdankt seine Anziehungskraft und Plausibilität dem Umstand, daß es Sozialversicherung nur dort zur Anwendung bringen will, wo im Hinblick auf Personen und Umwelt die Mechanismen der Sozialversicherung greifen können. Sehr anschaulich ist dies in dem Gesetz über soziale Sicherheit in Guatemala beschrieben, wo es heißt[41]): „Il devra commencer par la classe travailleuse et, au sein de celle-ci, par les groupements se prêtant le mieux, économiquement, à son action eu égard à leur plus grande concentration en des points déterminés du territoire, à leur caractère urbain plutôt que rural, à leur dégré plus élevé d'instruction, à leur plus grande capacité fiscale, à des voies de communication plus importantes et meilleures, aux ressources médicales et hospitalières existantes ou pouvant être créés dans chaque zone du pays, ainsi qu'à des facilités administratives plus grandes et à tous autres motifs techniques entrant en considération.. ''.

Dahinter steckt die Vorstellung und die Hoffnung der 40er und 50er Jahre, die davon ausgehen, daß die Entwicklungsländer entsprechend der historischen Erfahrung der Industrieländer den gleichen Weg gehen würden und immer weitere Personen und Teile eines Landes in ein modernes Wirtschafts- und Kommunikationssystem einbezogen würden, so daß auch Sozialversicherung als funktionsfähige Institution etabliert werden könne. Aus der heutigen Perspektive muß man jedoch solche Gedanken angesichts der tatsächlichen Entwicklung in der Dritten Welt als Fehleinschätzungen bezeichnen. Die Aufrechterhaltung des Prinzips der gradual extension führt notgedrungen zur Fortsetzung der bisher betriebenen „Umverteilung von den Ärmsten zu den Armen''[42]). Wir halten deshalb diese Strategie als nicht vereinbar mit den sonstigen entwicklungspolitischen Leitvorstellungen, die eine Konzentration und Mittelumverteilung zugunsten der Ärmsten vorsehen, mit dem Ziel, absolute Armut abzubauen.

Bei der Diskussion über eine Neuorientierung sozialer Sicherheit müßte auch die Frage nach neuen Inhalten und Formen gestellt werden. Die im Zusammenhang mit der Krise des Wohlfahrtsstaates in Industrieländern betonte Notwendigkeit verstärkter Dienstleistungsorientierung der Sozialpolitik[43]) gilt angesichts fehlender Ressourcen nicht minder für die Länder der Dritten Welt. Der Gedanke einer dezentralen, auf lokaler Ebene durch gemeinschaftliche Aktivitäten erfolgenden Herstellung sozialer Dienste hat in dem von der Weltgesundheitsorganisation entwickelten Konzept einer Basisgesundheitsversorgung[44]) bereits weltweite Anerkennung gefunden. In diesem Sinne kann man unterstützen, was Sachs mit folgenden Worten ausgedrückt hat[45]): „…the richness and diversity of community traditions give us reason to hope that Third World societies will be able to learn from our mistakes and will embark resolutely on the path of the self production of social services, with the encouragement and active support of the state-in a word, that they will bypass the historical stage of the welfare state''.

Wer für eine derartige Neuorientierung der Sozialpolitik eintritt, muß sich freilich der Schwierigkeiten bei der Durchsetzung und Realisierung im klaren sein. Die Geschichte der Entwicklung sozialer Sicherheit in der Dritten Welt (wie übrigens auch in Industrieländern) zeigt, daß ihre Ausgestaltung und Dynamik ganz wesentlich von Interessengruppen bestimmt wird. Dies ist die zentrale Aussage der vergleichenden Studie von Mesa-Lago über verschiedene lateinamerikanische Länder[46]), die ebenso für andere Länder und Kontinente Gültigkeit beanspruchen können. Da Gesetzgebung und Rechtsprechung von bestimmten Eliten und anderen einflußreichen Kreisen dominiert werden[47]), müssen Veränderungsbestrebungen mit dem entschiedenen Widerstand der jeweils Mächtigen rechnen.

Fußnoten:

[1] Falchi, G., Social Problems and Goals of a New International Economic Order, in: Labour and Society, 1982, S. 41 f.; Euzéby, A., Développement de la Sécurité Sociale et Nouvel Ordre Economique International, in: Cahiers de la Faculté des Sciences Economiques de Grenoble, 1981, S. 101—121.

[2] Zum Spektrum der Probleme s. die Beiträge in Kassalow, E. M. (Hg.), The Role of Social Security in Economic Development, Washington D. C. 1968.

[3] Zu einer Skizze der verschiedenen Positionen s. Fuchs, M., Der Stand der Forschung auf dem Gebiete des Sozialrechts in den Entwicklungsländern, VSSR 1983, S. 6 f.

[4] S. dazu aus neuerer Zeit Euzéby, A., Le Rôle de la Sécurité Sociale dans la Dynamique du Développement, in: Revue Tiers Monde, Octobre-Décembre 1977, S. 763 ff.

[5] Mit Ausnahme Äthiopiens.

[6] Vgl. für Afrika Mouton, P., Social Security in Africa, ILO, Genf 1975; für Asien: Social Security and National Development, Report of a National Seminar in India, ILO, Genf 1978; für Lateinamerika: Salaberry Barcia T., La Seguridad Social en Iberoamerica, Madrid 1980.

[7] Deutscher Text bei Zacher, H. F. Internationales und Europäisches Sozialrecht, Percha/Starnberger See, 1976, S. 158 ff.

[8] Ein erster Entwurf des Abkommens sah unterschiedliche Anforderungen an die Ausgestaltung sozialer Sicherheit für Entwicklungsländer und ökonomisch und sozial fortgeschrittene Länder vor, vgl. Dupeyroux, J.-J., Droit de la Sécurité Sociale, 8. Aufl. 1980, avec mise à jour 1982, Paris, S. 79.

[9] S. dazu Tamburi, G., L'Organisation Internationale du Travail et l'Evolution des Assurances Sociales dans le Monde, Typoskript, ILO, Genf 1981; ders., International Consultancy; The Role of the ILO, in: Benefits International, November 1978, S. 2—11.

[10] S. dazu Thompson, K., Umfang und Struktur der technischen Hilfe in der sozialen Sicherheit 1977 — 1980, in: Internationale Revue für Soziale Sicherheit, Heft 2 1982, S. 222—238.

[11] Zu einer knappen Übersicht s. Fuchs, M. (Fn. 3), S. 7—12.

[12] Vgl. etwa für Afrika Fuchs, M., Recht und Politik der sozialen Sicherheit in Afrika, in: Jahrbuch der Gesellschaft für afrikanisches Recht 1981, Heidelberg 1983, S. 44 ff.

[13] Vgl. für die englisch-sprachigen Länder Afrikas Fuchs, M. (Fn. 12), S. 48—54; für die englisch-sprachigen Länder Asiens Thompson, K., Trends and Problems of Social Security in Development Countries in Asia, in: Social Security and National Development (Fn. 6), S. 176—216; für die Karibik s. Jenkins, M., Social Security Trends in the English-Speaking Caribbean, in: International Labour Review, 1981, S. 631—643.

[14] Allgemein dazu Rifkin, S. B./Kaplinsky, R., Health Strategy and Development Planning, Lessons from the People's Republic of China, in: Journal of Development Studies, 1972, S. 213—216.

[15] Zur Problematik s. auch Fuchs, M., Health Insurance Systems in Africa, in: Oberender, P./Diesfeld, H.-J./Gitter, W. (Hrsg.), Health and Development in Africa, Frankfurt/Bern/New York 1983, S. 345 ff.

[16] S. BIT, Le Chômage et la Sécurité Sociale, Genf 1976, S. 5—8.

[17] Zur Kritik solcher Systeme vgl. Walker, A., The Industrial Preference in State Compensation for Industrial Injuries and Disease in: Social Policy and Administration, 1981, S. 54 ff.

[18] Speziell zur Problematik der Alterssicherung in Entwicklungsländern s. Soziale Sicherheit für die Älteren: Informationsdokument vorbereitet von der Internationalen Vereinigung für Soziale Sicherheit für die Weltversammlung über das Altern, in: Internationale Revue für Soziale Sicherheit, Heft 4/1982, S. 534 ff., insbes. 545—547 und 554 ff.

[19] Bezüglich der Einzelheiten s. bei Gerdes, V., African Provident Funds, in: Industrial and Labour Relations Review, 1971, S. 572—587.

[20] Bislang ist freilich kein schlüssiger Beweis für die bevölkerungspolitische Bedeutsamkeit von Familienleistungen in der einen oder anderen Richtung erbracht worden, ebenso Cockburn, Ch., Die Rolle der sozialen Sicherheit in der Entwicklung, in: Internationale Revue für Soziale Sicherheit, 1980, S. 387.

[21] Häufig erfolgt jedoch eine weitere Einschränkung, indem nur Arbeitnehmer in Betrieben mit einer bestimmten Mindestbeschäftigtenzahl erfaßt werden.

[22] Zur Definition dieses statistischen Begriffs vgl. ILO-Yearbook of Labour Statistics, Genf 1979, S. 4.

[23] Wie Fn. 22.

[24] Vgl. etwa die Zahlen für afrikanische Länder bei Dioh, J., Old-Age-Insurance: A Prospective Study, in: ISSA, Social Security Documentation, African Series, no. 3, 1980, S. 95.

[25] Mesa-Lago, C., Seguridad Social y Pobreza, in: CEPAL/PNUD: Se puede superar la pobreza? Santiago 1980, S. 167.

[26] Die Ablösung des Prinzips der Bedarfsgerechtigkeit zugunsten der Markt- oder Leistungsgerechtigkeit ist auch für die Entwicklung der Sozialversicherung in Europa typisch, vgl. dazu Alber, J., Vom Armenhaus zum Wohlfahrtsstaat. Analysen zur Entwicklung der Sozialversicherung in Westeuropa, Frankfurt 1982, S. 31.

[27] Zacher, H. F., Einführung in das Sozialrecht der Bundesrepublik Deutschland, Heidelberg 1983, S. 12—14.

[28]) Shome, P., Social Security in India II. The Economics of the System, in: Labour and Society, 1982, S. 131.

[29]) Asociación Internacional de la Seguridad Social, La Protección Social de la Población Rural, Documentación de la Seguridad Social Americana, Serie Actas No. 2, Buenos Aires 1981; ISSA, Social Security Protection of the Rural Population in Developing Countries, Social Security Documentation: Asian Series, No. 5, New Dehli, 1980.

[30]) Zur Vordringlichkeit von Boden- und Agrarreform vgl. Elsenhans, H., Rising Mass Incomes as a Condition of Capitalist Growth: Implications for the World Economy, in: International Organisation. Bd. 37, Nr. 1, 1983, S. 31 f.; Matzke, O., Eine Strategie gegen die ländliche Massenarmut?, in: Außenpolitik 31 (1980), S. 24 f.

[31]) Diese Verknüpfung von sozialer Sicherheit und sonstigen entwicklungspolitischen Maßnahmen wird neuerdings immer mehr als notwendig hervorgehoben, vgl. etwa Mallet, A., Sozialschutz der Landbevölkerung, in: Internationale Revue für Soziale Sicherheit 1980, S. 426 f.

[32]) Sachs, I., The Crisis of the Welfare State and the Exercise of Social Rights to Development, in: International Social Science Journal 34 (1982) 1, S. 136.

[33]) Vgl. etwa Tsoucatos, E., Desirable Goals of Social Security in the Context of Developing Countries, in: African Social Security Series, no. 13—14, S. 40.

[34]) Vgl. Euzéby, A. (Fn 1), S. 118.

[35]) Euzéby, A. (Fn. 1), S. 118.

[36]) Vgl. dazu beispielsweise die empirischen Studien betreffend Kenia von Johnson, G. E./Whitelaw, W. E., Urban-Rural Income Transfers in Kenia: An Estimated Remittances Function, in: Economic Development and Cultural Change, 1974, Nr. 3, S. 473—479. Vgl. auch die theoretische Begründung für die Bindung der städtischen Arbeitnehmer an ihre ländliche Umgebung bei Meillassoux, C., Femmes, Greniers et Capitaux, Paris 1980, insbesondere S. 165 ff.

[37]) Mouvagha-Tchioba, E.-G., Les principes du système de sécurité sociale Français — sont-ils applicables pour l'Afrique Noir francophone, Institut International d'Etudes Sociales, Genf 1979, S. 27.

[38]) Vgl. UN Doc. St/TAA/6/Egypt/R1, 17 May 1951.

[39]) UN Doc (Fn. 38), S. 13.

[40]) Ausf. dazu L'Extension progressive des Régimes d'Assurance sociale dans les Pays d'Amerique Latine, in: Revue Internationale du Travail, no. 3, Septembre 1958, S. 287 ff.

[41]) L'extension progressive (Fn. 40), S. 290.

[42]) So die Formulierung bei Zöllner, D., Die Rolle der Sozialversicherung in den Ländern der Dritten Welt, in: VSSR 1983, S. 22

[43]) Vgl. dazu Badura, P./Gross, P., Sozialpolitische Perspektiven. Eine Einführung in Grundlagen und Probleme sozialer Dienstleistungen, München 1976.

[44]) S. dazu WHO, Science and Technology for Health Promotion in Developing Countries, in: WHO Chronicle 1981, S. 399—406 und 447—456.

[45]) Sachs, I. (Fn. 32), S. 114.

[46]) Mesa-Lago, C., Social Security in Latin America, Pressure Groups Stratification, and Inequality, University of Pittsburgh Press 1978.

[47]) Sehr aufschlußreich hierzu die rechtssoziologische Studie von Bryde, B.-O., The Politics and Sociology of African Legal Development, Hamburg 1976.

Energie und Ökologie

Joachim Grawe

Die Zukunft der Dritten Welt hängt in hohem Maße davon ab, inwieweit es gelingt, ihren Beruf an Energie zu erschwinglichen Preisen zu decken und drohenden Umweltgefahren wirksam zu begegnen. Mißerfolge dabei haben angesichts der weltweit zunehmenden Interdependenz nachteilige Rückwirkungen ökonomischer und ökologischer Art auf die Industrienationen (IL).

Zwangsläufig treten auch in den Entwicklungsländern (EL) zwischen der Energie- und der Umweltpolitik Zielkonkurrenzen und Zielkonflikte auf. Beide Problembereiche sind vielfältig miteinander verflochten. Sowohl ein Energiemangel wie einzelne Energieprojekte zu seiner Behebung können ökologische Schäden verursachen. Augenfällige Beispiele stellen die Abholzung von Wäldern zu Feuerungszwecken (siehe Ziff. 4, II 1 und II 2) und die durch große Wasserkraftwerke mit Stauseen bewirkte Landschaftsveränderung (siehe Ziff. II 3) dar. Umweltschutzmaßnahmen erfordern ihrerseits vielfach Energie, z. B. die Abwasserreinigung.

I. Energie

Die Energiesituation der Dritten Welt ist — bei aller Unterschiedlichkeit zwischen den einzelnen Kontinenten und Ländern — durch fünf charakteristische Aspekte gekennzeichnet:

— die Höhe des spezifischen Verbrauchs

— die Zuwachsraten des Verbrauchs

— die hohe Ölabhängigkeit

— die Bedeutung traditioneller Energiequellen und die „Brennholzkrise"

— den grundlegenden Unterschied zwischen städtischen Agglomerationen und ländlichen Räumen.

1. Der Energieverbrauch je Kopf und je Produkteinheit

Bei einem Anteil an der Weltbevölkerung von 53,2 % (ohne VR China) im Jahre 1979 entfielen auf die EL nur 14,9 % des globalen Verbrauchs an kommerzieller (d. h. über Handelsgeschäfte mehr oder weniger exakt erfaßbarer) Energie. Dieser Prozentsatz lag noch unter demjenigen für das Bruttosozialprodukt (16,9 %). Hieran wird schon der sehr niedrige Verbrauch je Einwohner erkennbar. Er betrug im Mittel rd. 259 kg Steinkohleneinheiten — SKE —[1]. Das entspricht $1/8$ des Weltdurchschnitts (2100 kg SKE) und $1/22$ der entsprechenden Kennzahl für die IL. Nicht berücksichtigt sind hierbei die nicht-kommerziellen Energieträger, mit denen sich die Bevölkerung ohne finanzielle Aufwendungen selbst versorgt (siehe Ziff. 4). Ferner bleiben menschliche und tierische Muskelkraft außer Acht. Immerhin leisten in den EL rd. 400 Millionen Zug- und Lasttiere (überwiegend Rinder und Büffel) Arbeit.

Während der Energieverbrauch pro Kopf (von einigen Ölproduzenten mit geringer Einwohnerzahl wie Kuwait abgesehen) deutlich hinter dem der IL zurückbleibt, muß in der Industrie, vor allem in den Grundstoffindustrien, zur Erzeugung einer Produkteinheit meist erheblich mehr Energie eingesetzt werden als bei uns. Untersuchungen der UNIDO zum spezifischen Energieaufwand bei der Herstellung von Stahl, Papier und Zement erbrachten für Indien (und die Türkei) die Faktoren 3 (1,5) bzw. 2,5 (nicht ermittelt) bzw. 2 (1) gegen-

über der Bundesrepublik. Dies ist letztlich durch den Entwicklungsstand (frühe Stufe der Industrialisierung) bedingt. Veraltete Anlagen und unzureichende Investitionen zur Erhöhung der Energieproduktivität aus Mangel an Kapital sowie suboptimale Kapazitätsplanung, schlechte Wartung und langwierige Reparaturen von Anlagenteilen infolge unzureichender Qualifikation des Personals spielen hierbei eine wesentliche Rolle.

Aber auch für häusliche Funktionen wie das Kochen wird in der Dritten Welt spezifisch mehr Energie aufgewandt als in den IL, obwohl die große Mehrzahl der Menschen, die sich überhaupt warme Mahlzeiten leisten können, Eintopfgerichte zubereitet. Zurückzuführen ist das auf den dürftigen Energienutzungsgrad (5 bis 10 %) der verbreiteten primitiven „Drei-Steine-Herde".

2. Hoher Verbrauchszuwachs

Infolge des zweiten Ölpreissprungs von 1979/80 und der dadurch entscheidend verschärften Weltrezession sowie aufgrund erster Ergebnisse der Energiespar-Bemühungen stagnierte der Energieverbrauch in den IL während der letzten Jahre (bzw. war er sogar rückläufig). Die Dritte Welt bietet ein anderes Bild. 1975 — 80 wiesen die ölimportierenden EL eine Zuwachsrate von 5,7 % jährlich im Durchschnitt, die ölexportierenden sogar eine solche von 9,5 % auf. Von diesen abgesehen, stieg der Energieeinsatz gerade dort besonders stark, wo eindrucksvolle Entwicklungserfolge erzielt wurden, wie in Ostasien und Teilen Südamerikas. Der Zusammenhang ist unverkennbar.

Selbstverständlich beruht dies nicht auf einem „Naturgesetz". Schon gar nicht lassen sich allgemeingültige Zahlenrelationen angeben. Faktoren wie das Klima, die Wirtschaftsstruktur, die Kosten der Energie im Vergleich zum Investitionskapital, die Intensität einer Nachfragesteuerung und in einem bestimmten (allerdings begrenzten) Umfang auch die verfolgte Entwicklungsstrategie begründen erhebliche Unterschiede. Die Spielräume für Energiesparmaßnahmen sind in den EL wegen des geringen absoluten Verbrauchs, der Kapitalknappheit und der fehlenden Schulung von Führungs- und Fachkräften geringer als im industrialisierten „Norden".

Alle Anzeichen deuten darauf hin, daß der Energieverbrauch in der Dritten Welt auch künftig noch kräftig zunimmt. Die Schätzungen für das Jahr 2000 reichen von der Verdoppelung bis zur Verdreifachung. Hierzu trägt zunächst das Bevölkerungswachstum bei. Die Einwohnerzahl der EL vergrößert sich derzeit jährlich um 70 Millionen. Gegenüber heute gut 3 werden dort um die Jahrhundertwende annähernd 5 Milliarden Menschen leben (einschließlich VR China). Allein die Aufrechterhaltung des gegenwärtigen Standards bedeutet, wenn man gewisse Spareffekte unterstellt, einen Anstieg des Energiebedarfs um 50 %.

Der Drang in die Siedlungszentren dürfte, wenn auch abgeschwächt, anhalten. Die US-Studie „Global 2000" erwartet im Jahr 2000 fast 30 % der Bevölkerung der Dritten Welt in Städten über 100000 Einwohner. Eine Vielzahl riesiger Metropolen vom Schlage Mexiko-City und Kalkutta werden unter diesen sein. Der Energieverbrauch pro Kopf dort übersteigt aber denjenigen der Landbevölkerung beträchtlich, u. a. wegen der notwendigen Verkehrs- und Versorgungsinfrastruktur (siehe Ziff. 5).

Weitere Elemente treten hinzu. So muß ein Teil der bisher genutzten traditionellen Energie durch kommerzielle abgelöst werden, weil sie entweder gar nicht mehr verfügbar ist (Holz) oder für andere Zwecke (Düngung) dringend gebraucht wird. Die ausreichende Wasserversorgung setzt einen Mehraufwand an Energie für Pump- und Entsalzungsanlagen voraus. Die EL streben bis zur Jahrhundertwende einen Anteil an der Weltindustrieproduktion von 25 % an. Auch wenn das utopisch erscheint, wird doch ihre Industrialisierung fortschreiten.

Oft vergessen wird der Energiebedarf der Landwirtschaft. Heute macht er in den EL zwar weniger als 5 % aus. Bei mehreren hundert Millionen unterernährter Erwachsener und Kinder ist die Verbesserung der Ernährungssituation aber oberstes Gebot. Der Verzicht auf Agrarexporte zugunsten des Anbaus von Pflanzen für die Versorgung der heimischen Bevölkerung wäre dabei sicher grundsätzlich kein richtiger Weg. Damit würden Mehreinnahmen aufgrund komparativer Kostenvorteile verlorengehen. Die Aufgabe besteht vielmehr in der gerechteren Verteilung der Exporterlöse.

Angesichts nur beschränkter Möglichkeiten zur Kultivierung weiteren Landes kommt es entscheidend auf die Steigerung der Flächenerträge an. Sie hängt ab von Bewässerung, Einsatz von Düngemitteln, Sortenzucht, erfolgreicher Schädlingsbekämpfung und besserer Bodenbearbeitung. Ohne diese Maßnahmen wäre die Erde schon heute bei weitem übervölkert. Besonders die beiden ersten von ihnen sind energieintensiv. Die Produktion von 1 kg Stickstoffdünger erfordert rd. 1,2 l Öl. Dabei dürfen gewiß nicht Methoden der europäisch-amerikanischen Hochleistungs-Landwirtschaft blind übernommen werden. Tierische Muskelkraft sollte nur durch Traktoren verdrängt werden, soweit das notwendig ist. Schließlich muß darauf geachtet werden, daß die energetische Bilanz (Energiewert der Nahrungsgüter im Verhältnis zum Energie-Input) möglichst positiv bleibt[2]).

3. Die starke Ölabhängigkeit und ihre Folgen

1980 waren von 120 EL 92 Netto-Ölimporteure. 66 von ihnen deckten ihren Bedarf an kommerzieller Primärenergie zu mehr als 75 % mit Öl. Dazu zählen viele afrikanische und mittelamerikanische Staaten, u. a. Cuba, Guatemala, Kenia, Marokko, Tansania, aber auch die Philippinen und Thailand.

Unter den 28 ölexportierenden EL nehmen die 13 Mitgliedstaaten der OPEC eine Sonderstellung ein. Diese Gruppe ist indessen höchst heterogen. Die Skala reicht von weitgehend unentwickelten Ländern wie Gabun und Nigeria zu teilindustrialisierten wie Ecuador und Iran. Die „low absorbers" mit geringer stehen den „high absorbers" mit großer Bevölkerung gegenüber. Als einzige erzielten die drei Golfstaaten Saudi-Arabien, Kuwait und Vereinigte Arabische Emirate 1982 noch Exportüberschüsse.

Mexiko als bedeutender Öllieferant gehört dem OPEC-Kartell nicht an. Auch anderen Staaten wie Ägypten und Indien ist in den vergangenen zehn Jahren der Aufbau einer Erdölproduktion gelungen.

Insgesamt hängen die EL mit einem Anteil des Öls am Energieverbrauch von durchschnittlich 58 % im Jahre 1980 stärker von diesem ab als die IL (45 %). Treibstoffe, Dieselöl und Heizöl werden vor allem in den Städten und dort vom Straßenverkehr wie von den neuen Industrien verbraucht. Mit rd. 35 % trägt das Öl auch maßgeblich zur Stromerzeugung bei. Verkürzt kann man es als die Energie der städtischen Eliten und des sog. modernen Sektors der Volkswirtschaft bezeichnen.

Die Position der einzelnen ölimportierenden EL auf dem Weltmarkt ist sehr schwach. Mit ihren — absolut gesehen — bescheidenen Importmengen können sie auf den Ölpreis praktisch keinen Einfluß nehmen. Sie wurden von dessen realer Verfünffachung (nominaler Verfünfzehnfachung) 1973 — 80 am härtesten getroffen. Diese hat vor allem auch eine Umverteilung von Wohlstand zwischen den EL-Gruppen bewirkt. Nach 1980 kamen der Kursanstieg des US-Dollars[3]) und die hohen Kreditzinsen verschärfend hinzu. Bis dahin hatte in der Dritten Welt noch kaum jemand die notwendige Umstrukturierung der Energieversorgung ernstgenommen. Die OPEC-Politik wurde (in grotesker Verkennung der eigenen Interessen) von den ölimportierenden EL sogar bejubelt und als Vorbild für andere Rohstoffe betrachtet. Beides hat sich in jüngster Zeit geändert.

Der zweite Ölpreissprung hatte für die Weltwirtschaft insgesamt, nicht zuletzt aber für die ölimportierenden EL (und unter ihnen wiederum für die sog. Schwellenländer), katastrophale Folgen. Sie geben im Durchschnitt $1/4$ ihrer Exporterlöse für Öleinfuhren aus. Bei einigen — wie Indien, Panama oder Türkei — sind es $2/3$ oder mehr. Entsprechend weisen ihre Leistungsbilanzen hohe Defizite auf. Die Ölaufwendungen dieser Ländergruppe waren 1981 zweieinhalbmal so groß wie die gesamten öffentlichen Entwicklungshilfe-Leistungen der westlichen IL.

Um die Entwicklung des Landes nicht scharf abbremsen zu müssen, wurde das Defizit jeweils mit kommerziellen Krediten finanziert. Die Folgen zeigten sich allenthalben: starker Anstieg der Auslandsverschuldung, Erhöhung der Inflationsrate, Zurückbleiben der produktiven Investitionen (da die Devisenreserven und die Kreditmittel für Öl — statt für Maschinenimporte — verwandt werden mußten) sowie Einbußen an Wachstum.

Der kürzlich eingetretene Rückgang der Ölpreise bringt den ölimportierenden EL (zusammen mit internationalen Zinssenkungen) eine dringend benötigte Entlastung. Das Problem als solches wird aber nicht beseitigt, sondern nur gemildert, da das Ölpreisniveau trotz allem hoch bleibt. Die Festigung des Dollarkurses wirkt ohnehin gegenläufig.

Andererseits geraten jetzt die ölexportierenden EL, die meist einen massiven Expansionskurs gesteuert hatten, mehr und mehr in ökonomische Schwierigkeiten. Die Verringerung der Öleinnahmen schränkt ihre Fähigkeit zu Einfuhren aus den IL und zur Beschäftigung von Gastarbeitern aus anderen EL zunehmend ein. Auch von daher erscheint ein noch etwas nachgebender, aber mit der Belebung der Weltkonjunktur kontinuierlich in kleinen Stufen wieder steigender Ölpreis die relativ beste Lösung.

4. Die Bedeutung der nicht-kommerziellen Energieträger und die „Brennholzkrise"

Bis etwa 1880 war Holz der wichtigste Energieträger der Menschheit. In den IL spielt es heute praktisch keine Rolle mehr. Alle nicht-kommerziellen Energieträger zusammen tragen in Europa gerade 2 % zur Deckung des Energiebedarfs bei. Demgegenüber fallen sie in der Dritten Welt stark ins Gewicht. Der in Ziff. 1 genannte Pro-Kopf-Verbrauch (und entsprechend der Gesamtverbrauch) erhöht sich durch selbstgesammeltes Holz sowie (die weniger bedeutsamen) Abfallstoffe und getrockneten Dung um etwa $1/3$ auf rd. 340 kg SKE, oder anders ausgedrückt: am Verbrauch sind sie mit 25 % beteiligt. Holz rangiert dort oft noch vor Öl als am stärksten genutzter Energieträger überhaupt. Die EL vereinigen $4/5$ des globalen Einsatzes nicht-kommerzieller Energie auf sich. Je ärmer ein Staat ist, desto größere Bedeutung kommt dieser im allgemeinen zu. In Afrika übersteigt ihr Verbrauchsanteil nicht selten 80 %. Vor allem fast 2 Milliarden Landbewohner sind zum Kochen auf Holz angewiesen.

Eine regionale Verknappung hat eingesetzt. Rd. 100 Millionen Menschen leiden schon unter akutem Mangel an Brennholz. Eine weitere Milliarde verfeuert mehr davon, als in erreichbarer Umgebung nachwächst. Von den 92 EL, die Öl importieren müssen, stehen 58 auch insoweit vor Problemen. Vor allem in der Sahel-Zone und auf dem indischen Subkontinent, aber auch in Teilen der VR China, kann man von einer „Brennholzkrise" sprechen. Vielfach ist dort ein Familienmitglied inzwischen ausschließlich mit dem Sammeln von Holz beschäftigt. In manchen größeren Siedlungen müssen 30 bis 40 % des Einkommens für Holz (oder die besser zu transportierende Holzkohle) ausgegeben werden, das wegen seiner Knappheit zur Handelsware geworden ist. Die Zubereitung einer Mahlzeit kostet teilweise mehr als diese selbst. Die sozial schwachen Bevölkerungsschichten werden so am empfindlichsten getroffen.

Die Landfläche der Erde ist heute noch zu gut 25 % — teils in geschlossener, teils in aufgelockerter Form — bewaldet. Überwiegend handelt es sich um Naturwälder in der Dritten Welt. In den letzten 100 Jahren sind diese stark zurückgegangen. $1/3$ des tropischen Regenwaldes dürfte zerstört worden sein. Gegenwärtig werden 10 — 15 Millionen ha jährlich abgeholzt. Der Mittelwert daraus entspricht dem halben Gebiet der Bundesrepublik. Wiederaufgeforstet wird nur 1 Million ha pro Jahr.

Als Motiv steht die Gewinnung von Feuerholz mit weitem Abstand (über 80 % der Menge) im Vordergrund. Es folgt die Schaffung von Acker- und Weideland, meist mittels Brandrodung durch Wanderhackbauern und neue Siedler, in einzelnen spektakulären Fällen (bes. in Brasilien) auch für Viehfarmen großer Firmen aus IL. Hier einreihen kann man auch die Überweidung durch Herden von Nomaden. Den kleinsten Anteil hat der Einschlag von Nutzholz, vor allem von Edelhölzern zu Exportzwecken. Als bei weitem wichtigste Ursache des Raubbaus ist demnach die Bevölkerungsexplosion in der Dritten Welt anzusehen. Die EL vernichten ihre Wälder, weil sie arm sind und Alternativen fehlen.

Die Ölpreissprünge haben die Brennholzkrise verschärft. Kerosin, das als Kochenergie vorzudringen begonnen hatte, wurde weitgehend unerschwinglich. Die Menschen sahen sich auf das Holz zurückgeworfen. Zugleich konnten energieintensive (und damit ebenfalls erheblich verteuerte) Düngemittel immer weniger bezahlt werden. Die dadurch verursachte schnellere Auslaugung der Böden legt die Rodung weiterer Flächen nahe. Infolge Mangel an Holz wird wiederum mehr Dung verbrannt. Dieser geht den Feldern verloren. Dadurch wird die Fruchtbarkeit auch von dieser Seite her beeinträchtigt. Würden die derzeit jährlich verfeuerten 400 Mio. t getrockneten Tiermists als Dünger ausgebracht, könnten in den EL 20 Millionen t Getreide mehr geerntet werden.

5. Der grundlegende Unterschied zwischen Stadt und Land

Der Energieverbrauch pro Flächeneinheit in den Städten weicht bei uns nicht entscheidend von demjenigen auf dem Lande ab. In den EL verhält es sich grundlegend anders. Die Verbrauchsdichte je m^2 in den Ballungszentren ab etwa 50 000 Einwohner kommt wegen der oftmals höheren Bevölkerungsdichte und der Industriekonzentration unserer gleich. Für die ländlichen Räume liegt er um 1 oder gar 2 Größenordnungen niedriger. Die kommerzielle Energie wird dort fast ausschließlich in den Städten eingesetzt. Diese wachsen aber überproportional (siehe Ziff. 2).

Berücksichtigt man, daß bei niedrigen Verbrauchsdichten grundsätzlich dezentrale, bei hohen aber zentrale Energiesysteme Vorteile bieten, so erlauben diese Gegebenheiten mehrere Schlußfolgerungen:

a) In den Städten der Dritten Welt lassen sich zentrale, auf dem Lande dagegen eher dezentrale Energiesysteme anwenden.

b) Beide Arten von Systemen können sich demnach regional ergänzen.

c) Keine von ihnen löst offenbar die Probleme allein, jedenfalls im optimalen Sinne.

d) Eine einheitliche Energiestrategie für die EL geht an den Realitäten und Notwendigkeiten vorbei.

e) Sowohl der „harte" (auf zentrale Systeme gestützte) wie der „sanfte" Pfad der Energieversorgung stellen richtige Teilantworten, aber eben nur Teilantworten dar.

f) Der ideologische Krieg zwischen beiden ist müßig und sollte begraben werden (mit Bezug auf die EL wie die IL).

g) Für die Agglomerationen in der Dritten Welt dürften sich bei uns bewährte Energiesysteme prinzipiell eignen. Sie erscheinen für diese Verhältnisse situationskonform („angepaßt").

h) Es kommt auf die richtige Mischung beider Arten von Systemen nach Maßgabe der jeweiligen Umstände an („kombinierte Strategie").

6. Ansätze zur Problemlösung[4])

In diesem Beitrag werden die Energieprobleme dargestellt. Er befaßt sich nicht damit, was bisher geschieht, sie zu bewältigen[5]). Ohne daß auf allgemeine Aufgaben der EL (Verstärkung der Eigenanstrengungen, höhere Effizienz ihrer Verwaltung, attraktiveres Investitionsklima etc.) und auf Entwicklungsstrategien eingegangen werden kann, sollen abschließend einige Hinweise auf Lösungsansätze gegeben werden:

a) Die EL brauchen dringend in sich konsistente Gesamt-Energie-Planungen auf der Grundlage sorgsam erhobener Daten über Angebot und Nachfrage mit möglichst hohem Auflösungsgrad.

b) Die Nachfragesteuerung (demand management) muß in Angriff genommen werden. Erfolgversprechende Aktionsfelder sind vor allem das Bauen, der Verkehr und die Energiesubventionen (schrittweiser Abbau) sowie die Einführung effizienterer Herde.

c) Die wirtschaftlich gewinnbaren einheimischen Ressourcen sollten ermittelt, erschlossen und genutzt werden. Zu ihnen zählen in erster Linie Bodenschätze wie Kohlenwasserstoffe und Kohle, aber auch traditionelle (Wasserkraft), von Land- oder Forstwirtschaft abhängige (Biomasse einschließlich Holz) und „neue" (Sonne, Wind, Erdwärme) nicht-erschöpfliche Energiequellen. Bei letzteren wirken die hohen Kosten aufgrund des erheblichen Material- und Energieaufwands zur Herstellung der Anlagen und wegen der niedrigen Energiedichte meist noch prohibitiv. Selbst wenn ihr Beitrag — außer von Wasserkraft und Holz sowie vielleicht Biomasse (gemeint ist die Abfallverwertung etwa zu Biogas, dagegen wegen der Konkurrenz zur Ernährung weniger der gezielte Anbau von Energiepflanzen) — bescheiden bleibt, könnten sich Anstrengungen auf verschiedenen Teilgebieten (z. B. Solarzellen, Pyrolyse) längerfristig lohnen.

d) Die Regierungen sollten sich nachdrücklich um den Abbau sozio-kultureller Hemmnisse, vor allem für die aktive Anwendung nicht-erschöpflicher Energiequellen, bemühen, u. a. durch Agrarreformen und die Überwindung des Fäkalientabus[6]). Die Hemmnisse können allerdings — wie beim Solarkocher — übermächtig sein (abendliches Kochen, ständig umzurührende Eintopfgerichte in großen Kesseln, Beaufsichtigung der Kinder bei der Essenszubereitung etc.).

e) Mehr und bessere Aus- und Fortbildung tut not, damit durch qualifiziertes Personal Planung, Bau und Betrieb von Energieanlagen optimiert werden können.

f) Bei einem Wiederanstieg der Ölpreise sollten ärmeren EL von der OPEC und anderen Exporteuren Vergünstigungen für den Bezug von Ölprodukten gewährt werden. Allerdings ist den auf Öleinfuhren angewiesenen EL dringend zu empfehlen, sich nicht weiter einseitig auf das Öl zu verlassen.

g) Die Kernenergie kann in einigen fortgeschrittenen EL, die nach und nach knowhow und Erfahrung erwerben, zur Versorgung von Ballungsgebieten sinnvoll herangezogen werden. Übernationale Entsorgungsmöglichkeiten würden das erleichtern.

h) Die IL müssen ihre Politik der Energieeinsparung und der Ölsubstitution durch Kohle und Kernenergie konsequent fortsetzen, um den Weltölmarkt zu entlasten und die

Preiserhöhungsspielräume (im Interesse der EL wie im eigenen) zu begrenzen. Öl erfordert weder eine aufwendige Transportinfrastruktur im Inland noch hohen Kapitaleinsatz und eignet sich damit besonders für die EL.

II. Ökologie

Die US-Studie „Global 2000" hat die weltweit drohenden Gefahren für die Umwelt und die schon eingetretenen Schäden erneut aufgezeigt. Sie leidet zwar unter der typischen Schwäche solcher auf Computermodellen beruhenden Trendprojektionen: weder technische Fortschritte noch mögliche politische Maßnahmen oder Verhaltensänderungen können angemessen berücksichtigt werden. Unbestreitbar haben sich aber die ökologischen Verhältnisse in der Dritten Welt im 20. Jahrhundert verschlechtert. Die EL stehen im allgemeinen vor einer kritischeren Situation als wir, weil ihre Ökosysteme meist labiler sind und daher empfindlicher auf menschliche Eingriffe reagieren. Die tropischen Regenwälder und die Trockengebiete am Wüstenrand liefern dafür anschauliche Beispiele (siehe Ziff. 1 und 2).

Überwiegend sind die ländlichen Gebiete betroffen. Die Luftverschmutzung, vor allem durch Kraftfahrzeuge sowie die Verbrennung von Öl ind Kohle, konzentriert sich allerdings auf die Ballungszentren. Sie gibt jedoch erst in Einzelfällen Anlaß zur Besorgnis. Seit der ersten Umweltkonferenz der UN in Stockholm 1972 sind teilweise erfreuliche Fortschritte erzielt worden. Dies hat die Zwischenbilanz 10 Jahre später in Nairobi gezeigt. In anderen Bereichen haben sich die Dinge verschlimmert.

Nach wie vor werden vielfach langfristige zugunsten „dringenderer" Aufgaben in der Dritten Welt vernachlässigt. Das ist durchaus verständlich. Wenn der Mensch 3 Tage das Trinkwasser oder 3 Wochen die Nahrung entbehren muß, stirbt er. Umwelteffekte zeigen die Handlungen oder Unterlassungen von heute dagegen — vielleicht — erst in 30 Jahren, und wir wissen darüber immer noch wenig. „Wen der Hunger würgt, der denkt nicht grün", lautete eine treffende Zeitungsüberschrift.

Fünf — einander z. T. überschneidende — Problembereiche verdienen hervorgehoben zu werden, nämlich:

— die Zerstörung der Wälder

— die Ausbreitung der Wüsten

— die Verschlechterung der Böden

— die Verschmutzung der Gewässer

— die Verarmung der Arten.

Die sich dort vollziehenden Veränderungen sind nur mit erheblichem Aufwand, wenn überhaupt, umkehrbar. Sie müssen daher so weit wie möglich aufgehalten werden.

1. Die Vernichtung der tropischen Regenwälder

Die Abholzung und ihre Ursachen wurden schon in Ziff. I 4 geschildert. Soweit sie tropische Regenwälder trifft, hat sie verheerende ökologische Folgen. Die Südhänge des Himalaya sind streckenweise kahlgeschlagen. Der Boden kann dadurch nur noch einen Bruchteil der bisherigen Regenwassermenge speichern. Er wird selbst abgeschwemmt. Der Grundwasserspiegel sinkt. Das Land läßt sich auch in Lichtungen kaum noch bebauen. Das Wasser stürzt unmittelbar die Hänge herab. Riesige Gebiete in den Flußniederungen, etwa des Ganges, werden überflutet. Durch die mitgeführte Erde verschlammen Speicherbecken, Schiffahrtswege und Häfen.

Ähnliche Erscheinungen treten im Amazonasbecken auf. Infolge der Entwaldung weiter Landstriche kann der an Nährstoffen arme Boden diese, die nur in den obersten Zentimetern anzutreffen sind, nicht halten. (Nur in tiefer gelegenen Flächen findet aufgrund regelmäßiger natürlicher Überschwemmungen wieder eine Anreicherung statt). Unfruchtbarkeit ist die Folge.

Die Existenz großer zusammenhängender Waldgebiete beiderseits des Äquators beeinflußt das Weltklima. Sie nehmen Kohlendioxid (CO_2) auf und setzen Sauerstoff frei. Durch die Verbrennung insbesondere von Kohle haben wir seit etwa 1880 den CO_2-Gehalt der Atmosphäre um rd. 15 % erhöht. Eine Fortsetzung dieses Prozesses würde — da alle Klimazonen voneinander abhängen — zu einer globalen Erwärmung (mit allerdings unterschiedlichem regionalem Ausmaß) führen, deren Konsequenzen sich noch nicht voll übersehen lassen. Er wird durch das Verschwinden der tropischen Regenwälder beschleunigt.

2. Die Ausbreitung der Wüsten

Die Wüsten dehnen sich auf allen Kontinenten aus. Man schätzt, daß jedes Jahr 6 Millionen ha nutzbares Land „umgewandelt" werden. „Global 2000" befürchtet sogar eine Zunahme von jetzt 800 Millionen ha um 20 % bis zur Jahrhundertwende.

Eine Ursache ist das Abschlagen aller Bäume und Büsche in weitem Umkreis der Siedlungen etwa im Sahel als Feuerholz (siehe Ziff. I 4). Noch stärker schlägt die Überweidung zu Buch, vor allem gerade dort, wo leistungsfähige Brunnen neu angelegt wurden. Für die nomadische Bevölkerung drückt die Größe der Herde ihren Wohlstand aus. Sie stockt den Viehbestand auf, wenn sich die Möglichkeit bietet, alle Tiere zu tränken. Diese fressen die Pflanzendecke in der Umgebung der Wasserstelle ab. So sinkt der Wassergehalt des Bodens. Die Winderosion findet keinen Widerstand. Schnell sind die fruchtbaren Schichten abgetragen. Die Wüste setzt sich durch.

3. Die Verschlechterung der Böden

Nicht nur durch Erosion gehen für die Ernährung der Menschheit wertvolle Anbauflächen verloren. Gefahr droht auch von der Verschlechterung der Bodenqualität. Sie wird insbesondere durch Überanspruchung, Rückstände von Chemikalien und Versalzung ausgelöst. Hinzu kommt der Mangel an tierischem und mineralischem Dünger (siehe Ziff. I 4).

Bedingt durch — sich allmählich bemerkbar machende — Landknappheit wird den Feldern zunehmend mehr abverlangt. Die Brachzeiten werden dadurch zu kurz. Der notwendige Fruchtwechsel unterbleibt, weil die Menschen ohne die Ernte (ver)hungern müßten. Schnell wachsende Sorten und solche mit hohem Ertrag sind für die Böden nur verträglich, wenn diesen ausreichend Nährstoffe zugeführt werden können.

Auf Pestizide kann zur Erntesicherung nicht verzichtet werden. (Man darf nicht vergessen, daß auch in Deutschland noch vor zwei Generationen — 1917 — eine kastastrophale Hungersnot herrschte, als Schädlinge die Ernte weitgehend vernichtet hatten). Aber ungeschulte Kräfte setzen chemische Substanzen häufig in übermäßigem Umfang („je mehr, desto besser") und unsachgemäß ein. Nicht selten entscheidet man sich auch zu schnell — ohne sorgfältige Prüfung etwaiger Alternativen mit weniger Nebenfolgen — für das Besprühen ganzer Gegenden vom Flugzeug aus.

Die Salzbelastung geht auf Bewässerungsmaßnahmen zurück. Sie erfaßt schon einen beachtlichen Prozentsatz des Bodens in den EL. Die Bewässerung selbst ist unentbehrlich. Auf bewässertem Land wird mehr Nahrung für die Bevölkerung der Dritten Welt erzeugt als in den übrigen Gebieten. Sie muß aber — unter Beachtung der Versalzungsgefahr — jeweils sorgsam geplant werden.

Zu den versalzungsbedrohten Regionen gehört das Niltal seit der Errichtung des Assuan-Damms. Früher wurde es einmal im Jahr vom Nil überflutet. Dabei wurde die Salzkruste, die sich in der Zwischenzeit gebildet hatte, gelöst und ins Meer geschwemmt. Heute wird kontinuierlich bewässert. Die zur Ziegelherstellung abgebaute Deckschicht erneuert sich nicht mehr, weil der Schlamm ausbleibt. Bei dem gestiegenen Grundwasserspiegel dringt das Wasser leichter an die Oberfläche und verdunstet dort. Das aus dem Boden mitgeführte Salz lagert sich dabei ab.

Man hat inzwischen erkannt, daß der große Staudamm von Assuan am oberen Nil — bei all seinen Vorzügen (höhere Agrarerzeugung, ohne die die schnell wachsende Bevölkerung Ägyptens nicht mehr ernährt werden könnte; Stromversorgung; Verhinderung der früher immer wieder üblichen Dürre- und Überschwemmungskatastrophen) — durch die Änderung der Abflußverhältnisse des Stroms und durch die Zurückhaltung des Nilschlamms vor der Staumauer auch eine ganze Anzahl ökonomischer und ökologischer Nachteile mit sich gebracht hat. In ihrer Häufung sind sie einmalig.

4. Die Verschmutzung der Gewässer

Nur 43 % der Bevölkerung in den EL werden bislang mit Wasser in ausreichender Menge und befriedigender Qualität versorgt. Infektionen aller Art resultieren daraus. Der Verbrauch an Wasser in der Dritten Welt steigt an. Zugleich nimmt die Verschmutzung der Grund- und Oberflächengewässer zu. Bestenfalls für 1/4 der Menschen funktioniert eine annehmbare Entsorgung. Die (überwiegend ungeklärten oder doch unzureichend gereinigten) Industrieabwässer verschlimmern die Situation. Mehr und mehr ist — bei übermäßiger Düngung und „großzügiger" Schädlingsbekämpfung — auch die Landwirtschaft verantwortlich zu machen (siehe Ziff. 3).

Die Probleme der EL scheinen sich demnach insoweit mit denen der IL zu decken. Indessen gibt es zwei gravierende Unterschiede. Wasser ist dort meist ein viel kostbareres Gut. Es steht allenfalls zu manchen Zeiten des Jahres reichlich zur Verfügung. In der Trockenperiode versiegen Quellen und Flüsse in weiten Teilen der Dritten Welt. Andererseits werden gerade im Gewässerschutz bei uns große Anstrengungen unternommen. Der Tiefpunkt dürfte überwunden sein. Den EL steht er offenkundig noch bevor.

5. Der Rückgang der Artenvielfalt

In den „natürlichen" Lebensräumen der Dritten Welt ist eine große Zahl von Tier- und Pflanzenarten heimisch. Die Ausbreitung der Zivilisation beschneidet diese Lebensräume immer mehr. Eine rasche Anpassung an die veränderten Umstände gelingt oft nicht. Arten sterben aus. Ihre Vielfalt schwindet.

Die Verfasser von „Global 2000" erwarten, daß in den nächsten beiden Jahrzehnten 15 — 20 % von ihnen ausgerottet werden. Das wären mehr als 500000. Nun sind im Laufe der Naturgeschichte schon zahlreiche Spezies von der Erde verschwunden. Noch nie galt das aber für so viele in so kurzer Zeit. Die Welt würde dadurch nicht nur ökologisch „verarmen". Die Auswirkungen einer so massiven Störung etablierter Gleichgewichte wären kaum vorherzusagen. Überdies muß für Neuzüchtungen von Nutzpflanzen und -tieren immer wieder auf solches genetische Material zurückgegriffen werden.

6. Aufgaben einer umweltbewußten Entwicklungspolitik

Nahezu alle Umweltprobleme der Dritten Welt sind letztlich auf den ungeheuren Bevölkerungsdruck zurückzuführen. Die englischen Ausdrücke „overgrazing", „overcropping" und „overfelling" machen das deutlich. Ohne daß die Bevölkerungsexplosion gestoppt wird, lassen sich dauerhafte Erfolge deshalb nicht erzielen. Familienplanung bekommt damit unter ökologischen Aspekten höchste Priorität. Sie wird stets in der Eigenverantwortung jedes einzelnen EL liegen. Daneben muß das Umweltbewußtsein der Menschen durch Erziehung geweckt werden.

Die Geber von Entwicklungshilfe unterliegen angesichts der kritischen Situation der moralischen Verpflichtung, alle Vorhaben mit möglichen ökologischen Auswirkungen (umweltrelevante Projekte) auf ihre Umweltverträglichkeit vorab zu prüfen. Dies ist in der Vergangenheit nicht oder doch ungenügend geschehen. So sind etwa mögliche Konsequenzen eines geplanten Großstaudamms im vorhinein mindestens ebenso intensiv zu untersuchen wie die mit ihm angestrebten wirtschaftlichen Ziele.

Unabhängig davon sollten gezielte Maßnahmen im „Sektor" Ökologie ergriffen werden (umweltspezifische Projekte). Hier gibt es vielfältige Ansätze für eine Förderung, u. a.[7]):

a) Die Nutzung umwelt„freundlicher" Energiequellen wie Wind oder Abfallverwertung

b) den Übergang zur Waldbewirtschaftung und zumindest eine Verfünfachung der jährlich in den EL aufgeforsteten Fläche einschließlich der dafür notwendigen Forschung und Ausbildung; vielfach setzt das eine Änderung der Bodenbesitzstruktur voraus; unter aktiver Mitwirkung der örtlichen Gemeinschaft angepflanzte Dorfwälder mit Mehrzweckbäumen verdienen den Vorzug vor Großplantagen mit Monokulturen; mit 1 Million DM können durchschnittlich 400 h aufgeforstet und damit der Brennholzbedarf von 800 Familien gedeckt werden

c) eine angepaßte Landnutzung, die Anlage dezentraler, nicht zu üppiger Brunnen sowie die Schaffung anderer Verdienstmöglichkeiten für die Hirtenvölker in den Wüstenrandzonen zur Begrenzung der Vieh-Stückzahl

d) Agro-foresting (d. h. die Kombination von Feld-, Wald- und Weidenutzung) sowie die Verbreitung von Mischkulturen und einer optimalen Fruchtfolge

e) intensive Beratung und Betreuung der Bauern in Bezug auf den sparsamen Umgang mit Chemikalien, den Ausbau des integrierten Pflanzenschutzes und die Durchsetzung der Gründüngung

f) in der Trinkwasserversorgung Konzentration auf Einfachprojekte, die keine aufwendige Entwässerung erfordern

g) die Erhaltung ökologisch ungestörter Gebiete und die Gründung von Genbanken.

III. Zusammenfassung

Für die Zukunft der Dritten Welt kommt ihrer Energieversorgung und der Verhinderung schwerer Umweltschäden eine zentrale Bedeutung zu.

Der Energieverbrauch in den Entwicklungsländern nimmt schnell zu. Ihre Ölabhängigkeit ist überdurchschnittlich hoch. Für die städtischen Agglomerationen stellen sich die Aufgaben ähnlich wie bei uns. Dagegen sind 2 Milliarden Landbewohner vorwiegend auf Holz angewiesen. Dessen sparsamere Nutzung ist geboten. Daneben müssen andere dezentrale Lösungen gefunden werden.

Die Umweltgefahren in der Dritten Welt haben sich vergrößert. Die dortigen Ökosysteme sind meist labiler und reagieren empfindlicher auf Eingriffe. Ihr Schutz wird noch immer zugunsten drängenderer Probleme vernachlässigt. Im Vordergrund stehen die Zerstörung der (Tropen-)Wälder, die Ausbreitung der Wüsten, eine Verschlechterung von Ackerböden sowie Gewässerverschmutzung und Reduzierung der Artenvielfalt.

Der Energie- und der Umweltbereich sind vielfältig miteinander verflochten. Energieprojekte, z. B. Wasserkraftwerke mit großen Stauseen oder die Kohlegewinnung, können ebenso wie Energiemangel (durch Abholzung und Verbrennung wertvollen Dungs) ökologische Schäden verursachen. Umweltschutzmaßnahmen wie die Abwasserreinigung erfordern vielfach Energie. Beide Aufgaben müssen unter Beachtung der wechselseitigen Rückwirkungen angepackt werden.

Anmerkungen

[1] 1 kg SKE entspricht 0,7 kg Öleinheiten (ÖE) oder 0,005 barrel (b) Öl oder 0,9 Kilowattjahren (kWa) oder 29,3 Megajoule (MJ).

[2] Sie würde (wegen des höheren Ertrags regelmäßig nicht durch Mechanisierung, wohl aber) durch Veredelungsproduktion mit Hilfe der Verfütterung von Getreide beeinträchtigt. Letztere kann deshalb nur empfohlen werden, wenn speziell Eiweißmangel herrscht und auf andere Weise nicht behoben werden kann.

[3] Rohöl wird in US-Dollar gehandelt.

[4] Zur Waldbewirtschaftung und Aufforstung siehe Ziff. II 6.

[5] Siehe dazu u. a.: 5. Entwicklungspolitischer Bericht der Bundesregierung (Bundestags-Drucksache 9/2411) S. 48/49; OECD, development co-operation. 1981 Review, Paris 1981 S. 149 ff.; Grawe, Entwicklungshilfe im Energiebereich, in: Europa-Archiv 1982, 673.

[6] ⅘ der indischen Bauern halten weniger als 3 Stück Großvieh, die Mindestzahl für eine Biogasanlage.

[7] Die deutschen Aktivitäten sind u. a. in der Antwort der Bundesregierung (Nr. 1 in der Liste des weiterführenden Schrifttums) sowie im 5. Entwicklungspolitischen Bericht (S. 49) und in BMZ-aktuell vom 10. 8. 1981 (Nr. 4 der Liste) dargestellt.

Weiterführendes Schrifttum zu dem Themenbereich Energie

[1] Bostel u. a., Die Nutzung neuer und erneuerbarer Energiequellen in Entwicklungsländern, Bericht Jül-Spez-177 Bd. 1, Jülich 1982.

[2] Bundesanstalt für Geowissenschaften und Rohstoffe, Survey of Energy Resources 1980 — prepared für 11 th World Energy Conference Munich, London 1980.

[3] Bundesministerium für wirtschaftliche Zusammenarbeit, Programm der Bundesregierung für die Zusammenarbeit mit Entwicklungsländern auf dem Gebiet der Energie, Bonn 1983.

[4] Food and Agricultural Organization of the United Nations, Energy for World Agriculture, Rom 1979.

[5] Frisch, Third World Energy Horizons 2000 — 2020, Paris 1980.

[6] Fritz, Die künftige Energieversorgung der Dritten Welt unter besonderer Berücksichtigung der Kernkraft, Salzburg 1980.

[7] Gerwin, Die Welt-Energieperspektive, Stuttgart 1980.

[8] Ripke — Schmidt, Erschließung und Nutzung alternativer Energiequellen in Entwicklungsländern, München/Köln/London 1982.

[9] Smil — Knowland, Energy in the Developing World, Oxford 1980.

[10] United Nations Educational, Scientific and Cultural Organization, Die Energie — eine Herausforderung, Unesco-Kurier Nr. 7/1981.

[11] World Bank, Energy in the Developing Countries, Washington 1980.

[12] World Bank, Renewable Energy Resources in the Developing Countries, Washington 1980.

Weiterführendes Schrifttum zu dem Themenbereich Ökologie

[1] Antwort der Bundesregierung vom 22. 4. 1982 auf eine Große Anfrage der Fraktion der CDU/CSU betr. Tendenzen globaler Entwicklung (Bundestags-Drucksache 9/1592).

[2] Arbeitsgemeinschaft für Umweltfragen, Aktuell: Umwelt Forum '82, Umweltschutz und Dritte Welt, 10. Umweltforum am 18. 11. 1982 in Berlin.

[3] Bundesministerium für Forschung und Technologie, In einer verletzlichen Welt gemeinsam überleben, Bonn 1982 (enthält auf S. 19 ff. den Bericht der Bundesregierung zu „Global 2000" vom März 1982).

[4] Bundesministerium für wirtschaftliche Zusammenarbeit, Umweltschutz in der Entwicklungspolitik, BMZ-aktuell, Bonn 10. 8. 1981.

[5] Burhenne, Internationales Umweltrecht, in: Salzwedel (Hsg.), Grundzüge des Umweltrechts, Berlin 1982 S. 659 ff.

[6] Council on Environmental Quality, Global 2000, Deutsche Übersetzung, Frankfurt a. M. 1980.

[7] Deklaration der Konferenz der Vereinten Nationen über die Umwelt des Menschen in Stockholm 1972, abgedruckt in: Umwelt (Hsg. Bundesministerium des Innern) Nr. 89 vom 8. 6. 1982 S. 36 ff.

[8] Deutsche Gesellschaft für technische Zusammenarbeit, Die Bundesrepublik Deutschland und die Forstwirtschaft der Dritten Welt, Eschborn 1980.

[9] Ibrahim, Der Hochstaudamm von Assuan — Ein schwerer menschlicher Eingriff in das Ökosystem, in: Entwicklung und Zusammenarbeit Nr. 10/82 S. 5 ff.

[10] Karpe, Lomé II und die World Conservation Strategy, in: Entwicklung und Zusammenarbeit Nr. 8/9/82 S. 12 ff. (im gleichen Heft weitere Beiträge zur Ökologie in den EL).

[11] Pineo — Subrahmanyam, Community Water Supply and Excreta Disposal Situation in the Developing Countries, Genf (WHO) 1975.

[12] Weinert — Kress — Karpe, Umweltprobleme und nationale Umweltpolitiken in Entwicklungsländern, München/Köln/London 1981.

Förderung technologischer Innovationsprozesse in Entwicklungsländern — Modellvorstellungen zur Verbreitung angepaßter Technologien

Jürgen Schmid

1. Einleitung und Problemdarstellung

In fast allen Industriestaaten wurden in den letzten 10 Jahren unter dem Begriff „Angepaßte Technologie" spezielle Techniken entwickelt, die sich für den Einsatz in Entwicklungsländern (EL) zur Deckung eines dort angenommenen Bedarfs in besonderem Maße eignen sollten. Auch in vielen Forschungs- und Entwicklungszentren in den EL selbst wurden Verfahren und Geräte entwickelt, die auf den vermuteten Bedarf in entwicklungsbedürftigen Regionen zugeschnitten waren. Doch die ganze „angepaßte Technologie-Bewegung" hat bisher ihre eigenen Ziele kaum erreicht. So ist kaum irgendwo eine erfolgreiche Einführung, geschweige denn eine nennenswerte Verbreitung derartig entstandener „neuer Technologien" zu verzeichnen.

Auf der Suche nach den tieferen Ursachen scheint sich vieles auf den Umstand zu konzentrieren, daß alle wohlmeinenden Aktivitäten letztlich **technologische Innovationsprozesse** in Gang setzen wollten, ohne eine klare Vorstellung zu haben, ob und wie sich solche Prozesse in eher tradierten Gesellschaften überhaupt einleiten lassen. Damit stellt sich einmal mehr die Frage, gibt es überhaupt geeignete Pfade für einen effizienten Technologietransfer.

Wenn sich wohlmeinenden, jedoch allzu pragmatischen Vorgehensweisen unüberwindliche Hindernisse entgegenstellen, hilft meist ein Schritt zurück zu den theoretischen Voraussetzungen und Annahmen. Hierzu drängen sich dann zum vorliegenden Thema folgende Fragestellungen geradezu auf:

— Wie kann man sich generell Prozesse vorstellen, die technologische Innovationen bewirken?

— Welche typischen Kriterien bestimmen in Entwicklungsländern Innovations- und Implementationsprozesse und welches sind die Hindernisse?

— Welche Modellvorstellung(en) beschreibt hinreichend genau die Ansatzpunkte für eine gezielte Beeinflussung von technologischen Innovationsprozessen?

— Durch wen können entsprechende Planungs- und Steuerungsmethoden angewandt werden?

— Welche Ansatzpunkte bieten sich dabei dann für externe Hilfeleistungen, z. B. im Rahmen der klassischen TZ?

Zusammengefaßt könnte dann die zentrale Fragestellung für vorliegende Untersuchung wie folgt lauten:

Wie können technologische Innovationsprozesse in EL angeregt, geplant und gesteuert werden und was kann hierzu die TZ leisten?

2. Situationsanalyse — Kritische Würdigung

Die Diskussion basiert in diesem Kontext häufig auf den Vorstellungen von Schuhmacher[1]. Danach benötigen die in den Entwicklungsländern am meisten bedürftigen Menschen — im allgemeinen Sprachgebrauch als die „absolut Armen" bezeichnet — solche Technologien, die ihren technischen, sozialen und kulturellen Gegebenheiten entsprechen. Dem kann wenig entgegengehalten werden. Wohl auch nicht, zumindest nicht grundsätzlich, den daran angeknüpften tendentiellen Forderungen, wonach diese Technologien

— eher arbeits- als kapitalintensiv

— energiesparend und auf lokale Ressourcen ausgerichtet

— umweltschonend, vor allem aber dezentral einsetzbar und durch Beteiligung breiter Schichten zur Deckung von deren Grundbedürfnissen und Schaffung von Kaufkraft beitragen sollen[2]).

Eine kritische Würdigung hingegen ist heute sehr wohl angebracht, wenn man sich vor Augen führt, was aus der Konzeption der „angepaßten Technologie" in den letzten 10 Jahren gemacht wurde. So sind die Überlegungen von Schumacher bei Wirtschaftsunternehmen, die sich am internationalen Technologietransfer beteiligen, bis auf wenige Ausnahmen auf wenig Gegenliebe gestoßen. Gesichtspunkte der Angepaßtheit der transferierten Technologien spielen bei der kommerziellen Form der Zusammenarbeit nach wie vor eine bedeutungslose Rolle.

Um so mehr Eingang fand „appropriate technology" (AT) nach und nach bei allen größeren und kleineren nationalen und supranationalen Geberorganisationen der öffentlichen Entwicklungszusammenarbeit. In nahezu allen Industrieländern gibt es mittlerweile eigene, meist staatliche Organisationen für den Transfer angepaßter Technologien. Mehrere UN-Organisationen unterhalten Abteilungen für diesen Themenbereich. Auch sehr viele Entwicklungsländer können heute Forschungs- und Entwicklungsstätten für angepaßte Technologien vorweisen. Doch was wurde durch diese Institutionalisierung bewegt?

In vielen Industriestaaten wurden in diesen 10 Jahren von solchen Einrichtungen spezielle Technologien entwickelt, die sich für den Einsatz in Entwicklungsländern zur Deckung eines dort angenommenen Bedarfs in besonderem Maße eignen sollen. Auch in vielen F + E-Zentren in Entwicklungsländern selbst wurden mit öffentlichen Mitteln, Verfahren und Geräte entwickelt, die auf den vermuteten Bedarf in den Peripherie-Regionen zugeschnitten wurden. In aller Welt stehen gemäß der Forderung von UNCTAD III somit heute Ergebnisse zielgerichteter F + E-Arbeiten bereit, die sich jedoch bisher so gut wie nirgendwo erfolgreich — d. h. zum nennenswerten Nutzen für die ausersehenen Zielgruppen — implementieren und diffundieren ließen.

Lange wurde beharrlich über die unbefriedigenden Verbreitungsmöglichkeiten geschwiegen. Seit 2 bis 3 Jahren aber mehren sich die Stimmen, die einräumen, daß die AT-Bewegung ihre Ziele so nicht wie gewünscht erreicht hat[3]). So hat z. B. bereits 1981 das in London angesiedelte Internationale Institut für Umwelt und Entwicklung (Earthscan) als Vorbereitung zur Energiekonferenz in Nairobi nachgewiesen, daß die Windmühlen, Solargeräte und Biogasanlagen nicht optimal an die Bedürfnisse der Betroffenen angepaßt seien. Auch von offizieller Seite werden mehr und mehr Schwierigkeiten und Hindernisse bei der Verbreitung angepaßter Technologien zugegeben[4]). Worin liegen nun aber die wesentlichen Ursachen?

Die Ursachen für einzelne „gescheiterte" Technologieprojekte werden häufig im mangelnden Bewußtsein bei den Empfängern für die „Segnungen" technologischer Neuerungen gesehen. Oft werden politische Ablehnung und letargische Verschleppung durch die Entscheidungsträger auf der Empfängerseite als Ursache für die Probleme bei der Einführung von AT angegeben. Es gibt jedoch auch zahlreiche Fälle, in denen die Bedarfsanalyse unzureichend oder irgend ein Glied in der langen Reihe der am Technologietransfer Beteiligten nicht hinreichend qualifiziert gewesen sei. Die Technologie selbst sei eben noch durch mangelnden Reifegrad gekennzeichnet und die Kosten eben doch für die intendierten Zielgruppen noch weitgehend unerschwinglich.

Es könnten noch verschiedene andere häufig vorgebrachte Begründungen für Fehlschläge aufgelistet werden[5]). Was im Einzelfalle als plausibel erscheinen mag — meist wirken ohnedies mehrere Faktoren zusammen — für eine generelle Erklärung der bisherigen Erfolgssituation der ganzen AT-Bewegung reichen diese Gesichtspunkte allein noch nicht aus. Hier gilt es die tieferen Ursachen und grundsätzlichen Fehlerquellen auszuloten.

3. Versuch einer Fehleranalyse

Es wird in dieser Abhandlung kaum gelingen, eine umfassende und allgemeingültige Fehleridentifizierung vorzunehmen. Dennoch sollen nachfolgend einige Aspekte zur Diskussion gestellt werden, die dem Autor als besonders wesentlich erscheinen.

Was war und ist bei der AT-Bewegung falsch? Das Engagement? Gewiß nicht! Die Philosophie? Wohl kaum! Die Strukturen dort? Mit Sicherheit kann hier viel Beklagenswertes aufgeführt werden. Oder waren es vielleicht Methoden und Verhaltensmuster, die viele Individuen und Gruppen am Erfolg hinderten? Hier finden sich schon eher Ansätze für einleuchtende Erklärungen: Da die AT-Bewegung aus einer Kontraposition zum kommerziellen Technologietransfer entstand, gingen und gehen die meisten Anhänger (quasi als Glaubensgrundsatz) davon aus, daß sie im Vergleich zu den von kommerziellen Unternehmen in Entwicklungsländer transferierten Technologien per se die besseren Alternativen hätten. „Wir müssen den Menschen in den Entwicklungsländern, in den Slumgürteln und den Dörfern sagen, was für eine Technologie sie brauchen und ihnen situationsgerechte Alternativen anbieten". „Wir entwickeln das, was den Armen nutzt! Wir offerieren Alternativen zu Coca Cola, VW, ITT, Lahmayer oder Sanyo, — Alternativen, die die Leute wirklich brauchen!" — So laut(et)en oft die selbstgefälligen Parolen in den ungezählten Meetings und Konferenzen, — und hieran wurde (und wird) unbeirrt festgehalten. Doch gemessen an den verbreiteten und funktionierenden Ergebnissen wird es Zeit, zu bekennen: Wir haben nicht mehr vorzuzeigen als Museumsstücke, die bisher keiner recht will und die weit weniger akzeptiert und verbreitet werden als der „braune prickelnde Saft" aus der Dose, „die Unterhaltungskonserven" der elektronischen Industrie oder andere weltweit erfolgreich vermarktete „black-boxen".

So haben sich (nach Auffassung des Autors) allzu viele Streiter der AT-Scene durch ideologische Überzeugung mit Glaubenscharakter, ja oft durch geradezu missionarischen Eifer in ihrem sonst wohl meinenden Engagement selbst blockiert, in dem sie dem selben **paternalistischen Denkanspruch** unterlegen sind, der schon seit Jahrhunderten die Beziehungen zwischen Industrieländern und Entwicklungsländern prägte. So kann ein „paternalistisches Zentrum — Peripherie-Denken" als Ursache dafür angesehen werden, daß sich heute fast alle AT-Einrichtungen schwerpunktmäßig mit der Frage beschäftigen müssen, wie sich ihre Ergebnisse „verkaufen" lassen. Dieses Verkaufsdenken läßt jedoch einmal mehr völlig außer acht, daß die Einführung neuer Technologien, vor allem in eher tradierten Gesellschaften, einen komplexen Innovationsprozeß darstellt, der sich nur dann realisieren läßt, wenn ihn die Bedarfsträger voll mittragen.

So lassen sich eine Vielzahl von Fehlschlägen und Schwierigkeiten bei der Verbreitung von angepaßten Technologien auf folgende 3 Aussagen zurückführen:

Satz 1:
„Paternalistische Technologieberatung" durch Angehörige fremder Kulturkreise ist ein unzureichender Mechanismus, um die zur Einführung neuer Technologien nötigen Prozeßschritte einzuleiten und mit Erfolg in Gang zu halten.

Indem sich die in den AT-Zentren in den Entwicklungsländern Tätigen als unsere Counterparts auch kaum von paternalistischen Zentrum-Peripherie-Beziehungen freimachen können, herrscht zwischen ihnen, als den für die Implementation auswärtiger Technologieprojekte entscheidenden „Transfer-Trägern" und den für die technischen Vorhaben ausersehenen Zielgruppen eine natürliche Kluft: Unterschiedliche Bewußtseins- und Sozialisationsgrade, die sich z. B. schon im Habitus oder der Sprache niederschlagen, aber auch natürliche Motivationsunterschiede oder gar Interessensgegensätze stellen häufig Barrieren dar, die sich — bildlich gesprochen — rund um die AT-Zentren aufgerichtet haben.

Daraus läßt sich **Satz 2** ableiten:

Eine Ursache und Auswirkung der Implementationsprobleme zugleich besteht heute sicherlich auch und gerade darin, daß die überwiegende Mehrzahl der bekannten AT-Zentren durch einen ausgeprägten Inselcharakter gekennzeichnet sind.

Heute befinden sich viele Technologiezentren in Entwicklungsländern, aber auch ihre Partnerinstitutionen in den Industriestaaten in einer Sackgasse, aus der nur ein gründliches Umdenken heraushelfen kann.

Ein gründliches Umdenken, das folgende alte Erkenntnis endlich ernst nehmen müßte:

Satz 3:

Aktive Nutzung und Weiterverbreitung von Technologien durch die Zielgruppen setzt bei diesen ein Maß von Akzeptanz voraus, das nur über deren weitestgehende Partizipation (von der Ideenfindung über alle Planungsstufen bis zur Realisierung) erzielt werden kann.

Wie weit sind die meisten Organe der staatlichen Entwicklungszusammenarbeit hiervon noch entfernt? Können sie den hierfür erforderlichen Umdenkprozeß schnell genug leisten? Liegt es überhaupt in ihrem Interesse? Oder sind nicht Interessen in ihrem Umfeld so stark, daß derartige Umdenkprozesse garnicht erst stattfinden dürfen? Fragen über Fragen, die jede Organisation für sich selbst beantworten muß, um dann nach modifizierten Denkansätzen zu suchen.

Unabhängig von dieser organisationsspezifischen Aufgabenstellung soll im zweiten Teil dieser Abhandlung der Versuch gemacht werden, alternative Ansätze für Technologieprojekte vorzustellen.

4. Definition und Eingrenzung

Ausgehend von alternativen Technologiestrategien werden im folgenden „technologische Innovationsprozesse in Entwicklungsländern" als schwerpunktsmäßig zur Befriedigung von Grundbedürfnissen marginalisierter Schichten in den Entwicklungsländern betrachtet werden. Dieser für manchen nur schwer verständliche Fachjargon soll kurz entschlüsselt werden. Zwischendurch daher ein paar definitorische Erläuterungen. So liegt dieser Eingrenzung die Vorstellung zugrunde, daß Innovation, ein Begriff der in der Fachliteratur keineswegs einheitlich definiert ist, als technische oder soziale Neuerung ein einem vorgegebenen Bezugssystem begriffen wird. Man spricht am besten von „Innovationsprozessen", da sich Neuerungen in der Regel prozeßhaft vollziehen. Dies muß vor allem dann angenommen werden, wenn Innovationen als Folge gezielter, sprich: plan- und steuerbarer, Maßnahmen eintreten sollen.

Ausgehend von dem Begriff „Technologie" als Wissenschaft von der Technik einschl. ihren Auswirkungen im gesellschaftlichen Umfeld, könnten unter „Technologischen Innovationsprozessen" sowohl technische als auch soziale Innovationsprozesse zusammengefaßt werden, sofern letztere als Folge technischer Neuerungen auftreten. Es sollen kurz die wesentlichen Bestimmungen für technologische Innovationsprozesse vor Augen geführt werden. So könnte man gemäß Abb. 1 technologische Innovationsprozesse im wesentlichen dadurch charakterisieren, daß ein identifizierter Bedarf und technologisches Wissen zusammenkommen, um mit Hilfe partizipierender Bedarfsträger über deren Akzeptanz und Nutzung einen technischen und sozialen Fortschritt zu erzielen.

Abbildung 1: Bestimmungsgrößen für technologische Innovationsprozesse

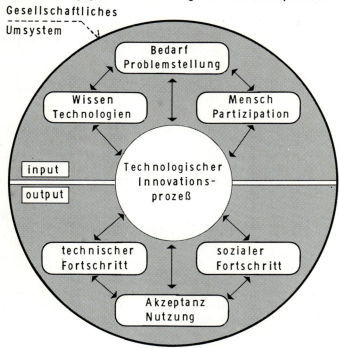

5. Modellvorstellungen zu alternativen Technologiestrategien

Ausgehend von den in Abb. 2 dargestellten drei grundsätzlichen Möglichkeiten für die Beschaffung und Bereitstellung von Technologien in und für EL sollen folgende zwei grundverschiedene Ansätze für die Förderung von technologischen Innovationen dargestellt und diskutiert werden:

1. **Technologieanpassungs-Aktivitäten öffentlicher Organe:**
   Systematik für eine durchgängige Planungs- und Steuerungsmethode zur Implementation und Diffusion von auswärtigen Technologieprojekten.

sowie vor allem

2. **Technologie-Entwicklungs-Aktivitäten in den Entwicklungsregionen selbst:**
   Unterstützung von partizipatorischen Innovationsprozessen.

Zunächst müssen jedoch hierzu alternative Technologiestrategien verdeutlicht werden. An den Beispielen: „Öffentlicher Technologietransfer" in Gegenüberstellung zum „kom-

Abbildung 2: Möglichkeiten der technologischen Entwicklung in Entwicklungsländern

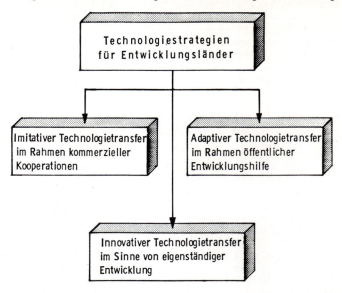

merziellen Technologietransfer" läßt sich dies gegliedert nach den Rubriken Denkansatz, Inhalte, Mechanismen und Auswirkungen übersichtlich darstellen.

Kommerzieller Technologietransfer	**Öffentlicher Technologietransfer**
● DENKANSATZ	● DENKANSATZ
Technologien sind bewährte Entwicklungsfaktoren. Die Situation des Standorts muß sich den Sachzwängen anpassen.	Technologien werden so ausgewählt bzw. neu entwickelt, daß sie zu der vorgestellten Situation passen sollen. Technologie wird als variable, die Situation als weitgehend konstante Größe betrachtet.
● INHALTE	● INHALTE
Bewährte Technologien aus der Technikgeschichte der Industriestaaten werden in EL transferiert und dienen dort vorwiegend der export-orientierten Industrialisierung	Spezielle ausgewählte, angepaßte oder neu entwickelte Technologien werden durch (ausländischen) Personal- und Materialeinsatz bei Partnerinstitutionen erprobt.
● MECHANISMEN	● MECHANISMEN
Technologietransfer durch Handel, Lizenzen, joint ventures und Direktinvestitionen. Auswahl erfolgt nach wirtschaftlichen Gegebenheiten (Faktorkosten)	Öffentlicher Technologietransfer durch TZ-Organe bei technologierelevanten TZ-Projekten, F&E-Projekten sowie Informations- und Dokumentationsdiensten.

● AUSWIRKUNG

    Schaffung von industriellen Arbeitsplätzen und Einkommen, Weltmarktintegration durch Außenhandel, Mehrung der wirtschaftlichen Abhängigkeit und Resourcenbindung. Verschärfung des sozio-ökonomischen Dualismus.

● AUSWIRKUNG

    Singuläre Demonstrationsprojekte bereichern nur die kooperierenden Institutionen. Die Kostenstrukturen verhindern Diffusionsvorgänge. Bei den Zielgruppen erzielen insulare Lösungen i. d. R. nur unbefriedigbare Erwartungshaltungen.

Diese Charakterisierung erscheint vielleicht ein wenig grob gerastert, doch belegen sie in der Gegenüberstellung, daß **beide** Technologiestrategien nicht gerade ersonnen wurden, um speziell auf die „Befriedigung von Grundbedürfnissen der marginalisierten Schichten" in Entwicklungsländern abzuzielen. Die im Rahmen des öffentlichen Technologietransfers gewißlich vorhandenen guten Absichten sollen keinesfalls pauschal verneint werden. Doch stellt sich die Frage, ob die im System der technischen Zusammenarbeit tätigen Fachleute immer frei genug sind, die Konzeptionen aus den „sonntäglichen Seminarreden" umzusetzen. Diese Mutmaßung jedenfalls drängt sich z. T. bei einer detaillierten Betrachtung der in den Jahren 1979 — 1982 vom BMZ und BMFT unter der Etikettierung „Technologieentwicklung für und Technologietransfer in EL" durchgeführten Projekte auf. So waren es unverkennbar vorwiegend größere, ohnedies multinational operierende Unternehmen gewesen, die sich aus diesem Fonds ihre Solaranlagen, Windkraftwerke oder spezielle verfahrenstechnische Anlagen mit vielen Millionen aus Mitteln der Entwicklungshilfe mitfinanzieren ließen.[6] „Solardörfer sind Testfelder für modernste Technologien. Von ihrem Charakter her sind sie deshalb natürlich ganz anders zu betrachten als die Energieversorgung für gewachsene Dorfstrukturen. /.../ Natürlich konnten auch die auf deutscher Seite beteiligten Firmen in der Aufbauphase wertvolle Erfahrungen über die Einsatzmöglichkeiten solarer Anlagenkomponenten unter den klimatischen Bedingungen Mittelamerikas sammeln. /.../ Im übrigen wissen wir jetzt präzise, /.../, daß die Beachtung sozialer und kultureller Erfordernisse eine ganz wesentliche Voraussetzung für den Erfolg eines solchen Projektes ist."[7] Mit diesen Zitaten hat erst jüngst der Forschungsminister Riesenhuber in verblüffender Offenheit bekannt, wem derartige Projekte hauptsächlich nutzen. Und an anderer Stelle bekennt ein Arbeitspapier des BMZ klar und offen: „Für die Bundesrepublik geht diese Fördermaßnahme einher mit einer Erweiterung der eigenen wissenschaftlichen Erkenntnisse, der Steigerung der wirtschaftlichen Leistungs- und Wettbewerbsfähigkeit, der Ressourcenschonung und Erhaltung der natürlichen Lebensvoraussetzungen, der Verbesserung der Lebens- und Arbeitsbedingungen sowie der Kenntnisse über Chancen und Risiken von Technologien"[8]. Daß derartige Aktivitäten vorwiegend zur Unterstützung der Außen- und Wirtschaftspolitik dienen, wird heute offen zugegeben. Man sollte dann jedoch auch klar eingestehen, daß der Aufbau neuer wirtschaftlicher Abhängigkeit wenig zu tun hat mit dem, was einst Gandhi, Schumacher oder auch Eppler[9] mit ihren Plädoyers für angepaßte Technologien in und für EL angeregt hatten.

Damit soll nicht behauptet werden, daß die Technologieentwicklung für EL hier in der Bundesrepublik per se als sinnlos anzusehen sei. Überzogener Eigennutz müßte jedoch durch mehr Bedarfsorientierung ersetzt werden. Wenn neben den Angeboten aus bundesrepublikanischen Unternehmen echte Nachfragen aus Auslandsprojekten oder auch gezielte Auslandserhebungen und die Untersuchung sogenannter „weißer Felder" im Spektrum vorhandener Technologien zur Ideenermittlung herangezogen würden, wäre es weit eher gerechtfertigt, von einer Bedarfsfindung zu sprechen als bisher. In Abb. 3 wird

Abbildung 3: Innovationsprozesse für Technologieprojekte

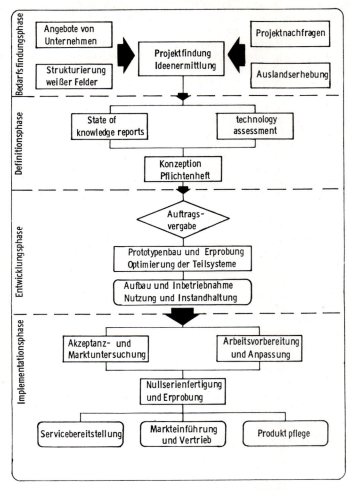

ein Modell vorgestellt, nachdem Innovationsprozesse für transnationale Technologieprojekte ablaufen könnten. Nach der eben schon angesprochenen Phase 1 der Bedarfsfindung müßten demnach einige Aktivitäten der Projektträgerorgane treten, die vor Auftragsvergabeentscheidungen sicherstellen, daß nicht „alte Hüte" neu aufgelegt werden. Diese umfangreichen Vorarbeiten bieten die Gewähr, daß in der eigentlichen Entwicklungsphase auf der Basis von Pflichtenheften gearbeitet wird, die sich auf den Stand der Technik und den klar definierten Bedarf abstützen. Die Entwicklungsphase selbst kann dann in Abhängigkeit von der jeweiligen Technologie sowohl in der Bundesrepublik als auch vor Ort durchgeführt werden; eine gewisse Faszination kann der Vorstellung nicht abgesprochen werden, daß gegebenenfalls auch wettbewerbsartig im In- und Ausland nach technologischen Lösungen für den selben Bedarfsfall gesucht werden.

Bereits bei der Planung eines technologischen Vorhabens sollte an die letzte Phase, die Implementationsphase gedacht werden, denn nur eine durchgängige Innovationssystematik läßt erwarten, daß die intendierten Ziele erreichbar sind. Die ausgewiesenen Vorstellungen zu dieser letzten Phase können derzeit noch weitgehend als Zukunftsmusik betrachtet werden. Zukunftsmusik deshalb, weil nach einem solchen oder ähnlichen Modell bisher praktisch nirgends konsequent und bis zur Verbreitung vorgegangen wurde. Die Entwicklung, Anwendung, Erprobung und ggfs. Korrektur eines durchgängigen Implementationsmodells war bisher auch viel weniger gefragt als publizitätsträchtige Anlagen. Es gibt nach wie vor keinen Zweifel, daß zur Befriedigung der Grundbedürfnisse in Entwicklungsländern situationsgerechte Technologien vonnöten sind. Dies können jedoch nur Technologien sein, die voll in die sozioökonomischen Gegebenheiten passen und von den Zielgruppen auch tatsächlich akzeptiert werden. Diese Akzeptanz aber läßt sich aus fremden Forschungszentren heraus sicherlich weit schwerer erreichen, als durch eine weitestgehende Partizipation der Zielgruppen am gesamten Entwicklungsprozeß. Das aber führt gedanklich direkt zu der 3. Technologiestrategie, einer eigenständigen technologischen Entwicklung im Sinne partizipatorischer Innovationsprozesse, bei der, wenn überhaupt, nur sehr behutsam von außen Unterstützung eingebracht werden kann.

6. Partizipatorische Innovationsprozesse

Die wesentlichen Kennzeichen einer solchen — man sollte hier wohl eher von einer Entwicklungs- statt von einer Technologiestrategie sprechen — seien in folgender Übersicht vereinfacht zusammengefaßt.

Eigenständige technologische Entwicklung

- DENKANSATZ

  Jede Gesellschaft produziert und verfügt über ihre eigenen Technologien. Soziales Umfeld und Technologien bedingen sich gegenseitig.

- INHALTE

  Traditionelle und neue moderne Technologien werden so miteinander verknüpft, daß sie als technische und soziale Innovationen wirksam werden.

- MECHANISMEN

  Partizipation der Zielgruppen am gesamten Innovationsprozeß, Technologen aus Entwicklungszentren wirken dabei nur als „Prozeßberater", die zu eigenen Entwicklungen motivieren und die Entscheidungsprozesse moderieren.

- AUSWIRKUNG

  Identifikation mit der selbst generierten Technologie bei den Bedarfsträgern. Erhaltung der sozialen, kulturellen und technologischen Identität sowie Stärkung des Selbstvertrauens.

Man könnte eine solche Strategie auch mit Zielgrößen wie „selektive technologische Autarkie" näher umschreiben, wobei bewußt auf den allzu oft mißdeuteten Begriff „Abkoppelung" von Senghaas verzichtet werden soll. Es wird hier vielmehr eine bewußte „Abschirmung" von u. a. auch mit eigenständiger Technologieentwicklung befaßter Entwicklungsregionen propagiert. Diese Vorstellungen sind nicht neu. Sie wurden bisher im Rahmen der staatlichen Entwicklungszusammenarbeit nur so gut wie nicht praktiziert. Sicherlich aber ist Las Gaviotas bekannt, eine der renommiertesten AT-Gruppen in Entwicklungsländern, die von Experten immer wieder aufgesucht wird, um zu sehen, was dort geschaffen wird und wie diese Einrichtung ihre Implementations- und Diffusionsprobleme löste. Diese AT-Gruppe hat dort seit vielen Jahren mit ihrer Entwicklungsregion genau das gemacht, was offensichtlich weiterhilft: Die Grenzen zunächst geschlossen gehalten und mit den Menschen deren eigene technologische Lösungen erarbeitet. Bei zum Teil tiefgreifenden Innovationsprozessen ließ die Identifikation der Bedarfsträger mit ihren eigenen Ergebnissen die sonst üblichen Implementationsprobleme gar nicht erst aufkommen. Muß dieses Beispiel im Hinblick auf über 200 AT-Gruppen in aller Welt bisher als einzigartig angesehen werden? Sicherlich nicht. Aber leider als eines von wenigen. Sarvodoya in Ceylon und Dian Desa in Indonesien sind zwei weitere bekannte, in diesem Sinne seit Jahren positiv wirksame Gruppen, die übrigens in behutsamer Zusammenarbeit mit deutschen NGO's ermutigende Ergebnisse aufweisen können. Ihre Gemeinsamkeit besteht in der frühzeitigen Erkenntnis, daß technologische Neuerungen für und bei marginalisierten Gruppen nur mit diesen selbst, und zwar sehr vorsichtig und in langwierigen Prozessen, eingeführt werden können.

Erinnern wir uns an die eingangs aufgeführten Schwierigkeiten und Hindernisse bei den nun bald schon wieder als klassisch zu bezeichnenden Technologieprojekten wohlmeinender Geberorganisationen. Beziehen wir das über paternalistisches Denken weiter Kreise der übrigen „AT-Scene" Gesagte mit ein. Liegt es da nicht auf der Hand, daß „Technologieentwicklung für und Technologietransfer in Entwicklungsländer" besser durch Konzeptionen zur „partizipatorischen Technologieentwicklung in den Entwicklungsländern" ersetzt, — zumindest jedoch ergänzt werden müßte?

Die Erfahrungen einiger NGO's mit basisentwicklungsorientierten Partnern ergeben sicherlich nützliche Detailhinweise. Sie zu einem konzeptionellen und strategischen Ansatz zusammenzubinden, erscheint dringend geboten zu sein. Dabei sind durchaus auch Erfahrungen und Zusammenhänge aus herkömmlichen staatlichen Technologieprojekten zu verarbeiten. Als ein erster Konzeptionsentwurf hierzu könnte das in Abb. 4 dargestellte Zusammenspiel angesehen werden.

Alle wesentlichen Aktivitäten vollziehen sich dabei in Interaktionen zwischen einem „Technologiezentrum" bzw. einem „Prozeßberater" und den jeweiligen Bedarfsträgern. Bedarfsfindung, Projektdefinition, Projektkonzeption und gemeinsame Ausführung unter Einbringung verschiedener Beiträge bilden dabei den roten Faden eines partnerschaftlichen Entwicklungsprozesses.

Vielleicht ist dieses Flußdiagramm nur Ausfluß akademischer Systematik. Wenn es jedoch dem Zwecke dient, aus den wenigen bekannten Implementations- und Diffusionsvorgängen bei einzelnen erfolgreichen AT-Zentren konkrete Handlungsinhalte in ihrer Zuordnung und Abfolge zu einem Konzeptionsentwurf zusammenzubinden, vermittelt es zumindest das, was Systematiken vermitteln können, nämlich konzeptionelle Anregungen.

Für den, der in dieser Richtung noch mehr Anregungen sucht, empfiehlt sich z. B. die Lektüre eines beeindruckenden Praxisbeispiels für partizipatorische Innovationsprozesse aus Tanzania[10]. Verkürzt wiedergegeben wird dort u. a. dargestellt, wie nach vielfältigen Fehlschlägen mit qualifizierten Experten durch kollektive Reaktivierung des lokal vorhandenen Wissens über traditionelle Lagermethoden auf Dorfebene durch eine Neukombination eine angepaßte Technologie für die dauerhafte Nahrungsmittellagerung entstanden

Abbildung 4: Partizipatorische Innovationsprozesse

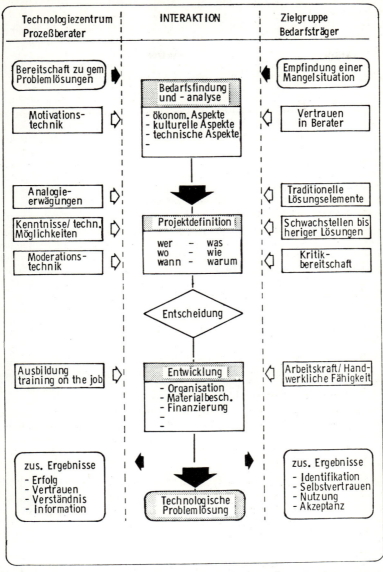

ist. Dabei stand immer das soziale Problem des technologischen Gestaltungsprozesses im Mittelpunkt. Da die Betroffenen gemeinsam lernten, sich selbst eine Lösung zu erarbeiten, vermittelte dieser Vorgang mehr als die reine Technik, vielmehr das prozeßhafte einer kollektiven Lösungsfindung.[11])

7. Konsequenzen für die öffentliche Entwicklungszusammenarbeit

Verkürzt formuliert zielen die vorgetragenen Überlegungen auf ein Umschwenken in der öffentlichen Technologieförderung in und für Entwicklungsländer. Bleibt nur die Frage: Läßt sich ein solches Umschwenken bei der bilateralen technischen Zusammenarbeit z. B. der Bundesrepublik Deutschland realisieren? Jeder Versuch einer Antwort kann nur vor dem Hintergrund der subjektiven Erfahrungen mit den Möglichkeiten und Grenzen solcher Organe gesehen werden. Große Bedenken sind gewiß angebracht, doch eine generelle Verneinung wird dem Bemühen dieser Organisationen kaum gerecht.

Für eine organisatorische Umsetzung von partizipatorischen Innovationsprozessen in und mit Entwicklungsländern bleiben im Rahmen der Entwicklungszusammenarbeit grundsätzlich zwei Möglichkeiten:

— Die staatlichen Organe kooperieren trotz formalen Schranken in stärkerem Maße mit Nicht-Regierungsorganisationen in den EL (NGO's und Selbsthilfegruppen); sie gehen mit ihren Fachkräften auch an die Basis, d. h. zusammen mit NGO-Partnern zu den eigentlich Bedürftigen im ländlichen Raum und in den Slumgürteln der Ballungszentren. Sie nehmen damit in Kauf, daß sie in ein verschärftes politisches Spannungsfeld zwischen konkurrierenden politischen Interessen gelangen

oder (und hier ist eine Alternative zu sehen, die man zumindest auch angehen muß):

— Die NGO's — für die BRD heißt dies vorwiegend, die Kirchen, Stiftungen und die im Bensheimer Kreis zusammengeschlossenen übrigen freien Träger — nehmen sich verstärkt dieses Themas an. Dies aber nicht wie bisher nur in einzelnen Projekten, sondern als konzeptionelle Aufgabe. Solche Einrichtungen gelten aufgrund ihrer administrativen und personellen Struktur in der grundbedürfnisorientierten Hilfe bisher ohnedies schon als wesentlich erfolgreicher als die staatlichen Organe, da sie sehr eng mit voluntaristischen Partnerinstitutionen zusammenarbeiten, die ihrerseits einen direkten Zugang zur bedürftigen Bevölkerung besitzen. Sie sind daher bestens geeignet sich zukünftig auch mehr bei der Entwicklung und Verbreitung von Technologien für und mit den Bedarfsträgern in EL zu engagieren.

Doch hierzu brauchen sie einen politischen Auftrag, der mit verstärkter Mittelzuweisung verbunden sein muß. Dies aber würde die Verlagerung eines gewissen Mittelvolumens für Technologieprojekte von den offiziellen Organen der bilateralen Zusammenarbeit zu den freien Trägern bedeuten. Daß solche Umschichtungen in unserer Zeit trotz des ungleich größeren Einflusses der staatlichen Stellen auf die Mittelentscheidungen in nennenswertem Umfang realisierbar sein wird, — und zwar ohne daß die freien Träger stärker reglementiert werden — kann man, auch in diesem Zusammenhang, nur hoffen.

Literaturhinweise

[1] Vgl. Schumacher, E. F.: Technische Zwischenlösungen, Nürnberg 1970 und Schumacher, E. F.: Small is Beautiful, London 1974.

[2] Vgl. Schumacher, E. F.: Technische Alternativen für Entwicklungsländer, in: Technische Rundschau, 67/12, 25. 3. 1975.

[3] Vgl. Simonis, G., Häusler, J.: Wem nützen die Solarprojekte, in: epd/Entwicklungspolitik, 12/13, 1980.

[4] Vgl. Müller, P.: Problem des Technologietransfers, in: GTZ tip, Eschborn 1980.

[5] Vgl. Kontakt- und Informationsstelle (KIS) bei der Kübel-Stiftung (Hrsg.): Technologie und Entwicklung in der Dritten Welt, Materialsammlung Nr. 2, Bensheim Dez. 1982.

[6] Vgl. Drucksache 8/3652 des DBT/Bonn.

[7] Entwicklungspolitische Informationen, epi, Bonn, Nr. 8-9/83, S. 16.

[8] Schumacher, E. F.: Technische Alternativen für Entwicklungsländer, in: Technische Rundschau, 67/12, 25. 3. 1975.

[9] Vgl. Eppler, E.: Wenig Zeit für die Dritte Welt, Stuttgart 1971.

[10] Vgl. Kontakt- und Informationsstelle (KIS) bei der Kübel-Stiftung (Hrsg.): Technologie und Entwicklung in der Dritten Welt, Materialsammlung Nr. 2, Bensheim Dez. 1982.

[11] Vgl. Collins/Lappeé: Vom Mythos des Hungers, Frankfurt 1978.

Möglichkeiten und Engpässe der institutionellen Zusammenarbeit bei Infrastrukturprojekten
— Erfahrungen in der Arabischen Republik Jemen

Thomas Winzer

1. Einführung

Der Ausbau bzw. die Verbesserung der Infrastruktur kann einen wesentlichen Beitrag zur Entwicklung eines Landes im Sinne einer Wohlstands- und Wohlfahrtsverbesserung leisten. Daß dies in besonderem Maße für Entwicklungsländer gilt, ist unbestritten. Die Bedeutung wird besonders offensichtlich, wenn die Bereiche der Infrastruktur wie Ausbildung, Gesundheitswesen, Verkehr, Energie, Nachrichtenwesen, Wasserwirtschaft und Einrichtungen für Sport und Kultur genannt werden. Ein grundsätzliches Problem der Planung und Durchführung von Infrastrukturmaßnahmen ist, daß technische, ökonomische und institutionelle Erfordernisse anstehen.[1]) Da technische und ökonomische Erfordernisse ein allgemeines Problem darstellen, sollen die institutionellen in diesem Beitrag exemplarisch deutlich gemacht werden. Zuvor jedoch noch einige allgemeine Überlegungen.

Die meisten Infrastrukturmaßnahmen führt der Staat durch, wobei die hierfür erforderlichen Mittel in der Mehrzahl der Entwicklungsländer sehr gering sind. Das führt zu folgendem Problem: Der Staat hat die Möglichkeit, diese Investitionen über eine zusätzliche Verschuldung (deficit spending) zu finanzieren, was jedoch inflationsfördernd wirkt. Die Alternative ist, auf einen Ausbau bzw. eine Verbesserung der Infrastruktur zu verzichten, was den Entwicklungsprozeß wesentlich beeinträchtigt. Daraus wird der Wert der Entwicklungshilfe in diesem Zusammenhang ganz deutlich. Ferner sind noch einige andere allgemeine Gesichtspunkte zu berücksichtigen:

— Die Infrastrukturausstattung ist nicht nur zwischen den Entwicklungsländern, sondern auch in den einzelnen Entwicklungsländern (z. B. Stadt-Land-Gefälle) sehr unterschiedlich. Daher können generelle Aussagen über geeignete Infrastrukturmaßnahmen nicht gemacht werden.

— Eine gut ausgebaute Infrastruktur ist zweifellos eine notwendige, jedoch noch keine hinreichende Voraussetzung für die wirtschaftliche Entwicklung eines Landes oder einer Region.[2]) Es ist eine entscheidende Voraussetzung, daß Infrastrukturmaßnahmen den sonstigen demographischen und strukturellen Gegebenheiten entsprechen. Nur so ist es möglich, sie zu nutzen und sie aufgrund einer Kosten-Nutzen-Analyse zu rechtfertigen. Es ist beispielsweise wenig sinnvoll, eine große Zahl von Schulen oder Krankenhäuser zu errichten, wenn hierfür das qualifizierte Personal fehlt.

— Es ist notwendig, eine Prioritätenskala der wichtigsten Infrastrukturmaßnahmen aufzustellen, wobei nach Hirschman jene Maßnahmen vorzuziehen sind, die wiederum am meisten Investitionen und gesamtwirtschaftlich wünschbare Aktivitäten induzieren.[3])

— Im Rahmen der Entwicklungshilfe ist es besonders wichtig, nur die Produktionsfaktoren Arbeit (Fachkräfte) und Kapital (Maschinen) zur Verfügung zu stellen. Andere Faktoren oder Hilfsmittel sollten von den Entwicklungsländern bereitgestellt werden.

— Schließlich ist auf das Problem der eigentlichen Thematik hinzuweisen: eine leistungsfähige Verwaltung aufzubauen, die in der Lage ist, die Infrastrukturplanung und -durchführung zu bewältigen. Die Probleme, die nun am Beispiel Jemen aufgezeigt werden, erscheinen typisch.[4])

2. Die historische Aufgabenverteilung

Die islamische Geschichte des Jemen ist geprägt durch den Gegensatz zwischen Sunniten und Schiiten, zweier unterschiedlicher Rechtsschulen. Die Schiiten wurden in den zentralen und nördlichen Bergregionen seßhaft und führten ihr Sozial- und Lebenssystem ein: Weltlicher und geistlicher Führer eines Dorfes konnte nur ein Angehöriger der Adelsschicht werden. Diese „Scheichs" haben auch heute noch zumindest in ländlichen Gegenden das absolute Sagen. Durch Feindschaften zwischen den einzelnen Stämmen entwickelten sich die einzelnen Dörfer völlig autark und isoliert, was von der gebirgigen Landschaftsform noch unterstützt wurde. So ergab sich eine einzigartige Besiedlungsform: noch heute leben fast 90 % der Einwohner in Ortschaften mit weniger als 2000 Einwohnern.[5])

Von zwei Versuchen der Türken, den Jemen zu einer Kolonie des osmanischen Reiches zu machen, blieben bis heute nur die Überreste einiger Infrastruktureinrichtungen erhalten: Befestigungsanlagen, Telegraphenleitungen, Wasserleitungen und Zisternen. Die kurzfristig eingeführte Verwaltungsstruktur dagegen wurde sofort wieder aufgehoben. Von 1911 bis 1962 regierte ein schiitischer, königlicher Imam in Sanaa, der unter dem Eindruck der türkischen Invasion und der Kolonialisierung Adens durch die Engländer sein Land von der Außenwelt völlig abgeschnitten hielt. Auf diese Weise ging die moderne technische und soziale Entwicklung völlig an dem mittelalterlich und tribalistisch strukturierten Land vorbei: noch 1960 gab es keine öffentliche Schule, keine Asphaltstraße und keine privaten Fahrzeuge im Jemen.

Nach der Revolution und der Beendigung des Bürgerkrieges 1970 etablierte sich eine republikanische Zentralregierung in Sanaa, deren Mitglieder in der Regel Sunniten sind. Seit geraumer Zeit bemüht sich diese Regierung, ihren Einfluß auf die ländlichen Gebiete auszudehnen, wo de facto meist noch die schiitischen Scheichs herrschen. Ein Konflikt Stadt-Land bzw. Zentralregierung-Stammesfürsten ist latent bis offen vorhanden. Dabei ist den Regierenden ein wertvolles Instrument für ihre Befriedigungspolitik in die Hände gefallen: die massive Unterstützung im Bereich der Entwicklungshilfe, die der Westen dem Jemen aus politischen Gründen zukommen läßt.

3. Die besonderen Engpässe der jemenitischen Infrastruktur

Der Ausbau der Infrastruktur als der „Summe der für die gesellschaftliche Existenz und wirtschaftliche Leistungsfähigkeit eines Staates notwendigen öffentlichen Einrichtungen"[6]) liegt vor allem aus den beschriebenen geschichtlichen Gründen weit hinter dem tatsächlichen Bedarf. Nach den Kriterien der Vereinten Nationen gehört der Jemen zu den „Least Developed Countries" (z. B. liegt die Analphabetenquote für die Männer bei 74 %, für die Frauen bei 98 %).[7]) Einige besondere Engpässe beim Aufbau von Infrastruktureinrichtungen soll kurz aufgezeigt werden:

— „Der Aufbau eines solchen (Infrastruktur) Systems ist sehr kostspielig und zeigt erst langfristig Nutzen"[8]). Dadurch kommt für diese Aufgabe prinzipiell nur der Staat in Frage, der jedoch im Jemen nicht über die notwendigen Mittel verfügt, da es keine funktionierende Steuergesetzgebung gibt (Steuern einzuziehen ist laut „Koran" verboten).

— Es fehlt ein ausgebildeter technisch/handwerklicher Mittelbau, der die Maßahmen durchführen könnte. Man schätzt, daß ca. 1,5 Mio. Jemeniten in den ölproduzierenden arabischen Staaten gastarbeiten, das wären 40 % der arbeitsfähigen männlichen Bevölkerung.

— Ein Zusammengehörigkeitsgefühl ist nur auf Familien- und Dorfebene vorhanden, eine Identifizierung mit dem Staat fehlt weitgehend. Das behindert den Aufbau von übergreifenden Maßnahmen (z. B. sabotieren Stämme oft die Arbeiten an Durchgangsstraßen durch ihre Gebiete).

— Infrastruktureinrichtungen werden nach dem Gießkannenprinzip über das Land verteilt, es gibt kaum ein durchdachtes Konzept zur Schaffung eines funktionierenden Systems. Unter „Infrastruktur" werden im Jemen lediglich „greifbare" Einrichtungen, wie Straßen, Schulen etc. verstanden. Es fehlt die Einsicht in die Notwendigkeit von planerischen Konzepten für die Erstellung eines adäquaten Infrastrukturnetzes.

Es hat sich auch auf höchster Ebene ein fast manisches Spiel mit Zahlen über vollendete Projekte entwickelt. Der 5-Jahres-Plan der Regierung ergeht sich weitgehend in Zahlenspielereien, wie viele „Projekte" in Angriff genommen werden können. So ergibt sich beispielsweise die paradoxe Situation, daß in einem medizinisch unterversorgten Land neue Gesundheitszentren, die „en bloc" von einem Geber finanziert wurden, leerstehen, weil entweder das Personal fehlt oder die Gegend durch ein anderes Zentrum bereits versorgt wird. „Planung" ist im Jemen in jedem Sinne ein vager und abstrakter Begriff.

— Die moderne technische Entwicklung kam zu schnell über das Land herein und es scheint, daß die sozialen und geistigen Grundlagen für eine Adaption noch fehlen. „Fehlen diese sozialen Voraussetzungen der wirtschaftlichen Entwicklung, so kann trotz einer quantitativen Vermehrung der angestrebte Entwicklungsfortschritt ausbleiben".[9]

— Die Effizienz der Arbeitskräfte ist gering wegen der fehlenden Ausbildung und fehlender Leistungsbereitschaft. Hemmer formuliert das Problem ganz allgemein: „Im wesentlichen läßt sich eine unzureichende Leistungsbereitschaft auf die Religion, die Familienstruktur, ethische Probleme sowie die politische Lage in den betreffenden Ländern zurückzuführen."[10]

4. Die relevanten Entwicklungsinstitutionen

Für die momentane und zukünftige technische Zusammenarbeit mit dem Jemen gibt es zwei relevante institutionelle Ebenen: die Fachministerien und die auf Dorfebene organisierten Entwicklungsgenossenschaften. Die genannten Institutionen repräsentieren einerseits die Ebenen, auf denen Ansatzpunkte für jede Art von „Entwicklung" gefunden werden können, andererseits aber auch die traditionelle Gegnerschaft zwischen Zentralregierung und separatistisch organisierter dezentraler Verwaltung. Diese Konstellation bietet einerseits die Chance eines gesunden Wettbewerbs zwischen den Ebenen, andererseits aber auch die Gefahr von Gegnerschaft und Unverständnis gegenüber der jeweils anderen Seite.

Das übergeordnete Ministerium ist die Zentrale Planungsorganisation (CPO). Nach der Durchführung einiger infrastruktureller Großprojekte wie Fernstraßen- und Flughafenbau wird im Moment im Rahmen der Zentralisierungsbestrebungen immer häufiger versucht, auf traditionellen Entwicklungsfeldern der dörflichen Genossenschaften diese Entwicklung von zentraler Stelle aus selbst zu leiten, wodurch große Kompetenzstreitigkeiten entstanden sind. Gab es früher noch „klassische" Genossenschaftsbereiche (Wasserversorgung, ländlicher Straßenbau) und ebenso klassische Ministeriumsbereiche (Gesundheit, Erziehung), so ist heute die Lage unübersichtlich und muß von Fall zu Fall beurteilt werden.

4.1 Die Zusammenarbeit auf Ministerialebene

Das 1979 selbständig gewordene „Ministry of Municipalities" (MM) soll hier kurz vorgestellt werden, da es in vielerlei Hinsicht typisch ist für die zentralen Institutionen auf Ministerialebene.

Die Aufgabe des Ministeriums ist Stadtplanung im weitesten Sinne, und zwar für alle größeren Ortschaften im ganzen Jemen. Typisch ist, daß alle Arbeiten zentral abgewickelt werden. Die zentralen Institutionen neigen dazu, einmal errungene Kompetenzen auf keinen Fall mehr abzugeben.

Einige der inneren Strukturen, die durchaus auch in anderen Ministerien vorzufinden sind, sind folgende:

— Vom Stellenwert her schwach, dient der Ministerposten i. d. R. Aufsteigern als Sprungbrett für ein lukrativeres Amt (Fluktuation: 1980 — 1981 drei verschiedene Minister). Dadurch liegt die höchste Entscheidungsbefugnis normalerweise nicht in kompetenter und in zudem laufend wechselnder Hand.

— Es fehlt die Delegation von Fachentscheidungen auf tiefere, aber kompetentere Fachebenen. Dies hat auch traditionelle Wurzeln, da in der Imamzeit auch die kleinste Entscheidung vom Imam persönlich getroffen wurde. So entscheiden ein Minister oder sein Deputy oft kurz entschlossen, ohne den Rat der jeweiligen Fachberater einzuholen.

— Geringe Gehälter führen dazu, daß notwendigerweise durch Korruption ein Zubrot verdient wird.

— Einheimische Ingenieure fehlen fast gänzlich, die „produktive" Arbeit wird fast ausschließlich von Ausländern bewältigt (vornehmlich Lokalangestellte aus anderen Drittweltländern). Eine fehlende Identifizierung mit Kultur und Sitten des Landes ist zwangsläufig.

— Dieser Mangel ist jedoch auch bei Jemeniten festzustellen, die im Ausland studiert haben und danach oft den Blick für das technisch angemessene Niveau verloren haben.

— Frisch ausgebildete einheimische Ingenieure werden schnell auf einen Verwaltungs- oder Managementposten befördert und dadurch als technisch ausgebildete Fachkräfte dem eigentlichen Arbeitsprozeß entzogen.

Das Ministerium hat seit seinem Bestehen durch die Einführung von Planungsverfahren grundlegende Arbeit geleistet. Es ist jedoch bei weitem nicht in der Lage, die durch die technische Gesamtentwicklung erforderlich gewordenen Arbeiten zu bewältigen. Dabei wäre vom vorhandenen Personal her eine qualitative und quantitative Verbesserung möglich. Die vorhandenen inneren Strukturen führen jedoch dazu, daß verwaltet wird anstatt gestalterisch gezielt neue städtebauliche Akzente gesetzt werden. Ausländische Experten werden durch Routinearbeiten ausgelastet, die sonst keiner übernehmen will, so daß sie nicht mehr dazu kommen, zusammen mit einheimischen Partnern technische Standards zu entwerfen bzw. interne Planungsabläufe zu organisieren.

4.2 Die Zusammenarbeit auf Genossenschaftsebene

Die Geschichte der Genossenschaftsbewegung im Jemen („Local Development Associations", LDA) geht zurück bis in die mittelalterliche Zeit, da sich wegen des Fehlens einer Zentralregierung jedes Dorf zur Schaffung von Infrastruktureinrichtungen selbst organisieren mußte. Die Durchführung elementarster Infrastrukturmaßnahmen, nämlich die

Wasserversorgung, die Erschließung des Landes durch Straßen und die Stromversorgung sind heute die wichtigsten Aufgaben einer LDA. Die LDA's sind organisiert auf der Basis von Distrikten, Zusammenschlüssen mehrerer Dörfer, und unterstehen seit der Zeit der Republik einer gemeinsamen landesweiten Organisation, der „Central Yemeni Development Organization" (CYDA). Die Zentralisierung hat also auch diese Institution bereits ergriffen.

Im Gegensatz zur Ministerialebene sind die LDA's eine „von unten nach oben"-Bewegung. Daher können sie direkt und effektiv auf die Bedürfnisse in der jeweiligen Gegend reagieren. Aber auch die LDA's haben beträchtliche Probleme:

— Es besteht eine eklatante Knappheit an ausgebildetem Personal. Wer ausgebildet ist, wandert i. d. R. ab nach Saudi-Arabien. Dieser Mangel an Know-How schwächt viele Initiativen.

— Wie in allen Institutionen besteht der Hang zur Bürokratisierung.

— Besonders in ärmeren Gegenden ist die finanzielle Situation der Genossenschaften schlecht, und die wenigen regelmäßigen Einnahmen werden für die Aufrechterhaltung des bürokratischen Apparates benötigt.

— Besonders in reichen Gegenden hat der neue Materialismus das Kollektivdenken geschwächt, es besteht wenig Interesse an gemeinsamen Projekten.

— Wachsender Einfluß der Regierung lähmt die bürgerinitiativartige Bewegung oder tritt in Konkurrenz zu ihr.

— Traditionelle Führer haben sich, teilweise durch umstrittene Wahlen, an die Führung der Kooperativen gesetzt und mißbrauchen diese für persönliche Interessen.

Es ist schwierig, ein Gesamtbild der LDA's darstellen zu wollen. Laut Gesetz sind sie zwar für die Infrastrukturmaßnahmen im Kleinbereich verantwortlich, doch wird die Ausfüllung des gesetzlichen Rahmens sehr unterschiedlich gehandhabt.

5. Die Zusammenarbeit mit dem „Ministry of Municipalities"

Von der Aufgabenstellung her sollte die Unterstützung den Charakter von „Beratung und Mitarbeit" in der Stadtplanungsabteilung haben. Aus bereits beschriebenen Gründen war es jedoch nur möglich, konkrete Planungsfälle zu bearbeiten.

5.1 Die Arbeitsweise des Ministeriums

Seit etwa 1974 herrscht im Jemen ein starker privater Bauboom, der durch den großen Nachholbedarf an privaten Wohnungen bedingt ist und durch das von den Emigranten in das Land zurückfließende Geld ermöglicht wird. Die bevorzugten Städte sind die Sekundärstädte, denn sie weisen verschiedene Vorteile auf:

— Die Bodenpreise sind noch nicht so hoch wie in den Großstädten;

— Die Versorgungslage ist besser als in den Dörfern;

— Sie nehmen den Rang von zentralen Orten mit starken Bindungen an das meist von bestimmten Stämmen bewohnte Umland ein;

— Sie ermöglichen die Aufrechterhaltung der im Islam vorherrschenden engen Familienbande.

Traditionell verläuft die Bebauung einer Stadt im Jemen ohne eine vorgeschriebene planerische Ordnung und hängt vor allem vom Landbesitz und von der Familienzugehörigkeit ab. Dies war angemessen in einer Zeit, als die Städte noch übersichtlich und klein waren und die Reservierung von Flächen für Straßen und öffentliche Einrichtungen noch nicht notwendig war. Mit dem Beginn der „neuen Zeit" als Folge der Öffnung des Landes war jedoch die traditionelle „Nicht-Planung" mit den neu geweckten Bedürfnissen nicht mehr verträglich. Es ging nicht mehr an, daß viele Familien ein Auto besaßen, aber nicht gleichzeitig Platz für öffentliche Straßen bereitgestellt wurde oder daß jede Familie mehrere Kinder zur Schule schickte, aber kein ausreichender Platz für die Schule reserviert wird, um nur Beispiele zu nennen.

Das Ministerium erkannte diesen Mangel und versucht seither, die ungeregelte, gesetzlich nicht erfaßbare und grundlagenlose Bautätigkeit zu lenken. Dabei ging es in erster Linie darum, elementarste Planungsgrundsätze einzubringen, wie z. B. das Freihalten von zukünftigen Straßenflächen oder die Erschließbarkeit von Grundstücken. Deshalb wurden einige einfache Standards erarbeitet, aufgrund derer die gesetzlich abgesicherten Flächennutzungs- und Straßenpläne entworfen werden. Die angepaßten Standards umfaßten vor allem:

— Bestimmung von Straßennetz und Straßenhierarchie;

— Berechnung (i. d. R. über Einwohnergleichwerte) und Reservierung von Flächen für öffentliche Einrichtungen wie Schulen, medizinische Versorgungseinrichtungen, Moscheen, Parks, Flächen für den ruhenden Verkehr, Friedhöfe, Polizeistationen u. ä.;

— Einführung einer Nutzungstrennung (Industrie, Kleingewerbe, Wohngebiete);

— Einführung von Bevölkerungs- und Flächenbedarfsprognosen.

Da das Bewußtsein für die Notwendigkeit einer Planung noch weitgehend unterentwickelt ist, war es notwendig, die Standards so einfach und nachvollziehbar wie möglich zu machen. Erst auf einer höheren Bewußtseinsebene sollten diese Standards sukzessive weiterentwickelt werden.

Auslösendes Moment für die Durchführung der Planung einer Sekundärstadt ist entweder eine Anfrage aus dem jeweiligen lokalen Büro der Stadtverwaltung oder der Wunsch des Ministers, in einer bestimmten Stadt „Planung zu betreiben". Letzteres hängt mit der schon erwähnten Befriedigungstaktik zusammen bzw. damit, in einem bestimmten Ort die Macht der Zentralregierung zu demonstrieren. Objektive Bedürfnisse spielen dabei eher noch eine untergeordnete Rolle.

Der erste Schritt des Ministeriums ist ein Besuch des Planungsgebietes mit Vermessung und Kartierung der neuen Häuser, einer Bestandsaufnahme und der Feststellung von Wünschen vor Ort. Danach wird die Planung nach den beschriebenen Grundsätzen und Standards durchgeführt — in der Regel von Ausländern. Mit der Unterzeichnung durch den Minister erlangt der Plan Gesetzeskraft.

Die Implementierung wird nur in größeren Städten kontinuierlich vorgenommen, in denen Personal vorhanden ist, das zumindest Pläne lesen kann. Teilweise existiert sogar ein einfaches System von Baugenehmigungsverfahren. Normalerweise schickt das Ministerium jedoch ohne Absprache mit lokalen Institutionen Bulldozer in das Planungsgebiet, die innerhalb weniger Tage alles „implementieren", was der Plan hergibt. Dies geschieht ohne auf angemessene Zeitvorgaben zu achten, sodaß oft schon Trassen gezogen werden, die erst nach Jahren entstehen sollten.

5.2 Praktische Beispiele

5.2.1 Flächennutzungsplan Hajjah

Als Provinzhauptstadt gehört Hajjah zu den verwaltungsmäßig bevorzugten Städten. Unter anderem besitzt es ein Stadtverwaltungs-Büro, das auf Dauer mit einem Vermessungstechniker aus Sanaa als Planungsingenieur besetzt ist. Schon seit längerem überwachte dieser Angestellte die Bautätigkeit im Ort, indem er nach Augenschein und Diskussion mit den Landbesitzern zukünftige Straßentrassen festlegte. Die Reservierung von Flächen für den Gemeinbedarf wurde vor allem auf Sitzungen der örtlichen Scheichs vorgenommen. auf diese Weise funktionierte die „Planung" zwar nicht optimal, aber doch in einer den Umständen entsprechenden befriedigenden Form.

Auf Antrag des Gouverneurs von Hajjah, einem von der Regierung eingesetzten Ortsfremden, wurde eine Abteilung des Ministry of Municipalities damit beauftragt, für Hajjah einen Flächennutzungs- und Straßenplan zu erstellen. Dabei wurden die Berater ausdrücklich darauf hingewiesen, sich um keinerlei Landbesitzprobleme zu kümmern und die vorgegebenen Standards auf jeden Fall einzuhalten. So entstand ein Plan, auf dem ein den Standards entsprechendes Straßennetz existierte und auf dem in Größe und Lage angemessene Flächen für den Gemeinbedarf eingezeichnet waren. Das Ministerium war jedoch fälschlicherweise davon ausgegangen, auf dem Wege der Enteignung die benötigten öffentlichen Flächen wirklich zu erhalten. Was niemand in Sanaa wußte war, daß der Großteil der Ländereien einigen wichtigen Scheichs gehörte. Tatsächlich war vor Ort schon seit langem abgesprochen, wo Straßen und wo Gemeinschaftseinrichtungen entstehen sollten. Die Macht der Scheichs verhinderte schließlich den von der Zentralregierung initiierten Plan, und seither geschieht die Planung vor Ort wieder wie früher. Der Unterschied liegt heute darin, daß regelmäßig im Abstand einiger Monate ein Vermessungsteam aus dem Ministerium erscheint, das neue Straßen vermißt und den Plan anhand der Realität laufend korrigiert.

5.2.2 Flächennutzungsplanung Al Mahwit

Wie im letzten Fall beschrieben erfolgte auch die Antragstellung, Vermessung und Ausarbeitung eines entsprechenden Planes für die Provinzhauptstadt Al Mahwit. Durch mehrere andere Beispiele vorgewarnt, entsandte die Regierung mit dem Implementierungsteam jedoch gleich ein größeres Polizeiaufgebot. Im Laufe der folgenden Wochen waren mehrere Bulldozer unter Polizeiaufsicht damit beschäftigt, quer durch bestellte Felder und über Terrassen hinweg alle Straßen zu schieben, die bis zum Jahre 2000 im Plan vorgesehen sind. Hier wurden deutlich die Nachteile der zentralistischen Planung offenbar:

— Es fand keine vorherige Information der Bevölkerung, geschweige denn eine Beteiligung oder Mitbestimmung, statt;

— Zwischen legislativer und exekutiver Behörde gab es keine Rückkoppelung: keiner der Vermesser oder Bulldozerfahrer war darüber informiert worden, welche Straßenzüge jetzt und welche erst in 5 oder 10 Jahren entstehen sollten, obwohl dies in einem Planungsbericht festgeschrieben war;

— Durch eigenmächtiges und rücksichtsloses Vorgehen des zuständigen Ministeriums verlor die Zentralregierung die Sympathien der Bevölkerung.

Immerhin ist erwähnenswert, daß viele Einwohner auch die Notwendigkeit einer sinnvollen Planung erkannt haben, vor allem dann, wenn hieraus eigene Vorteile erwuchsen: Ein Landbesitzer ärgerte sich zuerst darüber, daß quer durch sein Feld eine Straße geschoben worden war. Am nächsten Tag stellte er dann fest, daß dadurch der Bodenpreis um ein Vielfaches gestiegen war.

5.2.3 Analyse der Zusammenarbeit

Die Einführung von Flächennutzungsplanung im Jemen kann als ein Erfolg des MM angesehen werden. Allerdingst müßte mit der Zunahme ausgebildeter einheimischer Techniker bzw. Ingenieure langsam daran gedacht werden, daß diese Arbeiten von den Jemeniten selbst übernommen werden. Dadurch würden auch höher qualifizierte Arbeitskräfte frei, um verbesserte Standards und Planungsverfahren zu entwickeln. Gleichzeitig damit könnte ein verstärkter technischer Know-How-Transfer stattfinden.

Auf lange Frist ist es unhaltbar, daß ein zentrales Ministerium jegliche Detailplanung in jeder Stadt übernimmt. Dagegen sollten Zweigstellen aufgebaut und mit einheimischen Ingenieuren besetzt werden, die sich in der Zentrale bewährt haben. Dazu gehört aller- dings auch, daß das Ministerium Kompetenzen nach draußen abgibt, was den zentralen Institutionen aus politischen Gründen schwerfällt.

Die ausländischen Berater sollten auch in Zukunft nicht nur einfach als Manpower- Entlastung dienen. Sie sollten u. a. an der Entwicklung von Verfahren und an der Organi- sation und Bildung von Außeninstitutionen beteiligt sein. Die Besetzung einer Planstelle im Ministerium durch einen Ausländer führt erfahrungsgemäß dazu, daß fähige Jemeni- ten auf Verwaltungsposten abwandern. Ausländische Experten sollten in der Ministerial- bürokratie nur dort eingesetzt werden, wo ein einheimischer Nachfolger bereits bestimmt ist und eingearbeitet werden kann. Endlos-Planstellen für Nichtjemeniten führen nur zu einer verminderten Anstrengung des Jemen, diesen Platz selbst besetzen zu können.

6. Die Zusammenarbeit mit den lokalen Entwicklungsgenossenschaften

Im Rahmen eines integrierten Regionalentwicklungsprojektes wurden gemeinsam mit LDA's kleinere Projekte im Bereich der Wasserversorgung durchgeführt, unter anderem um zu testen, inwiefern die LDA's als Träger für Infrastrukturprojekte mit fremder Unter- stützung in Frage kommen.

6.1. Die Arbeitsweise der LDA's

Im Infrastrukturbereich sind die LDA's zuständig für die Finanzierung und Durchführung kleinerer Maßnahmen. Da ausgebildete Techniker i. d. R. nicht vorhanden sind, begreifen sich viele LDA's nur als Verteilungsorgan für die vorhandenen Geldmittel. Diese werden auf Antrag der Dörfer vom Vorsitzenden einzelnen Projekten zugeteilt, oft nach sehr will- kürlichen Gesichtspunkten. Außerdem kann von einer gemeinsamen Planung von Projek- ten nicht die Rede sein. Verschiedentlich ist die einzige Daseinsberechtigung einer LDA ein Bulldozer, der ihr gehört und der den Dörfer zum Bau von Erschließungsstraßen verlie- hen wird.

6.2. Probleme der Wasserversorgung

Die Wassersituation im Projektgebiet ist folgendermaßen gekennzeichnet:

— Grundwasser ist nur sehr wenig vorhanden, meist tritt es aus kleinen Quellen zutage;
— Oberflächenwasser fällt jährlich während zweier ergiebiger Regenzeiten, dazwischen herrscht Trockenheit.

Die Probleme sind daher vielfältiger Natur, sie umfassen das Auffangen und Lagern von Regenwasser ebenso wie den Schutz von Trinkwasserquellen vor zu rascher Ausbeutung und Verschmutzung. Eine weitere Schwierigkeit ergibt sich durch den rapide steigenden Wasserverbrauch, verursacht durch eine zunehmend „westliche” oder „moderne” Le- bensführung. (Umbau der traditionellen Toiletten, ausgiebigere Waschungen etc.) Dabei kaufen reiche Haushalte Wasser von Tankwagen, das von neuen Tiefbrunnen in mittleren und niedrigeren Höhenlagen gepumpt und oft in einer mehrere Stunden dauernden Fahrt angeliefert wird. Ärmere Haushalte kaufen dieses Trinkwasser kanisterweise (Preis: 1,— bis 1,50 DM pro 20 l) und versorgen sich aus den lokalen Zisternen mit Waschwasser.

Ein Bewußtsein dafür, daß verschmutztes Wasser gesundheitsgefährdend ist, entsteht erst langsam. Viele Zisternen sind bilharziaverseucht, und oft werden auch die gefaßten Grundwasserquellen durch Fäkalien von Mensch und Tier verschmutzt. Durch das Bohren einiger Tiefbrunnen in neuerer Zeit ist die weitläufige und unreflektierte Meinung entstanden, daß genügend Grundwasser schon „irgendwo" vorhanden sei, man müsse nur tief genug bohren. Daß diese Reserven erschöpfbar sind, ist eine viel zu abstrakte Idee für die Einheimischen. Die Hoffnung, daß Tiefbrunnen die zukünftige Wasserversorgung gewährleisten werden, ist sogar die amtliche Meinung der Regierung.[11]

Für eine Verbesserung im Bereich der Wasserversorgung ergeben sich folgende Notwendigkeiten:

— Die Planung von Projekten zur Trinkwasserversorgung muß den langfristigen Schutz der Ressource berücksichtigen. So sollte z. B. Trinkwasser nicht ohne „Widerstand" gezapft werden können, um den endlichen Vorrat nicht auszubeuten. Dieser Widerstand kann im Einzelfall aus einem längeren Anmarschweg oder einer rationierten Zuteilung bestehen.

— Planung von Projekten zur besseren Fassung und angemessenen Aufbewahrung von Oberflächenwasser als Brauchwasser, um den Verbrauch von Trinkwasser zu minimieren.

— Wecken eines Bewußtseins, daß die beiden genannten Wasserarten prinzipiell unterschiedlich sind und daher unterschiedlich genutzt werden sollten. („Mischsystem").

— Versuch einer gerechteren Verteilung der Ressourcen über die Provinz.

6.3 Praktische Beispiele

In Zusammenarbeit mit den LDA's wurden im Rahmen des genannten Regionalentwicklungsprojektes Projekte folgender Art durchgeführt:

— Fassungen und Verbesserungen von Trinkwasserquellen;

— Verbesserungen und Neubau von Zisternen.

Grundsätzlich sollte dabei gelten, den Zugang zu Trinkwasser so schwierig zu gestalten, daß Brauchwasser nicht aus Trinkwasserquellen geholt wird, aber so leicht, daß Trinkwasser nicht aus Brauchwasserzisternen entnommen wird.

6.3.1 Verbesserung der Trinkwasserquelle Al Hadan

In der Nähe des Dorfes Al Hadan tritt in einem Mannloch von circa zehn Metern Tiefe Grundwasser zutage, das die einzige Trinkwasserquelle für etwa 600 Einwohner darstellt. Das Wasser wird von den Dorfbewohnern in einem halbstündigen Fußmarsch mit Hilfe von Eseln Tag für Tag in die Haushalte transportiert. Vor der Durchführung der Maßnahme mußte man auf einer schmalen Steintreppe in das offene Loch hinabsteigen und die Wasserkanister direkt aus dem Bassin füllen. Außer dem gefährlichen und umständlichen Abstieg war der offensichtlichste Mißstand der, daß das an und für sich saubere Wasser in der offenen Grube vielfältiger Verschmutzung ausgesetzt war, unter anderem durch die Fäkalien der wartenden Tragtiere.

Die durchgeführte Maßnahme bestand darin, daß das Wasserloch mit einem Dach abgedeckt und eine Elektropumpe installiert wurde, mit Hilfe derer das Wasser in einen ebenerdig neu gebauten, geschlossenen Steintank mit einem Fassungsvermögen von 12 m³ gepumpt werden kann. Bei einem Wasserverbrauch von 20 l pro Einwohner muß der Tank somit einmal täglich vollgepumpt werden. Die Entnahme aus dem Steintank geschieht durch Zapfhähne und Schläuche.

Die Verbesserung besteht zum einen in dem Schutz des wertvollen Trinkwassers vor jeglicher Verschmutzung, zum anderen in der wesentlich verbesserten Zugänglichkeit des Wassers (die Tragtiere brauchen nicht mehr ent- und beladen werden), wobei jedoch der Widerstand des Anmarschweges nicht verringert wurde.

Die Maßnahme wurde von der ersten Planung an gemeinsam von der lokalen Genossenschaft (LDA) und vom Regionalentwicklungsprojekt durchgeführt. Dabei stellte die LDA lokale Materialien wie Steine und Sand sowie Arbeitskräfte, das Regionalentwicklungsprojekt „moderne" Materialien wie Zement, Pumpe und Installationsmaterial sowie einen Wasserbautechniker, der sämtliche Arbeiten koordinierte und teilweise selbst durchführte. Die Zusammenarbeit kann als voller Erfolg angesehen werden. Das Interesse und die Beteiligung der Dorfbewohner war vor allem deshalb so groß, weil sie das Projekt als ihr eigenes identifizieren konnten. Außer einer spürbaren Verbesserung der jetzigen Wassersituation wurde in diesen Leuten auch das Bewußtsein über Reinhaltung und Verbrauchsproblematik des Trinkwassers geweckt, nicht zuletzt durch persönliche Gespräche mit den Benutzern während der Bauphase.

6.3.2. Bau einer Zisterne in Mahram

Das kleine, etwa 200 Einwohner zählende Dörfchen Mahram besitzt kein Trinkwasservorkommen und nur eine alte Zisterne mit einem Fassungsvermögen von etwa 15 m³, die zudem undicht und völlig verschmutzt ist. Da alle Haushalte auf die teure Anlieferung von Wasser mit Lkw's angewiesen sind, plante das Dorf eine neue Zisterne und erbat vom Regionalentwicklungsprojekt technische wie finanzielle Unterstützung. Gebaut wurde eine Regenwasser-Zisterne aus Mauerwerk mit einer Bodenplatte und Fundamenten aus Stahlbeton sowie einem abnehmbaren Dach. Die Zisterne wurde wasserdicht verputzt, durch die Lage an einem Hang ergab sich außerdem die Möglichkeit, die Entnahme über Wasserleitungen zu bewerkstelligen.

Das Einzugsgebiet für den Zulauf besteht aus den Gassen und Dächern des Dorfes. Das Volumen der neuen Zisterne beträgt 70 m³.

Die Zusammenarbeit sollte wie im vorher geschilderten Fall erfolgen, endete jedoch im Laufe der Zeit damit, daß das Regionalentwicklungsprojekt fast alle Arbeiten selbst durchführen und die Materialien selbst zahlen mußte, um das Bauwerk überhaupt fertigstellen zu können. Der Vorsitzende der LDA hatte zwar ein großes Interesse daran, die Durchführung der Maßnahme zu starten (es standen Wahlen bevor), war aber während der Bautätigkeit nie mehr aufzufinden. Allein dem Dorfältesten ist es zu verdanken, daß sich sporadisch Dorfbewohner freiwillig zur Arbeit einfanden. Beim arbeitsintensiven Betonieren rekrutierte er sogar mit Polizeigewalt aus jedem Haushalt einen Arbeiter. In diesem Fall zeigt sich ein deutlicher Schwachpunkt der LDA-Konstruktion: sie wird für relativ große Distrikte gewählt, und bei der personellen Verfilzung hat ein Dorf ohne eigene Lobbyisten in der Genossenschaft relativ wenig Chancen auf Unterstützung.

6.3.3 Analyse der Zusammenarbeit

Von der Idee her scheint die direkte Mitarbeit in den Distrikten sehr viele interessante und erfolgversprechende Ansatzpunkte für „Entwicklung" im infrastrukturellen Bereich zu bieten. Ganz direkt kann ein Know-How-Transfer in relativ einfachen und eingängigen, aber hier noch weitgehend unbekannten technisch-handwerklichen Teilgebieten stattfinden. Dies vor allem in der hier vorhandenen Konstellation, daß auswärtige Techniker mit einheimischen Partnern direkt am sichtbaren und praktischen Objekt zusammenarbeiten. Eines von vielen Beispielen ist die Einführung der Stahlbeton-Technik für Fundamente und Böden, die in der Provinz praktisch noch unbekannt war.

Die Kombination von Planung und Erstellung infrastruktureller Kleinprojekte mit gleichzeitiger „on-the-Job" Ausbildung muß als gelungen bezeichnet werden und darf für den Jemen sicher als Anhaltspunkt für die zukünftige Entwicklung gelten. Der nächste Schritt wäre eine Art „mobiles Trainingszentrum", um einfache handwerkliche Techniken in abgelegenere Gegenden zu bringen.

Die Selbstverantwortlichkeit von LDA's sollte gestärkt werden. Dazu gehört auf keinen Fall eine unmäßige finanzielle Unterstützung der Maßnahmen. Schon in der ersten Projektphase ist aufgefallen, daß sich LDA's nur zu gerne auf fremde finanzielle Hilfe verließen. Nimmt man diesen Institutionen ihre eigentliche Aufgabe, nämlich das Sammeln und Verteilen eines Budgets für Infrastrukturmaßnahmen, ab, richtet man sie langfristig zugrunde. Vielmehr sollte eine Fremdleistung hauptsächlich im handwerklichen Ausbildungsbereich erbracht werden, wo das Defizit am größten ist.

7. Bewertung und Ausblick

7.1 Projektkonzeption „technische Unterstützung zentraler Institutionen"

Projekte, mit Hilfe derer zentrale Institutionen technisch unterstützt werden, erscheinen dort sinnvoll, wo

— die Gesamtentwicklung im infrastrukturellen Bereich sich noch in einer solch frühen Phase befindet, daß der Staat überdurchschnittlich hohe Anstrengungen zur Verbesserung der Infrastruktur aufbringen muß[12]);

— technische Leitlinien und generelle Standards als Arbeitsgrundlage der zentralen Institutionen noch nicht existieren;

— Engpässe, besonders im Bereich der Ausbildung einheimischen Fachpersonals, durch die Unterstützung kurz- bis mittelfristig beseitigt werden können;

— geeignete Institutionen, möglichst mit Zweigstellen, in ihrem Aufbau gefördert werden können.

Dabei sollten jedoch einige Bedingungen erfüllt sein, um den Nutzen der Hilfe möglichst zu optimieren:

— Die Mitarbeit der ausländischen Experten sollte zeitlich festgelegt werden, damit sich die einheimische Institution zwangsläufig von Anfang an auf eine Übernahme des Projektes einstellen muß.

— Es sollen von Ausländern keine Planstellen besetzt werden, deren Übernahme durch Einheimische nicht gesichert ist.

— Jedem Experten müssen einheimische Partner zugeordnet werden, um einen angemessenen Multiplikatoreffekt zu gewährleisten.

— Ein direkter Bezug zu betroffenen Bevölkerungsschichten, vor allem auch außerhalb der zentralen Institutionen auf dem „flachen Land", muß gegeben sein.

— Die Verwaltungsbürokratie darf innovatorische Absätze nicht von vornherein ersticken.

Grundsätzlich ist eine Hilfe im infrastrukturellen Bereich für zentrale Institutionen solange nötig, wie die jeweilige Institution aus organisatorischen Gründen und wegen fehlender fachlich ausgebildeter einheimischer Mitarbeiter ihre Funktion nicht erfüllen kann. Nach dem Aufbau eines funktionierenden Apparates sollte prinzipiell auch die Unterstützung beendet sein.

7.2 Projektkonzeption „technische Unterstützung dezentraler Genossenschaften"

Dezentrale Organisationen bieten vor allem Ansatzpunkte für eine Mitarbeit im Infrastrukturbereich, wo

— der Anteil der Landbevölkerung gegenüber der städtischen Bevölkerung besonders groß ist und ein Nachholbedarf der ländlichen Bevölkerung besteht (dies ist praktisch in allen Entwicklungsländern der Fall);

— Grundbedürfnisse befriedigt werden sollen[13];

— dörfliche Genossenschaften traditionell funktionieren;

— angepaßte Technologien eine Chance zur Verbesserung der Lage bieten[14] (dies hängt ab von der Lokalität, dem Grad der Entwicklung, dem Bewußtseinsstand der Bevölkerung, der Verfügbarkeit von Arbeitskräften etc.);

Wenn als Ziel gelten soll, daß „die Leistungen der entsprechenden Infrastrukturanlagen möglichst innerhalb der Region selbst anfallen, bzw. den Bewohnern dieser Region zugute kommen"[15], dann bieten lokale und dezentrale Entwicklungsgenossenschaften wohl den optimalen Ansatz für eine Mitarbeit, wenn folgende Bedingungen erfüllt sind:

— Angemessene Beteiligung der Genossenschaften, damit ihnen die Initiative nicht abgenommen, sondern im Gegenteil neue Eigeninitiativen geweckt werden;

— Breite Beteiligung der Bevölkerung zur Schaffung eines Problembewußtseins auf unterster Ebene;

— Mitarbeit einheimischer Handwerker zur Optimierung des Multiplikatoreffektes (direkter Know-How-Transfer);

Da die infrastrukturelle Entwicklung in urbanen Zonen der Entwicklung auf dem Lande in der Regel vorauseilt, scheinen auf lange Frist Projekte auf dezentraler Ebene notwendiger zu sein als auf zentraler, auch um das Stadt-Land-Gefälle zugunsten einer ausgewogenen Bevölkerungspolitik auszugleichen. Dazu gehört im infrastrukturellen Bereich besonders die Befriedigung von Grundbedürfnissen[16], wofür sich nach den gemachten Erfahrungen eine genossenschaftlich organisierte Mitarbeitsform am besten eignet.

Anmerkungen

[1] Vgl. Stohler, J.: Zur rationalen Planung der Infrastruktur, in: Simonis, U. E. (Hrsg.): Infrastruktur, Köln 1977, S. 17.

[2] Vgl. Frey, R. L.: Infrastruktur, 2. ergänzte Auflage, Tübingen 1972, S. 40.

[3] Vgl. Hirschmann, A. O.: The Strategy of Economic Development, New Haven: Yale University Press 1958, S. 80 ff.

[4] Vgl. auch Krebschull, D., Fasbender, K., Naimi, A.: Entwicklungspolitik, 3. Auflage, Opladen 1976, S. 57.

[5] Steffen, H. u. a.: Final Report on the Airphoto Interpretation Project of the Swiss Technical Co-Operation Service, Berne, Zurich, April 1978, S. I 146.

[6] Krebschull, D., Fasbender, K., Naimi, A.: a.a.O., S. 54.

[7] Naumann, F., Schenk, D.: Mädchen, die lesen können, sind schwerer zu verheiraten, in: Frankfurter Rundschau, 2. 10. 1982.

[8] Krebschull, D., Fasbender, K., Naimi, A.: a.a.O., S. 55.

[9] Hemmer, H.-R.: Wirtschaftsprobleme der Entwicklungsländer, München 1978, S. 165.

[10] Ebenda, S. 166.

[11] Vgl. Central Planning Organization, Yemen Arab Republic: First Five-Year-Plan 1976/77 — 1980/81.

[12] Hesse, H., Sautter, H.: Entwicklungstheorie und -politik, Bd. I, Tübingen 1977, S. 106.

[13] Vgl. hierzu Fischer, K. M. u. a.: Ländliche Entwicklung, Ein Leitfaden zur Konzeption, Planung und Durchführung armutsorientierter Entwicklungsprojekte. S. 41 ff.

[14] Vgl. hierzu Körner, W.: Angepaßte Technologie — eine Chance für die Länder der Dritten Welt? In: Arbeitsgruppe für Angepaßte Technologie: Technik für Menschen, Frankfurt a. M. 1982, S. 195 ff.

[15] Frey, R. L.: a.a.O., S. 43.

[16] Vgl. hierzu Schmidt, B. C.: Grundbedürfnisorientierte Entwicklungspolitik, in: v. Hauff, M., Pfister-Gaspary, B.: Internationale Sozialpolitik, Stuttgart 1982, S. 131 ff.

Probleme der Kreditversorgung von Klein- und Mittelbetrieben in Entwicklungsländern

Brigitte Pfister-Gaspary

1. Problemstellung

1.1 Landwirtschaftliche und gewerbliche Klein- und Mittelbetriebe

Der Beitrag von Mittel- und Kleinbetrieben zur Entwicklung eines Landes ist unumstritten. Der Beitrag besteht u. a.

— in der Bereitstellung von Arbeitsplätzen, da Klein- und Mittelbetriebe pro Einheit investiertem Kapital mehr Arbeitsplätze zur Verfügung stellen als Großbetriebe,

— im Ausgleich regionaler Entwicklungs- und Einkommensunterschiede,

— in der Förderung des Wettbewerbs,

— in der Förderung agro-industrieller Verbindungen,

— in einer erhöhten Partizipation der Bevölkerung an der Wirtschaft,

— in der Stimulierung privaten Sparens und

— in der Tatsache, daß Klein- und Mittelbetriebe ein ideales Feld für die Ausbildung unternehmerischen Könnens darstellen.

Diese Vorteile, die durch die Klein- und Mittelbetriebe für eine Volkswirtschaft in sozialer sowie in ökonomischer Hinsicht entstehen, lassen eine Förderung dieser Betriebe durch entwicklungspolitische Maßnahmen immer wichtiger erscheinen.

Klein- und Mittelbetriebe sehen sich jedoch besonders in Entwicklungsländern großen Problemen gegenüber. Sie haben große Schwierigkeiten, Zugang zu institutionellem Kredit zu erhalten. Daraus resultiert eine Abhängigkeit von teuren Kreditmitteln von Kreditverleihern oder Händlern. Auch zu Förderungsprogrammen der Regierung in bezug auf Beschaffung, Vermarktung und Beratung haben Klein- und Mittelbetriebe nur schwer Zugang. Hinzu kommt, daß Klein- und Mittelbetriebe auf der Beschaffungsseite generell höhere Preise als Großbetriebe zu zahlen haben (mangelnde Markttransparenz/Marktmacht) und nur vergleichsweise niedrige Löhne zahlen können. Außerdem resultiert häufig eine niedrige Effizienz aus der Tatsache, daß in Klein- und Mittelbetrieben eine Spezialisierung des Personals (Produktion, Verwaltung, Finanzierung, Vermarktung) nur selten möglich ist.

Wenn also die Hauptschwierigkeiten von Klein- und Mittelbetrieben bei Finanzierung, Markt und Management liegen, so müssen Entwicklungsprogramme für Klein- und Mittelbetriebe sich auf diese Bereiche konzentrieren.

Mögliche Ansätze zur Überwindung von Schwachstellen bei Klein- und Mittelbetrieben sind:

— die Vermittlung von Unteraufträgen von Großbetrieben an Klein- und Mittelbetriebe;

— die Errichtung von industrial estates;

— die Versorgung mit kurzfristigem Betriebskapital, das oft notwendiger gebraucht wird als langfristiges Investitionskapital;

— die Entwicklung alternativer Kreditsicherheiten, die sowohl für den Kreditnehmer als auch für die Kreditvergabeorganisation akzeptabel sind;

— die Entwicklung von einfachen Kriterien und Verfahren für die Bewilligung von Kreditmitteln, die Kreditwürdigkeitsprüfung und die Kreditüberwachung, um den Verwaltungsaufwand ebenso wie zeitliche Verzögerungen zu reduzieren;

— Beratung bei der Investitionsentscheidung ebenso wie bei der Lösung technischer Probleme bei der Produktion;

— Beratung bei Organisation und Aufbau eines Rechnungswesens;

— Beratung und Vermittlung von Kontakten bei der Vermarktung der Produkte.

Die Definition von Klein- und Mittelbetrieben hängt von der Größenskala der Unternehmen in den jeweiligen Ländern und/oder von der offiziellen Definition eines jeden Landes ab[1]). Kleinbetriebe sind z. B. Kleinstverkaufsstände und Handwerker mit weniger als 100 US-$ Kapital, die traditionelle Technologie anwenden und wobei der Besitzer gleichzeitig der einzige Arbeiter ist. Häufig sind diese Kleinstbetriebe wenig etabliert und dem informellen Sektor zuzuordnen. Ein Mittelbetrieb könnte z. B. ein Unternehmen sein, das mehr als 100 Mitarbeiter beschäftigt, ein Investitionsvolumen von 250 000 US-$ hat und eine hochentwickelte Technologie verwendet. Die Probleme bei der Finanzierung eines solchen Unternehmens unterscheiden sich wenig von denen der Großbetriebe. Es sind die kleinsten Einheiten, wie z. B. Handwerker, die die eigentliche Herausforderung für neue Wege bei der Problemlösung darstellen.

Klein- und Mittelbetriebe im informellen Sektor einerseits und im modernen Sektor andererseits haben sehr unterschiedliche Probleme. Daher kann es notwendig sein, daß zwei unterschiedliche und getrennte Systeme für die Vergabe von finanzieller und technischer Unterstützung innerhalb eines Landes notwendig werden. Es ist außerdem nicht möglich, ein generelles Modell vorzuschlagen oder zu entwickeln, das für alle Länder oder alle Regionen innerhalb eines Landes angewendet werden kann, da jeweils spezielle, lokale Probleme Berücksichtigung finden müssen. Die Rolle, die Finanzierungsinstitutionen bei der Förderung von Klein- und Mittelbetrieben in verschiedenen Ländern übernehmen müssen, differiert demzufolge je nach Größe des Landes und der Verfügbarkeit einer institutionellen Infrastruktur, die eine finanzielle Unterstützung und Beratung weiterleiten kann.

Im folgenden sollen einige wesentliche Gesichtspunkte eines Förderungsprogrammes für Klein- und Mittelbetriebe aufgezeigt werden.

1.2 Finanzierung von Klein- und Mittelbetrieben

Die Wahl der geeigneten Kreditvergabe-Institutionen hängt von der Größe des Landes und der Verfügbarkeit eines entsprechend geeigneten Vergabenetzes ab. Es kommen vor allem

— Geschäftsbanken mit Filialnetzen,

— Genossenschaftsbanken mit Filialnetzen und

— Entwicklungsbanken bzw. Entwicklungsfonds

in Frage.

Die Nachfrage der Klein- und Mittelbetriebe nach institutionellem Kredit übersteigt das Angebot. Eine Kreditrationierung ist die Folge, da in den meisten Fällen die Zinssätze vom Staat fixiert werden. Dieser Sachverhalt drückt sich auch in der arbeitsintensiven Produktionsweise von Kleinbetrieben aus. Klein- und Mittelbetriebe werden von öffentlichen Institutionen — Entwicklungsbanken eingeschlossen — oft bei der Kreditvergabe vernachlässigt. Dies ist zu einem großen Teil auf den Mangel an erforderlicher Verwaltungskapazität zurückzuführen, um eine große Anzahl von Kleinstkrediten zu prüfen und zu verwalten. Auf der anderen Seite mangelt es sicher auch an Initiative bei den Banken. Selbst eigens für die Finanzierung von Klein- und Mittelbetrieben ins Leben gerufene Kreditfonds werden ihrer Aufgabe oft nach einiger Zeit nicht mehr gerecht. Dies zeigen z. B. Studien über Finanzinstitutionen in Sierra Leone[2]), Kamerun[3]), Sambia[4]) und Uganda[5]), wo staatliche Kreditfonds in bezug auf ihre Aufgabe, Klein- und Mittelbetriebe zu fördern, ineffizient waren. Geschäftsbanken wiederum vergeben von sich aus nur wenig Kleinkredite, da hiermit hohe administrative Kosten und ein hohes Kreditausfallrisiko verbunden sind.

Klein- und Mittelbetriebe finanzieren sich also zu einem großen Teil aus Eigenmitteln (Ersparnisse aus Lohneinkommen, Handelsgewinne) oder über Kredite von Freunden, Verwandten, Geldverleihern und Händlern[6]).

Um eine befriedigende institutionelle Kreditvergabe an Klein- und Mittelbetriebe zu erreichen, bedarf es einer entsprechenden Lenkung (incentives oder Direktiven) durch die Regierung bzw. die Zentralbank. Daher tendieren Regierungen dazu, spezialisierte Kreditinstitute ins Leben zu rufen. Außerdem soll ein Teil der den Geschäftsbanken zur Verfügung stehenden Mittel für die ausschließliche Kreditvergabe an Klein- und Mittelbetriebe reserviert werden. Geschäftsbanken werden Refinanzierungsmöglichkeiten durch die Zentralbank oder die Regierung eröffnet und zur Reduzierung des Risikos Kreditgarantien angeboten.

2. Der institutionelle und der informelle finanzielle Sektor

Im institutionellen finanziellen Sektor werden Kredite durch Geschäftsbanken, Genossenschaften oder Entwicklungsbanken vergeben. Im informellen Sektor gibt es insbesondere Geldverleiher und/oder Händler neben Freunden oder Verwandten als Kreditgeber.

2.1 Der institutionelle Sektor

Geschäftsbanken

Da die Geschäftsbanken zumeist über das größte Filialnetz verfügen, eignen sie sich besonders gut für die Kreditvergabe an Klein- und Mittelbetriebe. Je dichter die Geschäftsbanken mit ihren Filialen Kontakt zum Kunden haben, um so besser können sie auf diese Weise die persönlichen Qualitäten und lokalen Geschäftsbedingungen der Kreditnehmer beurteilen. Dies sind im Grunde gute Voraussetzungen für eine Mitarbeit der Geschäftsbanken bei der Kreditvergabe an Klein- und Mittelbetriebe. Es gibt jedoch auf der anderen Seite große Probleme, die eine solche Zusammenarbeit wieder erschweren. Zum einen sind die Filialnetze der Geschäftsbanken in ländlichen Regionen weniger verbreitet, als daß sie im Agrarbereich eine herausragende Rolle für die Kreditvergabe an landwirtschaftliche Kleinbetriebe spielen könnten. Zum anderen bewirken die oft staatlich festgelegten Zinssätze, daß die Geschäftsbanken nicht an der Vergabe von Krediten an Klein- und Mittelbetriebe, weder im gewerblichen noch im landwirtschaftlichen Bereich, interessiert sind. Dieser Entwicklung versuchen in letzter Zeit einige Regierungen durch öffentliche Garantiefonds entgegenzuwirken, die Banken gegen Verluste aus den Krediten an Klein- und Mittelbetrieben schützen sollen. Auf den Philippinen konnte man dabei die Erfahrung gewinnen, daß eine Kombination von Kreditgarantiefonds und die Möglichkeit der Refinanzierung bei der Zentralbank oder der Regierung sehr wohl für die Banken einen Anreiz zur Vergabe von Kleinstkrediten an Klein- und Mittelbetriebe darstellt[7]).

Genossenschaften

Kreditgenossenschaften erfordern einen hohen Standard in der Ausbildung des Personals und Integrität in der Leitung der Kreditgenossenschaft. Genossenschaften sind prinzipiell eine sehr geeignete Institution für die Kanalisierung von Krediten an Klein- und

Mittelbetriebe. Dies gilt insbesondere im ländlichen Bereich. Erfolgreich wäre hier besonders eine gemeinsame Vergabe von Technischer Hilfe und finanzieller Unterstützung, kombiniert mit gemeinsamer Beschaffung und Vermarktung von landwirtschaftlichen Produkten.

Die Erfahrung mit Genossenschaften in Entwicklungsländern im Bereich der Entwicklungspolitik hat jedoch gezeigt, daß ein hoher Prozentsatz, insbesondere der Kreditgenossenschaften, ein sehr schlechtes Standing hat und ihnen deshalb mit großem Mißtrauen begegnet wird.

Entwicklungsfinanzierungs-Institutionen

Aufgabe der Entwicklungsfinanzierungs-Institutionen ist es, die Lücke zwischen Angebot an Bankleistungen und Nachfrage nach Bankleistungen in Entwicklungsländern zu füllen. Diese Lücke erklärt sich aus einem Defizit an adäquaten Finanzinstrumenten und Verfahren und aus einem Mangel an qualifiziertem Personal. Eine Entwicklungsbank arbeitet sozioökonomisch orientiert. Sie finanziert Klein- und Mittelbetriebe, neue Betriebe und Projekte in Gebieten, die außerhalb von Ballungszentren liegen, orientiert sich an angepaßter Technologie und muß risikofreudig und kostenintensiv arbeiten. Diese Charakteristika schwächen die finanzielle Lage der Finanzinstitution. Es muß also ein Weg zwischen banküblichem Vorgehen und einem Vorgehen, das primär entwicklungspolitisch orientiert ist, gefunden werden. Entwicklungsbanken haben die Aufgabe, neue Instrumente, Methoden oder Techniken im Bankbereich einzusetzen, unterstützende technische Hilfe zu leisten und ihre Bankdienste an neue oder vernachlässigte Teile der Bevölkerung und der Volkswirtschaft zu vergeben. Durch ihre Arbeit soll die Finanzierungsstruktur und die Investitionsstruktur der Volkswirtschaft verbessert werden. Durch die Kanalisierung und Allokation von öffentlichen Mitteln und Mitteln bilateraler Kapitalhilfe über Entwicklungsfinanzierungs-Institutionen wird die absorptive Kapazität des Landes verbessert. Schließlich erhalten Kreditnehmer Zugang zu institutionellem Kredit, die seither keine oder nur sehr geringe Kreditmöglichkeiten hatten. Diese Endkreditnehmer werden unter Berücksichtigung von ökonomischen Effekten (Verwendung einheimischer Inputs, Zahlungsbilanzeffekte, Beschäftigungseffekte, Management-Training) und sozialer Effekte (Einkommensverteilung, Effekte auf Unterernährung etc.) ausgewählt. Die Entwicklungsfinanzierungs-Institutionen bemühen sich außerdem, Ersparnisse zu mobilisieren und fungieren als Katalysator zwischen internationalem und nationalem Kapitalmarkt, um so ausländische Geldmittel zu attrahieren. Eine große entwicklungspolitische Aufgabe der Entwicklungsbanken besteht außerdem im Training von eigenem Personal sowie von Kunden.

2.2 Der informelle Sektor

Händler und Geldverleiher

Im informellen Sektor vergeben insbesondere sogenannte Aufkauf- bzw. Zwischenhändler oder Geldverleiher Kredite an Klein- und Mittelbetriebe. Die auf die Kreditvergabe spezialisierten Geldverleiher findet man insbesondere in Asien, während in Afrika diese Funktion eher Aufkauf- bzw. Zwischenhändler übernehmen. Händler oder Geldverleiher stellen eine bedeutende Quelle für Kredite an Klein- und Mittelbetriebe dar. In manchen Bereichen sind sie die einzig mögliche Quelle. Wenn Händler diese Rolle der Kreditvergabe übernehmen, so stellen sie gleichzeitig eine Verbindung zwischen den Beschaffungsquellen für Rohmaterial auf der einen Seite und den Absatzmärkten auf der anderen Seite dar. Diese Kombination bei der Kreditvergabe wird insbesondere für Genossenschaften angestrebt.

Die Kriterien, nach denen im informellen Sektor Kreditvergabe-Entscheidungen gefällt werden, sollten von den öffentlichen Kreditvergabe-Institutionen, die an Klein- und Mittelbetriebe Kredite vergeben, genauer geprüft werden. Hier kann manche Anregung gefunden werden.[8]

3. Formen finanzieller Unterstützung

Im folgenden sollen vier Formen finanzieller Unterstützung vorgestellt werden. Die Subventionierung von Zinssätzen, die Reduzierung von Sicherheitsanforderungen, die Finanzierung von Betriebskapital und die Finanzierung von Investitionen.

3.1 Subventionierung von Zinssätzen

Der Kapitalmarkt in Entwicklungsländern ist nicht voll funktionsfähig. Die Zinssätze, die die Allokation der knappen Ressourcen unter den konkurrierenden Verwendungsarten lenken sollen, sind von Staats wegen festgelegt und können diese Aufgabe nicht erfüllen.

Die Zinsen sollten aus ökonomischer Sicht die Kosten des Kapitals und die Kosten der Bereitstellung von Kapital repräsentieren und damit die Allokation des Kapitals nach seiner effektivsten Verwendungsart vornehmen. Die Zinsen müßten also zum einen die Opportunitätskosten des Kapitals und zum anderen die Verwaltungskosten decken. Die Opportunitätskosten des Kapitals können in etwa auf dem Niveau angesetzt werden, das für die Mobilisierung von Ersparnissen erforderlich ist. Verwaltungskosten sind Kosten, die dem Aufwand, der durch die Kreditverwaltung (Kreditwürdigkeitsprüfung, Kreditausschüttung, Überwachung u. a.) entsteht, direkt zuzuordnen sind. Verwaltungskosten steigen mit sinkender Kredithöhe und Kreditlaufzeit. Sie beinhalten nicht die Kosten von Beratungsdiensten.

Aus der Sicht der Vergabeinstitutionen müßten die Zinssätze eine Zinsspanne ermöglichen, die so groß ist, daß die Kosten der Kapitalmobilisierung und -bereitstellung sowie die Verwaltungskosten gedeckt sind. Hinzu käme noch eine Berücksichtigung der Kosten des Kreditausfalls und eine angemessene Gewinnmarge. Die Weltbank machte in den Philippinen eine Untersuchung über die Angemessenheit staatlich fixierter Zinssätze bei der Kreditvergabe an Klein- und Mittelbetriebe. Das Ergebnis machte deutlich, daß die Banken in keiner Weise eine angemessene Zinsspanne vorfanden, die zu einer Finanzierung von Klein- und Mittelbetrieben angeregt hätte. Die Erfahrung zeigt, daß das philippinische Finanzsystem hier keine Ausnahme ist.[9]

Es spricht also sowohl aus rein volkswirtschaftlicher als auch aus betriebswirtschaftlicher Sicht vieles gegen subventionierte Zinssätze. Klein- und Mittelbetriebe sind in der Lage, höhere Zinsen zu bezahlen, wie man an den hohen Zinssätzen sieht, die im informellen Sektor bezahlt werden. Nach Ansicht der Weltbank sollte langfristig eine positive reale Zinshöhe erreicht werden, die die Kosten der Kreditvergabe deckt. Mittelfristig wird ein Zins angestrebt, der zumindest die Opportunitätskosten des Kapitals deckt.[10]

Das eigentliche Problem für Klein- und Mittelbetriebe ist nicht die Zinshöhe, sondern der Zugang zu Kapital im institutionellen Sektor generell und dieser hängt wesentlich von den erforderlichen Sicherheiten ab.

3.2 Anforderungen an die Sicherheiten

Den Anforderungen banküblicher Sicherheiten, die bevorzugt eine Verpfändung von Grund und Boden erfordern, sind Klein- und Mittelbetriebe in Entwicklungsländern in keiner Weise gewachsen. Diese Problematik stellt das Hauptproblem bei der Finanzierung von Klein- und Mittelbetrieben durch institutionellen Kredit dar. Eine Lösung bietet sich durch die Schaffung neuer Formen von Banksicherheiten in Entwicklungsländern an. Hierzu gehören alle Formen von Kreditgarantien oder Bürgschaften, die vom Staat, der Zentralbank oder von Selbsthilfegruppen und Kreditgarantie-Gemeinschaften gestellt werden können. Eine andere Form von Banksicherheit kann der voraussichtliche Cash-Flow eines zu finanzierenden Projektes darstellen. Es wird in zunehmendem Maße eine Kombination von Cash-Flow-Entwicklung und Kreditgarantie als Ersatz für bankübliche Sicherheiten bei der Finanzierung von Klein- und Mittelbetrieben eingesetzt. Es wird also der wahrscheinlichen Cash-Flow-Entwicklung der Charakter einer Banksicherheit — gestützt durch Kreditgarantien — übertragen.[11])

Es sind unterschiedliche Formen von Garantien denkbar, z. B.

— persönliche Bürgschaften,

— Gruppenbürgschaften,

— Bürgschaften von Kreditgarantie-Gemeinschaften,

— staatliche Garantien.

Der Selbsthilfegedanke wird am besten vertreten bei einer Form der Kreditvergabe, in welcher der Staat nur als Rückbürge dient. Vor Ort befindliche Kreditgarantie-Gemeinschaften können den Kreditantragsteller außerdem weit besser einschätzen. Dem Staat wird durch diese Koppelung auch Einblick in die ökonomische Lage der Zielgruppe eröffnet. Ein kleiner Teil des Risikos sollte auch bei einer staatlichen Rückbürgschaft jedoch bei der Kreditgarantie-Gemeinschaft verbleiben, um so sicherzustellen, daß eine gründliche Prüfung vorgenommen wird, ehe eine Garantie gegeben wird.

Kreditgarantieleistungen haben ihren Preis. Kostenfreie Kreditgarantien am Kapitalmarkt stellen indirekte Subventionen dar. Angemessene Preise für diese Dienstleistungen fördern auf der anderen Seite die Entwicklung des Kapitalmarktes.

Im Zusammenhang mit der Problematik der Stellung von Banksicherheiten durch Klein- und Mittelbetriebe ist es interessant, wie dieses Problem im informellen Sektor gelöst wird.[12]) Hier werden Kredite an Klein- und Mittelbetriebe vergeben, die dem Kreditgeber meist persönlich bekannt sind und deren ökonomische Ertragskraft er gut einschätzen kann. Bei Händlern ist die Kreditvergabe oft gekoppelt mit der Beschaffung und Vermarktung von Rohstoffen bzw. Produkten, so daß der Händler als Kreditgeber sehr viel Einfluß hat. Darüber hinaus werden noch, soweit vorhanden, Sicherheiten gefordert. Dies sind meist traditionelle Sicherheiten, die eine Bank nicht akzeptieren könnte.

Hier setzen nun Vorschläge an[13]), aus der alten traditionellen Kreditbeziehung zwischen Händler oder Geldverleiher und Kreditnehmer eine neue Beziehung zu formen, indem eine Bank eingeschaltet wird. Der Händler fungiert als Bürge für den Kleinbetrieb gegenüber der Bank. Diese Bürgschaft erteilt der Händler, wenn er traditionelle Sicherheiten erhält und einen angemessenen Preis für die Bürgschaft in Rechnung stellen kann. Der Kredit wird zu banküblichen Zinsen von der Bank vergeben. Vorteile dieser Konstruktion können bei allen drei Beteiligten zu finden sein. Der Händler erhält zunächst einmal Beziehungen zu einer Bank und hat damit auch Zugang zu Kredit und Beratungsdiensten. Durch seine Bürgschaft kann er seine Kundschaft liquide machen, ohne zunächst eigenes Kapital anzugreifen. Für seine Bürgschaft erhält er einen angemessenen Preis.

Die Bank sieht ihren Vorteil darin, daß der Händler sozusagen die Kreditwürdigkeitsprüfung übernimmt und eine Sicherheit stellt. Sie gewinnt sowohl im Händler als auch im Klein- und Mittelbetrieb einen Kunden. Der Klein- und Mittelbetrieb wird nicht — wie häufig geschehen — leichtfertig die Rückzahlung des Kredits ablehnen, da der Händler einen sozialen und ökonomischen Machtfaktor in seinem Lebensbereich darstellt.

Der Klein- und Mittelbetrieb erhält Kredit aus institutionellen Quellen, die billiger sind als im informellen Sektor. Er ist vom Händler zwar weiterhin durch seine Sicherheitsstellung abhängig, aber die Beziehung zum Händler wird durch die Einschaltung der Bank formaler gestaltet. Die Preisgestaltung zwischen Händler und Klein- und Mittelbetrieb kann somit nicht mehr willkürlich geändert werden. Das folgende Schaubild von Chukwu[14]) zeigt eine mögliche Kombination von Kreditbeziehungen zwischen informellem und formellem finanziellem Sektor.

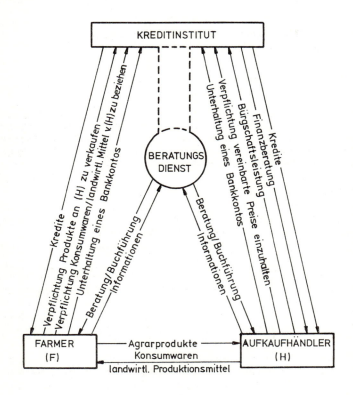

3.3 Die Finanzierung von kurzfristigem Betriebskapital

Für viele Klein- und Mittelbetriebe repräsentiert Umlaufvermögen den Hauptengpaß. Umlaufvermögen wird benötigt, um Rohmaterial in größeren Mengen zu günstigeren Preisen einkaufen zu können, und um Lager von Fertigprodukten in Zeiten sinkenden Absatzes finanzieren zu können. Umlaufvermögen ist insbesondere für solche Betriebe nötig, deren Abnehmer mit ihrem Einkommen vom Erntezyklus abhängen. Ein größeres Umlaufvermögen ermöglicht stetige Produktion und gleichmäßige Ausnutzung der Kapazität. Trotzdem war es bis vor einiger Zeit nicht üblich, daß Entwicklungsfinanzinstitutionen kurzfristiges Kapital finanzierten. Es liegt jedoch gerade im Interesse dieser Institutionen, daß ihre Kunden über genügend Umlaufvermögen verfügen, um kurzfristig Schwankungen ausgleichen zu können.

3.4 Investitionsfinanzierung

Die Finanzierung von Investitionen war bis vor einiger Zeit die Hauptform der Finanzierung von Mittel- und Kleinbetrieben durch Entwicklungsfinanzierungs-Institutionen. Dies wurde auch durch die Politik der Weltbank gefördert, die die Vergabe von Krediten auf die Finanzierung von Anlagegütern beschränkt sehen wollte.[15]

Es gibt sehr viele unterschiedliche Formen der Unterstützung bei der Finanzierung von Investitionen. Jedoch sind nur wenige dieser Formen für die Finanzierung von Investitionen von Klein- und Mittelbetrieben in Entwicklungsländern geeignet. Dies ist darauf zurückzuführen, daß bei Formen wie z. B. Beteiligungsfinanzierung durch Investmentgesellschaften, Leasing und Hire Purchase ein gut ausgebautes Rechnungswesen und ein entwickelter Kapitalmarkt erforderlich sind. Außerdem ist eine gesicherte gesetzliche Basis wesentlich, die es ermöglicht, vertragliche Forderungen einzutreiben. Diese Voraussetzungen sind jedoch selten in Entwicklungsländern gegeben.

Als eine geeignete Form der Finanzierung von Klein- und Mittelbetrieben für Investitionszwecke wird der sogenannte Supervised Credit angesehen.[16] Diese Form der Finanzierung kombiniert Kredit z. B. für Investitionszwecke mit Beratung bei Produktion, Beschaffung und beim Absatz. Gleichzeitig wird durch die enge Beratung eine hervorragende Überwachung der Kreditverwendung ermöglicht. Die Beratungsinstitution und die Vergabeinstitution arbeiten eng zusammen. Supervised Credit beinhaltet neben Kredit und Beratung auch konkret die Organisation der Beschaffung von Rohmaterial und des Absatzes.

4. Institutionelle Voraussetzungen

Einige der wichtigsten organisatorisch/institutionellen Voraussetzungen für alle Programme, die Klein- und Mittelbetriebe fiananzieren, sind

— klar formulierte Ziele und Richtlinien der Regierungen für die Förderung von Klein- und Mittelbetrieben,
— Institutionen, die über das notwendige ausgebildete Personal verfügen und organisatorisch in der Lage sind, solche Programme zu implementieren und
— technische und ökonomische Beratung der Kreditnehmer.

Im folgenden sollen noch einige Anmerkungen zu den organisatorischen Voraussetzungen einer solchen Institution gemacht werden.

4.1 Kreditantragstellung

Das Verfahren muß ebenso wie die auszufüllenden Formblätter so einfach wie möglich sein, um gerade der Zielgruppe Klein- und Mittelbetriebe die Schwellenangst vor institutionellem Kredit zu nehmen. Hierzu gehört auch, daß versucht wird, möglichst nahe an die Zielgruppe heranzukommen, sei es über „mobile Banken" oder Außenstellen, die z. B. nur an Markttagen geöffnet haben. Eine Zusammenarbeit zwischen Entwicklungsfinanzierungs-Institutionen und Geschäftsbanken oder Genossenschaftsbanken mit Filialnetz bietet sich an. Kleinkreditnehmer benötigen außerdem Beratung bei der Kreditantragstellung und Unterstützung bei der Beschaffung notwendiger Dokumente. Wichtig ist, daß der Zeitraum zwischen Antrag und endgültiger Entscheidung nicht zu groß wird.

4.2 Kreditwürdigkeitsprüfung

Die Kreditwürdigkeitsprüfung ist die zentrale Aufgabe der Finanzierungs-Institution. Sie muß prüfen, welche Kreditanträge den für ein bestimmtes Kreditprogramm aufgestellten Förderungskriterien am besten entsprechen. Die Förderungskriterien werden z. B. durch den Vorstand der Bank, die Zentralbank, die Regierung oder eine internationale Organisation vorher definiert, um sicherzustellen, daß eine bestimmte Größenkategorie von Betrieben, ausgewählte Sektoren, Regionen oder ethnische Gruppen bevorzugt gefördert werden. Innerhalb dieser Richtlinien wählt die Bank nach ökonomischen, banktechnischen Kriterien die Kreditanträge aus. Bei der Kreditwürdigkeitsprüfung ist zwischen dem organisatorischen Verfahren und der Methode zu unterscheiden. Beim Verfahren wird festgelegt, welche Personen in der Bank in welcher Reihenfolge sich mit der Kreditwürdigkeitsprüfung befassen sollen. Eine umfassende Methode der Kreditwürdigkeitsprüfung beinhaltet etwa folgendes Vorgehen:[17]

1) Beschreibung des Kreditnehmers
   — Kapitalstruktur
   — Krediterfahrung
   — Finanzielles Standing
   — Management

2) Beschreibung des Projektes

3) Kosten des Projektes und Finanzierungsplan
   — Investitionskosten einheimische Währung/ausländische Währung
   — Finanzplan
       — langfristige Verbindlichkeiten
       — kurzfristige Verbindlichkeiten
       — Überziehungskreditlinie
       — Beteiligungen
       — Gewinn vor Steuern und Abschreibungen

4) Sicherheiten
   — vorgeschlagene Sicherheitsleistungen
   — Verläßlichkeit, Angemessenheit

5) Marktentwicklung

6) Preisentwicklung

7) Finanzielle Projektionen
   — Verkaufsschätzungen
   — Bilanz
   — cash-flow-statements
   — finanzielle Kennziffern
       — Liquiditätskennzahlen
       — interner Zinsfuß

8) Ökonomische Evaluation
   — Cost-Benefit-Analyse
       — Sensitivitätsanalyse
       — Beitrag zum Bruttosozialprodukt
       — Einkommensverteilung
       — Währungsreserven

9) Empfehlungen

Diese ausführliche Methode der Kreditwürdigkeitsprüfung soll ökonomische und entwicklungspolitische Kriterien bei der Auswahl von Kreditnehmern/Projekten umfassend berücksichtigen. Für die Förderung von Klein- und Mittelbetrieben über Kreditvergabe kann nur eine sehr geringe Auswahl der Kriterien erfaßt werden, da dieses umfangreiche Verfahren zum einen viel zu teuer wäre und zum anderen auch mangels Basismaterial nicht in Frage kommt. Für Klein- und Mittelbetriebe kommt also vor allem die Überprüfung der persönlichen Integrität des Kreditnehmers, seiner beruflichen Kompetenz, seiner Reputation bei Kunden und Konkurrenten und eventuell sein Verhalten bei früheren Krediten in Frage. Aus ökonomischen Fragestellungen interessieren die Umsatzentwicklung in den letzten Geschäftsjahren, Bilanzen vergangener Jahre, eine Vorhersage der Absatzentwicklung während der Laufzeit des Krediets, vergangene und zukünftige Gewinn- und Verlustrechnungen, Kapitalertrag als Indikator für Rentabilität und Cash-Flow-Statements. Da in den seltensten Fällen bei Kleinbetrieben, besonders solchen im ländlichen Raum, davon ausgegangen werden kann, daß vollständige Bilanzen oder Gewinn- und Verlustrechnungen oder Cash-Flow-Statements vorliegen oder diese erstellt werden können, wird — wie bereits erwähnt — zumeist eine Sicherung des Kredites durch Bürgschaften und Garantien erforderlich sein.

4.3 Kreditvergabe

Die Kreditvergabe kann sowohl in Form von Inputmaterial als auch in monetärer Form erfolgen. Durch die Vergabe von Kredit in Form von Gutscheinen für Inputmaterial wird häufig versucht, eine gewisse Kontrolle über die Verwendung des Kredits zu erhalten. Bei beiden Formen der Kreditvergabe ist es jedoch insbesondere auch im ländlichen Bereich unbedingt nötig, daß der Kredit zum vereinbarten Zeitpunkt bereitsteht. Bei landwirtschaftlichen Krediten muß sich die Kreditvergabe dem landwirtschaftlichen Produktionszyklus anpassen.

4.4 Kreditüberwachung

Durch die Kreditüberwachung soll rechtzeitig eine Veränderung der ökonomischen Lage des geförderten Projektes erkennbar werden oder Mißbrauch von Kredit vermieden werden. Hand in Hand mit der Kreditüberwachung, bei welcher regelmäßige Besuche bei den Kreditnehmern wünschenswert wären, sollte auch die technische/landwirtschaftliche und ökonomische Beratung der Kreditnehmer gehen. Dies kann durch eine gute Zusammenarbeit zwischen den Außenstellen der Agrar- oder Industrieministerien und der Kreditvergabe-Institution ermöglicht werden.

Bei der Kreditüberwachung werden Reports erstellt, die jeweils den Fortschritt der Projekte festhalten. Wenn Financial Statements verfügbar sind, so können diese in der Bank analysiert werden. Die Reports sollten einen Vergleich der finanziellen Lage des Projektes über verschiedene Zeitperioden hin ermöglichen. Von großer Bedeutung ist auf jeden Fall die Rückkoppelung zwischen den Teams, die für die Kreditüberwachung und denen, die für die Kreditwürdigkeitsprüfung verantwortlich sind.

4.5 Kreditrückzahlung

In diesem Bereich wird die Arbeit der Kreditwürdigkeitsprüfung und der Kreditüberwachung sichtbar. Je besser sie ist, desto geringer sind die Kreditausfälle. Im Falle von Kreditausfällen sind die Möglichkeiten und Fähigkeiten der Bank, solche Kredite einzutreiben und/oder Sicherheiten zu konfiszieren, von Bedeutung. Insbesondere wenn überfällige Kredite davon herrühren, daß die Kreditnehmer nicht gewillt sind zurückzuzahlen, muß der Gesetzgeber Wege finden, die ein Erwirken der Rückzahlung durch die Bank ermöglichen.

Die wichtigsten Schritte zu einer hohen Rückzahlungsquote sind:

— gründliche Kreditwürdigkeitsprüfung,

— häufige Kreditüberwachung,

— intensive Beratung,

— gut ausgebildetes Personal,

— gesetzliche Grundlagen, die die Banken bei Mißbrauch von Krediten schützen.

4.6 Trägerschaft des Wechselkursrisikos

Insbesondere bei der Kreditvergabe an Kleinkreditnehmer ist die Trägerschaft des Wechselkursrisikos entscheidend[18]). Es ist an der Tagesordnung, daß Entwicklungsbanken das Wechselkursrisiko nicht selbst tragen. In vielen Fällen müssen die Endkreditnehmer das Risiko übernehmen. Sie sind jedoch nicht in der Lage, das Risiko zu kalkulieren und wissen dadurch nicht, wie hoch der Betrag ist, den sie zum Zeitpunkt der Fälligkeit zurückzahlen müssen. Die Höhe der Zinsen kann z. B. nicht getrennt von der Trägerschaft des Wechselkursrisikos gesehen werden, da die Endkreditnehmer bei Übernahme des Risikos und sinkendem Wechselkurs sich erhöhten Kosten gegenübersehen. Das Abwälzen des Wechselkursrisikos auf die Endkreditnehmer ist entwicklungspolitisch unbefriedigend.

Es gibt unterschiedliche Alternativen zur Trägerschaft des Wechselkursrisikos durch den Endkreditnehmer:

— Die Bank kann dem Endkreditnehmer einen bestimmten Prozentsatz für das Wechselkursrisiko in Rechnung stellen und das darüber hinausgehende Risiko selbst tragen. Es ist jedoch sehr schwer, einen solchen festen Prozentsatz angemessen zu kalkulieren.

— Die Bank kann das darüber hinausgehende Risiko auf die Regierung abwälzen.

— Die Bank kann das darüber hinausgehende Risiko auf die Zentralbank abwälzen.

— Die Bank kann eine Versicherung einschalten, die dem Endkreditnehmer einen bestimmten Prozentsatz berechnet und das darüber hinausgehende Risiko trägt.

Zusammenfassend sollen im folgenden einige Gesichtspunkte, die bei der Finanzierung von Klein- und Mittelbetrieben von Bedeutung sind, aufgeführt werden[19]).

Zugang zu Kredit

Der Zugang zu institutionellem Kredit ist für Klein- und Mittelbetriebe nach wie vor sehr schwierig. Dies ist zum einen darin begründet, daß Klein- und Mittelbetriebe nicht in der Lage sind, banküblliche Sicherheiten zu stellen. Diesem Problem kann durch das Akzeptieren anderer Formen von Banksicherheiten im institutionellen finanziellen Sektor begegnet werden.

Der Zugang zu Kredit über Filialen hat sich ebenfalls nicht immer als effektiv erwiesen, da Klein- und Mittelbetriebe neben einer vorhandenen Schwellenangst oft auch Schwierigkeiten haben, zu diesen Filialen zu gelangen. Dies gilt insbesondere für ländliche Regionen. Hier ist ein mehr aggressives Vorgehen bei der Kreditvergabe an Klein- und Mittelbetriebe vonnöten, wobei der Beratung bei der Kreditantragstellung eine Schlüsselrolle zukommt.

Kombinierte Hilfe

Kredit allein ist nicht so effektiv wie Kredit kombiniert mit technischer Hilfe. Hierzu gehören Beratung und Information über bereits erprobte neue Technologien, Beratung über einfache Verfahren zum Aufbau eines Rechnungswesens sowie Beratung und Hilfe bei der Organisation von Beschaffung und Vermarktung.

Zeitgerechte Kreditvergabe

Besonders bei der Kreditvergabe an landwirtschaftliche Klein- und Mittelbetriebe ist eine zeitgerechte Kreditvergabe wichtig. Hier muß sich sowohl die Kreditausschüttung als auch die vereinbarte Kreditlaufzeit dem jeweiligen landwirtschaftlichen Produktionszyklus anpassen.

Auswahl der Kreditnehmer

Sozio-ökonomische Auswahlkriterien für Kreditnehmer wie z. B. Größe der zu fördernden Betriebe, bevorzugte Sektoren oder Regionen müssen von Regierungen, Kapitalhilfegebern und/oder internationalen Institutionen festgelegt werden. Von den Kreditvergabeinstitutionen werden aus diesen zu fördernden Kreditnehmern auf der Basis von Kreditwürdigkeitsprüfungen diejenigen ausgewählt, die für eine Kreditvergabe in Frage kommen. Jedoch mögen die angemessenen Kriterien für die Beurteilung von Klein- und Mittelbetrieben sich von denen für die Beurteilung von Großbetrieben unterscheiden. Zumindest die folgenden drei Elemente scheinen von Bedeutung zu sein:

— die Reputation des Einzelnen innerhalb seiner Gemeinschaft,
— die technische Durchführbarkeit des vorgeschlagenen Projektes,
— der erwartete Cash-Flow, den die Investition schaffen soll.

Individuelle Zuverlässigkeit und Gruppenverantwortlichkeit

Eine Kombination zwischen Einzelverantwortung und Gruppenverantwortlichkeit z. B. durch die Übernahme einer Kreditgarantie durch eine Kreditgarantiegemeinschaft kann die Rückzahlungsquote für eine Kreditinstitution erhöhen. Hierbei kann die Zugehörigkeit zu einer Gemeinschaft oder Gruppe erfolgreich dahingehend genutzt werden, daß der Einzelne sich zur Rückzahlung des Kredits bewegen läßt, wenn er dazu in der Lage, doch nicht gewillt ist.

Kontrolle

Es ist unrealistisch zu erwarten, daß Kreditnehmer, die keine Kenntnisse über die finanziellen Praktiken einer Kreditvergabeinstitution und deren Vergabepraktiken haben, sich sofort mit dem Verfahren identifizieren. Zahlung und Rückzahlung des Kredits müssen den Liquiditätsbedingungen des Einzelnen angepaßt werden. Wenn dies gelungen ist, so ist die Überwachung selbst von großen Gruppen von Kleinkreditnehmern möglich.

Flexibilität

Bei der Vergabe von Krediten an Klein- und Mittelbetriebe ist große Flexibilität nötig. Es wird in häufigen Fällen eine Verlängerung der Rückzahlungsfrist erforderlich sein.

Kontinuität

Vielen Entwicklungsprogrammen, auch im Kreditbereich, mangelt es an Kontinuität über die Phase der Einrichtung hinaus. So werden zum Teil Programme mit ausstehenden Krediten nach wenigen Jahren wieder eingestellt. Dies verursacht Mißtrauen und hat geringe Disziplin zur Folge. Kontinuität der Kreditvergabe ist wichtig, wenn Programme erfolgreich sein sollen.

Ein Open-end-Ansatz

Da Programme jeweils individuell der lokalen Situation angepaßt werden müssen und es keine feststehenden Empfehlungen geben kann, muß ein Prozeß des Trial and Error, beginnend mit einer einfachen Kombination von Kredit und technischer Hilfe und einer kleinen Anzahl von Kreditnehmern, den richtigen Weg finden. Erst dann kann eine größere Zielgruppe ins Auge gefaßt werden.

[1] Raghavan, V. S. and Timberg, T. A., Notes on Financing Small-scale Enterprises, in: Diamond, W. and Raghavan, V. S., (ed.) Aspects of Development Bank Management, World Bank 1982.

[2] Dunlop, P. W., An Analysis of the Rural Non-Farm Economy (Small-Scale Industry Trading and Service Activities): Implications for Future Research, Michigan State University, Departement of Agricultural Economics, Working Paper No. 4, Michigan 1971.

[3] Wynne-Roberts, R., Small and Medium Industry in Cameroon, World Bank, Washington D. C. 1978.

[4] Kochav, D. et al., Financing Development of Small-Scale Industries, World Bank, Bank Staff Working Paper No. 191, Washington D. C. 1974.

[5] Bosa, George, R., The Financing of Small-Scale Enterprises in Uganda, Nairobi 1969.

[6] Page, I. M., Small Enterprises in African Development: A Survey, World Bank Staff Working Paper No. 363, Washington D. C. per No. 4, Michigan 1971.

[7] Anderson, D., Small Enterprises and Development Policy in the Philippines, Case Study. World Bank Staff Working Paper No. 468, Washington D. C. 1981.

[8] Vgl. hierzu Chukwu, S. C., Moderne Kreditsicherung im Rahmen afrikanischer Gesellschaftsordnungen, Göttingen 1976.

[9] Anderson, D., Small Enterprises and Development Policy in the Philippines, a.a.O. S. 11 ff.

[10] World Bank, Agricultural Credit, Sector Policy Paper, Mai 1975, S. 9—13.

[11] World Bank, Employment and Development of Small Enterprises, Washington D. C. 1978.

[12] Raghavan, V. S., Financing Small-Scale Enterprises in: UNO, Development Banking in the 1980s, New York 1980, S. 125.

[13] Vgl. Chukwu, S. C., Moderne Kreditsicherung im Rahmen afrikanischer Gesellschaftsordnungen a.a.O., S. 366 ff.

[14] ebenda, S. 372.

[15] Vgl. World Bank, Employment and Development of Small Enterprises, a.a.O., S. 30.

[16] Vgl. Radikowski, A., Investitionsfinanzierung landwirtschaftlicher Kleinbetriebe in Entwicklungsländern, Diss., Stuttgart 1973, S. 73 ff.

[17] Diese Vorgehensweise wird z. B. von der Industrial Development Bank of Pakistan, Karachi, angewandt.

[18] Vgl. hierzu auch Raghavan, V. S., Some Issues Relating to Financial Policies of Development Banks in: Diamond W. and Raghavan V. S., Aspects of Development Bank Management a.a.O., S. 207 ff.

[19] Vgl. hierzu World Bank, Agricultural Credit, Sector Policy Paper a.a.O., S. 17.

Die Bedeutung von internationalem Handel und Handelshemmnissen für Entwicklungsländer

Kerstin Bernecker

1. Einleitung

Im Rahmen der entwicklungspolitischen Diskussion spielen internationale Wirtschaftsverflechtungen sowie der internationale Handel eine bedeutende Rolle, — obwohl sie nur einen begrenzten, wenn auch sowohl für EL und IL sehr wichtigen Aspekt in dem äußerst komplexen entwicklungspolitischen Problemkreis darstellen. Es ist aber gerade der Aspekt, der die meisten Berührungspunkte zwischen EL und IL beinhaltet.

Die im folgenden dargelegte Problematik muß sich auf Grund der Themenstellung — als einer unter einer Vielzahl von, die entwicklungspolitische Komplexität unterstreichenden, Beiträgen — weitestgehend auf die wirtschaftlichen Zusammenhänge und Auswirkungen des internationalen Handels auf die EL beschränken. Die als äußerst wichtig erachteten soziopolitischen, -ökonomischen und -kulturellen Aus- und Wechselwirkungen, die dieser Handel impliziert, würden den Rahmen dieses Artikels sprengen und können nur an einigen Punkten angedeutet bzw. gestreift werden.

Selbst hinsichtlich der wirtschaftlichen Zusammenhänge müssen einige Einschränkungen gemacht werden: Die Wechselwirkung des Außenhandels mit den Binnenwirtschaften kann nur aufgezeigt, aber nicht vertieft werden. Die Betrachtung des Außenhandels erfolgt hier schwerpunktmäßig hinsichtlich der Exporte der EL in die IL.

Im folgenden wird die Rolle der EL im Welthandel sowie die Bedeutung des Welthandels für die EL untersucht, und zwar zum einen vor dem statistischen Hintergrund, zum anderen im Rahmen der Entwicklungs- und Außenhandelstheorien. Zusammenfassend werden sodann entwicklungsfördernde, -neutrale und -hemmende Konstellationen und Wirkungen des Außenhandels erörtert. Im letzten Kapitel werden die externen Hauptprobleme der EL hinsichtlich des internationalen Handels dargestellt sowie diesbezügliche Entwicklungstheorien aufgezeigt.

2. Die Rolle der EL im Welthandel — die Bedeutung des internationalen Handels für die EL

2.1 Statistischer Hintergrund

Zwar sind die EL in weitaus geringerem Maße am Welthandel beteiligt als die marktwirtschaftlichen Industrieländer, — wie Abbildung 1 und Tabellen 1—3 zeigen, aber gemessen an ihren sonstigen wirtschaftlichen Aktivitäten — bezogen auf ihr BIP — ist für diese Ländergruppe der Außenhandel von weit größerer Bedeutung als für die beiden anderen dargestellten, die marktwirtschaftlichen und die planwirtschaftlichen (letztere: europäische und UDSSR) Industrieländer: Für die EL machen die Exporte, über 20 % des BIPs aus, für die marktwirtschaftlichen IL knapp 16 % und für die planwirtschaftlichen nur 10 % (für 1975; bis 1980 haben sich keine gravierenden Strukturverschiebungen ergeben — tendenziell eine Vergrößerung des Handelsanteils der EL). Dennoch, ungefähr zwei Drittel der Weltexporte werden durch die mw. IL getätigt, und fast die Hälfte des gesamten Welthandels erfolgt innerhalb der Gruppe der mw. IL (vgl. Abb. 1). Der Handel der EL mit diesen Industrieländern steht zwar an zweiter Stelle der vorliegenden Gliederung, beläuft sich aber nur auf ca. 17 % (für den Export) bzw. knapp 9 % (für den Import der EL) des Welthandels.

Abbildung 1: Handelsströme zwischen Hauptländergruppen (1975)

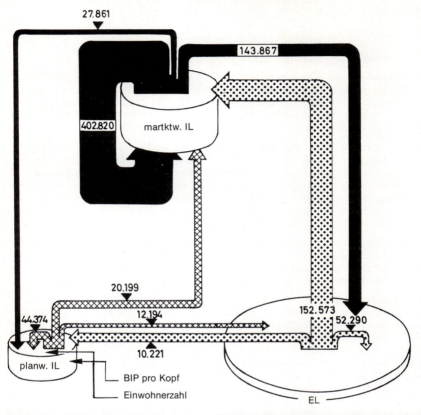

Tabelle 1: Grunddaten nach Ländergruppen 1975 (Bevölkerung, Bruttoinlandsprodukt, Außenhandel)

Ländergruppe		Bevölkerung		BIP		BIP/Kopf	Außenhandel Export/Import		
		Mio.	in %	Mrd. $	in %	in $	in Mio. $	in % WH	in % BIP
Industrieländer Marktwirtschaft	m	754	19.4	3 659	66.3	4 853	577 976	66.2	15.8
							575 592	66.2	15.7
Industrieländer Planwirtschaft	m	360	9.3	858	15.5	2 383	77 358	8.9	8
							82 456	9.5	9.6
Entwicklungs-länder		2 775	71.4	1 001	18.1	361	217 194	24.9	21.7
							208 349	24	20.8
Welt							872 528	100	15.8
		3 889	100	5 518	100	1 419	866 397	99.9	15.7

Quelle zu Abb. 1 und Tab. 1: INPED/IfO: Etude No. 27 — Industrialisation et Echanges Internationaux, Vol. 2: Les Echanges Internationaux, Alger — München 1978, S. 7 ff.

150

Tabelle 2: Handelsströme zwischen den Hauptländergruppen 1975 und 1979

Herkunftsland	Empfängerland							
	Marktwirtschaftliche Industrieländer		Planwirtschaftliche Industrieländer		Entwicklungsländer		Welt	
	1975	1979	1975	1979	1975	1979	1975	1979
	in Mio. US $ fob							
Marktwirtschaftliche Industrieländer	402 039	778 916	27 861	41 315	143 907	246 438	577 192	1 071 791
Planwirtschaftliche Industrieländer	20 199	39 959	44 374	70 650	12 193	23 666	77 358	134 735
Entwicklungsländer	150 919	301 705	10 341	15 625	53 240	112 718	218 186	432 764
Welt	573 156	1 120 579	82 576	127 590	209 340	382 822	872 736	1 639 290

Quelle: UN, Yearbook of International Trade Statistics 1980, Vol. 1, New York 1981, Table B.

Tabelle 3: Exporte der Hauptländergruppen nach Warengruppen 1975 und 1979

Herkunftsland		Exportierte Warengruppe						
		Nahrungs- u. Genuß- mittel 0 + 1 (1)	Rohstoffe, Öle und Fette 2 + 4	Erdöl u. and. Brenn- stoffe 3	Chemische Erzeug- nisse 5	Maschinen u. Fahr- zeuge 7	Sonstige Fertig- waren 6 + 8	Exporte insgesamt 0 — 9
		in Mio. US $ fob						
Marktwirtschaftliche Industrieländer	1975	65 838	39 205	29 245	53 205	212 665	168 284	577 192
	1979	109 234	74 297	62 719	111 725	376 759	317 313	1 071 791
Planwirtschaftliche Industrieländer	1975	6 367	6 790	13 892	4 108	24 530	16 689	77 358
	1979	8 871	9 770	32 594	6 447	41 922	25 759	134 735
Entwicklungsländer	1975	31 813	19 722	126 350	3 983	7 236	28 215	218 186
	1979	55 417	37 369	238 357	7 591	21 783	69 365	432 764
Welt	1975	104 018	65 717	169 488	61 251	244 431	213 189	872 736
	1979	173 522	121 435	333 670	125 763	440 464	412 438	1 639 290

Quelle: UN, Yearbook of International Trade Statistics 1980, Vol. 1, New York 1981, Table C.

1) Produktgruppen gem. Standard International Trade Classification Revised (SITC Rev. 2).

Der Handel der EL untereinander ist dagegen noch immer von untergeordneter Bedeutung. Das gleiche gilt für die Beteiligung der planwirtschaftlichen Industrieländer am Welthandel. Aufschluß über die Exportschwerpunkte nach verschiedenen Warengruppen gibt Tabelle 3 (gemäß der UN Standard International Trade Classification). Es wird deutlich, daß der Schwerpunkt der Exporte

— der EL im Bereich der Primärgüter liegt (Gruppen 0—4), wobei Erdöle und andere Brennstoffe an erster Stelle stehen, gefolgt von Nahrungs- und Genußmitteln,

— der marktwirtschaftlichen IL im Bereich der verarbeiteten Produkte liegt, mit „Maschinen und Fahrzeugen" (Gruppe 7) an erster Stelle, gefolgt von „sonstige Fertigwaren" (Gruppe 6 + 8).

Die Implikationen dieser hier kurz dargestellten Fakten werden im folgenden näher untersucht.

2.2 Theoretischer Hintergrund

2.2.1 Bestimmungsgründe des internationalen Handels

In der gängigen Literatur[1]) werden drei Hauptbestimmungsgründe für den internationalen Handel angegeben:

1) Komparative Kostenvorteile bei der Güterproduktion innerhalb verschiedener Länder, die zu relativen Preisdifferenzen zwischen vergleichbaren Produkten innerhalb dieser Länder führen. Dieser Tatbestand wird als eine der Ursachen für den Handel zwischen den Industrieländern untereinander einerseits, zwischen Industrie- und Entwicklungsländern andererseits, angesehen.

2) Länderspezifische beschränkte Verfügbarkeit bzw. Verfügbarkeitsmonopole bestimmter Produktionsfaktoren oder Endprodukte. Hierbei handelt es sich um den wesentlichen auslösenden Faktor für den Handel zwischen den Industrie- und den Entwicklungsländern.

3) Qualitätsunterschiede/Produktdifferenzierungen: Diese Ursache gewinnt nach den bisher vorliegenden Erkenntnissen[2]) für den internationalen Handel insbesondere mit wachsendem Wohlstand an Bedeutung und wird als entscheidender Bestimmungsfaktor für den Handel der Industrieländer untereinander angesehen.

Diese drei Ursachen des internationalen Handels sollen im folgenden noch näher betrachtet werden.

Ad 1)

Internationaler Handel — i. e. Güteraustausch zwischen mindestens zwei Ländern — auf Grund komparativer (nicht absoluter) Kostenvorteile ist möglich für Güter, die vom Prinzip her in den am Handel beteiligten Ländern hergestellt werden können. Sein Zustandekommen setzt in diesem Fall voraus, daß sich die Länder jeweils auf die Produktion der Güter spezialisieren, für die sie eine relativ höhere Produktivität oder eine relativ günstigere Faktorausstattung (vgl. Faktorproportionentheorie) aufweisen — höher bzw. günstiger als für andere ebenfalls in beiden Ländern prinzipiell produzierbare Güter.

Ad 2)

Beschränkte Verfügbarkeit bestimmter Güter bzw. entsprechender Verfügbarkeitsmonopole anderer Länder können zu partiellen Versorgungsengpässen führen, die durch Außenhandel beseitigt werden können. Für die Industrieländer (und teilweise auch die Staatshandelsländer) dürfte es sich hierbei vorwiegend um Rohstoffe handeln, für die Entwicklungsländer auch um bestimmte Arten produzierter Produktionsmittel und einzelne Konsumgüter (vgl. unten).

Ad 3)

Internationaler Handel kommt auch dann im Falle eng definierter Warengruppen zustande, wenn keine wesentlichen Preisdifferenzen zwischen den betroffenen Produkten bestehen: bei steigendem Pro-Kopf-Einkommen nimmt die Vielfältigkeit der Nachfragerpräferenzen zu, die Produktdifferenzierungen (mit Qualitätsunterschieden) seitens der Anbieter zur Folge hat, — wobei diese Anbieter üblicherweise nicht auf den heimischen Markt beschränkt sind. Dies führt zum internationalen Austausch gleicher bzw. sehr ähnlicher Güter.

Empirisch werden diese Bestimmungsgründe des internationalen Handels weitgehend untermauert und bestätigt, wie Kapital 2.1 mit den zugehörigen Tabellen zeigt:

Von den Schwellenländern abgesehen exportieren die Entwicklungsländer vorwiegend Primärgüter. Ihr Export erfolgt hauptsächlich in die Industrieländer. Diese exportieren dagegen schwerpunktmäßig verarbeitete Produkte, und zwar zum größeren Teil wiederum in Industrieländer. Dies deutet darauf hin, daß der Handel zwischen Industrie- und Entwicklungsländern komplementären Charakter hat und vorwiegend auf Verfügbarkeitsmonopolen bzw. beschränkter Verfügbarkeit beruht. Der Handel der Industrieländer untereinander dürfte dagegen vorwiegend durch Produktdifferenzierungen und Qualitätsunterschiede zustande kommen. In beiden Fällen ist anzunehmen, daß komparative Kostenvorteile eine gewisse Rolle spielen.

2.2.2 Die Bewertung des internationalen Handels im Rahmen verschiedener Außenhandels- und Entwicklungstheorien

Klassischer und neoklassischer Ansatz

Gemäß der klassischen Wirtschaftstheorie (Smith, Ricardo bis Mill 18./19. Jh.) besteht für ein Land eine durch seine natürlichen Ressourcen bestimmte Obergrenze der wirtschaftlichen Expansion, an die sich der Entwicklungspfad asymptotisch annähert. Durch den internationalen Handel wird diese Grenze, ähnlich wie durch den technischen Fortschritt, hinausgeschoben. Gestützt auf das Prinzip der komparativen Kostenvorteile kommt die klassische Theorie zu dem Schluß, daß freier internationaler Handel den Wohlstand aller am Handel Beteiligten fördere und zur Entwicklung rückständiger Gebiete beitrage. Darüber hinaus führe dieser Handel zu einer Maximierung des globalen Outputs, da sich dadurch jedes Land auf die Produktion der Güter spezialisieren könne, für die es einen komparativen Vorteil habe — die es auf Grund seiner Voraussetzungen am geeignetsten produzieren könne.

Diese klassische Betrachtung beruht auf einem sehr vereinfachten, statischen (2-Länder, 2-Produkte) Modell, das von feststehenden — für unterschiedliche Produkte in verschiedenen Ländern unterschiedlichen — Arbeitsproduktivitäten ausgeht. Gemäß Heckscher und Ohlin (20. Jh. — „Faktorproportionentheorie") ergeben sich die komparativen Kostenvorteile — bei sich von Land zu Land nicht unterscheidenden Arbeitsproduktivitäten — aus der unterschiedlichen Ausstattung mit Produktionsfaktoren in den einzelnen Ländern. Da die Herstellung unterschiedlicher Produkte auch unterschiedlichen Faktoreinsatz — in unterschiedlichen Proportionen — erfordert, müßte sich eine Arbeitsteilung derart ergeben, daß sich die Länder auf die Produkte spezialisieren, bei deren Herstellung ihre im Überfluß vorhandenen Ressourcen genutzt werden.

Wie die klassische, so kommt auch diese neoklassische Theorie zu dem Ergebnis, daß der internationale Handel allen Beteiligten zum Vorteil gereiche, einen Wachstumsmotor darstelle und dadurch die Weltproduktion vergrößert werde. Zusätzlich sagt sie aus, daß keine vollständige Spezialisierung erfolgen wird, daß eine Anpassung der Faktorpreise zwischen miteinander Handel treibenden Nationen erfolge und daß durch den Handel eine gleichmäßigere nationale Einkommensverteilung gefördert werde.

Aus diese Argumenten leiten die klassische und neoklassische Theorie die Forderung nach freiem Welthandel und dem Abbau von Handelshemmnissen ab, die trotz erheblicher

Kritik an der Theorie (insbesondere eine größere Einkommensgleichheit durch Handel hat sich — entgegen der Theorie — nicht ergeben!) von weiten Kreisen unterstützt wird.

Strukturalistische Außenhandelstheorie

Im Rahmen der „strukturalistischen Außenhandelstheorie"[3]) wird — auf Grund historischer Analysen — die Wirkung des internationalen Handels erheblich kritischer bewertet: Die Erhöhung des globalen Wohlstandes durch den Außenhandel wird zwar nicht in Frage gestellt. Aber eine sehr ungleiche Verteilung der aus dem Handel erwachsenden Vorteile — zugunsten der Industrieländer — wird vermutet (Myrdal[4]), auch Perroux[5])) oder nachzuweisen versucht (Prebisch[6]), Singer[7]), Hirsch[8]), Vernon[9])).

Nach Myrdal hat die tatsächliche Entwicklung gezeigt, daß in der Realität den durch die klassisch-neoklassische Theorie aufgezeigten Ausgleichseffekten, die der internationale Handel bewirken solle, sogenannte „Kontereffekte" („backwash-effects") entgegenwirken. Anstatt eine ausgewogene Entwicklung zu bewirken, komme es zu einem sich kumulierenden Ungleichgewichtsprozeß. Diese These ist sowohl auf regionale Entwicklungen wie auf internationale Faktorwanderungen (Kapitalbewegungen, „brain-drain" für qualifizierte Arbeitskräfte usw.) anwendbar. Auch hinsichtlich der internationalen Märkte selbst erfolgt nach Myrdal eine Begünstigung der Industrieländer gegenüber den Entwicklungsländern: die IL können ihren Entwicklungsvorsprung nach Erschließung der neuen Märkte weiter ausbauen, da mit den dort erzielten Ersparnissen weitere Kostensenkungen realisiert werden können. Dieser Prozeß wird durch strukturelle Verschiebungen (u. a.: bewirkt durch technischen Fortschritt) noch verstärkt. Für (Klein-)Industrie und Handwerk der Entwicklungsländer besteht damit die Gefahr, daß sie sich gegenüber der Konkurrenz aus den IL nicht halten (oder entwickeln) können — sofern man sie nicht — ggf. durch protektionistische Maßnahmen — schützt oder fördert.

Ähnliche Überlegungen, basierend auf der „technologischen Lücke" zwischen IL und EL stellen Vernon und Hirsch an. Perroux entwickelte eine Theorie, die die für die EL entwicklungshemmende Wirkung des Außenhandels auf das Zusammenwirken ökonomischer und sozio-politischer Faktoren zurückführt. Das zentrale Element seiner Theorie ist der „Vormachteffekt" dominierender Volkswirtschaften.

Die These von der Verschlechterung der „Terms of Trade" (ToT) für die EL — und damit gekoppelte Unterentwicklung, einseitige Wirkung der Wohlstandseffekte des internationalen Handels zuungunsten der EL, geht auf Prebisch[10]) und Singer[11]) zurück. Es wird hierbei versucht, die ungleichen Wirkungen des Außenhandels (auf EL einerseits, IL andererseits) mit nachprüfbaren und ökonomisch sinnvollen Indikatoren zu messen. Dazu werden die ToT definiert als Quotient aus dem Index der Exportgüterpreise Px und dem Index der Importgüterpreise Pm eines Landes

$$ToT = Px/Pm,$$

die angeben, wieviele Einheiten von Importgütern ein Land für eine Einheit seiner Exportgüter erhält.

Prebisch hatte seine These an Hand der (günstigen und zu den EL komplementär angenommenen) Entwicklung der englischen ToT von 1876 bis 1946 belegt. In jüngerer Zeit wurde sowohl die Aussagekraft der oben definierten „Commodity Terms of Trade" (CToT) als auch deren tatsächliche Verschlechterung für die Entwicklungsländer in Frage gestellt. Nach Tabelle 4 kann für die EL insgesamt keine tendenzielle Verschlechterung der CToT innerhalb der letzten 20 Jahre festgestellt werden. Für die Gruppe der nicht Erdöl exportierenden Länder sind die CToT leicht gesunken, wobei daraus die Untergruppe der Fertigwaren exportierenden Länder diesen Verlust durch vergrößerte Exportmengen in steigende „Income ToT" ummünzen konnte.

Tabelle 4: Commodity und Income Terms of Trade der Entwicklungsländer, 1960—1978 (1970 = 100)

Ländergruppe	1960	1965	1970	1973	1974	1975	1976	1977	1978
Commodity Terms of Trade									
Entwicklungsländer ohne ölexportierende Länder	95	91	100	96	93	87	88	91	86
Entwicklungsländer insgesamt	100	94	100	105	172	164	170	170	151
darunter:									
ölexportierende Länder[1])	113	103	100	123	335	341	362	361	324
Fertigwaren exportierende Länder[2])	90	93	100	101	89	85	87	97	91
am wenigsten entwickelte Länder[3])	110	95	100	97	93	89	104	106	95
sonstige Länder	94	89	100	93	96	89	88	88	83
Industrieländer	96	98	100	99	87	90	89	89	91
Income Terms of Trade									
Entwicklungsländer ohne ölexportierende Länder	59	72	100	124	123	113	134	145	148
Entwicklungsländer insgesamt	58	72	100	137	199	176	211	220	204
darunter:									
ölexportierende Länder[1])	54	73	100	163	374	318	382	380	323
Fertigwaren exportierende Länder[2])	51	63	100	153	139	129	162	184	201
am wenigsten entwickelte Länder[3])	70	85	100	85	76	70	87	97	84
sonstige Länder	59	73	100	113	116	108	122	129	128
Industrieländer	42	62	100	130	122	121	133	139	150

[1]) Algerien, Angola, Bahrain, Brunei, Ecuador, Gabrun, Indonesien, Iran, Irak, Katar, Kuweit, Libyen, Nigeria, Oman, Saudi-Arabien, Trinidad und Tobago, Venezuela, Vereinigte Arabische Emirate.

[2]) Argentinien, Brasilien, Honkong, Mexiko, Südkorea, Singapur.

[3]) Äthiopien, Arabische Republik Jemen, Afghanistan, Bangladesh, Benin, Bhutan, Botswana, Burundi, Gambia, Guinea, Haiti, Kapverdische Inseln, Komoren, Laos, Lesotho, Malawi, Malediven, Mali, Nepal, Niger, Obervolta, Ruanda, Samoa, Somali, Sudan, Tansania, Tschad, Uganda, Volksrepublik Jemen, Zentralafrikanische Republik.

Quelle: UNCTAD, zitiert nach: Sachverständigenrat zur Begutachtung der gesamtwirtschaftlichen Entwicklung. Jahresgutachten 1979/80, Bundestagsdrucksache 8/3420, S. 175 und 176

Dependencia-Ansätze

Die Dependencia-Ansätze[12]), die eine umfassende Analyse von Entwicklung und Unterentwicklung zum Gegenstand haben, befassen sich dabei auch mit der Wirkung des Außenhandels auf die EL. Aus ihrer Analyse der historischen Einbindung kommen sie zu dem Schluß, daß ein weitgehend freier Welthandel die wirtschaftliche Weiterentwicklung der EL behindern würde. Der Weltmarkt könne für die EL sogar zur Sackgasse werden: Die EL hätten auf Grund ihrer Wirtschaftsstruktur solche Produkte anzubieten, für die nur eine begrenzte Nachfrage auf dem Weltmarkt bestehe, nämlich vorwiegend Primärgüter und arbeitsintensive Fertigwaren. Erfahrungsgemäß würden die IL aber ihre Märkte — trotz Propagierung freien Handels — durch Handelshemmnisse gegen verarbeitete Produkte schützen.

Die Verfechter dieses Ansatzes lehnen damit eine exportorientierte Entwicklungsstrategie ab.

3. Wirtschaftliche Entwicklung oder Unterentwicklung durch internationalen Handel?

Die obigen Erörterungen erlauben keine klare Antwort auf die Frage, ob der internationale Handel nun entwicklungsfördernd oder -hemmend auf die Volkswirtschaften der EL wirke. Tatsächlich besteht weitgehend Einigkeit darüber, daß der Exportsektor eines Landes entwicklungsfördernd, -neutral oder -hemmend wirken kann. Hemmer kehrt die Fragestellung um und erläutert, unter welchen Bedingungen der Exportsektor eines EL entwicklungsfördernd wirken kann. Dabei kristallisieren sich im wesentlichen Exportindustrien unter speziellen Bedingungen als entwicklungsfördernd heraus.

Als die beiden wichtigsten Konstellationen werden dargestellt

1) der (wichtigere) Fall, in dem die Exportindustrie als Wachstumsmotor[13] für die gesamte Volkswirtschaft des betrachteten Entwicklungslandes wirkt;

2) der Fall, in dem über den Export inländische Kapazitätsüberschüsse („vent for surplus"[14]) abgebaut werden.

Ad 1)

Die Wirkung der Exportindustrie als Wachstumsmotor kann dann eintreten bzw. erreicht werden, wenn die Entwicklung dieses Sektors auf eine vom binnenwirtschaftlichen Wachstum zunächst losgelöste, durch Importnachfrage von außen (bzw. entsprechende nationale Exportförderung von innen) induzierte Weise erfolgt. Dabei ist entscheidend — und das ist der kritische Punkt —, daß dieser Entwicklungsimpuls von der exportorientierten auf die binnenmarktorientierte Industrie und die Gesamtwirtschaft übertragen wird, daß das „Carry-over" stattfindet. Dazu muß der Exportsektor hinreichend stark in die gesamte Volkswirtschaft des Landes und insbesondere in den gesamten Industriesektor integriert sein.

Als indirekte Weitergabe dieser Entwicklungsimpulse kann auch der gezielte Einsatz der aus dem Export erzielten Ersparnis für die weitere Entwicklung des betreffenden Landes gesehen werden. Idealerweise sollte der Exportsektor — als häufig modernste Komponente der Wirtschaft — auch technischen Fortschritt hervorbringen und an die übrige Wirtschaft weitergeben.

Ad 2)

Bei Nutzung des Exports als Ventil für inländische Kapazitätsüberschüsse wird eine andere Industrialisierungsstrategie möglich als bei rein binnenmarktwirtschaftlich orientierter Produktion. Wirtschaftlich optimale Betriebsgrößen können, sofern exportiert werden kann und wird, realisiert und auch dann ausgelastet werden, wenn die daraus resultierende Produktion von der nationalen Nachfrage nicht absorbiert würde. Damit können Industriezweige entwickelt werden, die für viele — insbesondere kleinere — Länder bei reiner Binnenmarktorientierung unwirtschaftlich wären. Dies erlaubt dann auch kleineren Ländern, solche Industrien aufzubauen, die sehr häufig als Leitsektoren eines dynamischen Entwicklungsprozesses gelten und moderne

Produktionsverfahren anwenden, die aber auf Grund der Binnennachfrage alleine nicht entwickelt werden könnten.

Für einen nachhaltigen Entwicklungseffekt müßte dann zusätzlich der oben erwähnte Carry-over Effekt zum Tragen kommen.

Als vorwiegend entwicklungsneutral stellt Hemmer (siehe oben) Export dann dar, wenn die oben (unter 1) in diesem Abschnitt) als notwendig dargestellte Integration des Exportsektors in die gesamte Volkswirtschaft des Landes nicht erfolgt, — der Carry-over Effekt nicht stattfindet. Analysen haben gezeigt[15]), daß dieser Fall eines weitgehend autonomen Exportsektors, der keine Entwicklungsimpulse an die anderen Wirtschaftssektoren weitergibt, relativ häufig auftritt. Folgende Gründe dafür werden genannt:

Die bei einem großen Teil der EL im Exportangebot dominierenden Rohstoffe und (wenig be- bzw. verarbeiteten) landwirtschaftlichen Produkte werden nur in sehr geringem Maße unter dem Einsatz von aus dem EL stammenden Vorprodukten hergestellt. Die Ansatzpunkte, an denen die erforderliche Übertragung des Entwicklungsimpulses stattfinden könnte, sind damit äußerst begrenzt. Und selbst diese wenigen Verbindungsstellen zur übrigen Wirtschaft werden häufig für den erforderlichen Carry-over Effekt nicht genutzt.

Exportindustrien aus dem verarbeitenden Bereich weisen in vielen Ländern eine Art Enklavencharakter auf: Sie sind von den übrigen Teilen der Volkswirtschaft weitgehend abgekoppelt. An inländischen Produktionsfaktoren werden vorwiegend Rohstoffe eingesetzt sowie ungelernte Arbeitskräfte. Die kapitalintensiven Produktionsfaktoren sind dagegen weitgehend importiert. Neben der Nichtintegration dieser Industrien sind sie häufig auch von ihrer Technologieausstattung her ungeeignet, zu einem Technologietransfer zur übrigen Industrie beizutragen, da zwischen diesen spezifischen Exportindustrien und den übrigen, binnenmarktorientierten meist eine zu große technologische Lücke besteht.

Ein extremes Beispiel hierfür sind die „freien Produktionszonen" (Industrial estates) und „Weltmarktfabriken", in denen „...die Ausbildung industrieller Fachkräfte und der Transfer moderner Technologie...nur in sehr eingeschränktem Maße stattfindet. Die Ausnutzung der modernen Fertigungstechnologie...macht es möglich, auch hochkomplexe Produktionen in ihre Elementarbestandteile zu zerlegen und in einem hohen Maß mit ungelernter Arbeitskraft auszuführen..."[16]).

Als entwicklungshemmend bezeichnet Hemmer den Exportsektor dann, wenn das betreffende Land die im binnenwirtschaftlichen Bereich erzielten Gewinne (zumindest teilweise) an andere Länder über den Export „verschenkt". Dies kann in ToT-Verschlechterung zum Ausdruck kommen. Die obenerwähnten Kontereffekte sowie die Vormachteffekte im weitesten Sinn können Ursache dafür sein. Außer den Vormachteffekten gemäß Perroux, die soweit gehen können, daß ein Land wider besseres Wissen zu seinem wirtschaftlichen Nachteil exportiert, können natürlich auch landesinterne Machtfragen und Einkommensverteilungsstrukturen Ursache dafür sein: „...Die Aufnahme des Außenhandels wirkt damit wohlfahrtsmindernd, weil die „falschen Gesellschaftsmitglieder" in den Genuß der Außenhandelsgewinne kommen".

Ob sich der Außenhandel positiv, neutral oder negativ auf die Entwicklung eines Landes auswirkt, hängt, wie aus dem Obigen hervorgeht, von einer Reihe begleitender — internationaler wie nationaler — Umstände ab.

4. Spezifische extern bestimmte Probleme des Außenhandels der EL

Die schwerwiegendsten außen, nicht intern bestimmten Probleme der Entwicklungsländer, die eine Ausprägung des Außenhandels als entwicklungsförderndes Instrument behindern, sind

— die Warenstruktur ihrer Exporte (vgl. Tabelle 3) und insbesondere die durch seitens der IL aufgebauter Handelshemmnisse beeinträchtigte Entwicklungsmöglichkeit dieser Struktur,

— die Entwicklung ihrer Exporterlöse, — die z. T. wiederum mit der Außenhandelsstruktur der EL verknüpft ist.

Diese beiden Problembereiche sollen im folgenden näher betrachtet werden.

4.1 Handelserschwernisse für Exporte der EL in die IL

4.1.1 Begriffsbestimmung

Handelserschwernisse ist hier als Oberbegriff für die beiden obenerwähnten Problembereiche der kurzfristigen Instabilität der Exporterlöse der EL einerseits, der expliziten Handelshemmnisse andererseits verwendet. Unter den Begriff „Handelshemmnisse" fallen sowohl die tarifären Handelsschranken — nämlich Importzölle — als auch die nicht-tarifären, wie begrenzte Einfuhrquoten und sämtliche Verwaltungsvorschriften und -praktiken, die Importe offiziell, neben den Zöllen, erschweren bzw. behindern. Als Beispiele seien genannt: Subventionen, Qualitätsregelungen sowie, als sehr subtiles Instrument, Gesundheitsbestimmungen usw. Die größte Bedeutung kommt dabei den Mengenbeschränkungen zu[17].

Bei den Zöllen unterscheidet man eine nominale und eine effektive Zollschutzwirkung: Der nominale Zollsatz gibt an, um wieviel ein bestimmtes Produkt im Inland teurer sein kann als im Ausland. Der effektive Zollschutz gibt dagegen die tatsächliche Schutzwirkung des Zolls an und wird gemessen als der Prozentsatz, um den die heimische Wertschöpfung über derjenigen liegt, die sich bei der Bewertung der erforderlichen Input- und entsprechenden Outputmengen zu Weltmarktpreisen ergibt.

4.1.2 Exporterlöse

Die Entwicklung der Exporterlöse der EL beinhaltet zwei Problemkreise, nämlich die langfristigen Preis- und Erlösschwankungen einerseits, die kurzfristigen Erlösschwankungen andererseits. Beide sind eng mit der Warenstruktur der EL-Exporte verknüpft. Auf den Aspekt der langfristigen Exporterlösentwicklung, der auch in die ToT-Betrachtung einfließt, wird hier nicht mehr eingegangen. Stattdessen werden die Instabilität, die kurzfristigen Schwankungen der Exporterlöse der EL, die als die durchschnittliche prozentuale Abweichung dieser Erlöse von ihrem Trend definiert sind, erörtert. Ursache für die relativ starken Erlösschwankungen bei Exporten der EL — im Zeitraum von 1955 bis 1976 betrug die Instabilität von mehr als einem Viertel der Gesamtausfuhr von Rohstoffen (ohne Brennstoffe) der EL zwischen 10 und 15 %, für mehr als ein Drittel über 10 %[18] — liegen darin, daß die EL doch zum größeren Teil (vgl. Tabelle 3) Primärgüter exportieren, die durch geringe Elastizitäten von Angebot und Nachfrage gekennzeichnet sind, und bei denen Angebots- und Nachfragemengen relativ stark schwanken[19]. Diese kurzfristigen Erlösschwankungen stellen ein schwerwiegendes Problem für viele EL dar. Sie behindern die Entwicklungsplanung und insbesondere die Durchführung von Programmen und Projekten, da sie unvorhersehbare Schwankungen des Devisenaufkommens zur Folge haben. Außerdem können sie sich negativ auf die gesamte wirtschaftliche Entwicklung eines EL auswirken, bis hin zu negativen Effekten auf die Einkommensverteilung.

Es handelt sich um eine Erschwernis des Außenhandels der EL, die ihre Hauptursache in der Warenstruktur des Exports des betreffendes Landes hat, und die wiederum die weitere Entwicklung des Landes behindert.

4.1.3 Handelshemmnisse und internationale Handelsabkommen

Die derzeit aktuelle Problematik der Handelshemmnisse läßt sich am besten retrospektiv, unter Betrachtung der Entwicklung des internationalen Handelssystems während der letzten 30 Jahre, verstehen. In der ersten Hälfte der ersten Entwicklungsdekade, auf der UNCTAD I 1964 (United Nations Conference on Trade and Development), lenkte deren Generalsekretär, Paul Prebisch, die internationale Aufmerksamkeit auf die Implikationen der bestehenden tarifären Handelshemmnisse zwischen Industrie- und Entwicklungsländern[20]). Die These Prebischs war, daß durch ein Zollpräferenzsystem seitens der Industrieländer ein Impuls für die Industrialisierung der Entwicklungsländer geschaffen werden könne. Die Förderung von Exporten verarbeiteter Produkte aus Entwicklungsländern könne dazu beitragen, diese Länder von ihrer starken Abhängigkeit vom Handel mit Rohstoffen, der nur geringe Wachstumsraten hat, starken Preisschwankungen unterworfen ist und zu chronischen Handelsbilanzdefiziten dieser Länder führe, zu befreien. Die vorgeschlagene Lösung, nämlich ein nicht reziprokes, allgemeines Zollpräferenzsystem, durch das die Zölle für Produkte aus EL gesenkt werden sollten, sollte in erster Linie zum Schutz der jungen Industrien der EL dienen („infant industry argument"). Trotz schon vorhandener Erfahrung in — wenngleich auch stärker begrenzten — Präferenzsystemen (England und Frankreich hatten derartige Abkommen in dieser Phase mit ihren ehemaligen Kolonien geschlossen, und daraus folgte das 1963 zwischen der EG und 18 afrikanischen Staaten abgeschlossene Yaoundé-Abkommen) und trotz der generellen Bereitschaft der IL zu einem derartigen Vorhaben — in einer Zeit wirtschaftlicher Expansion, konnte während UNCTAD I keine Einigung über ein generelles Zollpräferenzsystem erzielt werden. Die Bemühungen wurden über UNCTAD II (1968) hinweggesetzt und mündeten schließlich 1971 in das General Agreement on Tariffs and Trade (GATT), gemäß dem die beteiligten IL für einen Zeitraum von 10 Jahren den aus EL importierten Produkten günstigere Zollbedingungen zuzugestehen berechtigt sein sollten als vergleichbaren Produkten aus IL. Im gleichen Jahr verabschiedete die EG, basierend auf dem GATT und dem zugehörigen Generalised System of Preferences (GSP), ihr allgemeines Zollpräferenzsystem, 1974 folgte Australien. Das GSP selbst wurde erst 1976 vollständig, als auch das amerikanische Präferenzsystem in Kraft trat.

Seit dem EG-Beitritt Griechenlands 1981 wenden 20 OECD-Länder Zollpräferenzen gemäß dem GSP auf Importe aus EL an[21]). Wenngleich die Entwicklung dieser Präferenzabkommen den Anschein einer handelspolitisch weitgehenden Liberalisierung erweckt, war und ist sie das Ergebnis eines zähen Ringens zwischen EL und IL, erstere auf möglichst große Öffnung der vielversprechenden Absatzmärkte der IL bedacht, letztere zunehmend besorgt um die eigene wirtschaftliche Entwicklung. Für die unter die Zollerleichterungen fallenden Produkte gelten üblicherweise aber mengenmäßige Beschränkungen. Im Falle der EG werden diese Mengenbeschränkungen differenziert nach Lieferland, Empfängerland und nach Produkten angewandt, wobei der Plafonds jährlich neu bestimmt wird. Noch 1972, nach Abschluß des EG-Abkommens, betrug der effektive Zollschutz für die deutsche Industrie (ohne Nahrungs- und Genußmittel) über 10 %, für Textil- und Bekleidungsindustrie sogar über 20 %[21]).

Insbesondere seit Anfang der 70er Jahre, parallel zur offiziellen Reduzierung der Handelshemmnisse, mit zunehmenden wirtschaftlichen Schwierigkeiten der IL, ist von einer Ausweitung der nichttarifären Handelshemmnisse auszugehen (Antidumping- und Ausgleichszölle, Subventionen, Vorschriften usw.). Es ist anzunehmen, daß das GSP eine ständige Weiterentwicklung — unter dem Einfluß der beiden unterschiedlichen beteiligten Interessengruppen — erfahren wird.

Neben dem 115 EL betreffenden allgemeinen Zollpräferenzsystem der EG darf ein in der Sache weitergehendes Handelsabkommen der EG mit den 58 AKP-Staaten nicht unerwähnt bleiben (Lome I und II). Lome I und II beinhalten Reduzierungen von Handelshemmnissen in der oben beschriebenen Art. Darüberhinaus ist ein wichtiger Bestandteil dieser Abkommen das System zur Stabilisierung der Exporterlöse (STABEX), das zur Reduzierung der unter 4.1.2 geschilderten Probleme konzipiert ist.

Eine kurze und klare Darstellung des STABEX ist bei U. Baßler, J. Heinrich und W. Koch[22]) zu finden.

4.2 Ausblick

Ein weiteres Bemühen um zu entwicklungsrelevanteren Außenhandelsbedingungen für die EL zu kommen, findet im Rahmen der Diskussion um die neue Weltwirtschaftsordnung (NWWO) statt. Auf Drängen der EL und gegen den Widerstand der IL wurde seit 1972 (UNCTAD II) daran gearbeitet. 1974 wurde von der UN-Vollversammlung die „Charta der wirtschaftlichen Rechte und Pflichten der Staaten" verabschiedet. Insbesondere wegen der vorgeschlagenen Rohstoffkartelle ist sie sehr umstritten. Die NWWO ist aber weiterhin in der Diskussion und kann einen Ansatzpunkt — unter einer Reihe weiterer solcher — darstellen, der zu einer Verbesserung der Situation der Entwicklungsländer beitragen könnte.[23])

Literaturhinweise

[1]) Vgl. Hemmer, H.: Wirtschaftsprobleme der Entwicklungsländer, München 1978,
Heinrichsmeyer, W., Gans, O., Evers, I.: Einführung in die Volkswirtschaftslehre, Stuttgart 1983,
Ochel, W.: Die Entwicklingsländer in der Weltwirtschaft, Köln 1982,
Todaro, M. P.: Economics for a Developing World, London 1980.

[2]) Vgl. Hemmer, H.: Wirtschaftsprobleme der Entwicklungsländer, a. a. O., S. 175.

[3]) Vgl. Ochel, W.: Die Entwicklungsländer in der Weltwirtschaft, a. a. O., S. 148.

[4]) Vgl. Myrdal, G.: Economic Theory and Underdeveloped Regions, Deutsche Übersetzung: Ökonomische Theorie und unterentwickelte Regionen, Stuttgart 1959.

[5]) Vgl. Perroux, F.: Entwurf einer Theorie der dominierenden Wirtschaft, in: Zeitschrift für Nationalökonomie, Band 13 (1952).

[6]) Vgl. Prebisch, R.: Commercial Policy in the Underdeveloped Countries, American Economic Review, Papers and Proceedings, XLIX, 2 (1959), S. 251 — 273.

[7]) Vgl. Singer, H. W.: The Distribution of Gains between Investing and Borrowing Countries, in: American Economic Review, Band 40 (1950).

[8]) Vgl. Hirsch, S.: Location of Industry and International Competitiveness, Oxford 1967.

[9]) Vgl. Vernon, R.: International Investment and International Trade in the Product Cycle, Quarterly Journal of Economics 80 (1966), 2, S. 190 — 207.

[10]) Vgl. Prebisch, R.: Commercial Policy in the Underdeveloped Countries, a. a. O.

[11]) Vgl. Singer, H. W.: The Distribution of Gains between Investing and Borrowing Countries, a. a. O.

[12]) Vgl. z. B. Boeckh, A.: Abhängigkeit, Unterentwicklung und Entwicklung: Zum Erklärungswert der Dependencia-Ansätze, in: Nohlen, D. und Nuscheler, F. (Hrsg.): Handbuch der Dritten Welt, Band 1, Hamburg 1982.

[13]) Vgl. Robertson, D. H.: The Future of International Trade, in: Robertson, D. H.: Essays in Monetary Theory, London 1940, S. 214.

[14]) Vgl. Myint, H.: The „Classical Theory" of International Trade and the Underdeveloped Countries, in: Theberge, J. D. (Hrsg.): Economics of Trade and Development, New York-London-Sydney-Toronto 1968; ferner Caves, R. E.: „Vent for Surplus" Models of Trade and Growth, in: Baldwin, R. E. (Hrsg.), Trade, Growth and the Balance of Payments, Chicago 1965, wiederabgedruckt in: Theberge: Economics of Trade and Development, a. a. O.

[15]) Vgl. Hemmer, H.: Wirtschaftsprobleme der Entwicklungsländer, a. a. O., S. 205.

[16]) Vgl. Froebel, F. et al.: Die neue internationale Arbeitsteilung, Reinbek b. Hamburg 1977, S. 556 ff.

[17]) Vgl. Ochel, W.: a. a. O., S. 191 ff.

[18]) Vgl. Ochel, W.: a. a. O., S. 183 und The World Bank, World Development Report 1978, Washington 1978.

[19]) Vgl. Coppock, J. D.: International Economic Instability, New York 1962 und MacBean, A. I.: Export Instability and Economic Development, London 1966.

[20]) Vgl. Prebisch, R.: Towards a New Trade Policy for Development, UN, New York 1964.

[21]) Vgl. OECD: The Generalisad System of Preferences, Paris 1983.

[22]) Vgl. Baßler, U. et al.: Grundlagen und Probleme der Volkswirtschaft, Köln 1981, S. 645 ff.

[23]) Vgl. auch Tetzlaff, R.: Perspektiven und Grenzen der Neuen Weltwirtschaftsordnung, in: Handbuch der Dritten Welt, Bd. 1, Hamburg 1982.

3. Verfahren der Projektanalyse und Planung

Kosten-Nutzen-Analyse

Udo Gaspary

1. Grundfragen der Kosten-Nutzen-Analyse

Die Entwicklungspoltik eines Landes formuliert nationale Entwicklungsziele und Strategien. Daraus ergeben sich regionale und sektorale Prioritäten, die sich in Investitionsprogrammen und deren kleinsten Einheiten, den Projekten, niederschlagen. Die Qualität der Projekte wird daran gemessen, wie sehr sie zur Verwirklichung der in der Entwicklungspolitik formulierten Ziele beitragen. Um eine möglichst hohe Projektqualität zu erreichen, sollten Entwicklungsprojekte möglichst sorgfältig ausgewählt, vorbereitet und durchgeführt werden. Ein Entscheidungsverfahren für die „richtige" Auswahl der Projekte ist die Kosten-Nutzen-Analyse. Sie bewertet alternative Projekte in einer umfassenden Weise. Sie macht das dadurch, daß sie die Kosten und Nutzen eines Projektes mit einem gemeinsamen Maßstab mißt. Wenn die Nutzen die Kosten übersteigen, ist das Projekt akzeptabel. Ist das nicht der Fall, sollte das Projekt nicht durchgeführt werden.

Die Theorie der Kosten-Nutzen-Analyse basiert ausdrücklich auf dem Ziel der nationalen Wohlfahrtssteigerung. Was bedeutet nationale Wohlfahrt?

Nach der lange Jahre in der westlichen Welt dominierenden Doktrin des „laissez faire"-Liberalismus, der von einem uneingeschränkt funktionierenden Marktmechanismus überzeugt war, führt die Maximierung privater Gewinne automatisch zur optimalen Aufteilung und Verwendung aller in einer Volkswirtschaft vorhandenen Güter und Faktoren. Zentrale Voraussetzung für das Zustandekommen einer solchen Situation ist die Marktform der vollständigen Konkurrenz auf allen Märkten. Gleichzeitig darf es keine externen, d. h. nicht über die Marktbeziehungen erfaßbaren Effekte geben. Diese Bedingungen stimmen jedoch weder in den Industriestaaten noch in den Entwicklungsländern mit der ökonomischen Wirklichkeit überein. Vielmehr gibt es in vielen Fällen fundamentale Unterschiede zwischen einer privatwirtschaftlichen Investitionsrechnung, die Marktpreise verwendet, und einer Kosten-Nutzen-Analyse, die volkswirtschaftliche Nutzen- und Kostengrößen beinhaltet. Einige Beispiele mögen dies verdeutlichen.

Eine Mißernte wird den Preis von Weizen in die Höhe treiben. Bei einer unelastischen Nachfragekurve werden die Erträge und privaten Einnahmen höher sein als vor der Mißernte. Die Anwendung des privaten Profitkriteriums als Wohlfahrtsindikator würde zu der lächerlichen Schlußfolgerung führen, daß eine Mißernte für die Wohlfahrt des Landes besser sei als eine gute Ernte. In Wirklichkeit hat natürlich die Mißernte die nationale Wohlfahrt vermindert. In einer Kosten-Nutzen-Analyse wird dieser Verlust gemessen durch die Bewertung des Verlustes, den die Verbraucher in ihrer Wohlfahrt erleiden.[1]

Als zweites Beispiel mag die Analyse eines Anbauprojektes für Futterpflanzen in einer spezifischen Region dienen. Unter betriebswirtschaftlichen Aspekten wird das Projekt abgelehnt, weil die Ertragskraft der Futterpflanzen nicht ausreicht, einen kleinbäuerlichen Betrieb zu erhalten. Unter Berücksichtigung sozio-ökonomischer Gesichtspunkte kann dieses Projekt dennoch rentabel sein. Möglicherweise verhindert die Anpflanzung eine Verkarstung der Nutzanbaufläche, so daß der Volkswirtschaft mittelfristig ein Ertragsverlust in dieser Region erspart bleibt.[2]

In jeder Volkswirtschaft gibt es genügend betriebswirtschaftlich rentable Unternehmen, die für die Gesellschaft Belastungen mit sich bringen, wie z. B. Lärm, Schmutz, Landschaftszerstörung und andere Probleme. Diskrepanzen zwischen betriebswirtschaftlichen und gesamtwirtschaftlichen Effizienzvorstellungen können durch die Kosten-Nutzen-Analyse sichtbar gemacht werden.

An diesen Beispielen wird deutlich, daß Projekte von zwei unterschiedlichen Seiten beurteilt werden können. Einmal handelt es sich um die Beurteilung des Projektes aus der Sicht der Unternehmung, das andere Mal vom Standpunkt der Volkswirtschaft. Entsprechend unterschiedlich ist auch das Entscheidungskriterium für die Vorteilhaftigkeit des Projektes. Bei der betriebswirtschaftlichen Projektbewertung ist die betriebliche Rentabilität das Kriterium für die Vorteilhaftigkeit, während aus der Sicht der Gesamtwirtschaft allein der Nutzen des Projektes für die Entwicklung der Volkswirtschaft das Entscheidungskriterium ist.

Je nach Betrachtungsweise werden unterschiedliche Projektwirkungen in die Analyse einbezogen. So werden in der betriebswirtschaftlichen Analyse nur ökonomische Effekte des Projektes erfaßt. Soziale und kulturelle Auswirkungen interessieren so lange nicht, als sie nicht in der Kalkulation des Unternehmens als Kosten erscheinen. Die Schließung einer Produktionsstätte in einer unterentwickelten marktfernen Region kann für eine Firma, deren Produktpreise mit hohen Transportkosten belastet sind, für die künftige Konkurrenzfähigkeit unumgänglich sein. Die negativen Effekte für die Region, hervorgerufen durch Arbeitsplatzverluste und die Schließung weiterer Zulieferfirmen, spielen für die Entscheidung der Unternehmung nur eine untergeordnete Rolle. Aus der Sicht der zuständigen Provinzregierung sind jedoch gerade diese Effekte bedeutsam, weil erst die Summe aller hervorgerufenen wirtschaftlichen, sozialen und kulturellen Effekte die Konsequenzen für die in der Region lebenden Menschen deutlich machen. Zu diesen Effekten gehören geringere Steuereinnahmen des Staates ebenso wie der gesunkene Lebensstandard infolge geringeren Einkommens der Bevölkerung oder die schlechteren Berufschancen der Schulabgänger. Wenn es möglich ist, alle Folgen zu bewerten und hierzu will die Kosten-Nutzen-Analyse einen Beitrag leisten, dann kann man abschätzen, welche voraussichtlichen Verluste der Region durch die Schließung der Produktionsstätten entstehen, verglichen mit den erwarteten Erträgen der Unternehmung.

Es gibt Projekte, die sowohl gesamtwirtschaftliche Verluste als auch privatwirtschaftliche Gewinne aufweisen. Eine Entscheidung, die unter betriebswirtschaftlichen Aspekten klug ist, mag unter gesamtwirtschaftlichen Aspekten nicht akzeptabel sein. Eine Kosten-Nutzen-Analyse kann einen solchen Widerspruch aufdecken und damit häufig erst eine rationale Entscheidung im Interesse der raschen sozio-ökonomischen Entwicklung eines Landes ermöglichen.

2. Identifizierung von Kosten und Nutzen

Es stellt sich nun die Frage, welche Kosten und Nutzen in die Analyse einbezogen werden sollen. Eine Antwort läßt sich am leichtesten finden, wenn man fragt, welche Auswirkungen die Realisierung des Projektes und welche Folgen ein Verzicht auf das Projekt für die Volkswirtschaft hätte. Diese sehr einfache Regel des „mit-ohne-Vergleiches" liefert als Ergebnis den zusätzlichen Nutzen des Projektes für die Ökonomie. Beantwortet man eindeutig bei jeder Kosten-Nutzen-Art diese Frage, was wäre mit und was wäre ohne Projekt, dann gibt die Summe der auftretenden Differenzen den Gesamtnutzen des Projektes an.

Nachdem die Kosten/Nutzen eines Projektes identifiziert worden sind, stellt sich die Frage nach der Bewertung. Im Wirtschaftsleben werden Güter und Dienstleistungen in der Regel über die Preise bewertet, weil angenommen wird, daß der Preis den Wert repräsentiert. Wie im ersten Abschnitt gezeigt, stellen jedoch Marktpreise keineswegs immer die tatsächlichen Kosten dar, die einer Volkswirtschaft durch den Gebrauch dieses Gutes erwachsen. Je weniger ein Markt dem Idealtypus der vollkommenen Konkurrenz entspricht, desto mehr führen Preisverzerrungen zu einer Differenz zwischen dem Marktpreis und dem volkswirtschaftlichen Wert des Gutes. In der Landwirtschaft sind z. B. die Preise für Düngemittel häufig staatlich subventioniert, um die Flächenerträge bei der Pflanzenproduktion zu erhöhen. Für den Landwirt verringern sich dadurch die Produktionskosten. Auf dem subventionierten Düngemittelmarkt gibt der Preis nicht mehr exakt den Wert für Düngemittel an. Er ist künstlich herabgesetzt worden und würde nach einer Beendigung der Subventionierung sofort wieder ansteigen. In einer Kosten-Nutzen-Analyse wird daher nicht mit den tatsächlichen Marktpreisen gerechnet, sondern mit korrigierten Preisen, die in der Literatur Schatten- oder Verrechnungspreise genannt werden.

3. Die Ermittlung der Schattenpreise

3.1 Der Ansatz der Little-Mirrlees-Methode

In den letzten Jahren wurden verschiedene Ansätze entwickelt, nach denen Schattenpreise ermittelt werden sollen. Das bekannteste und am meisten angewandte Verfahren wurde von LITTLE und MIRRLEES konzipiert, die im Auftrag der OECD folgende Vorschläge erarbeiteten:

Die sieben Etappen der OECD-Methode:

(1) Schätzung der jährlichen Inputs und Outputs des Projektes.
    Deren Werte werden berechnet unter Verwendung von

    a) Weltmarktpreisen für internationale Güter,
    b) Verrechnungspreisen für nationale Güter.

(2) Schätzung der Zahl der jährlichen Arbeitstage für ungelernte Arbeiter und deren Bewertung mit einem Verrechnungslohntarif (die Begründung für dieses Vorgehen folgt an späterer Stelle dieses Abschnittes).

(3) Externe Effekte werden soweit wie möglich einbezogen.

(4) Bei Großprojekten sollte man einen Abschlag für Risiko vornehmen.

(5) Nach Durchführung der Rechengänge unter 1—4 erhält man den volkswirtschaftlichen (sozialen) Gewinn für jedes Jahr.

(6) Der soziale Gewinn jeden Jahres wird zum Verrechnungszinssatz abdiskontiert, die einzelnen Jahresposten addiert und zum volkswirtschaftlichen Gegenwartswert summiert.

(7) Das Projekt wird zur Durchführung empfohlen, falls der unter (6) ermittelte Wert positiv ist.

Im folgenden werden die Elemente der Etappen, die zugrunde liegenden Annahmen und die auftretenden Probleme dargestellt. LITTLE/MIRRLEES beginnen ihr Manual mit der Darstellung der Kalkulation eines privaten Industrieprojektes, das seinen betriebswirtschaftlichen Gewinn schätzt. Grundlage einer Prognose ist die Festlegung eines Mengengerüstes (Inputs und Outputs) für jedes Jahr. Eine Unternehmung wird die Inputs und Outputs mit Marktpreisen bewerten, während eine Kosten-Nutzen-Analyse die Faktoreinsatz- und -ausstoßmengen mit ihren volkswirtschaftlichen Knappheitspreisen zu messen hat. Die Differenz zwischen beiden stellt den sozialen Gewinn (social profit) dar. Die Daten werden wie folgt klassifiziert, um den sozialen Gewinn berechnen zu können:

(1) Internationale Güter („traded goods")

    a) Güter, die von dem betreffenden Land tatsächlich international gehandelt werden oder deren Substitute international gehandelt werden.

    b) Güter, die zwar von dem betreffenden Land international nicht gehandelt werden, jedoch von dem Land international gehandelt würden, wenn es eine optimale Politik der industriellen Entwicklung verfolgen würde.

(2) Nationale Güter („non-traded goods")
Das sind Güter, die international nicht handelbar sind.

(3) Arbeit

Wie werden die Güter bewertet? Internationale Güter sollen mit ihren Weltmarktpreisen bewertet werden. Die Begründung für dieses Vorgehen spiegelt einen der entscheidenden Grundgedanken der OECD-Methode wider: "... wenn die möglichen Vorteile des internationalen Handels realisiert werden sollen, kann der Umfang des Produktionsprogrammes eines Landes vernünftigerweise nur in Verbindung mit seinem Außenhandel bestimmt werden. Wenn ein Land mehr Kühlschränke durch die Ausfuhr von Fahrrädern erhält als dadurch, daß es die eingesetzten Inputs zur Fabrikation von Kühlschränken im Inland verwenden würde, ist es für das Land günstiger, Fahrräder zu produzieren, sie zu exportieren und dafür Kühlschränke zu importieren. Aber um feststellen zu können, bei welchen Gütern ein Land komparative Kostenvorteile hat, müssen die relativen Kosten der Inlandsproduktion sowie der Weltmarktpreise genau bekannt sein".

3.2 Das Prinzip der Weltmarktpreise

Wegen der großen Bedeutung, die das Prinzip der Weltmarktpreise für das ganze Konzept von LITTLE/MIRRLEES hat, wird ein Exkurs zur Theorie des internationalen Handels eingefügt, auf die sich LITTLE/MIRRLEES beziehen. Dazu ist es notwendig, auf die klassischen Erklärungen des Außenhandels zurückzukommen.

In dieser Theorie geht man aus von dem Prinzip der absoluten Kostenvorteile, das von ADAM SMITH aufgestellt wurde und von der Theorie der komparativen Kosten, die von RICARDO klassisch formuliert wurde. Das Prinzip der absoluten Kostenvorteile besagt, daß sich eine Volkswirtschaft auf die Produktion solcher Güter beschränken soll, die sie zu absolut geringeren Kosten als das Ausland herstellen kann, weil sie Vorteile aufgrund höherer Qualitäten der Produktionsfaktoren Boden, Kapital, Arbeit und technisches Wissen bei der Herstellung besitzt. Im Wege des internationalen Handels soll die Volkswirtschaft dann gegen diese Güter Waren eintauschen, die im eigenen Land nicht oder nur mit höheren Kosten als im Ausland hergestellt werden können. Dieses Prinzip kann den Außenhandel zwischen Agrar- und Industriestaaten erklären, nicht jedoch den Fall eines Landes, das alle Güter zu höheren Kosten produziert als andere Länder.

Hier setzt nun die zweite Erklärung des internationalen Handels ein. RICARDO zeigte, daß auch dann für Länder ein Interesse am Außenhandel besteht, wenn trotz absoluter Kostenunterschiede in der Produktion aller Güter komparative Kostendifferenzen zwischen einigen Gütern existieren. Wenn der Kostenvorsprung eines Landes bei einzelnen Produkten unterschiedlich groß ist, erweist es sich für dieses Land als zweckmäßig, sich auf die Produktion jener Güter zu konzentrieren, in denen der absolute Vorteil besonders groß ist und demnach ein komparativer Vorteil besteht. Diese Güter sind dann gegen andere zu tauschen, in deren Produktion es dem Ausland nur wenig überlegen ist und somit einen komparativen Nachteil besitzt.

Die benachteiligten Länder können nur gewinnen, wenn sie ihre Ressourcen für die Produktion solcher Güter verwenden, bei denen ihre Unterlegenheit relativ am geringsten ist, bei denen sie also trotz absoluter Kostennachteile über komparative Kostenvorteile verfügen. Aber nicht nur die benachteiligten Länder können gewinnen. Jedes Land kann, wenn es sich auf die Produktion derjenigen Güter konzentriert, bei denen es einen komparativen Vorteil hat, mehr verbrauchen, als wenn es alle Güter selbst produzieren würde.

RICARDO erklärt seine Theorie durch folgendes Beispiel: England benötigt zur Erzeugung einer bestimmten Menge Tuch 100 Arbeitseinheiten und zur Herstellung einer bestimmten Menge Wein 120 Arbeitseinheiten. Um dieselbe Menge Wein in Portugal zu produzieren, benötigt man 80 Arbeitseinheiten und für dieselbe Menge Tuch 90 Arbeitseinheiten. Portugal kann demnach beide Produkte billiger als England herstellen. Trotzdem erzielt es durch Tuchimporte gegen Weinausfuhr einen Vorteil. Für den in 80 Arbeitseinheiten gewonnenen Wein erhält es soviel Tuch, als in Portugal nur in 90 Arbeitsstunden hergestellt werden könnte. Daher ist Portugal daran interessiert, Wein auszuführen und Tuch einzuführen. Denn dadurch kann es von beiden Gütern mehr verbrauchen, als wenn es Tuch und Wein selbst produzieren würde.

RICARDO hielt bei dem internationalen Vergleich der Produktionsbedingungen die relativ niedrigsten Arbeitszeiten für entscheidend. Den hierin liegenden Mangel räumt die Theorie der Opportunitätskosten aus, indem sie statt der Arbeitszeiten und deren Entgelt die monetären Produktionskosten insgesamt für maßgebend erklärt. Dabei werden unter Opportunitätskosten die Einheiten eines Gutes A verstanden, auf deren Produktion verzichtet werden muß, wenn die Produktion des Gutes B um z. B. eine Einheit erhöht wird.

3.3 Die Anwendung des Prinzips der Weltmarktpreise

3.3.1 Internationale Güter

Wie werden die erörterten Prinzipien in der Kosten-Nutzen-Analyse von LITTLE/MIRRLEES angewandt? Hierzu ein Beispiel: Wenn für ein Veterinärprojekt Rinderpest-Impfstoff benötigt wird und eine Mengeneinheit dieses Impfstoffes am Weltmarkt 1.000 DM kostet, so ist der Impfstoff mit diesem Preis (Schattenpreis) in der Projektberechnung anzusetzen. Es ist dabei unerheblich, wie hoch die Produktionskosten der pharmazeutischen Industrie im Inland tatsächlich sind. Nach LITTLE/MIRRLEES ist der für das Projektland relevante Weltmarktpreis, d. h. der Preis ohne Steuer- oder Zollbelastung, als Schattenpreis zu verwenden, weil er die Opportunitätskosten des Landes widerspiegelt.

Alle internationalen Güter und alle Güter, die zwar nicht international gehandelt werden, jedoch gehandelt werden könnten, werden in Weltmarktpreisen gemessen, und zwar in Devisen. Der Weltmarktpreis zeigt an, welchen Gegenwert an Devisen das betreffende Gut darstellt und wieviele Einheiten anderer Güter dafür getauscht werden können. Weltmarktpreise stellen also die tatsächlichen Handelsbedingungen eines Landes dar. Demnach sind alle Güter, die ein Land importiert oder exportiert oder importieren oder exportieren könnte, mit cif-Preisen bei der Einfuhr oder fob-Preisen bei der Ausfuhr zu bewerten.

3.3.2 Nationale Güter

Was geschieht mit den Gütern, die international nicht handelbar sind? Hierzu gehören z. B. Bankdienste, Elektrizität, öffentlicher Hoch- und Tiefbau, Wasser und Fernmeldewesen.[3] Diese Güter zu importieren, wäre zu ungünstig und kostspielig, weshalb sie fast immer im Lande selbst erstellt werden. LITTLE/MIRRLEES fordern daher, daß auch diese zu Weltmarktpreisen berechnet werden.

Damit soll vermieden werden, daß eine Kalkulation teils Welt- und teils Inlandpreise enthält und damit ein verzerrtes Bild aufweist. Nur durch Verwendung eines gemeinsamen Maßstabs kann sichergestellt werden, daß alle Werte in einem konstanten Verhältnis zueinander stehen. Dieser Maßstab erfordert den Gebrauch einer gemeinsamen Währung, z. B. Dollar oder Rupien und eine gemeinsame Quelle aller Werte — den Weltmarkt.

Wie wird die Bewertung von nationalen Gütern zu Weltmarktpreisen durchgeführt? Die Verfasser des Manual gehen davon aus, daß sich fast alle nationalen Güter aus international handelbaren Gütern, die mit inländischer Arbeitskraft verarbeitet werden, zusammensetzen. Oder, wie es HAMMEL/HEMMER erläutern, daß fast alle nationalen Güter, wenn auch erst nach längeren Produktionsumwegen, im wesentlichen durch die Kombination internationaler Inputs mit Arbeitsleistung erstellt werden und daher sich die volkswirtschaftlichen Kosten dieser nationalen Güter als Summe der volkswirtschaftlichen Kosten der internationalen Inputs und der Arbeitseinsätze ergeben. Wird z. B. das nationale Gut „inländisches Bauwerk" erstellt, werden dafür Arbeiter, Rohmaterialien sowie eine von Fall zu Fall unterschiedliche maschinelle Ausrüstung benötigt. Diese kann möglicherweise aus Bulldozer, Lastkraftwagen, Treibstoff, Zementmischmaschinen etc. bestehen. Die Ausrüstung ist international handelbar und kann daher zum Weltmarktpreis bewertet werden. Die Rohmaterialien, es sind u. a. Ziegelsteine, sind nicht international handelbar und müssen daher in ihrer Produktionskette weiter zurückverfolgt werden. Zur Herstellung von Ziegelsteinen werden Ton, Arbeitskräfte, Maschinen, Brennöfen sowie zum Transport Lastkraftwagen benötigt. Maschinen, Brennöfen und Lastkraftwagen sind internationale Güter und können zu Weltmarktpreisen bewertet werden. Ton ist ein nationales Gut. Daher ist seine Produktion zu untersuchen. Ton kann mit Hilfe von Schaufelbaggern, Förderbändern, Lastkraftwagen und Arbeitskräften gewonnen werden. Mit Ausnahme der Arbeitskräfte, deren Bewertung an späterer Stelle dieses Abschnitts erläutert wird, handelt es sich bei den genannten Gütern um Erzeugnisse, die auf dem Weltmarkt handelbar sind und daher zum Weltmarktpreis bewertet werden können. Die volkswirtschaftlichen Kosten nationaler Güter setzen sich also aus Arbeit und internationalen Gütern zusammen, wobei die letzteren zum Weltmarktpreis in die Berechnung eingehen.

3.3.3 Arbeit

Wie wird der Faktor Arbeit bewertet?

Die Bewertung der Kosten ausländischer Arbeitskräfte, die in der Regel in Devisen entlohnt werden, erfolgt zu Weltmarktpreisen. Die Kosten gelernter Arbeitskräfte empfehlen die Autoren zu den tatsächlich gezahlten Löhnen vorzunehmen, da Fachkräfte in Entwicklungsländern üblicherweise knapp sind und daher die auf dem Arbeitsmarkt gezahlten Entgelte mehr oder weniger den volkswirtschaftlichen Knappheitsverhältnissen entsprechen würden.

Anders verhält es sich mit den Kosten ungelernter Arbeitskräfte. Hier entwickeln LITTLE/MIRRLEES eine ziemlich komplexe Vorgehensweise, um die Höhe des Verrechnungslohns, der auch als Schattenlohn bezeichnet wird, zu ermitteln.

Ein Beispiel soll das Gesagte veranschaulichen:

Der Output eines Projektes soll 1,5 Mill. DM betragen. Die Kosten der Inputs — ohne Arbeit — belaufen sich auf 0,5 Mill. DM. Die Differenz beträgt demnach 1 Mill. DM. Lohnkosten fallen in Höhe von 300.000 DM an. Der Produktionsverlust in der Landwirtschaft, der durch den Weggang der nunmehr im Projekt beschäftigten Arbeiter eintritt, soll sich auf 50.000 DM belaufen. Nimmt man weiter an, daß die Arbeitskräfte ihren gesamten früheren

Lohn in der Landwirtschaft für Konsumzwecke ausgegeben haben, so ergibt sich folgendes:

Das Projekt erwirtschaftet:

(ohne Berücksichtigung der Arbeitskosten)	DM 1.000.000
Die Arbeiter hätten anderweitig produziert: (= aggregierte Schatten-Grenzproduktivität der Arbeit)	DM 50.000
Landw. Verbrauch wird vermindert um:	DM 50.000
Die Arbeiter verbrauchen jetzt ihren gesamten Lohn in Höhe von	DM 300.000

Es erhebt sich die Frage, wie die 300.000 DM zu bewerten sind — als Kosten oder als Nutzen des Projektes? Einerseits verbrauchen die Arbeitskräfte nunmehr Güter, die sie sich früher nicht hätten erlauben können. Ihr Lebensstandard hat sich gehoben, und dies ist ein Nutzen, den das Projekt für sich beanspruchen kann. Auf der anderen Seite könnte sich der künftige Lebensstandard einer größeren Zahl von Personen erhöhen, wenn es möglich wäre, die 300.000 DM — oder einen Teil davon — nicht sofort für Konsum auszugeben, sondern zunächst zu sparen und dann in anderen Projekten zu investieren.

LITTLE/MIRRLEES argumentieren, daß die „richtige" Höhe des Schattenlohnes zwischen dem Verbrauch der Arbeitskräfte und ihrer Grenzproduktivität, beides bewertet zu Weltmarktpreisen, liegen muß. In unserem Beispiel wäre das ein Wert zwischen 50.000 DM und 300.000 DM. Die genaue Höhe hängt von folgenden Größen ab:

— dem volkswirtschaftlichen Diskontsatz, der seinerseits

— von der Wachstumsrate abhängt,

— der Zeitdauer, während der die Sparneigung unzureichend sein wird,

— der Höhe der Ersparnisse, die durch neue Investitionen erzielt wird.

LITTLE/MIRRLEES räumen ein, daß die zuletzt genannten Größen u. U. nur sehr schwierig, wenn überhaupt, zu ermitteln sind. Als Faustformel geben sie Abschläge von 10 % bis 25 % der tatsächlich gezahlten Löhne an, um zu den Schattenlöhnen zu gelangen.

3.3.4 Diskontsatz

Schließlich stellt sich im Konzept der OECD noch die Frage, mit welchem Diskontsatz die zu unterschiedlichen Zeiten anfallenden Kosten und Nutzen auf ihren Gegenwartswert abgezinst werden sollen. LITTLE und MIRRLEES zeigen verschiedene Ansätze, wie der Diskontsatz, den sie als „accounting rate of interest" bezeichnen, ermittelt werden kann. Für die meisten Entwicklungsländer halten sie einen Satz von real 10 %, d. h. nach Abzug der Inflationsrate, für geeignet, und für einige Länder würden sie sogar einen Satz von real 15 % befürworten. Die exakte Ermittlung erscheint ihnen nicht so bedeutsam. Stattdessen empfehlen sie, die Diskontierung mit drei verschiedenen Sätzen vorzunehmen — einem hohen, einem niedrigen und einem mittleren. Projekte, die nach Diskontierung mit allen drei Sätzen einen positiven Kapitalwert aufweisen, sollen sofort durchgeführt, Projekte, die stets einen negativen Kapitalwert erreichen, abgelehnt werden. Die restlichen Projekte sind aufzuschieben bis die Regierung einen besseren Überblick über die Ressourcen hat und Erfahrungen mit den genehmigten Projekten sammeln konnte.

4. Wert und Grenzen der Kosten-Nutzen-Analyse

4.1. Beschränkung auf Projekte

Bei allen Versuchen, staatliche Entscheidungen zu rationalisieren, darf man nicht vergessen, daß auch die Kosten-Nutzen-Analyse keinen automatisch wirkenden Mechanismus darstellt, der — wie der Markt — die Effizienz staatlicher Leistungen laufend anzeigt. Ebenso fehlt ein permanenter Wettbewerbsdruck, der Regierung und Verwaltung zu effizientem Handeln zwingt. Zudem gibt es kein wirksames Lenkungsinstrument — wie etwa Gewinne und Verluste — welches Parlament und Exekutive laufend anhält, wirtschaftlich überflüssige Einrichtungen und überholte Aufgaben ganz oder teilweise abzubauen oder öffentliche Dienste stets zu minimalen Kosten anzubieten. Die Kosten-Nutzen-Analyse stellt keine allumfassende gesellschaftliche Projektbewertung dar. Sie dient nur der Suboptimierung bei gegebenen operationalen Zielen. Sie eignet sich nicht zur Erstellung kompletter Regierungsprogramme und zur Verteilung öffentlicher Mittel auf verschiedene Bereiche der Staatstätigkeit (sollen etwa mehr Mittel für Luft- oder Gewässerschutz oder mehr für Straßenbau verwendet werden?)[4]

Eine Kosten-Nutzen-Analyse stellt jedoch eine wichtige Entscheidungshilfe dar, wenn die Frage diskutiert wird, ob ein bestimmtes Projekt durchgeführt werden soll oder welches von mehreren Alternativprojekten vorzuziehen sei. Schon das Denken in Alternativen zwingt zu ökonomischen Überlegungen und Entscheidungen.

4.2 Die Prognosebasis

Die Kosten-Nutzen-Analyse basiert wie alle Investitionsrechnungen auf Erwartungen über die Zukunft, die mit Unsicherheit und Risiko behaftet sind. So können technischer Fortschritt, Qualitätsveränderungen und Preisschwankungen alternative Projekte ungleich beeinflussen. Neue Industrieräume, Bevölkerungsballung und Änderung der Bedürfnisstruktur lassen die Nachfrage nach Gütern steigen oder schrumpfen. Die diesbezüglichen Prognosen werden um so unsicherer, je länger der betrachtete Zeitraum ist. Auch die Verfahren der Sensitivitäts- oder Wahrscheinlichkeitsanalyse vermögen das Entscheidungsrisiko nur in einem gewissen Rahmen sichtbar zu machen. Solche Probleme tauchen aber bei allen Prognosen auf: gewußte Zukunft — das ist eine Unmöglichkeit in sich. Man kann die Kosten-Nutzen-Analyse nicht deshalb als schwach und irreal ablehnen, weil sie auf einer Prognosebasis errichtet ist. Bei dieser Einstellung dürfte man niemals Entscheidungen treffen, die von zukünftigen Annahmen abhängen.[5]

4.3 Die Eindimensionalität der Kosten-Nutzen-Analyse

Eines der Hauptprobleme, denen sich die Kosten-Nutzen-Analyse gegenübersieht, ist, daß sich nicht alle Effekte monitär bewerten lassen (z. B. der Wert eines geretteten Menschenlebens bei einem Straßenbauprojekt oder der Abriß einer historischen Abtei beim Bau eines Flughafens). Zwar hat es auch hier Ansätze gegeben, dies doch noch zu quantifizieren, aber in der Regel werden diese intangiblen Effekte außerhalb der eigentlichen Analyse verbal aufgeführt. Dies gilt auch für staatliche Ziele außerhalb des Wachstumsziels, wie z. B. eine verbesserte Einkommensverteilung. Der Vorwurf, der der KNA daraufhin gemacht wird, ist, daß sie das Entscheidungsproblem durch die einwertige Zielfunktion verkürzen würde.

Neuere Varianten[6] der Kosten-Nutzen-Analyse haben diese Kritik berücksichtigt. Sie gehen zwar nach wie vor von dem traditionellen Kosten-Nutzen-Ansatz aus. Der entscheidende Maßstab für die Bewertung eines Projektes ist jedoch nicht mehr der Kapitalwert oder interne Zinsfuß, sondern ein Wert, der durch die Einbeziehung von Gewichtungsfaktoren für die Erreichung weiterer Ziele ermittelt wird. Diese Vorgehensweise beeinträchtigt allerdings Klarheit und Nachvollziehbarkeit des Ergebnisses.

4.4 Die Kritik der Nutzwertanalyse

Besonders radikal haben sich die Befürworter der Nutzwertanalyse gegen die traditionelle Kosten-Nutzen-Analyse gewandt. Beim Konzept der Nutzwertanalyse gibt es folgende Bestandteile:

a) Die Zielerträge, die „messen" sollen, inwieweit eine Alternative zur Erreichung eines Ziels beiträgt; b) die Zielerfüllungsgrade, die durch eine Umskalierung der Zielerträge in Verhältnisgrößen erzeugt werden. Zudem werden c) die Ziele gewichtet durch Verteilung einer standardisierten Gewichtsmasse auf die Ziele als Gewichtsträger.

Die Einführung der Nutzwertanalyse wird in der Regel mit den Unzulänglichkeiten der Kosten-Nutzen-Analyse begründet.[7])

Daher werden hier umgekehrt die wichtigsten Kritikpunkte an der Nutzwertanalyse zusammengestellt[8]):

1. Die Kosten werden bei einer Nutzwertanalyse häufig ausgeklammert, daher können Handlungsalternativen untereinander nicht vollständig verglichen werden: wegen der willkürlichen Abgrenzung von Kosten kann meist nicht einmal eine eindeutige Rangfolge der Alternativen bestimmt werden.

2. Die Umrechnung von Zielerträgen in Punktwerte ist ein Schritt, bei dem die Anschaulichkeit der Analyse (Information) verlorengeht und eine Fehlerquelle geschaffen wird.

3. Das Gewichtungsverfahren (verteilen von 100 Punkten auf mehrere Zielkriterien) verleitet dazu, uninterpretierbare Präferenzaussagen zu machen, weil eine geeignete Basis für die vergebenen Punkte fehlt: die Zielertragseinheiten sind häufig nicht definiert. Obwohl eine Gewichtung mit Geldeinheiten einer Punktgewichtung theoretisch äquivalent und wegen der Aussagefähigkeit praktisch überlegen ist, wird sie von vielen Nutzwertautoren abgelehnt. Der Einwand, DM-Gewichte seien eindimensional, trifft auch die Punktgewichte. Aber bei einer Gewichtung mit Preisen würde vermutlich sehr viel genauer gefragt, worauf sich die Gewichte (Preise) beziehen.

4. Zielgewichte sind nicht — wie von einigen Vertretern der Nutzwertanalyse behauptet — theoretisch begründbar, sondern müssen subjektiv vom einzelnen Entscheidungsträger festgelegt werden. Die häufig praktizierte Gewichtung durch Experten ist unzulässig — es sei denn, das Ergebnis wird eindeutig als eine Empfehlung (Meinung) des Gutachters charakterisiert; dann bleibt aber die Beurteilung der Maßnahmen durch den Entscheidungsträger offen.

4.5 Resümee

Zusammenfassend läßt sich sagen, daß die Kosten-Nutzen-Analyse in ihrer traditionellen Form nur eine ökonomische Nutzenbewertung von Projekten vornimmt. Dies jedoch geschieht in systematischer, eindeutiger und klarer Form. Es wird festgestellt, welches von alternativen Projekten den größten Beitrag zum Wachstum der Volkswirtschaft erbringen wird. Die Kosten-Nutzen-Analyse ist damit eine Entscheidungshilfe bei dem Werturteil, das der Politiker über die Realisierung von Projekten zu fällen hat. Und wo immer Werturteile zu fällen sind, sollte der Politiker die Kosten kennen, die beim Abweichen von ökonomischen Kriterien zu tragen sind.

Anmerkungen

[1] Vgl. F. Leslie C. H. Helmers, Cost-Benefit-Analysis in Developing Countries, in: Pricing Policy for Development Management, ed. by Gerald M. Meier, published for the EDI of the World Bank, The Johns Hopkins University Press, Baltimore and London, 1983, S. 242.

[2] Vgl. im folgenden Udo Gaspary/Bernd C. Schmidt, Planung von Entwicklungsprojekten, Stuttgart 1980, S. 11 ff.

[3] Vgl. Little, I. M. D. und Mirrlees, J. A., Manual of Industrial Project Analysis in Developing Countries, vol. II, Social Cost-Benefit-Analysis, Development Centre of the Organization for Economic Cooperation and Development, Paris 1969, S. 110 ff. und 148 ff.

[4] Vgl. Horst C. Recktenwald, Entscheidungshilfen für die Staatswirtschaft, in: Der Volkswirt, Nr. 49/1969, S. 44.

[5] Vgl. Hans-R. Hemmer, Die Cost-Benefit-Analyse als Instrument zur Beurteilung von Entwicklungsprojekten, in: WiSt, Nr. 6/1974, S. 261.

[6] Dies sind z. B.: die geänderte 2. Auflage des Manual von Little und Mirrlees, erschienen unter dem Titel Project appraisal and planning for developing countries, published by Heinemann Educational Books, London 1974. Ferner Guidelines for Project Evaluation, ed. by UNIDO, New York 1972 und Lyn Squire/Herman G. van der Tak, Economic Analysis of Projects, published for the World Bank by The Johns Hopkins University Press, Baltimore und London, 1975.

[7] Vgl. hierzu den Beitrag von Herbert Neubauer in diesem Buch.

[8] Vgl. hierzu Johann Eekhoff, Verstärkte Wirkungsanalyse als Alternative zur „Perfektionierung" der Nutzwertanalyse, mimeo, hrsg. v. Institut für Regionalwissenschaft der Universität Karlsruhe, 1981, S. 40—42.

Die Nutzwertanalyse als Methode zur operationalen Lösung von komplexen Entscheidungsproblemen in Entwicklungsländern

Herbert Neubauer

1. Problemstellung

Im zunehmenden Ausmaß sieht sich heute eine Entwicklungsplanung mit der Aufgabe konfrontiert, für fortschreitend komplexere Auswahlprobleme Lösungen bereitzustellen und diese in eine für den Entscheidungsträger nachvollziehbare Schrittabfolge zu transformieren. Die Schwierigkeit der Ermittlung einer konsistenten Präferenzordnung für alternative Handlungsmöglichkeiten äußert sich insbesondere in der Frage einer exakten Quantifizierbarkeit und Zurechenbarkeit derjenigen Kosten und Erträge, die sich einer unmittelbaren marktmäßigen Bewertung entziehen. Hierzu zählen beispielsweise die Auswirkungen der einzelnen Alternativen auf ihre Umwelt, als physische Kategorien wie Luftverschmutzung oder -reinheit, Lärmverursachung oder -freiheit etc.

Zur Umgehung derartiger Bewertungs- und damit Auswahlprobleme wurde in der Vergangenheit mit Hilfe der sogenannten Cost-Benefit-Analyse versucht, über die Bestimmung von volkswirtschaftlichen Knappheitsverhältnissen der Güter — Simulation eines Marktes — zu einer eindeutigen Prioritätenskala von Alternativen zu gelangen. Als Maßstab für eine dabei implizierte eindimensionale Bewertungsziffer dienen Geldeinheiten. Mit dem Postulat einer Einreihung der sämtlichen jeweiligen Zielerträge von Alternativen auf eine gemeinsame monetäre Ebene wird somit der Anspruch erhoben, eine Vielzahl unterschiedlicher sowie sinnvoll nicht in einem einzig ökonomisch determinierten Preis bewertbarer Zielfunktionen in einer objektiven Größe auszudrücken und vergleichbar machen zu können. Eine auf einem solchen Vorgehen fußende Entscheidungsfindung ist aber infolge der Willkür derartiger Bewertungskriterien notwendigerweise starken Zweifeln ausgesetzt.

Angesichts der Sachlage wurde mit der Nutzwertanalyse eine Methode entwickelt, die das Aufsuchen, die Evaluierung und die Aufstellung einer Rangordnung für komplexe Projekt-Alternativen unter einem mehrdimensionalen Zielsystem erlaubt, ohne auf fragwürdige Umwertungen von immateriellen Zielkategorien in pekuniäre Meßbereiche zurückgreifen zu müssen. Hierzu werden sowohl divergierende subjektive Präferenzen mit mannigfachen Zielbereichen der verschiedenen Entscheidungsträger im Entwicklungs- und Geberland als auch physische Zielkategorien bei der Beurteilung von Alternativen in die Analyse eingebracht. Die Bewertung der Alternativen erfolgt dabei über die Ermittlung ihrer Konsequenzen hinsichtlich sämtlicher Ziele (Grad der Zielerreichung bzw. Zielertrag), wobei den einzelnen Handlungsmöglichkeiten durch ein noch zu beschreibendes Verfahren dimensionslose Nutzwerte zugeordnet werden können. Zweckmäßigerweise kann allerdings eine Nutzwertanalyse nur dann als Entscheidungshilfe herangezogen werden, wenn ein aus mindestens zwei Alternativen und auch Zielfunktionen bestehendes Auswahlproblem zur Lösung ansteht[1]).

2. Definition eines multidimensionalen Zielsystems

Die Aussagefähigkeit einer Nutzwertanalyse wird zu einem entscheidenden Anteil von der Vollständigkeit und Qualität der aufgefundenen Zielgesamtheit dominiert, da ansonsten nur mir adäquater Sachlogik und Methodik die falsche Fragestellung gelöst wird. In einem ersten Schritt sind deshalb alle problemrelevanten Ziele von Zieldefinitoren

— Geber und Nehmer — aufzusuchen und auf ihren Realitätsbezug hin zu prüfen. Die derart bestimmten Projektoberziele sind sodann zu einem vorläufigen nicht systematisierten Katalog von Teilzielen zu erweitern. Hierzu werden zum einen die Oberziele durch eine Reihe von entsprechenden Teilzielen ersetzt und zum anderen zusätzlich relevant erscheinende sachbezogene Teilziele unterschiedlicher Ebenen durch den Planer definiert. Nach einer Auflistung, Konsistenz-Kontrolle und Gliederung der Gesamtheit dieser einzelnen Komponenten liegt damit eine erste plangerechte Zieleinteilung vor.

Zur Erlangung eines operationalen Zielsystems bedarf es allerdings einer weiteren Differenzierung der jeweiligen Teilziele in konkretisierte Kriterien. Soweit möglich sind auch diese Kriterien noch auf einer rangniedrigeren Stufe näher zu spezifizieren. Methodischer Grundgedanke dieses Arbeitsganges ist es dabei, mit einer solchen pyramidenartigen Ziel-Mittel-Abfolge eine Beziehung dergestalt zu bedingen, daß beispielsweise ein übergeordnetes Teilziel durch die Summe der diesem unmittelbar zugeordneten Kriterien gleichwertig abgebildet werden kann. Dieses Verfahren erlaubt sowohl eine Ergänzung des erarbeiteten Zielsystems als auch in seiner „Umkehrfunktion" — von unten nach oben gerichtete Vorgehensweise — eine Überprüfung und nötigenfalls Korrektur der inhaltlichen Geschlossenheit (Ganzheit) der Ordnung. Als Ergebnis dieser tiefgehenden Untergliederung fällt normalerweise eine Hierarchie von Oberzielen, Teilzielen und Kriterien an, die eine nachfolgende Aufstellung und Bewertung von Alternativen gestatten.

Der formal so eindeutig zu formulierenden Strukturierung eines Zielsystems erwächst jedoch in praxi ein nicht vernachlässigbares Problem insofern, als die Definition von Teilzielen eine bedingte Nutzenunabhängigkeit derselben verlangt. (Eine theoretisch mögliche Forderung nach einer vollkommenen Nutzenunabhängigkeit läßt sich indessen kaum verwirklichen, da ansonsten bei einer Alternative auch Teilzielerfüllungsgrade von Null auftreten könnten, obgleich im allgemeinen für eine Handlungsmöglichkeit gewisse Mindesterfüllungsgrade bei sämtlichen Teilzielen als unabdingbares Eignungskriterium angesehen werden).

Hiermit ist die Gefahr einer Resultats-Verfälschung angesprochen, die sich bei Nichtberücksichtigung dieses Faktums ergeben kann. Zur vergleichenden Bewertung und Einstufung einer Alternative bedarf es nämlich neben der Ermittlung von Teilnutzwerten für die einzelnen Teilziele — durch ein weiter unten dargestelltes Verfahren — noch einer Addition derselben zu einem Gesamtnutzwert. Derartige Teilnutzwerte von Alternativen lassen sich aber nur dann in einer konsistenten Weise zu einer globalen Nutzengröße zusammenfassen, wenn die Zielerträge eines Teilziels nicht in Abhängigkeit von der Möglichkeit zur Zielerreichung eines zweiten gesehen werden müssen. Ansonsten steht im Fall einer ausgeprägten positiven Korrelation der Werte zweier Teilziele zu vermuten, daß damit ein einziges Teilziel zweifach repräsentiert wird und es infolgedessen auch zu verzerrten Gesamtnutzwert-Ausweisen der verschiedenen Alternativen kommen kann. Ergebnisverfälschungen können sich dabei im Falle unterschiedlicher Zielerträge und den daraus resultierenden Teilnutzwerten der einzelnen Alternativen in Hinsicht auf solche in einer Wechselbeziehung stehenden Teilziele insofern ergeben, als hierdurch die Beiträge einer Handlungsmöglichkeit bezüglich eines einzigen — aber mehrfach ausgewiesenen Teilzieles — doppelte Berücksichtigung erfahren. Zur Wahrung einer bedingten Nutzenunabhängigkeit sind deshalb die einzelnen Teilziele auf mögliche Interdependenzen hin zu untersuchen und bei gegebener strenger Komplementarität in entsprechender Weise unter einem gemeinsamen Teilziel zu subsumieren[2]).

3. Formulierung zieladäquater Alternativen

Unter expliziter Zugrundelegung des erarbeiteten Zielsystems gilt es, diejenigen Alternativen zu entwickeln, die eine Verwirklichung der postulierten Zielsetzungen weitestgehend gewährleisten. Für eine rationale Formulierung der Alternativen sind diese dabei zusätzlich folgenden Bedingungen zu unterwerfen[3]).

1. Forderung nach einem bestimmten Grad an Wahrscheinlichkeit für eine spätere Wahl der Lösungsmöglichkeit.

2. Forderung nach einer sinnvollen Vergleichbarkeit der Alternativen in zeitlicher, projektart- und kostenmäßiger Hinsicht.

3. Forderung nach einer Realisierbarkeit der Wahlmöglichkeiten (Finanzierungsmöglichkeiten interner und externer Art).

Dadurch gelingt es die Definition von Alternativen an multidimensionalen Zielfunktionen auszurichten, ohne hierbei grundlegende Sachverhalte zu vernachlässigen. Als Nebenprodukt dieser Vorgehensweise kann gleichzeitig der Kreis der potentiellen Lösungsmöglichkeiten auf eine überschaubare Zahl eingeengt werden. Im allgemeinen läßt sich allerdings hierdurch keine Reduzierung auf ausschließlich entscheidungsrelevante Projektmöglichkeiten erreichen, da ohne eine Bewertung derselben ihre Zielkonformität nur unzureichend abzuschätzen ist. Die bislang beschriebene Anwendungsmöglichkeit einer Nutzwertanalyse geht von der Suche nach zieladäquaten Lösungsalternativen aus, also einer Schrittabfolge Zielformulierung, Alternativen-Definition und nachfolgendem Bewertungsprozeß. Grundsätzlich läßt sich diese Methode aber auch als ein Beurteilungsmaßstab für bereits vorgegebene Projektalternativen heranziehen. In diesem Fall wird lediglich — in umgekehrter Reihenfolge — für die einzelnen Wahlmöglichkeiten eine entsprechende Hierarchie von Zielen erarbeitet und ansonsten daran anschließend in der gleichen Weise wie oben verfahren. Jedoch sollte hierbei durch den Planer die Gefahr nicht verkannt werden, u. U. aus einer Reihe von inkonsistenten Alternativen eine Auswahl treffen und diese dem Entscheidungsträger als „Optimallösung" andienen zu müssen.

4. Iteratives Bewertungsverfahren

Für die Erlangung einer auswahlrelevanten Prioritätenskala bedarf es zunächst einer Bewertung der Alternativen an Hand des aufgestellten multidimensionalen Zielsystems. Hierzu werden in einem ersten Schritt an jede einzelne Alternative alle definierten Zielkriterien angelegt und die entsprechenden Zielerträge (Zielerreichungsgrade) ermittelt. Dabei werden für eine Handlungsmöglichkeit in aller Regel Teilergebnisse mit heterogenen Wertebenen — z. B. Einheiten wie Kilowatt pro Stunde, CO_2-Gehalt, Produktionsausstoß pro Schicht, Zentralität des Standortes etc. — anfallen, die sich nicht ohne weiteres zu einer gemeinsamen Bewertungsziffer verknüpfen lassen. Durch Heranziehung einer dimensionslosen Bewertungsskala sind deshalb die empirischen Zielerträge derart zu transformieren, daß vergleich- und aggregierbare Zielerfüllungsgrade bestimmt werden können. Allerdings läßt sich dies nur über einen Rückgriff auf subjektive Wertentscheidungen für die jeweiligen Zielerreichungsgrade begründen.

Im Prinzip stehen dafür an Bewertungstechniken nominale, ordinale und kardinale Skalen bereit[4]). Eine nominale Skalierungsmethode gestattet indessen lediglich eine Einstufung der Zielerträge in Klassen (z. B. gut/schlecht), so daß sie den an eine Nutzwertanalyse gestellten Anforderungen nicht gerecht werden kann. Die Verwendung von Ordinalskalen beruht auf der Erstellung einer Rangordnung für die untersuchten Größen, ohne dabei aber gleichzeitig schon Aussagen über die Differenzen zwischen den Rangplätzen zu fällen. Für die gewünschte Summierung der einzelnen ordinalen Teilbewertungen zu einer konsistenten Gesamtbewertungsziffer einer Alternative müßten daher übereinstimmende Intervalle zwischen den jeweiligen Rangzahlen vorausgesetzt werden können. Da dies nur in seltenen Einzelfällen anzutreffen sein wird, ist im Normalfall die Erarbeitung einer kardinalen Skalierung anzustreben. Letztere Methode läßt neben der Vorgabe einer Rangordnung auch Rangplatz-Abstände erkennen, so daß eine sinnvolle Aggregation der Ergebnisse von Teilbewertungen ermöglicht wird.

Zweckmäßigerweise wird hierbei im allgemeinen eine kardinale 10-Punkte-Skala zugrunde gelegt, deren Nullpunktposition (niedrigster Zielerreichungsgrad), Skalenobergrenze (höchster Zielerreichungsgrad) sowie die Intervallfixierung für jedes Zielkriterium gesondert festzulegen sind. Durch ein subjektives Werturteil kann dann jedem Zielertrag ein bestimmter Skalenwert und damit ein Zielerfüllungsgrad zugeordnet werden. Außer der Darstellung in Tabellenform können solche empirischen Transformationsfunktionen auch in einem Koordinatensystem abgetragen werden[5]).

Für eine additive Zusammenfassung der so gewonnenen Zielerfüllungsgrade erweist es sich jedoch als unmöglich, die Skalenursprünge und Maxima der verschiedenen Zielkriterien soweit als möglich zu vereinheitlichen, da ansonsten ins Gewicht fallende Fehler bei der Gesamtbewertung nicht auszuschließen sind. Infolge der Willkür eines derartigen Unterfangens werden dabei aber nur augenfällige Verzerrungen zu vermeiden und Näherungslösungen hinzunehmen sein.[6])

Die formale Aufstellung einer Nutzwertmatrix erfordert neben einer Bewertung der Alternativen durch Zuordnung ihrer Zielerfüllungsgrade noch eine Gewichtung der Zielkriterien. Hierzu sind die Ziele zunächst auf Grund der Präferenzstruktur der politischen Entscheidungsträger zu gewichten. Ausgehend von der Summe der Oberziele mit einem Gewicht von eins, werden die jeweils zugehörigen Unterziele mit dementsprechenden Teilgewichten bedacht. Wird so bis auf die unterste Ebene der Hierarchie verfahren, so ergibt sich bei Addition aller Zielkriterien wiederum ein Gesamtgewicht von eins[7]).

Bei Auftreten von mehr als einem Zieldefinitor wären in einem weiteren Bewertungsschritt deren relative Wichtigkeit und Einflußnahme auf die Auswahlentscheidung zu berücksichtigen[8]). Für den Planer würde dies eine exakte Gewichtung von Machtpositionen öffentlicher Instanzen der Geber- und Nehmerseite implizieren, die er teilweise nicht einmal approximativ zu erhellen vermag. Eine folgerichtige Einbeziehung dieser Gewichtungskategorie ist daher nur in jenen seltenen Fällen anzuraten, wo lösungsrelevante Machtverhältnisse eindeutig quantitativ zu identifizieren sind. In ähnlicher Weise hält es schwer, für die vom politischen Entscheidungsträger aus den verschiedensten Gründen möglicherweise gewünschte Bevorzugung bestimmter Sozialgruppen, bei der Bewertung eine sinnvolle Gewichtung zu erreichen. Ebenso wie oben müßte ansonsten die Möglichkeit zur Gewichtung von Machtpositionen bestehen und darüber hinaus eine zweifelsfreie Bestimmung diesbezüglicher Präferenzen hinsichtlich der zu begünstigenden Gruppen vorausgesetzt werden können. Um möglichen eklatanten Fehlgewichtungen vorzubeugen, sollte deshalb auf eine formale Vollständigkeit bei der Erarbeitung einer Nutzwertmatrix verzichtet und dieselbe ohne Einschluß dieser beiden Gewichtungsfaktoren konzipiert werden.

5. Alternativenauswahl an Hand einer Nutzwertmatrix

Die bisherigen Ergebnisse erlauben nun über eine multiplikative Verknüpfung der jeweiligen Teilbewertungen die Ermittlung von Nutzenziffern. Hierzu werden die einzelnen Zielerfüllungsgrade mit den entsprechenden Gewichtungsfaktoren der Zielkriterien als Produkt gesetzt. Die daraus resultierenden Teilnutzwerte lassen sich durch eine additive

Zusammenfassung zu einer Maßgröße aggregieren, die den Gesamtnutzwert einer Alternative repräsentiert. Die Beurteilung der Handlungsmöglichkeiten kann sodann durch eine einfache Gegenüberstellung der ihnen zugeordneten Gesamtnutzwerte geschehen. Die Methodik dieses Verfahrens sei an der nachfolgend dargestellten Nutzwertmatrix verdeutlicht. Zur Vermeidung von inkonsistenten Lösungen sind jedoch alle diejenigen Alternativen als unzureichend zu kennzeichnen, deren Werte für sämtliche als wesentlich eingestufte Zielkriterien nicht wenigstens gewissen Mindestanforderungen in Hinsicht auf einen unteren und oberen Schwellenwert genügen[9].

Eine derartige ermittelte Alternativen-Rangordnung kann aber nur dann als einigermaßen schlüssiges Instrument zur Lösung komplexer Entscheidungssituationen gelten, wenn sich die mit den einzelnen Handlungsmöglichkeiten verbundenen Kosten auf einem vergleichbaren Niveau bewegen. Da dies jedoch im allgemeinen nicht als gegeben unterstellt werden kann, empfiehlt es sich, die jeweiligen Gesamtnutzwerte einer Alternative zu ihren Kosten in Beziehung zu setzen[10]. Über die solchermaßen gewonnene Kosten/Nutzen-Relation wird für den Entscheidungsträger ein zusätzlicher Beurteilungsmaßstab geschaffen, der·die Auswahl von Alternativen erleichtert.

Schema einer Nutzwertmatrix[11]

Alternativen	Bewertung Ziele (Z)	Teilziele (TZ)	Kriterien (K)	Zielerfüllung (E)	Kriteriengewichte (KG)	Teilnutzwerte (TN)	Gesamtnutzwerte $(GN = \Sigma TN)$	Rangordnung (X)
A_a	Z_1	TZ_{11}	K_{111}	E_{a111}	KG_{111}	TN_{a111}	GN_a	X_a
			K_{11n}	E_{a11n}	KG_{11n}	TN_{a11n}		
		TZ_{1k}	K_{1k1}	E_{a1k1}	KG_{1k1}	TN_{a1k1}		
			K_{1kn}	E_{a1kn}	KG_{1kn}	TN_{a1kn}		
	Z_j	TZ_{j1}	K_{j11}	E_{aj11}	KG_{j11}	TN_{aj11}		
			K_{j1n}	E_{aj1n}	KG_{j1n}	TN_{aj1n}		
		TZ_{jk}	K_{jk1}	E_{ajk1}	KG_{jk1}	TN_{ajk1}		
			K_{jkn}	E_{ajkn}	KG_{jkn}	TN_{ajkn}		
A_m	Z_1	TZ_{11}	K_{111}	E_{m111}	KG_{111}	TN_{m111}	GN_m	X_m
			K_{11n}	E_{m11n}	KG_{11n}	TN_{m11n}		
		TZ_{1k}	K_{1k1}	E_{m1k1}	KG_{1k1}	TN_{m1k1}		
			K_{1kn}	E_{m1kn}	KG_{1kn}	TN_{m1kn}		
	Z_j	TZ_{j1}	K_{j11}	E_{mj11}	KG_{j11}	TN_{mj11}		
			K_{j1n}	E_{mj1n}	KG_{j1n}	TN_{mj1n}		
		TZ_{jk}	K_{jk1}	E_{mjk1}	KG_{jk1}	TN_{mjk1}		
			K_{jkn}	E_{mjkn}	KG_{jkn}	TN_{mjkn}		

$$\Sigma KG = 1$$

6. Kritische Würdigung

Der unbestreitbare Wert der Nutzwertanalyse für Planungsaufgaben in Entwicklungsländern ist in ihrer Eigenschaft zu sehen, zur rationalen Lösung von multidimensionalen Entscheidungsproblemen und zur Abstimmung von Geber- und Nehmerinteressen beizutragen. Durch die explizite Aufspaltung in die beschriebenen Teilschritte wird eine formallogische Entscheidungsfindung erreicht, die Aussagen über den Nutzwert konkurrierender Handlungsmöglichkeiten eröffnen. Mit dem eindeutigen Ausweis subjektiver Werturteile wird zudem dem Auswahlvorgang Transparenz verliehen, die eine Überprüfung desselben an Hand der Prämissen ermöglicht. Nicht zuletzt kann durch die Ausrichtung des Entscheidungsprozesses an politischen Präferenzstrukturen eine gewisse Wahrscheinlichkeit für eine Durchsetzbarkeit der Analyseergebnisse erreicht werden.

Weder die rational zu begründende Schrittabfolge noch die praktikable Handhabung dieser Methode sollte jedoch über das Unsicherheitsmoment hinwegtäuschen, das mit ihrer Anwendung einhergeht. Die Subjektivität der auf allen Bewertungsstufen notwendigen Annahmen und Wertentscheidungen verhindern nicht nur „absolute" Lösungen, sondern lassen möglicherweise im Einzelfall objektiv nicht widerlegbare starke Zweifel hinsichtlich der Richtigkeit der gefundenen Alternativen-Rangordnung aufkommen. (Insbesondere die schwierige Frage einer Gewichtung der einzelnen Ziele bietet einen erheblichen Spielraum für Fehlurteile[12]). Noch viel weniger gelingt es hierdurch, die Vorteilhaftigkeit der gewählten Handlungsmöglichkeit auf der Grundlage ihrer ermittelten Nutzwertgröße bestimmen zu wollen; denn gerade in Entwicklungsländern dürfte der ansonsten erforderliche Rückgriff auf bereits durchgeführte Nutzwertanalysen für vergleichbare Projekte in aller Regel nicht möglich sein[13]).

Wesentlicher als diese Vorbehalte erscheint jedoch die Tatsache, mit Hilfe dieses Systems erstmals eine komplexe Entscheidungssituation mit unterschiedlichen Wertebenen und teilweise nicht monetär quantifizierbaren Effekten logisch strukturieren, in eine nachvollziehbare Argumentationskette offenlegen und die Konsequenzen der jeweiligen Alternativen in eine eindimensionale Nutzenziffer transformieren zu können. Außerdem sollte nicht übersehen werden, daß die gegen diese Planungstechnik vorgebrachten Einwände auf andere Methoden (z. B. im Falle der Cost-Benefit-Analyse) in weit stärkerem Umfang zutreffen und deren subjektive Analyse-Elemente dort lediglich verdeckt bleiben[14]). Auf Grund dieses Sachverhaltes kann deshalb die Nutzwertanalyse als ein taugliches Instrument charakterisiert werden, das zur Lösung von Auswahlentscheidungen einen nicht unerheblichen Beitrag zu leisten vermag.

Literaturhinweise

[1] Vgl. hierzu Zangemeister, C.: Nutzwertanalyse in der Systemtechnik. Eine Methodik zur multidimensionalen Bewertung und Auswahl von Projektalternativen, Berlin 1970, S. 45 f.

[2] Vgl. zu diesem Abschnitt Strassert, G. und Turowski, G.: Nutzwertanalyse: Ein Verfahren zur Beurteilung regionalpolitischer Projekte, in: Institut für Raumordnung. Informationen, 21. Jg., Nr. 2, 1971, S. 35 f.

[3] Vgl. Kunze, D. M., Blanek, H.D und Simons, D.: Nutzwert-Analyse als Entscheidungshilfe für Planungsträger, KTBL — Bauschriften, Heft 1, Frankfurt 1969, S. 37 ff.

[4] Vgl. hierzu Strassert, C. und Turowski, G., a.a.O., S. 37 ff.

[5] Vgl. Knigge, R.: Von der Cost-Benefit-Analyse zur Nutzwert-Analyse, in: Das Wirtschaftsstudium, 4. jg., Nr. 3, März 1975, S. 126 f.

[6] Vgl. Turowski, G./Strassert, G.: Ein nutzwertanalytischer Ansatz für die Freizeit- und Fremdenverkehrsplanung, in: Raumforschung und Raumordnung, 30. Jg. Heft 1, 1972, S. 30.

[7] Vgl. Zangemeister, C.: Zielfindung und Zielgewichtung, in: Der Bundesminister für Bildung und Wissenschaft (Hrsg.), Methoden der Prioritätsbestimmung III, Schriftenreihe, Forschungsplanung 5, Teil I, Bonn 1971, S. 24 ff.

[8] Vgl. zu diesem Abschnitt Weiss, D.: Infrastrukturplanung. Ziele, Kriterien und Bewertung von Alternativen, DIE, Berlin 1971, S. 52 ff.

[9] Vgl. Knigge, R., a.a.O., S. 127 f.

[10] Vgl. Oehring, E.: Ex-ante Evaluierung Sozio-ökonomischer Wirkungen von industriellen Entwicklungsprojekten, Baden-Baden 1980, S. 131 f.

[11] Vgl. auch Zangemeister, C.: Zielfindung, a.a.O., S. 73 und Kunze D. M., Blanek, H.D. und Simons, D., a.a.O., S. 47.

[12] Vgl. Paulus, A. F.: Kosten- und Nutzenanalysen für Investitionsprogramme in der Verteidigungsplanung, Baden-Baden 1977, S. 189.

[13] Vgl. Fischer, L.: Spezielle Aspekte der Anwendung von Nutzwertanalysen in der Raumordnung, in: Raumforschung und Raumordnung, Jg. 29, 1971, S. 63.

[14] Vgl. Fischer, L., a.a.O., S. 64.

Zur Organisation von Projekten der ländlichen Entwicklung

Winfried Schneider

1. Einführung

In der internationalen Entwicklungszusammenarbeit haben Projekte der ländlichen Entwicklung eine beträchtliche Bedeutung neben den landwirtschaftlichen Projekten erlangt. Sie sind vor allem durch folgende Merkmale charakterisiert[1]):

— multi-sektorales Maßnahmenprogramm im ländlichen Raum unter Berücksichtigung der intersektoralen, vor allem der sozialen und der ökonomisch-technischen Komplementaritätsbeziehungen,

— Konzentration des Projektes auf die besonders benachteiligten Bevölkerungsschichten, sowie deren wirtschaftliche und soziale Integration in die Gesamtwirtschaft,

— Mitwirkung der Zielgruppen bei Auswahl, Planung und Durchführung der Projektmaßnahmen,

— nach Möglichkeit organisatorische und administrative Integration des Projektes in die bestehenden Institutionen des Partnerlandes.

Organisation und Management dieses Projekttyps stellen an sog. Geber und sog. Nehmer weitaus höhere Anforderungen als die traditionellen mono-sektoralen Projekte. Die sektoral gegliederten Regierungsinstitutionen sind auf der Nehmer-Seite — von der Zentralregierung bis zur lokalen Ebene — nur selten auf die Durchführung solcher komplexer Projekte vorbereitet. Projektidentifizierung und -konzeption erfolgen vielfach und maßgeblich durch die Geber, deren Initiative die Nehmer sich nach Maßgabe ihrer Abhängigkeit von ausländischen Leistungen — nolens, volens — fügen. Die Geber stellen mit diesem Projekttyp eine Anforderung an die Nehmer, zu deren Erfüllung sie in ihren eigenen Ländern kaum imstande sind, nämlich den Departmentalismus ihrer Institutionen zugunsten einer zielgerichteten Kooperation und Koordination bei der Lösung von regions- und zielgruppenbezogenen Entwicklungsproblemen zu überwinden.

Die mit Organisation und Management dieser Projekte verbundenen Probleme haben vielfach zu Ernüchterung bei den Projektpartnern geführt und teilweise wieder ein Bemühen um einfacher strukturierte Projekte eingeleitet.

Viele der vermeintlichen Managementprobleme in Projekten der ländlichen Entwicklung sind in Wirklichkeit Probleme der strukturellen Organisation der Projekte innerhalb und zwischen den Trägerinstitutionen des Nehmerlandes und sind deswegen der Zugänglichkeit und der Verantwortung des Projektmanagements weitgehend entzogen.

Die Ausführungen dieses Artikels zur Organisationsproblematik der ländlichen Entwicklung basieren hauptsächlich auf Projekterfahrungen des Autors und auf einem Diskussionspapier der Weltbank.[2])

2. Kernprobleme der Organisation von Projekten der ländlichen Entwicklung

(1) Traditionelle, ein-sektorale Projekte waren mehr auf die Erzielung von physischen und materiellen Ergebnissen gerichtet und im Hinblick auf eine einzige Trägerinstitution im Nehmerland organisiert. Das Konzept der ländlichen Entwicklung betont hingegen gleichermaßen die Entwicklung der menschlichen Ressourcen und der Qualifikation der Zielgruppen des Projekts. Im Unterschied zu den ein-sektoralen Projekten soll die Mitwirkung und Beteiligung der Zielgruppe stärker gefördert werden. Die Projektorganisation hat also einer komplexeren Zielstruktur Rechnung zu tragen.

(2) Die Festlegung der Organisationsstruktur wird schon dadurch erschwert, daß die verschiedenen am Projekt beteiligten Partner und Gruppen — die ausländische Geberinstitution, die sektoralen Fachbehörden des Nehmerlandes, die regionalen Behörden und die Vertreter der Zielgruppe — ihre zumeist nicht kongruenten Erwartungen und Ziele hinsichtlich des Projektes nicht hinreichend in Übereinstimmung bringen.

(3) Der Erfolg eines multisektoralen Projektes der ländlichen Entwicklung wird weitgehend davon bestimmt, wie das Projekt in die Institutionenstruktur des Partnerlandes eingeordnet ist und wie die betroffenen Institutionen und Gruppen im Hinblick auf die Projektziele kooperieren.

(4) Selbst auf den einzelnen administrativen Ebenen, etwa der Ebene der Zentralregierung, kommt eine einheitliche Willensbekundung häufig nicht zustande, z. B. wenn es darum geht, ob das ländliche Entwicklungsprojekt durchgeführt werden soll

— von einer neuzugründenden staatlichen oder para-staatlichen Behörde für die Projektregion evtl. unter Beteiligung von Nicht-Regierungsorganisationen,

— von einer der bestehenden Behörden oder Institutionen, etwa dem Landwirtschaftsministerium, das dann z. B. auch für Wegebau. Wasserversorgung u. ä. m. verantwortlich würde,

— von einer Behörde oder Institution, die formal mit der Koordinierung der zuständigen Fachbehörden beauftragt wird,

— von Institutionen der lokalen oder regionalen Ebene,

— als ein Bündel von sektoralen Einzelprojekten, deren Verbundcharakter von einer gemeinsamen Projektleitung gewahrt werden soll.

Die Vor- und Nachteile dieser Varianten sind vielfach diskutiert worden.[3]

(5) In neueren Projekten, die großenteils von den bestehenden sektoralen Fachbehörden durchgeführt werden, erweist sich die Koordination dieser Institutionen und ihrer Maßnahmen im Hinblick auf die Projektziele als ein Schlüsselproblem.

(6) Die Zeit-Dimension beeinträchtigt die Aufbau-Organisation der Projekte insofern, als
— die Projektplaner den Zeitbedarf für projektgerechte Anpassungen und Änderungen innerhalb der Trägerinstitutionen, etwa die für Personaltraining und -ausbildung erforderliche Zeit, häufig unterschätzen,

— die Unterschiedlichkeit der Zeit- und Erwartungshorizonte der verschiedenen am Projekt beteiligten Partner und Gruppen von den Projektplanern nicht hinreichend berücksichtigt wird,

— die kurzfristig notwendigen Pläne und Entscheidungen häufig zur Vernachlässigung der langfristigen und strategischen Organisationsstrukturen führen.

3. Das neuere Verständnis der Projektorganisation

3.1 Die Gliederung des Projektumfeldes

Das traditionelle Verständnis der Projektorganisation unterscheidet zwischen dem steuerbaren Bereich innerhalb und dem nicht steuerbaren Bereich außerhalb der Organisation.

Aus dieser Sicht besteht das Problem der organisatorischen Gestaltung des Projekts in der Grenzziehung um die steuerbaren Elemente und in der Festlegung ihres Binnenverhältnisses in der Weise, daß sie steuerbar bleiben (Auswahl der Projektkomponenten, Personalausstattung, Aufgabenbeschreibungen, Weisungsbefugnisse und -bindungen,

Input-Allokation, Kontrollmechanismen). Der Bereich außerhalb dieser Grenzen wird nach diesem Organisationsverständnis vernachlässigt.

Die Aufgabe des Projektmanagement wird nach dieser Vorstellung fast ausschließlich darin gesehen, sich um die Steuerung zu kümmern. Dies spiegelt sich in den früheren Organisationsformen für Projekte der ländlichen Entwicklung wider, bei denen betont wurde, daß die Projekt-Management-Einheit alle für die Projektdurchführung wichtigen Ressourcen kontrolliert. Die Management-Einheiten waren faktisch autonom und unterhielten nur in geringem Umfang Beziehungen zum Projektumfeld (z. B. das Lilongwe-Projekt in Malawi, das erste ländliche Entwicklungsprojekt der Weltbank).

Es wurde jedoch bald erkannt, daß solche Projekte beträchtlichem Einfluß von außerhalb ihrer organisatorischen Grenzen ausgesetzt waren, und daß sie, andererseits, diese externen Einheiten (z. B. Vermarktungs-Organisationen, Betriebsmittellieferanten, andere Behörden, Organisationen innerhalb der Zielgruppe) im Sinne der Projektziele zu beeinflussen haben.

Darüber hinaus wurde erkannt, daß der Projekterfolg von einem geschickten Umgang mit diesem Bereich gegenseitiger Beeinflußbarkeit ebenso abhängt, wie von der Steuerung der Projektressourcen innerhalb der Organisation.

Der Bereich jenseits der gegenseitigen Beeinflußbarkeit wird im englischen Sprachgebrauch als „appreciated" qualifiziert. Die beiden Komponenten dieses Attributs — Verstehen und Bewerten — kennzeichnen die Position des Projektmanagements im Hinblick auf diesen Umfeld-Bereich. Mangels eines äquivalenten deutschen Fach-Terminus sei dieser Bereich vereinfachend als „nicht beeinflußbar" bezeichnet. Mit diesem Bereich ist nicht die Gesamtheit des nicht beeinflußbaren Projekt-Umfelds gemeint, sondern nur solche Elemente darin, deren Handlungen auf die Leistungen der Projektorganisation direkt oder indirekt einwirken und die sich der Steuerung oder Beeinflußbarkeit durch die Projektorganisation entziehen (siehe Schaubild 1).

Bei der Gestaltung der Organisation geht man zweckmäßigerweise von der Analyse dieses nicht beeinflußbaren Bereichs aus und versucht, die für das Projekt vorteilhaften und nachteiligen Faktoren zu identifizieren. Erfahrungsgemäß ist es jedoch nicht möglich, im Voraus alle Einflußkomponenten hinreichend deutlich zu erkennen. Beispielhaft seien folgende Einwirkungen aus dem nicht beeinflußbaren Projektumfeld genannt:

— Änderungen der staatlichen Preispolitik beeinträchtigen die Produktionsanreize für die Bauern.

— Wechselkursänderungen und Zahlungsbilanzschwierigkeiten können die ökonomische Rechtfertigung und Funktionsfähigkeit des Gesamtprojekts verändern.

— Finanzierungs-, Budgetierungs-, Beschaffungs- und Personaleinstellungsverfahren der Behörden beeinflussen die Verfügbarkeit der Projektinputs.

— Der Grad der Zentralisierung der Verwaltung bestimmt die administrative Flexibilität des Projekts.

Die relative Bedeutung des steuerbaren, beeinflußbaren und nicht beeinflußbaren Bereichs variiert mit den Projekttypen und zwischen den einzelnen Projekten. In einem mono-sektoralen Projekt der physischen Infrastruktur (z. B. Dammbau), das überwiegend mit der Steuerung von Inputs und Outputs befaßt ist, ist der steuerbare Bereich von relativ großer Bedeutung. Andererseits sind in einem multisektoralen, institutionell integrierten Projekt der ländlichen Entwicklung die Aktivitäten unter direkter Steuerung und Kontrolle der Projektorganisation relativ geringer. Hinzu kommt, daß die Ergebnisse und Wir-

Schaubild 1: Organisation und Umfeld ländlicher Entwicklungsprojekte[4])

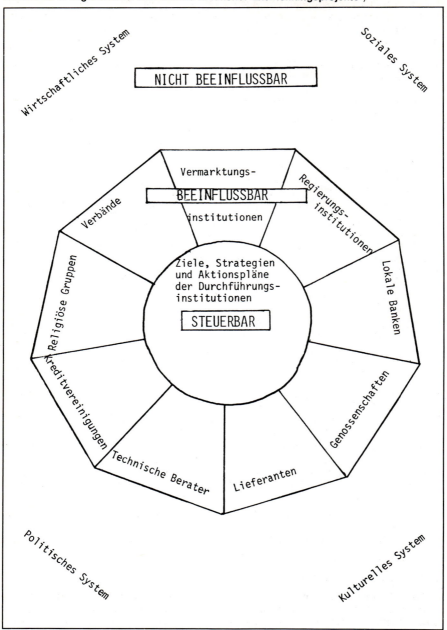

kungen, die ein Projekt von seiner Gestaltungsphase an, über die Aufbauphase und während der Betriebsphase erzielt, das anfänglich bestehende Muster von Steuerbarkeit, Beeinflußbarkeit und Nicht-Beeinflußbarkeit verändern können. Die Organisation sollte also so flexibel gestaltet sein, daß sie sich den Wandlungen im Projektumfeld rechtzeitig anpassen kann.

Schaubild 2: Vergleich der Umfeldbereiche von Projekten der Infrastruktur und der ländlichen Entwicklung[5])

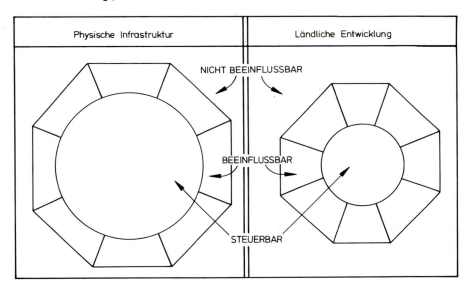

Das Verhältnis von Programmorganisation zum Projektumfeld läßt sich im neueren Verständnis wie folgt zusammenfassen:

— Das Projektumfeld und die Eigenarten seiner Teilbereiche sollten bei der Gestaltung der Projektorganisation stärker berücksichtigt werden.

— Bedeutsam ist die Erkenntnis, daß zum Projektumfeld ein Zwischenbereich gehört, der zwar nicht der Steuerung, aber der Beeinflußbarkeit durch das Projektmanagement unterliegt. Die Identifizierung der Einheiten, die zum Projektmanagement in einem Verhältnis gegenseitiger Beeinflußbarkeit stehen, ist Bestandteil der Organisationsgestaltung.

— Das Projektmanagement kann nicht mehr als primär binnenorientiert verstanden werden; es hat sich außer mit den steuerbaren — in gleichem oder sogar in noch stärkerem Maße — auch mit den beeinflußbaren und nicht beeinflußbaren Elementen zu befassen.

3.2 Organisationsstruktur und Koordinationsmechanismen

Projekte der ländlichen Entwicklung erfordern häufig die Beteiligung zahlreicher Institutionen auf der zentralen, regionalen und lokalen Ebene, etwa der Ministerien für Landwirtschaft, Wasserwirtschaft, öffentliche Arbeiten, Gesundheit usw., von para-staatlichen Institutionen (z. B. Vermarktungsinstitutionen), Genossenschaften und anderen Nicht-Regierungsinstitutionen. Unter welchen Voraussetzungen können diese verschiedenartigen Partner im Sinne der Projektziele zusammenwirken?

(1) Ein Mindestumfang an Machtbefugnissen ist auf allen Ebenen eines Systems der ländlichen Entwicklung erforderlich. Systeme mit starker Machtkonzentration auf den oberen Ebenen funktionieren im Sinne der Projektziele schlechter als die, bei denen die Macht überwiegend auf lokaler oder regionaler Ebene angesiedelt ist. Systeme mit kopflastiger Machtverteilung neigen dazu, Motivation und Engagement der nachgeordneten Ebenen zu ersticken und haben Schwierigkeiten, zutreffende Informationen von den unteren Ebenen zu erhalten, insbesondere wenn diese Informationen negativ sind im Hinblick auf die Projektziele. Demgegenüber sind Systeme mit ausbalancierter Machtverteilung, oder solche mit mehr Macht auf den unteren Ebenen in sich stärker motiviert, gewährleisten einen besseren Informationsfluß und können flexibler auf Veränderungen im Projektumfeld reagieren.

(2) Ländliche Entwicklung braucht relativ starke Steuerungs- und Koordinationsmechanismen auf lokaler Ebene. Solcherart strukturierte Projekte haben gute Erfolgsvoraussetzungen. Sie sind charakterisiert durch

— eine starke lokale Führung

— wirksame Motivationsmechanismen im Hinblick auf die Projektziele

— die Befähigung der lokalen Ebene, projektbezogene Entscheidungen übergeordneter Ebenen zu beeinflussen

— Verständnis der regionalen Behördenvertreter für lokale Erfordernisse sowie deren Möglichkeit, die notwendigen Ressourcen rechtzeitig verfügbar zu machen.

(3) Die aussichtsreichste Möglichkeit, den organisatorischen Aufbau zu verbessern, besteht im Einsatz von mehr und verbesserten Koordinierungsinstrumenten zwischen den Sektorinstitutionen auf den verschiedenen Ebenen. Dies gilt insbesondere für Projekte, die mittels bestehender Regierungsorganisationen durchgeführt werden. Versuche, deren Struktur projektbezogen zu verändern, stoßen i. d. R. auf Widerstand, da sie die etablierte Machtverteilung tangieren. Zusätzliche Koordinierungsmechanismen treffen demgegenüber auf weniger Argwohn. Sie setzen im o. g. „beeinflußbaren Bereich" der Institutionen an und haben subtilere Wirkungen. Die folgenden Beispiele für Koordinierungsinstrumente setzen die grundsätzliche Bereitschaft der am Projekt beteiligten Institutionen und Gruppen zur Koordination der Aktivitäten im Sinne der Projektziele voraus. Die nachstehend gegebene Rangfolge der Wirksamkeit der Instrumente ist lediglich als Tendenz zu verstehen.

	Wirksamkeit
Ad hoc-Besprechungen	schwach
Informationsseminare	
Personaltransfer zwischen den Institutionen	
Arbeitsgruppen (task forces)	
Teilzeit-Komitee	
Gemeinsame Planungsbesprechungen	mittel
Ständige Verbindungsstelle (Koordinator)	
Schriftliche Verträge	
Ständiges Komitee	
Einordnung in duale Matrixorganisation	stark

Der Einsatz der Koordinierungsinstrumente erfolgt im beeinflußbaren Bereich des Projektumfelds. Ihre Handhabung gehört zu den sog. „linking functions" des Projektmanagement und stellt beträchtliche zusätzliche Qualifikationsanforderungen. Ländliche Entwicklung als Mehrziel-Mehrressort-Strategie ist in hohem Maße von der Wirksamkeit der Koordinationsinstrumente abhängig.

(4) Koordination und Steuerung sollen einander entsprechen: So nützt ein einflußstarkes Koordinierungskomitee nur wenig, wenn die Fachbehörden auf dieser Ebene nur geringe Steuerungsmöglichkeiten haben und nicht imstande sind, die im Koordinierungskomitee erzielten Vereinbarungen durchzuführen.

Schematisiert und vereinfacht läßt sich ein ausgewogenes System von Steuerung und Koordinierung wie folgt darstellen:[5])

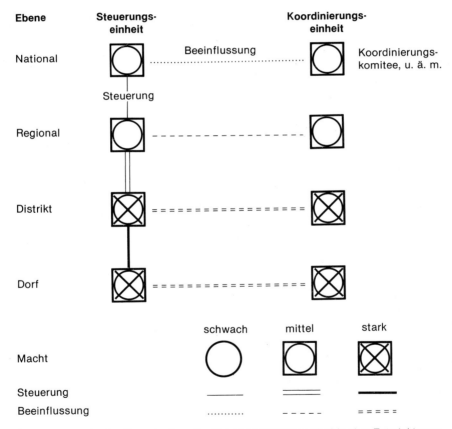

Lernprozesse in der Organisation ländlicher Entwicklung sind in den Entwicklungsländern und bei den Geberinstitutionen im Gange. Sie sind strukturiert durch Monitoring- und Evaluierungssysteme. Der Geberseite stellt sich das Problem, ihre Organisationsempfehlungen entsprechend dem jeweiligen Stand der institutionellen Entwicklung und Kapazität auf den verschiedenen Ebenen des Partnerlandes zu differenzieren. Je qualifizierter dessen Institutionen sind, um so bedeutsamer wird die Koordinierungsfunktion und um so mehr schrumpft die Steuerungsfunktion für die Projekte.

Anmerkungen

[1] Vgl. den Aufsatz des Autors „Ernüchterung bei ILE-Projekten" in epi 7/8 1980, S. 29.

[2] World Bank Staff Working Paper No. 375: The Design of Organizations for Rural Development Projects — A Progress Report, 1980.

[3] Vgl. z. B.: Deutsche Gesellschaft für Technische Zusammenarbeit (GTZ): Ländliche Regionalentwicklung — State of Knowledge-Report (Entwurf), Oktober 1982 (hektografiert).

[4] Cf. World Bank, op. cit. S. 12.

[5] Cf. World Bank, op. cit. S. 30.

The Logical Framework Approach to Project Planning and Management (ZOPP)

Claire-Marie Wheatley

1. Introduction

The Logical Framework approach, now better known in Germany as the „ZOPP" system (Zielorientierte Projekt Planung), is probably the project design and project management methodology in widest use in the international development community. This has led over the last decade to extensive operational experience with these instruments, and to significant efforts to refine and elaborate the basic system. It has also produced considerable critical commentary regarding the apparent strengths and limitations of the system, in both practical and „theoretical" aspects.

Particularly in the light of several recent or anticipated „installations" of the approach (GTZ, the E.G.), and one partial de-emphasis (USAID), this seems to be an unusually appropriate moment to review briefly the current situation and future prospects of the Logical Framework. First the reader is offered a quick overview of basic features of the approach and instruments. Next comes a sketch of some recent applications and experiences. Then a rapid look is taken at some of the most important critical issues, and these are commented upon briefly. The paper concludes with a few remarks concerning possible directions for further development and uses of the basic Logical Framework approach.

2. Overview of Basic Features of the Logical Framework System

The original LogFrame set of tools was prepared for USAID in the early 1970's, in response to evaluation studies that had pinpointed many of the factors that had limited the success of previous USAID projects. The underlying principles derive from the „management by objectives" (MBO) tradition of American management science. The essential idea of this orientation is to specify first what the primary objective of any effort is, and then work out systematically the best strategy of cause-and-effect relationships, work organization and resource requirements to reach that objective in a specific set of conditions.

MBO-type planning and management remains one of the dominant influences in American management science, although its applicability to large, bureaucratically structured corporations and government agencies is subject to significant reservations. Perhaps ironically, the logic of the basic approach is much more directly applicable to situations corresponding to development work in „third world" environments. Development projects and programms are normally characterized by situations in which new organizations must be created with delimited resources to reach definite results in specific circumstances. Thus development projects represent almost a perfect „fit" in relation to the prototypical case for MBO-type thinking

The Logical Framework system explicitly presumes this „projectizing" approach to development work. The Log Frame orientation was in fact created to facilitate the design and management of projects based on a team of interactive people using limited resources to accomplish a specific result in a precise time period. (Notwithstanding, the scheme has also been used with mixed success in almost every other imaginable type of organizational and programmatic setting).

The primary instrument of the approach is the LogFrame matrix itself. However, the matrix is intended to be used as one element in an comprehensive „Project Management

System". This PMS scheme breaks the overall project „cycle" into three much simplified phases, representing Planning, Implementation, and Evaluation. A corresponding PMS can be designed with the intention of giving the project management team adequate tools to perform all of the essential „functions" involved in each phase of the project cycle. The cycle itself is understood to be „iterative", or subject to repetition from phase to phase until the project primary objective is reached (or the project is discountinued).

In the typical case, use of the LogFrame matrix to prepare a project Master Plan is preceeded by other appropriate preliminary steps. These may include conventional feasibility studies and other „project discovery" and „project assessment" activities. Of special importance, however, is use of a technique known as „Trees Analysis", which the planners or field team and other relevant people (most notably spokespeople for important beneficiary groups), work toward common results. The procedure is a simple but usally effective means to prepare a „soft" model which graphically represents the major causal relationships present in he project setting. The first or „Problem Tree" step represents relationships between key problems and their antecedents and consequences. The second or „Objectives Tree" step converts the diagram into relationships between important possible objectives. The third or „Alternative Tree" step is to analyze the model from the perspective of potential alternative project strategies that can be identified, based on the major „ladders" of cause-and-effect relationships diagrammed.

In the recommended sequence, the next procedure in the LogFrame scheme is to select the „best" project strategy alternative (by rigorous techniques or otherwise), and then develop a systematic project design using the Logical Framework matrix. The resulting draft project Master Plan then provides the basis for extensive dialogue among all concerned parties. After appropriate revisions and refinements, this Plan becomes the basis for start-up of the implementation process.

The LogFrame matrix was designed to organize and summarize all of the essential elements of a basic project strategy. These include representation of the major cause-effect steps to be undertaken, clear definition of the boundaries of the project relative to other significant factors, precise operational definitions of every important objective, and clear indication of data sources to measure project results.

The LogFrame physical layout arranges the above into a matrix of four rows and four columns. The first column represents the „Objectives Hierarchy", and displays the causal steps leading from project Activities through the intermediate levels of project Outputs and project Purpose to the highest project objective or Goal, normally representing important benefits to be delivered to some „target group(s)". The second matrix column provides for the „Objectively Verifiable Indicators" that will be used to measure achiement of each project objective (since „you can't manage what you can't measure"). The third column presents the „Means of Verification", or the specific sources of data for each chosen indicator. Finally, the fourth column requires specification of „Important Assumptions", or other factor at each level that are also essential to the cause-and-effect relationships of the strategy, but cannot or will not be directly controlled by the project.

Once a draft project Master Plan has been prepared and refined using this tool, it is intended to serve as the „blueprint" which integrates the use of all other management procedures and tools throughout implementation and evaluation. For example, the project organizational scheme is based on a division of labor that reflects key sub-objectives and sets of activities displayed in the Master LogFrame. The project Monitoring & Reporting system is keyed to the performance criteria of the indicators column, and project evaluations become essentially critiques of the Master Plan and interpretations of success and failure based on its logic.

This concludes a fast survey of the basic LogFrame approach and instrumentation. Next we turn to a review of some of the more important and instructive recent attempts to apply and elaborate these basic ideas.

3. Recent Applications and Adaptions of the LogFrame System

The single most interesting and significant development of the LogFrame „technology" recently has been adaption and installation of the approach by the German Agency for Technical Cooperation (GTZ), as an official project planning method. Beginning in early 1981, GTZ undertook extensive pilot testing and tailoring of the scheme prior to its formal adoption for GTZ-Central project planning activities. This initiative has generated an extensive new body of „performance data" bearing on the scheme's strengths and limitations. It has also created powerful momentum for development and implementation of other project management tools interdependent with the LogFrame system. Another related development has been the growth of similar interest in the LogFrame and its companion tools on the part of a number of other bilateral and multilateral development organizations. We will summarize the GTZ experience first.

Preliminary pilot training seminars and project design exercises by GTZ using the Log-Frame approach etablished the basic soundness of the system from the perspective of GTZ requirements. Only limited adaption and revisions were indicated before full-scale implementation at GTZ-Central. The key refinements and adjustments focused on re-packaging of the Trees Analysis and Logical Framework procedures as one integrated planning sequence (labeled the ZOPP system). Appropriate technical manuals were then prepared (and several times revised), and a standardized and regular programm of ZOPP training seminars designed, staffed and continuously operated. These training and orientation seminars have been aimed primarily at GTZ-Central staff, especially project speakers and all higher levels of GTZ management.

Consistent with the above measures, GTZ made adjustements to the administrative and organization arrangements linked with project planning activities. Thus the tentative project design expressed in the LogFrame format became the normal basis for communication with the parent Federal Ministry for Technical Cooperation (BMZ). At the same time, each technical division and sub-division at GTZ-Central became a kind of ZOPP collegium, with semi-formal or informal teams established to provide group support for individual project design efforts. Most sub-divisions designated individuals as internal consultants and resource persons to backstop technical quality control and content aspects of their colleagues' early applications of the ZOPP system. Finally, the training division (FB 614), assumed an overall monitoring role for the ZOPP installation process, and has coordinated evaluation activities of the complete GTZ experience to date.

Introduction of the ZOPP system at GTZ-Central for project planning work soon started a number of official and spontaneous processes of follow-up. On the official side, a set of procedural guidelines has been introduced to govern the use of ZOPP-type analysis and ZOPP tools at **all** stages of project preparatory work prior to implementation. In this regard some six basic steps are recognized in the preparatory sequence, and the use of Trees Analysis and LogFrame instruments is directed at a number of appropriate points. For example, the first formal response by GTZ to a BMZ and partner country project idea, aimed at roughly establishing the soundness and strategy aspects of the idea, is now structured analytically by use of the Trees and LogFrame instruments. Also, at the later point when the project has been assigned to a technical division, another application of these tools is mandated for clarification of consultant terms of reference for detailed feasibility studies, and so on.

More on the spontaneous side, many technical sub-divisions have taken the initiative in getting the ZOPP tools into operation for project teams in the field. Although GTZ has not to the present made a formal determination about whether and how ZOPP will be used by project teams, a rapidly growing number of teams are adopting the tools to meet their own self-defined requirements. The procedure normally has involved an intensive training seminar for project staff and counterparts, and has been supported directly by project funds. The typical objectives are systematic replanning of the project strategy and key sub-projects, and the upgrading of basic project management capacity in such areas as monitoring & reporting, internal evaluation, and field data-generating schemes. The tendency has been for projects of the rural regional development type or those otherwise involved in „multi-sectoral" development to be the first to adopt the ZOPP tools in this way. In this fashion, GTZ projects in Zambia, Tanzania, Malawi, Sri Lanka, Indonesia and Sierra Leone, among others, are currently using the ZOPP approach, and many others are preparing to take similar steps. In this connection, it should be mentioned that GTZ has begun to receive substantial support for these training seminars from the German Foundation for Development (DSE). This cooperation reflects DSE's own growing interest in the Logical Framework approach for project management strengthening.

Another process set in motion at GTZ has been full scale system development work to prepare and perhaps eventually introduce a comprehensive Project Management System for project teams. This new PMS program aims at equipping each GTZ field team with a set of effective tools for successful performance of eight „key management functions". These are recognized to include:

- planning and replanning (as distinct functions).
- linking (creation and management of effective relationships with important forces in the project invironment).
- organizing (establishing a sound project organization).
- allocating (distribution and management of project resources).
- leading (human resource management and team-building).
- controlling (monitoring project performance and making „course corrections" as needed).
- sustaining (timely and non-disruptive project termination and permanent institutionalization of project services and benefits where appropriate).

The primary tools under development with respect to each of the above functions are explicitly intended to be actively compatible with the Logical Framework as a basis for project planning, implementation and evaluation. To the extent that the scheme is successfully developed and installed, it will represent the first fully integrated and comprehensive management system in operational use in the international development community (either with or without Logical Framework instrumentation). For such reasons, this GTZ system development project is likely to attract wide attention as it goes forward.

Apart from the above activities at GTZ, brief mention should be made of several other recent or anticipated adaptions of the Logical Framework approach. One of these is a natural extension of GTZ's adoption of ZOPP, and represents significant activity on the part of many consulting companies to master the new tools in order to remain able to work with GTZ effectively. Sometimes this has been done by individual firms, either through the use of experienced ZOPP practitioners to assist with specific projects, or sometimes by having staff members participate in the regular GTZ seminars. Due to the scale of the demand for such training, at least one professional association of consulting companies (VUBI), has undertaken to sponsor a series of ZOPP-Type seminars for its membership.

These are being offered on a commercial basis, are staffed by members of the original American team that adapted the approach for GTZ and current GTZ ZOPP trainers, and have received official GTZ recognition and support.

A final initiative with potentially very far reaching implications is the pending decision by the European Community (E.G.), concerning adoption of elements of the LogFrame system. At the current stage of discussions and negotiations, the E.G.'s Directorate VIII, which has responsibility for all E.G. development assistance, is immediately interested in using the LogFrame approach to strengthen substantially its capacity for performing monitoring and evaluation functions for the very large portfolio of projects it supports world-wide. Subsequently, the E.G. may adapt and introduce the complete LogFrame sequence as a means to systematize and integrate project work through the entire process of planning, implementation and evaluation. Beyond the scale of the new applications either initiative will represent, the E.G. case is of substantial methodological significance for the LF system. This is due to the unusually complex and numerous set of actors figuring in the various phases of the project cycle, and to the limited degree of direct control the Brussels Head Office can formally exercise.

As a consequence, the potential of the Logical Framework methodology to serve as an integrative and communicative vehicle for cooperative development planning and implementation is likely to be tested to its limits.

4. Critical Issues and Commentary Concerning LogFrame Strengths and Limitations

The extensive and diverse applications of the approach in recent years have yielded many lessons of experience regarding its strengths and weaknesses. There has also developed a considerable body of criticism and commentary concerning these matters. We will organize this material by making a somewhat artificial distinction between „practical" issues and lessons on one hand, and more „theoretical" and basic methodological issues on the other. Space limitations permit acknowledgement of only a few key points, and only superficial attention to these.

4.1 Practical and Operational Issues and Lessons

In this specific area the main questions have to do with the basic feasibility of the approach in real world applications. More concretely, how much time and how many people with what skill levels are required in what organizational support arrangements to get „satisfactory" results? The operational record and lessons on these matters can be summarized in a few points, as below.

People, Skills, Time — At the project level, it appears to take about sixty person-hours by **experienced** people to perform the Trees Analysis and prepare a draft project Master Plan of „adequate" technical quality. Alternatively, about the same amount of time is needed by **inexperienced** people when the process is accomplished in a workshop situation guided by a ZOPP expert. This of course significantly increases the cost. In fact, introducing the necessary skills and practices at the field level must be seen as an expensive „bottleneck", particularly in the case of full scale installation for a large organization with many projects and field teams. (It can be fairly said that USAID never made the investment in field staff training necessary to make the scheme effectively operational)

Interpreting such experience factors from the perspective of „cost effectiveness" or similar criteria depends a great deal on one's point of view. Is sixty person-hours „too much" time for the preparation of a relatively systematic and moderately detailed project Master Plan? A reasonable answer seems to be „no", always assuming the technical quality is

„adequate". Moreover, several counter questions are also relevant, namely how much time would the project team have spent on planning using other and less intensive tools? And finally, what are the real „life cycle costs" (in management time, money, etc.), of trying to implement a development project that does not have a rigorously and clearly formulated Master Plan?

Organizational and Administrative Factors — Complete institutionalization of the LogFrame system as an official planning method is a time consuming process. In the GTZ case, once the scheme was adapted and validated, not less than two years were needed for more or less full institutionalization at GTZ-Central. However, this is by no means exceptionally slow, since almost any major form of structural or procedural change in a large organization requires about this much or more time. Overcoming such organizational resistance to change may be even tougher in areas like a new planning methodology, since many professionals believe (rightly) that „I already do good planning", and where some others simply prefer to avoid the hard thinking and work involved in producing a rigorous plan when previously they could „get by" with improvisation or very unsystematic project design logic.

On the procedural and administrative side, several other lessons from experience can be noted. One of these represents the difficulty of creating the essential team or group basis for effective use of the system. Many Western organizations continue to depend on hierarchic structural principles that tend to isolate individual managers and professionals and hinder the cooperative and democratic interaction patterns of a good team. For such reasons, optimal use of the LogFrame approach, which suffers greatly without joint thinking and dialogue, often requires finding ways to foster team-building almost despite the formal organizational set-up. Again to cite the GTZ example, Head Office formal structures, work loads and work flow patterns were serious obstacles to effective team-building, and it is too early to judge if the efforts to foster mainly informal group alternatives for ZOPP have permanently and sufficiently counteracted the prior „one man one plan" style of project design work.

Lastly under this general heading, we should mention the sizable amount of refitting and calibrating of other administrative systems e. g. budgeting, internal and external reporting, data processing or data banking, staff training and assignment, etc., that tends to be required by a large organization in order to realize all of the potential benefits in operational efficiency that the LogFrame/PMS apparatus may deliver. Although these „costs" may be seen as nonrecurrent, and although in the intermediate range many direct and indirect savings can be expected, they must not be overlooked when a decision to install the LF system (or for that matter any comparable system), is pending. At GTZ, such reorganizational „fall-out" from the original ZOPP initiative is still very much in evidence.

Other „Latent" and Secondary Effects — Space allows mention of just two additional types of consequences that may have been only partially foreseen at the start of the LF system installation. One of these can be termed a set of „transparency effects". By this is meant the many-faceted consequences, both internally and externally when a single project or an entire parent organization uses a method that renders its project strategies and its intended project results completely transparent and nakedly public. The essence of the issue is that this can create the basis for misunderstanding and abuses by outsiders and superiors. Unless the full logic of the approach is understood and used to interpret what is being done and the results being reached, project and organization managers can be held rigidly and literally accountable for producing precise results, and blamed mindlessly when „shortfalls" occur irrespective of the causes. This can lead to extreme reluctance by planners and managers to use the LogFrame tools in good faith (or even at all), unless they are sure that superiors also understand the full logic and spirit of the approach, and will not punish them for the frank and total disclosure the method imposes. Again in the GTZ case, anxiety of this type was initially encountered between field teams and Central, between management levels at Central, and particularly between GTZ project „speakers" and their BMZ superiors. These fears have proven largely groundless inside the GTZ system, but strong complaints persist that BMZ officials have not received sufficient ZOPP orientation to overcome tendencies to look only at the LogFrame's Indicators column, and to see the targets entered there as equivalent to contractual obligations. The lesson seems to be that ZOPP-type installations will only be fully successful when all concerned hierarchic levels receive complementary training.

The last secondary effect to note has been mentioned earlier, and reflects the apparently irresistible pressure to follow the original ZOPP effort with wider applications, and with the development and implementation of a series of second and later generation tools and management systems whose requirement the LogFrame intensifies. This is of course highly positive feedback about the attributed worth of the basic LogFrame system. Nevertheless, it raises serious questions about the meaningfulness and even the feasibility of installing pieces of the complete LogFrame/PMS scheme separately. At least for GTZ, it has become distinctly clear that adoption of the tools for use only in the planning phase of the project cycle was at best a temporary measure. Within a matter of months the pressures mounted to extend use of the tools to the complete project cycle, and to supply the full array of associated management instruments appropriate to the later project phases. Thus partial installation of the LF scheme for separate segments of the cycle may not be a real option. Perhaps the better approach is to think of LF installation as a phased process coinciding with cycle phases.

4.2 „Theoretical" and Basic Methodological Issues

Another set of critical issues concerns the more inherent strengths and limitations of the LF system relative to the basic desiderata of a sound project planning and management system. At the outset it must be said that not all of this critical commentary deserves to be taken seriously. For example, the present author has overheard the LF system being dismissed as „1960's technology", without further elaboration. By a similar reasoning, this year's car models and passenger aircraft are respectively 1890's and 1903 technology, with only evolutionary refinements of the core concepts involved. Therefore, a reasonable assessment of the LF system focuses not on the date of the first conceptions, but how these ideas have been developed and refined, and whether they do or can meet the needs for which they are intended. Above all, any responsible criticism of the approach will apply a comparative perspective, that is, will compare the LF technology with other existing (or perhaps conceivable) systems for performance of similar functions.

The „serious" academic and professional discourse appears to converge on essentially two closely related negative judgements. One of these questions the LogFrame orientation and core instruments as too „linear" and simplistic relative to the far more complex patter of causal relationships operating in most development projects. The other asserts the rigidity and relative insensitivity of the method to operational „feedback" and self-corrective adjustment that a more „cybernetic" approach would not suffer from.

First with respect to over-simplification and „linearity", the main shortcoming perceived is that the LogFrame requires using causal relationships that ignore much (or most) of the essential complexity of interactions within and between project and environment. Thus development processes are seen as too subtle, multi-lateral, and multi-directional (or adirectional) to be successfully „captured" is the gross simplifications of a uni-directional causation model that recognizes only a few ,,steps'', and only a few linkages between these.

Response to this critical view must begin by accepting the basic charge as true. A project strategy in the LogFrame format does indeed greatly simplify and select from the virtually infinite causal complexity of intentional change in any significant social system. However, exactly the same must be said of any scheme or plan, since it is impossible **not** to simplify and select when a concrete plan to achieve explicit results is being formulated and used. Unless we are prepared to abandon the intention to produce definite results, and to use specificable or ,,determinant'' (and therefore manageable) means to reach these results, we must tolerate ,,simplification'' in our planning. Nevertheless, it is still a legitimate question if the LF approach, due to its logic, goes too far in this direction.

It seems the answer generally depends more on the skill and sophistication of users than on inherent weaknesses of the scheme. More concretely, the basic LF matrix is totally ,,open-ended'' regarding how many ,,system boundary'' relationships between project and environment are recognized (normally as entries in the Assumptions column at appropriate ,,levels''). The same is true regarding the detailing and number of relationships inside the project, including the interactive effects among these relationships (as displayed at and between the Activity and Output levels). Finally, the number of steps or levels of causation recognized is also unlimited, since sound LogFrame practice explicitly requires the use of logically interlocking plans at Program, Project and Sub-Project levels (and ,,lower'' if needed). Thus oversimplification of the project design is typically a failure simply to exploit the full capacity of the LF to ,,capture'' causal complexity within and between project and setting.

The secound and partially overlapping criticism asserts the lack of adequate provision for feedback and readjustment in the LF matrix and procedure. The idea is that a more ,,cybernetic'' process involving a continuous flow of feedback and reaction is needed in development and other planning/implementation situations. Other terms associated with this general view include ,,sensitivity modeling'', rolling or phased planning, a project ,,spiral'' rather than cycle, etc.

Once again, the literal truth of this criticism must be conceded. The method does separate planning, implementation, assessment, feedback and replanning into distinct sequential steps, and this can lead to rigidity and lack of sufficient reactive sensitivity to experience as change occurs. However, as above, no actual planning/implementation scheme can suppress this inevitable causal sequence between design, action, measurement, and redisign/reaction. Other models might diagram impressive swarms of arrows suggesting instantaneous linkages between all of these elements, but in actual practice these connections are always performed by real people taking real time to generate performance data, communicate and interpret this, and transform it into new intentions and action. When the LF system recognizes these as discrete conceptual steps, it is being consistent with empirical fact, and does so in order to develop appropriate techniques to perform each effectively.

This is not to deny that separating the process into distinct steps may not threaten the integrity and swiftness of the overall feedback/reaction process as a whole. It certainly can, but that is not consistent with explicit principles and practices incorporated into the LF approach. These stress that monitoring and controlling are continuous management functions, and that evaluation and replanning (particularly internal or ,,management-oriented'' evaluation), are performed with a frequency limited only by the necessity to do other top priority project tasks as well. (Projects are not done to be evaluated. They are evaluated to be done well).

5. Future Development and Uses of the Logical Framework Approach

A premise for the following brief remarks is that the LogFrame operational record is in balance positive, and that its properties of simplicity, versatility and appropriate rigor are sufficiently well established to warrant continuing development efforts. What then are some of these possible lines of future evolutionary refinement and application? Only a few of the most suggestive can be noted.

There can be no doubt that the LogFrame matrix itself may be improved and its core capabilities strengthened. On a basic level, GTZ staff have recently streamlined and reformatted the matrix layout for better „human engineering", and to make the actual size of logical cells conform better to normal user needs. Another possibility goes beyond simple reformatting, and could increase the ability of the matrix to represent and manage project linkages to the external situation. This might take the form of adding another column beside the Assumptions column to provide measurement and monitoring capacity for these factors equivalent to what the Indicators column provides for project objectives. (At the same time, the Indicators and Means of Verification columns could easily be combined, to retain the current overall degree of matrix complexity).

The LogFrame's powers to serve as the key logical „linchpin" in a complete Project Management System can also be substantially upgraded. In part, this should result automatically from such intensive efforts to develop such a full-scale System as are currently underway at GTZ. Beyond that, it should be possible to enhance the „cybernetic" capacity of the primary instruments. This could be done simply by highlighting the controlling, evaluation and replanning functions as one or more distinct Outputs. Much more radically, a third or „depth" dimension could be added to the current matrix to show „time series" or longitudinal dimensions of important causal relationships over time. Then the framework could display and „track" horizontal, lateral, diagonal and vertical aspects of the project's „blueprint" and actual performance.

Lastly, a new matrix with „family likenesses" to the LF can be developed for large formal organizations, either for their design and creation or simply for systematic performance improvement. Labeled an „Organization-Goal System" or something equivalent, the matrix would represent in an appropriate number of „levels" the structural division of labor in the organization, with objectives and operational performance indicators for each major unit and sub-unit (and for the overall organization „mission"). Key Assumptions (between units and externally) and appropriate Activities (possibly at several levels) would also be represented. When successfully developed and validated, such an instrument might prove of significant help in development projects involving institution-building and institutional performance improvement. Perhaps equally important, the way might be opened for the first intensive and systematic application of a **practical** management-by-objectives (MBO) methodology for large Western type corporations and government institutions.

4. Konzeptionen und Strategien

Zur grundbedürfnisorientierten ländlichen Entwicklungsplanung

Bernd C. Schmidt

1. Einführung

Entwicklungsprojekte im ländlichen Raum haben sich in der letzten Dekade zunehmend auf die Befriedigung von Grundbedürfnissen ausgerichtet. Diese Umorientierung der Entwicklungshilfe wurde eingeleitet durch die Rede Mc Namaras von 1973 in Nairobi, der direkte Maßnahmen zugunsten der Ärmsten der Bevölkerung forderte, durch die ILO-Konferenz von 1976 zur Grundbedürfnisstrategie und die FAO-Konferenz 1979 über Agrarreform und ländliche Entwicklung. Die neue Ausrichtung hat auch Eingang in die entwicklungspolitischen Grundlinien der Bundesregierung vom Juli 1980 gefunden, in denen es heißt: „Die größte Herausforderung für die internationale Solidarität ist die Massenarmut in den Entwicklungsländern. Ihre Bekämpfung ist vorrangige Aufgabe auch der deutschen Entwicklungspolitik. Dabei geht es zu allererst darum, die Grundbedürfnisse der Menschen nach Nahrung, sauberem Trinkwasser, Gesundheit, Kleidung, Wohnung und Bildung zu befriedigen . . ."[1].

Die verstärkte Ausrichtung der Entwicklungsbemühungen auf grundbedürfnisorientierte Maßnahmen hat den Projekttyp in der internationalen Entwicklungszusammenarbeit nachhaltig verändert. Es erfolgte nicht nur eine verstärkte Ausrichtung der Entwicklungszusammenarbeit auf bestimmte ärmere ländliche Regionen, sondern innerhalb dieser Regionen zielten die Maßnahmen auch direkt auf die Armutsbevölkerung. Damit hat sich ebenfalls der Charakter der landwirtschaftlichen und ländlichen Entwicklungsbemühungen gewandelt mit allen Konsequenzen für die ländliche Entwicklungsplanung.

Der vorliegende Artikel soll die Grundzüge des Grundbedürfniskonzeptes vorstellen und die hieraus erwachsenden Anforderungen an eine ländliche Entwicklungsplanung erörtern.

2. Grundzüge des Grundbedürfniskonzeptes[2]

Das Grundbedürfniskonzept hat historisch gesehen drei Wurzeln.[3]

— Auf sozialistischer Seite gewann Ende der 60er Jahre die Frage der Einbeziehung der Bedürfnisse der Bevölkerung in die nationale Wirtschaftsplanung an Bedeutung. Es ging im wesentlichen darum, ein „rationales" Konsumbudget — ausgedrückt in materiellen Werten — aufzustellen, das menschliche Bedürfnisse operationalisiert und als Planungsziel oder als Orientierung für eine bedürfnisorientierte Wirtschafts- und Sozialpolitik dienen kann.

— In den westlichen Industrieländern wurde die Diskussion um gesellschaftliche Bedürfnisse vor allem im Zusammenhang mit einer Kritik der gebräuchlichen ökonomischen Wachstumsindikatoren geführt. Sozialindikatoren und Indikatoren für Lebensqualität sollten als komplementäre Informationen hinzugezogen werden, um einen besseren Eindruck vom tatsächlichen Stand der Bedürfnisbefriedigung der Bevölkerung zu erhalten.

— In der Dritten Welt begann die Grundbedürfnisdiskussion Anfang der 70er Jahre mit der Forderung nach einer Ernährungspolitik, die der Schaffung eines Nahrungsangebotes dient, das ernährungsphysiologisch akzeptabel und in Einklang mit den Konsumgewohnheiten und Produktionsstrukturen des Landes ist. Später wurde diese Politik auf die Bedürfnisse im Bereich Wohnen, Gesundheit und Bildung ausgedehnt.

Bis heute gibt es in der Literatur keine allgemein akzeptierte, umfassende und theoretisch fundierte Analyse des Grundbedürfniskonzeptes, seiner Ziele und Maßnahmen. Einen guten Eindruck von den Kernelementen des Konzeptes gibt jedoch ein von der Internationalen Arbeitsorganisation (ILO) vorgestellter und auf der World Employment Conference 1976 verabschiedeter Bericht über Beschäftigung, Wachstum und Grundbedürfnisse[4]). Danach gehören zu den Grundbedürfnissen:

— Bestimmte Mindesterfordernisse einer Familie in bezug auf den privaten Verbrauch, ausreichende Ernährung, Wohnung und Bekleidung. Ebenso: bestimmte Haushaltsgeräte und Möbel.

— Lebenswichtige Dienstleistungen der Gemeinschaft für die Gemeinschaft: Schaffung von Gesundheits- und Bildungseinrichtungen, Versorgung mit gesundem Trinkwasser, sanitäre Anlagen, Bereitstellung öffentlicher Verkehrsmittel.

— Eine Politik, die die Voraussetzungen für eine Beteiligung der Menschen an den Entscheidungen, die sie betreffen, schafft. Es besteht eine Wechselwirkung zwischen einer solchen Beteiligung und den beiden wichtigsten Elementen einer auf die Befriedigung der Grundbedürfnisse abzielenden Strategie. Bildung und Gesundheit erleichtern eine Beteiligung, während eine Beteiligung wiederum der Forderung nach Erfüllung der materiellen Grundbedürfnisse Nachdruck verleiht.

— Die Befriedigung absoluter Grundbedürfnisse im Rahmen der vorstehenden Definition innerhalb eines größeren Rahmens, nämlich als Teil der Erfüllung der grundlegenden Menschenrechte, die nicht nur einen Selbstzweck darstellen, sondern auch zur Erreichung anderer Ziele beitragen.

— Beschäftigung; sie gehört in allen Ländern als Maßnahme und Ergebnis zu einer Grundbedürfnisstrategie. Beschäftigung führt zu Produktion und schafft Einkommen für den Beschäftigten. Außerdem gibt sie dem Menschen das Gefühl, im Arbeitsleben gebraucht zu werden.

In dieser Aufzählung kommen die heute allgemein akzeptierten vier wichtigsten Elemente des Grundbedürfniskonzeptes zum Ausdruck:

— Bedürfnisbefriedigung,

— Zielgruppenorientierung,

— Partizipation,

— Produktionsorientierung.

Die **Bedürfnisorientierung** des Konzeptes verlangt zunächst, daß das Ausmaß der Armut der Zielgruppe identifiziert wird. Armut wird verstanden als Defizit in der Befriedigung eines Bündels von Grundbedürfnissen wie Nahrung, Kleidung, Wohnung, Beschäftigung, Ausbildung und Gesundheit. Die Beurteilung von Maßnahmen, die geeignet sind, diese Grundbedürfnisse zu decken, erfordert eine Einsicht in den Verursachungszusammenhang, der zur Verelendung der Zielgruppe geführt hat. Ist Armut das Ergebnis individueller Mängel, widriger Naturkatastrophen oder politischer Krisen, dann können die Maßnahmen lediglich aus caritativen Hilfsmaßnahmen, allgemeiner Sozialfürsorge oder einer Katastrophenhilfe bestehen. Ist Armut jedoch das Ergebnis eines bisher noch nicht überwundenen Systemfehlers wie z. B. fehlende materielle und soziale Infrastruktur, mangelnde Ausbildung etc., dann müssen die Maßnahmen darauf ausgerichtet sein, diese systemimmanenten Mängel zu überwinden. Der circulus vitiosus der sich wechselseitig verstärkenden und zu kumulativen Effekten führenden Mängel muß unterbrochen werden, um wirkungsvoll der Armut als Massenphänomen zu begegnen. Bedürfnisorientierte Maßnahmen setzen daher nicht bei der Beseitigung von individuellen oder aus einer momentanen Notlage entstandenen Mängeln an, sondern bei systemimmanenten, strukturellen Engpässen, deren Beseitigung die Befriedigung von Grundbedürfnissen in einem sich selbst tragenden Prozeß aus sich selbst heraus ermöglicht.

Die **Zielgruppenorientierung** ist ein weiteres Element des Grundbedürfniskonzeptes. Bei der Durchführung von Entwicklungsmaßnahmen ist der Mensch nicht mehr nur Objekt und Betroffener einer von oben oder außen vorgegebenen Entwicklungsstrategie. Der Mensch und seine spezifischen Probleme stehen im Mittelpunkt der Überlegung und machen ihn zum eigentlichen Subjekt und Träger der Umgestaltung seiner Lebensverhältnisse. Damit dies möglich ist, müssen alle Maßnahmen auf die Bedürfnislage, die Ressourcenverfügbarkeit, das Ausbildungsniveau und den Handlungsspielraum der Zielgruppe abgestimmt sein. Die Identifizierung von Zielgruppen gleicher Interessenlagen ist eine Voraussetzung dafür, daß Maßnahmen auf die Bedürfnislage einer breiten Schicht ausgerichtet werden können. Je homogener die Zielgruppe ist, um so eher kann sie ihre Interessen und Aktivitäten aufeinander abstimmen, gemeinsam vertreten und durchführen.

Die Notwendigkeit zur **Partizipation** der Zielgruppe am Entwicklungsprozeß beruht auf der Erkenntnis, daß eine nachhaltige Verbesserung ihrer Lebensverhältnisse nicht ohne aktive Mithilfe der Betroffenen zu erreichen ist. Schon bei der Identifizierung von Maßnahmen muß die Zielgruppe ihre Interessen und Ziele selbst formulieren und eigene Vorschläge für geeignete Maßnahmen zur Zielerreichung machen. Dies löst auch das Problem der Legitimität von Zielvorgaben bei Projekten der internationalen Entwicklungszusammenarbeit. Ziele werden von der Zielgruppe selbst formuliert, die Wege zur Zielerreichung mit Unterstützung der „Helfer von außen" im Dialog vereinbart. Die lokale Beteiligung muß über die Phase der Identifikation hinaus auch die übrigen Phasen der Projektdurchführung wie Planung, Implementierung und Kontrolle einschließen. Nur so kann eine Identifizierung der Zielgruppe mit dem Projekt und ein nachhaltiges Selbstverantwortungsgefühl bei der lokalen Bevölkerung erreicht werden. Für die partizipatorische Rolle der Zielgruppe im Entwicklungsprozeß ist eine angemessene Organisation für die Zusammenarbeit von Zielgruppen, staatlichen Fachbehörden und Förderorganisationen von großer Bedeutung[5]).

Die **Produktionsorientierung** ist ein häufig außer acht gelassenes oder in seiner Bedeutung vernachlässigtes Element des Grundbedürfniskonzeptes. Die Entwicklungsmaßnahmen sollen weitgehend so ausgerichtet sein, daß die Befriedigung von Grundbedürfnissen zum größten Teil durch Eigenanstrengung und Produktivitätssteigerung erreicht wird[6]). Denn langfristig sind Grundbedürfnisse für die Mehrheit der armen Bevölkerung nicht allein durch gerechte Verteilung und effizientere Nutzung vorhandener knapper Ressourcen zu decken, sondern nur durch zusätzliche Produktion, d. h. durch wirtschaftliches Wachstum. Im Unterschied zur herkömmlichen wachstumsorientierten Entwicklungspolitik vertraut das Grundbedürfniskonzept jedoch nicht auf indirekte Wirkungen eines allgemeinen Wachstums, sondern setzt direkt mit Maßnahmen bei der Zielgruppe an. Die Produktionsorientierung grenzt das Grundbedürfniskonzept deutlich von einem Sozialhilfekonzept ab. Es kann im Rahmen einer Entwicklungsstrategie nicht darum gehen, Grundbedürfnisse durch Hilfsprogramme zu befriedigen. Die Armen sollen in die Lage versetzt werden, unmittelbar und nachhaltig ihre Grundbedürfnisse selbst zu befriedigen und darüber hinaus Überschüsse zu erwirtschaften, mit denen Produktionsmittel

selbst finanziert werden können[7]). Maßnahmen mit Dauersubventionscharakter disqualifizieren sich daher für die Entwicklungszusammenarbeit.

3. Historische Entwicklung des Konzeptes ländlicher Entwicklungsplanung

In der internationalen Entwicklungszusammenarbeit haben sich Schwerpunkte und Konzepte bei Projekten der ländlichen Entwicklung in den letzten 20 Jahren beträchtlich gewandelt[8]). Begonnen hat es mit rein landwirtschaftlichen Projekten, es folgten die landwirtschaftlichen Verbundvorhaben und umfassende Regionalentwicklungsprogramme. Erst bei integrierten ländlichen Entwicklungsvorhaben oder ländlichen Regionalentwicklungsvorhaben wurde der Armuts- und Zielgruppenbezug stärker betont. Da sich mit den genannten Begriffen kein klar definierter Projekttyp und eine ihn repräsentierende Konzeption verbinden läßt, sollen hier lediglich einige wichtige Unterschiede des Planungsanspruchs herausgearbeitet werden.

Am Anfang der Agrarhilfe stand die Förderung von landwirtschaftlichen Produktionsvorhaben mit einem Schwergewicht auf dem Einsatz von modernen Produktionsmethoden. Auch die spätere Erweiterung zu Produktionsprogrammen mit Beratung, Vermarktung, Pflanzenschutz etc. vernachlässigte weitgehend die Berücksichtigung des spezifischen Umfeldes des Kleinbauern und seine ökonomischen und sozialen Lebensbedingungen. Ende der 60er Jahre wurde dieser Projekttyp ausgebaut, durch die Einbeziehung von komplementären Maßnahmen in Sektoren, die den eigentlichen Schwerpunktmaßnahmen vor- und nachgelagert waren. In diesen landwirtschaftlichen Verbundvorhaben wurde erstmals ein multisektoraler Planungs- und Implementierungsansatz verwendet. Bis zu diesem Zeitpunkt waren die o. g. Entwicklungsvorhaben durch folgenden Planungsanspruch gekennzeichnet:

— fast ausschließlich Produktionsorientierung der Maßnahmen,
— die Planung der Projekte war eingebettet in entsprechende sektorale Entwicklungsstrategien,
— geplant wurde für einen Projekt- oder Programmzyklus,
— Projekt- und Programmpläne wurden ausschließlich für die Finanzierung durch internatiolnale Geber erstellt,
— die Planung erfolgte von oben nach unten mit nur geringer Beteiligung der Zielgruppe,
— Projekte und Programme waren in der Regel, zumindest für die Anfangsphase, nicht organisatorisch und administrativ in bestehende Institutionen des Partnerlandes integriert.

Die rein produktionsorientierten Projekte erfüllten jedoch nicht die an sie gestellten Erwartungen, besonders im Hinblick auf erwartete Verteilungseffekte. Trotz eines Wachstums der Gesamteinkommen waren die Armen weitgehend von positiven Effekten ausgeschlossen, das Einkommensgefälle zwischen Stadt und Land sowie zwischen einzelnen Bevölkerungsgruppen wurde immer größer. Nach Schätzungen der Weltbank stieg zwischen 1969 und 1980 die Zahl der Menschen, die am Rande des Existenzminimums leben, von 560 Millionen auf 780 Millionen an. Auf der Suche nach neuen Projektstrategien waren jetzt armutsorientierte Maßnahmen gefragt, die eine Integration der benachteiligten Gruppen in den Produktionsprozeß ermöglichen konnten.

Erste Korrekturen der rein produktionsorientierten, sektoral ausgerichteten Strategien erfolgten in Richtung einer Regionalisierung der Ansätze. Umfangreiche, alle Sektoren der Wirtschaft umfassende Regionalplanungsstudien wurden erstellt und Entwicklungszentren nach der Wachstumspoltheorie oder Entwicklungsachsen nach der Diffusionstheorie in einem Regionalentwicklungsplan ausgewiesen. Dieser Ansatz bedeutete jedoch keine Abkehr von der überwiegend sektoral ausgerichteten Entwicklungsstrategie, sondern lediglich eine Ergänzung durch ein angemessenes Standortmanagement. — Spätestens Anfang der 70er Jahre wurde deutlich, daß die häufig allzu ungeprüft aus den Industrieländern übernommenen Regionalplanungsansprüche den Erfordernissen in Entwicklungsländern nicht gerecht werden[9]):

— Regionalpläne erhielten von den Institutionen des Partnerlandes in der Regel keine Verbindlichkeit und wurden im günstigsten Fall als Anregung für Entwicklungsmöglichkeiten zur Kenntnis genommen.

— Es kam auch vor, daß Institutionen des Partnerlandes sich für ihre praktische Arbeit an den Vorgaben des Regionalplanes halten wollten, dies aber tatsächlich nicht konnten, weil sie entweder zu abstrakt waren oder durch die Änderung demographischer, ökonomischer oder finanzieller Rahmenbedingungen nicht mehr „stimmten".

— Die längerfristig ausgerichteten, integrierten und quantifizierten Regionalentwicklungspläne überforderten zu oft die Finanzkraft des Partnerlandes und die Unterstützungsmöglichkeiten des Geberlandes.

— Die Vernetzung der Sektorpläne war häufig zu anspruchsvoll, zu formell, starr und bindend und überforderte weitgehend die Konsensbildungsfähigkeit der noch kaum entwickelten politischen und gesellschaftlichen Institutionen.

— Der hohe Planungsaufwand im Verhältnis zu den wenigen tatsächlich in die Implementierung gelangenden Projekte führte zu Enttäuschungen bei den Politikern in Entwicklungsländern, den beteiligten Institutionen, den Zielgruppen und nicht zuletzt bei den Planern selbst.

— All dies führte sehr oft dazu, daß ehemals als Planungsgrundlage für mindestens 20 Jahre gedachte Regionalpläne schon nach 5 Jahren vergessen waren. Was als verwertbare Planungsgrundlage dem Partnerland blieb, waren im günstigsten Falle

— Basisinformationen wie z. B. Klimadaten, topographische Karten und Bestandsdaten, die fortgeschrieben werden konnten,

— eine realistische Potentialanalyse der Region, auf die eine Entwicklungsstrategie mit Leitliniencharakter gegründet war.

Als Reaktion auf die enttäuschenden Ergebnisse der allein produktionsorientierten, sektoralen und umfassenden regionalplanerischen Ansätze der ländlichen Entwicklungszusammenarbeit wurden Ende der 70er Jahre neue Projektstrategien verfolgt. Mit dem Eingriff der „Integrierten Ländlichen Entwicklung" und dem später bevorzugten Begriff der „Ländlichen Regionalentwicklung" verbinden sich Projektstrategien, die explizit eine Gleichrangigkeit von wirtschaftlicher und sozialer Entwicklung voraussetzen und den Armuts- und Zielgruppenbezug sowie die Notwendigkeit zur Partizipation stark hervorheben[10]). Damit wird das Grundbedürfniskonzept in die ländliche Entwicklungsstrategie integriert.

Der Schwerpunkt der Entwicklungsplanung hat sich mit dieser Neuorientierung ebenfalls von der klassischen Regionalplanung zur Ländlichen Regionalentwicklungsplanung verschoben. Eine klare Abgrenzung zwischen beiden Planungsansätzen ist nicht möglich, da sie die wichtigsten Charakteristika gemeinsam haben:

— Die Zielsetzung geht über die Ebene der Sektorziele hinaus;

— Der Planungsansatz ist multi-disziplinär und multi-sektoral;

— die Planung bezieht sich auf eine räumliche Einheit (Verwaltungs- oder Wirtschaftsregion).

Neben diesen Gemeinsamkeiten unterscheidet sich die ländliche Entwicklungsplanung von der klassischen Regionalplanung in folgenden Punkten:

Der Ausgangspunkt für die ländliche Entwicklungsplanung ist die Zielgruppe im ländlichen Raum. Die Zielgruppenanalyse beginnt bei der kleinsten sozialen Einheit, der Familie, und hier wiederum konzentriert sich die Analyse auf die Situation der besonders armen Bevölkerungsgruppen. Die Situation der Familien von ländlichen Kleinproduzenten, abhängig Beschäftigten oder Arbeitslosen wird im Gesamtkontext des politischen, sozioökonomischen und natürlichen Umfelds gesehen.

Da die Partizipation der Zielgruppe Voraussetzung für eine grundbedürfnisorientierte Entwicklung ist, muß die Planung von unten nach oben erfolgen. Die Bedürfnisse der ländlichen Bevölkerung müssen durch einen adäquaten Kommunikations- und Entscheidungsprozeß von der untersten Ebene zur Planungsinstanz hoch getragen werden. Die Planungsinstanz muß wiederum sicherstellen, daß auf den übergeordneten Ebenen eine Abstimmung der Ziele und Maßnahmen erfolgt, um eine allgemeine Übereinstimmung mit nationalen Zielen und Strategien zu erreichen.

Ländliche Entwicklungsplanung konzentriert sich auf die Förderung von Kleinbauern, da sie in der Regel den größten produktiven Faktor in ländlichen Regionen darstellen. Andere Kleinproduzenten im nichtlandwirtschaftlichen Bereich werden als komplementäre Zielgruppen angesehen, da dieser Sektor einen zunehmenden Anteil an der schnell wachsenden Erwerbsbevölkerung absorbieren muß. Andere Sektoren wie Agroindustrie, Schwerindustrie, Bergbau usw. sind nur von Bedeutung, solange sie einen bedeutenden Einfluß auf die Lebensbedingungen der Kleinproduzenten haben.

Während die klassische Regionalplanung die vollständige Versorgung des Raumes mit einer angemessenen sozialen und physischen Infrastruktur zum Ziel hat, ist der Anspruch der ländlichen Entwicklungsplanung nicht so umfassend. Hier geht es zunächst um die Beseitigung von Entwicklungsengpässen, die komplementär zu anderen Maßnahmen die Lebens- und Produktionsbedingungen im ländlichen Raum unmittelbar verbessern können. Auch hierbei werden die Prioritäten an den Bedürfnissen der eigentlichen Zielgruppen ausgerichtet. So geht es z. B. im Straßenbau vorwiegend um ländliche Zufahrtswege und nicht um die Verbesserng des Fernstraßennetzes oder Erschließungsstraßen für Industrieansiedlung.

4. Zielorientierte Organisation ländlicher Entwicklungspolitik

Anstrengungen der lokalen Bevölkerung allein können keine gleichgewichtige und nachhaltige Verbesserung des Lebensstandards der ländlichen Bevölkerung hervorbringen. Hinzukommen muß eine Regierungspolitik mit komplementären Maßnahmen zur Verbesserung der physischen, institutionellen und sozialen Infrastruktur, damit lokale Anstrengungen die erwarteten Ergebnisse erreichen können. Eine auf das angestrebte Ergebnis ausgerichtete zielorientierte, ländliche Entwicklungspolitik und eine effiziente Organisation ihrer Realisierung sind deshalb Voraussetzung für eine erfolgreiche ländliche Entwicklung.

Ländliche Entwicklung ist das Ergebnis eines ganzen Systems von unterschiedlichsten Entwicklungsaktivitäten in einer bestimmten Region. Nur durch eine sorgfältige Analyse der horizontalen und vertikalen Beziehungen zwischen diesen Aktivitäten ist es möglich, eine ländliche Entwicklungspolitik zu formulieren, die mit einem angemessenen Einsatz von Mitteln den größtmöglichen Multiplikatoreffekt erreicht. Da ländliche Entwicklung auf der Basis dieser Beziehungen geplant und implementiert werden muß, kann keine Sektorpolitik diese Aufgabe erfüllen. Für die Identifizierung und Ausnutzung dieser inter-

Zielorientierte Organisation ländlicher Entwicklung

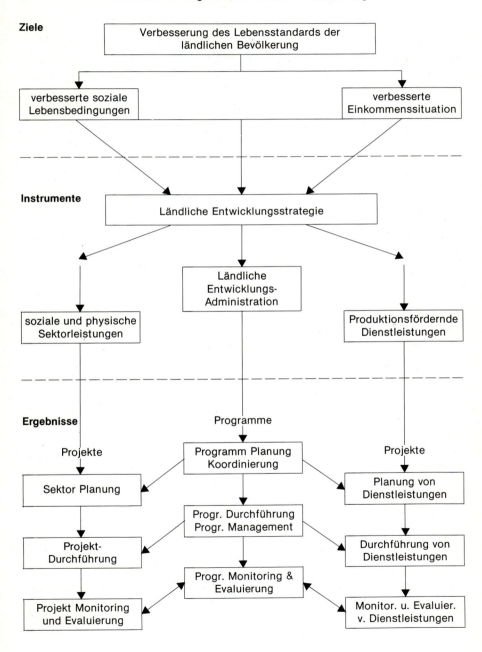

Ziele

Verbesserung des Lebensstandards der ländlichen Bevölkerung

verbesserte soziale Lebensbedingungen

verbesserte Einkommenssituation

Instrumente

Ländliche Entwicklungsstrategie

soziale und physische Sektorleistungen

Ländliche Entwicklungs-Administration

Produktionsfördernde Dienstleistungen

Ergebnisse

Projekte

Programme

Projekte

Sektor Planung

Programm Planung Koordinierung

Planung von Dienstleistungen

Projekt-Durchführung

Progr. Durchführung Progr. Management

Durchführung von Dienstleistungen

Projekt Monitoring und Evaluierung

Progr. Monitoring & Evaluierung

Monitor. u. Evaluier. v. Dienstleistungen

sektoralen Beziehungen zum Nutzen der ländlichen Bevölkerung ist deshalb vorwiegend ländliche Entwicklungspolitik zuständig.

Wie die schematische Darstellung zeigt, muß eine zielorientierte Organisation ländlicher Entwicklung mit der Formulierung der Ziele oder einer Zielhierarchie beginnen. In allgemeiner Form heißt dieses Ziel Verbesserung des Lebensstandards der ländlichen Bevölkerung, was sowohl eine verbesserte Einkommenssituation als auch verbesserte soziale Lebensbedingungen umfaßt. Alle Entwicklungsbemühungen sollten auf dieses übergeordnete Ziel gerichtet sein. Es ist vor allem eine politische Aufgabe, von diesem übergeordneten Ziel die unterschiedlichen abgeleiteten Ziele auf nationaler, regionaler und lokaler Ebene zu formulieren. Festzuhalten bleibt, daß zunächst die Oberziele formuliert sein müssen, bevor systematisch die beste Strategie für die Ausnutzung von Ursache-Wirkungs-Zusammenhängen, eine Organisation zur Realisierung der Strategie und die benötigten Ressourcen identifiziert werden, um das gesetzte Ziel unter den besonderen lokalen Bedingungen zu erreichen.

Nach der Festlegung von Zielen werden effiziente Instrumente benötigt, um die ländliche Entwicklungspolitik zu implementieren. Die beiden wichtigsten Instrumente hierfür sind eine ländliche Entwicklungsstrategie und ein institutioneller Rahmen für die Verwirklichung der Strategie.

Eine funktionale Analyse der an ländlicher Entwicklung beteiligten Institutionen führt zur Identifizierung von drei verschiedenen Typen von Institutionen:

— eine ländliche Entwicklungs-Administration, die vor allem für die Koordinierung von Planung und Durchführung von multi-sektoralen, ländlichen Entwicklungsprogrammen verantwortlich ist.

— Institutionen, die für die Bereitstellung von nicht direkt produktiven Dienstleistungen der sozialen und physischen Infrastruktur im ländlichen Raum zuständig sind.

— Institutionen, die darauf ausgerichtet sind, die Produktionsaktivitäten im ländlichen Raum direkt zu fördern.

Diese Institutionen haben aufeinander abgestimmte, koordinierte Aufgaben zu erfüllen, um die in der ländlichen Entwicklungsstrategie formulierten multi-sektoralen Entwicklungsaktivitäten zu ermöglichen und zu fördern. Die Festlegung einer zielorientierten Organisationsstruktur für die an ländlicher Entwicklung beteiligten Institutionen ist Voraussetzung für den Erfolg jeder ländlichen Entwicklungspolitik. Hier gibt es in der Praxis erhebliche Koordinationsprobleme zwischen der koordinierenden Behörde, den sektoralen Fachbehörden, den regionalen Behörden und den Vertretern der Zielgruppen. Es soll an dieser Stelle nicht näher auf die Organisationsproblematik der ländlichen Entwicklung eingegangen werden und lediglich auf den Beitrag von W. Schneider in diesem Buch verwiesen werden. Vielmehr werden im folgenden etwas ausführlicher die wichtigsten Elemente einer grundbedürfnisorientierten ländlichen Entwicklung charakterisiert.

5. Elemente einer grundbedürfnisorientierten ländlichen Entwicklungsstrategie

Eine ländliche Entwicklungsstrategie muß unter Berücksichtigung der spezifischen Bedingungen eines ländlichen Raums geeignete Maßnahmen identifizieren, die bestehende Ursache-Wirkungs-Zusammenhänge derart verändern, daß das Ziel ländlicher Entwicklung erreicht werden kann. Diese Strategie ist das Ergebnis politischer Willensbildung und gibt für jeden Entwicklungsplaner verbindlich an, welche Richtlinien bei der Zuordnung von Mitteln zu Zielen beachtet werden sollen. Eine grundbedürfnisorientierte Entwicklungsstrategie enthält einige kennzeichnende Elemente, die im folgenden kurz aufgeführt werden. Einige Elemente werden durch andere Beiträge in diesem Buch vertieft.

Sektor-Strategie: Jedes ländliche Entwicklungsprogramm sollte ein ausgewogenes Verhältnis von direkt produktiven und indirekt produktiven (sozialen, infrastrukturellen, institutionellen) Maßnahmen enthalten. Nur so kann erreicht werden, daß eine Erhöhung der Produktionskapazitäten den finanziellen Spielraum für die Unterhaltung von zusätzlichen indirekt produktiven Dienstleistunen schafft. Innerhalb des produzierenden Sektors sollte die Förderung der landwirtschaftlichen Produktion Priorität haben, da dieser Sektor das größte Produktionspotential im ländlichen Raum besitzt.

Regionale Strategie: Alle Entwicklungsanstrengungen im ländlichen Raum sollten auf einen Abbau des Dualismus in der Region und den Disparitäten zwischen Stadt und Land gerichtet sein. Programme und Projekte sollten eine dezentralisierte Konzentration von ländlichen Dienstleistungen fördern und sich auf die ärmeren Regionen konzentrieren.

Soziale Strategie: Die wichtigsten Zielgruppen sind die ärmeren Schichten der Bevölkerung, um durch die Deckung von Grundbedürfnissen die Armut der ländlichen Entwicklung zu mindern. Entwicklungsprogramme sollten lohnende und produktive Beschäftigungsmöglichkeiten für Kleinproduzenten und Arbeitslose im ländlichen Raum schaffen, um sie in den nationalen Wirtschaftsprozeß zu integrieren.

Partizipations-Strategie: Die aktive Beteiligung der lokalen Bevölkerung an der Planung, Entscheidung und Durchführung von Maßnahmen ist Voraussetzung für alle wachstumsgenerierenden Aktivitäten in ländlichen Regionen, da sie mit notwendigen Veränderungen der Sozialstruktur einhergehen. Die angestrebten Veränderungen müssen jedoch von der betroffenen Zielgruppe akzeptiert werden, damit sie auch langfristig von ihr getragen und weiterentwickelt werden.

Planungs- und Durchführungs-Strategie: Planung auf nationaler Ebene sollte eher Leitliniencharakter erhalten und Grundsatzprogrammen entsprechen. Detailplanungen sollten eher auf regionaler und lokaler Ebene erfolgen, um sich möglichst direkt an der Basis orientieren zu können. Planung und ihre Umsetzung gehören organisatorisch in eine Hand. Beides sollte vornehmlich durch die zuständigen sektoralen Fachbehörden, Nicht-Regierungsorganisationen und lokalen Selbsthilfe-Gruppen und wo möglich mit technischer und finanzieller Unterstützung von ausländischen Geberinstituten erfolgen.

Umwelt-Strategie: Die Nutzung von natürlichen Ressourcen und technischen Produktionsverfahren muß in Übereinstimmung mit den Erfordernissen eines langfristig ausgewogenen Öko-Systems sein. Bei allen Maßnahmen im ländlichen Raum muß organisatorisch und technisch sichergestellt sein, daß keine Ausbeutung und falsche Nutzung der natürlichen Umwelt erfolgt, um die Erhaltung des naturräumlichen Produktionspotentials für künftige Generationen zu sichern.

Technologische Strategie: Entwicklungsprogramme und Projekte sollten lediglich technologische Innovationen einführen, die an die Fähigkeiten der Menschen und verfügbaren lokalen Ressourcen angepaßt sind. Angepaßte Technologien zeichnen sich dadurch aus, daß sie auf die technischen, personellen und organisatorischen Kapazitäten der Zielgruppen und beteiligten Institutionen abgestimmt sind.

Die detaillierte Ausgestaltung der genannten Strategie-Elemente muß den jeweils Verantwortlichen für eine nationale ländliche Entwicklungspolitik überlassen bleiben, weil nur sie legitimiert sind, Mittel und Wege zur Zielerreichung landesspezifisch festzulegen. Die Formulierung einer Nationalen Ländlichen Entwicklungsstrategie ist vor allem für jedes Land unerläßlich, das auf die Unterstützung von ausländischen Planern angewiesen ist. Eine Strategie kann den Planer verpflichten, die knappen Ressourcen im ländlichen

Raum so einzusetzen, daß das Ergebnis dem im Entwicklungsland gewünschten Ziel entspricht.

In der internationalen Entwicklungszusammenarbeit wird die Verpflichtung zur Ausrichtung aller Maßnahmen auf eine grundbedürfnisorientierte Strategie zunehmend als eine wesentliche Voraussetzung für eine erfolgreiche ländliche Entwicklung angesehen.

Anmerkungen:

1) Bundesministerium für wirtschaftliche Zusammenarbeit (BMZ), Die entwicklungspolitischen Grundlinien der Bundesregierung, Bonn, Juli 1980, S. 7.

2) Die folgenden Ausführungen beruhen weitgehend auf einem Artikel des Autors zur „Grundbedürfnisorientierten Entwicklungspolitik", in: M. v. Hauff/B. Pfister-Gaspary (Hrsg.), Internationale Sozialpolitik, Stuttgart—New York 1982, S. 131—138.

3) Vgl. im folgenden Schwefel, D., Basic Needs, Planning and Evaluation, Berlin 1978, S. 57 ff.

4) Vgl. Internationales Arbeitsamt Genf: Beschäftigung, Wachstum und Grundbedürfnisse — ein weltweites Problem. Ein Bericht über die dreigliedrige Weltkonferenz über Beschäftigung, Einkommensverteilung und sozialen Fortschritt und die Internationale Arbeitsteilung, Genf, 1976, S. 7 und S. 34 ff..

5) Vgl. hierzu den Artikel in diesem Buch von W. Schneider, Zur Organisation von Projekten der ländlichen Entwicklung, S. 179 ff.

6) Vgl. auch Waller, P. P., Das Grundbedürfniskonzept und seine Umsetzung in der entwicklungspolitischen Praxis, in: DIE, Grundbedürfnisorientierte ländliche Entwicklung, Berlin 1981, Seite 1—10, hier S. 1 f.

7) Vgl. Waller, P. P., a.a.O., S. 2.

8) Vgl. hierzu: GTZ, Ländliche Regionalentwicklung, ein Orientierungsrahmen, April 1983, S. 3—9 (hektographiert).

9) Änliche Erfahrungen wurden auch in der Bundesrepublik mit der Regional- und Stadtentwicklungsplanung gemacht; vg. z. B. Schmidt, V., Möglichkeiten und Grenzen der Stadtentwicklungsplanung — Das Beispiel Berlin (West); in Heil, K. (Hrsg.), Stadtentwicklungsplanung — Aufstieg und Niedergang, Arbeitsheft 8 des Instituts für Stadt- und Regionalplanung der TU Berlin, S. 125—145, hier S. 129 ff., Berlin 1983..

10) Vgl. GTZ, a.a.O., S. 9—32.

Selbsthilfeorganisationen als Träger der Entwicklung und ihre Förderung im Rahmen der Entwicklungshilfe

Karin Thöne

„Die Förderung der Selbsthilfe im Rahmen der Entwicklungspolitik der Bundesrepublik Deutschland dient dazu, breite Bevölkerungsschichten zu einer aktiven Teilnahme an der Gestaltung der wirtschaftlichen und sozialen Entwicklungsprozesse ihrer Länder zu mobilisieren. Die Förderung der Selbsthilfe soll dazu beitragen, die Lebensverhältnisse der an der Selbsthilfe beteiligten Individuen oder Gruppen zu verbessern."[1]

Im Rahmen dieses Beitrages soll dargestellt werden:

— was als Selbsthilfe interpretiert wird, welche Bedeutung dem Selbsthilfegedanken in der Entwicklungspolitik zukommt und
— welche Erfahrungen mit Selbsthilfeeinrichtungen vorliegen,
— welche Bedingungen erfüllt werden müssen, damit der Selbsthilfegedanke für den Entwicklungsprozeß tragfähig werden kann,
— welchen Beitrag Entwicklungshilfe bei der Gründung und Stärkung von Selbsthilfeeinrichtungen leisten kann.

1. Die Bedeutung des Selbsthilfegedankens im Entwicklungsprozeß

Selbsthilfe kann definiert werden als Notabwendung aus eigener Kraft. Darüberhinaus kann aber auch durch Selbsthilfe versucht werden, einen berechtigten Anspruch der Handelnden durch eigenes Tätigwerden durchzusetzen.[2]

Hier von Bedeutung ist Selbsthilfe dann, wenn sie von einer Gruppe angestrebt wird und darauf abzielt, durch einen dauerhaften Zusammenschluß für ihre Mitglieder ein individuell nicht erreichbares Ergebnis herbeizuführen. Die möglichen Organisationsformen der Selbsthilfe werden später noch dargestellt. An dieser Stelle soll zunächst auf die Form und die wachsende Bedeutung der Selbsthilfe in der internationalen Entwicklungspolitik hingewiesen werden.

Der Selbsthilfegedanke hat im modernen Europa im Zusammenhang mit der Genossenschaftsbewegung Bedeutung gewonnen. Durch die Kolonialmächte wurde der Versuch unternommen, die westlichen Kooperationsformen, die sich dabei herausgebildet hatten, auf die Kolonien zu übertragen. Dies drängte die dort anzutreffenden traditionellen Formen genossenschaftlicher Zusammenarbeit zurück. Die Zerstörung traditioneller Strukturen wurde sogar als notwendig erachtet, um den modernen Entwicklungsprozeß in Gang setzen zu können[3]. Erst mit der Unabhängigkeit und langsam entstehendem Nationalbewußtsein vieler junger Staaten wurden eigene Kooperationsformen aufgrund traditioneller Muster entwickelt.

Die Entwicklungshilfe der westlichen Industriestaaten war dennoch häufig an die Existenz von Genossenschaften nach europäischem Muster geknüpft. Erst die unbefriedigenden Ergebnisse der Entwicklungshilfepolitik brachten eine größere Bereitschaft, kulturelle Entwicklungsbesonderheiten zu berücksichtigen und ein Umdenken in den Entwicklungshilfestrategien und -richtlinien.[4] Daneben ist auch die Bedeutung des Selbsthilfegedankens gewachsen. War man bis Anfang der 70er Jahre noch der Überzeugung, daß die Unterentwicklung in erster Linie durch Beschleunigung der Kapitalbildung beseitigt werden könne, so wurde durch viele kritische Analysen deutlich, daß damit nur **ein** Engpaßfaktor beseitigt wurde. Für die Mehrzahl der Bevölkerung, die am Industrialisierungsprozeß nicht unmittelbar beteiligt war, verschärfte sich durch die Dualisierung der Wirtschaft (moderne Industrie und Großgrundbesitzer — städtisches Proletariat und traditionale kleinagrarische Landwirtschaft) die Notsituation, so daß diese als neue Problemgruppen erkannt und in entwicklungspolitische Strategien einbezogen wurden. Die Motivation der „Armen", zu Eigeninitiative und gemeinsamem Handeln ist Ziel dieser Strategie.

2. Erfahrungen mit Selbsthilfeeinrichtungen in Entwicklungsländern

Eine Vielzahl von weltweiten Erfahrungen mit Selbsthilfeeinrichtungen verschiedenen Organisationsniveaus macht deutlich, daß die Bereitschaft und Fähigkeit, mittels Selbsthilfe den Entwicklungsprozeß zu beschleunigen, sehr unterschiedlich ist. Es können nur beispielhaft einige Anmerkungen dazu erfolgen. Aus Afrika sind verschiedene autochthone Selbsthilfegruppen bekannt, an deren Beispiel Grundsätzliches aufgezeigt werden kann. Selbsthilfeorganisationen sind häufig entstanden aus traditionellen Familienverbänden (Bsp. das traditionelle Zusammenleben im Compound in Nigeria, die Nachbarschaftshilfe zwischen den Familien und der Dorfgemeinschaft), bei denen zunächst ein natürlicher Zusammenhalt gewährleistet war. Daneben gab es aber auch schon sehr früh Arbeitsgenossenschaften, Spargenossenschaften und Handwerkergilden. Auch von einer Handels- und Kampfgenossenschaft (dem Kanuhaus bei den Ijaws) wird berichtet. Die Kooperation in diesen Genossenschaften basierte nicht oder nicht primär auf familiärem Zusammenhalt, sondern auf Mitgliedschaft. Aus solchen autochthonen Gruppen bildeten sich beispielsweise in Liberia bei allen Stämmen Arbeitsgenossenschaften oder genossenschaftsähnliche Organisationen, die bestimmte landwirtschaftliche Aufgaben übernahmen und Spargenossenschaften, die sich teilweise zu Kreditgenossenschaften weiterentwickelten und heute eine bedeutsame Rolle im Entwicklungsprozeß spielen. Im Gegensatz dazu blieben Bemühungen erfolglos, in Liberia in den 60er Jahren moderne Genossenschaften mit hohen Investitionen zu gründen.[5]

In Thailand werden schon seit über 60 Jahren Erfahrungen mit Selbsthilfeorganisationen gesammelt[6] Oft hatten jedoch die landwirtschaftlichen Genossenschaften, sobald die Unterstützung von außen abgebaut wurde, recht rasch wieder an Bedeutung verloren.

In Indien, wo die Genossenschaftsförderung einen wesentlichen Baustein bei der Agrarreform nach 1947 darstellte, wurden die Genossenschaften häufig von genossenschaftsfeindlichen Schichten durchsetzt (von den landlords, dem moneylender oder dem middleman), die dafür sorgten, daß die Hilfsmaßnahmen in erster Linie ihnen selbst zugute kamen.[7] Oft waren es die Organisationsstruktur, eine hohe Verschuldung in der Landwirtschaft, geringe Produktivität und damit auch ungenügende Produktionsmengen, die eine Entwicklung der Genossenschaften zu echten Selbsthilfeeinrichtungen verhinderten.

Für das mangelhafte Funktionieren wird eine Vielzahl von Faktoren verantwortlich gemacht. Häufig zeigen sich Mängel, die mit der Führungsrolle verbunden sind, wie:

— die mangelnde Bereitschaft, die Führung in einer Selbsthilfeorganisation zu übernehmen,

— Mißbrauch der Führungsposition durch Korruption, Ausnutzung der Stellung als politische Machtbasis,

— die Tatsache, daß die Führung auch bei Mißerfolgen oder Mißbrauch oft nicht abgewählt wird. Dafür sorgt eine Zahl von Gefolgsleuten, die sich um die Führung gruppiert, während die übrigen Mitglieder keine besondere Konfliktbereitschaft zeigen.

— das stark individualistische Verhalten der Mitglieder.

Wesentliche Mängel sind auch darin begründet, daß Selbsthilfeorganisationen oft aufgrund politischer Entscheidungen und nicht aus existentieller Notwendigkeit entstanden sind. Häufig erweisen sich neugebildete Selbsthilfeorganisationen nicht als konkurrenzfähig mit traditionell gewachsenen Institutionen, die wie beispielsweise die thailändischen Händler über Informationen und Marktkanäle verfügen. Mangelnder Zugang zu Finanzierungsquellen erschwert den Selbsthilfeorganisationen die Aufrechterhaltung der Arbeitsfähigkeit, mangelnde Infrastruktur die Kontakte zwischen den Gruppen. Das führt zu folgenden Thesen über die Voraussetzungen für autochthone Prozesse der Partizipation und Selbsthilfe:

Es ist zu unterscheiden zwischen relativ offenen und geschlossenen Gesellschaften. Die offenen Gesellschaften sind kleingesellschaftlich, meist segmentär strukturiert. Es gibt keine erbliche Reichtums- und Machtstruktur. Freier Wettbewerb um Ansehen und Aufstieg sind individuelle Leistung und wirtschaftliche Gleichheit. Soziale Kontrollmechanismen sind so beschaffen, daß die Einhaltung der Gleichheitsnorm ermöglicht wird. Maximale Partizipation kennzeichnet die politischen, wirtschaftlichen und sozialen Prozesse. Selbsthilfeorganisationen sind hier leichter zu etablieren als in geschlossenen Gesellschaften. Diese sind großgesellschaftlich und hierarchisch organisiert. Macht und Reichtum werden weitervererbt. Die individuelle Leistung ist nicht maßgeblich für die gesellschaftliche Position. „Zentrale Werte . . . sind Gehorsam und Beharren in der angeborenen sozialen Lage unter strikter Befolgung der für jede Soziallage festgelegten Verhaltensregeln."[8] Kontrollmechanismen gewährleisten die Ungleichheitsnorm. Sofern es hier gelingt, Selbsthilfeorganisationen zu etablieren, muß damit gerechnet werden, daß sie entwicklungspolitischen Zielen nur dann gerecht werden, wenn diese mit den Zielvorstellungen der Führer harmonieren oder wirksame Kontroll- und Sanktionsmechanismen für die Durchsetzung der gesellschaftlichen Zielsetzungen eingerichtet werden.[9] Mit dem Entstehen von Selbsthilfeeinrichtungen aus Eigeninitiative ist nicht zu rechnen.

3. Voraussetzungen für die Bildung von Selbsthilfegruppen und für ihre Funktionsfähigkeit

3.1 Rahmenbedingungen

Funktionsfähige Selbsthilfegruppen können nur entstehen und arbeiten, wenn eine Reihe von Rahmenbedingungen erfüllt sind. Als solche sind anzusehen:

— die Wirtschaftsordnung muß Raum für Leistungsanreize geben,
— die politische und rechtliche Ordnung muß freiwillige Zusammenschlüsse (auf lokaler und nationaler Ebene) zulassen und schützen,
— auch sozial Schwache müssen die Chance und das Recht zur Teilnahme eingeräumt erhalten, notfalls durch Änderung der Arbeitsverfassung und der Zugangsmöglichkeiten zur Bodennutzung (Agrarreform),
— die Sozialstruktur muß so flexibel sein, daß ein Ausbrechen aus traditionellem Verhalten möglich wird.[10]).

3.2 Psychische und psychosoziale Voraussetzungen

Bereitschaft zur Selbsthilfe besteht aber nur dann, wenn Bedürfnisse erkannt und artikuliert werden und eine entsprechende Motivation bei den potentiellen Gruppenmitgliedern vorliegt, „das Schicksal in die eigenen Hände zu nehmen".

Das kann darauf basieren, daß[11])

— eine Mangelsituation ein Tätigwerden notwendig macht (Mangelmotivation),
— das Bedürfnis empfunden wird, Leistung zu erbringen (Leistungs- oder Affektmotivation),
— die Überzeugung entsteht, durch eigene Leistung ein bestimmtes Ziel zu erreichen (Kompetenzmotivation).

Kooperation kommt jedoch nur zustande, wenn — neben der institutionellen Möglichkeit, Selbsthilfegruppen zu bilden — erkannt wird, daß sie Voraussetzung für die Möglichkeit ist, Befriedigung der Bedürfnisse besser oder überhaupt erst durch gemeinsames Handeln zu erreichen.[12])

Psychosoziale Voraussetzung für die Entstehung von Selbsthilfeeinrichtungen im Entwicklungsprozeß ist somit, daß die Überzeugung wächst, die eigene Situation verbessern zu können. Wenn ein entsprechender Handlungsspielraum besteht und erkannt wird, muß ein ähnliches Interesse bei anderen Personen im eigenen sozialen Umfeld vorliegen. Zu diesem muß ein Vertrauensverhältnis bestehen, aber auch die Überzeugung, einen relativen Vorteil durch Beteiligung an der Gruppenarbeit zu erzielen.[13])

Zu einem tragenden Entwicklungsprinzip kann der Selbsthilfegedanke nur werden, wenn ein genügend großer Teil der Bevölkerung dafür gewonnen werden kann. Das kann durch nationale und internationale Entwicklungspolitik gefördert werden, beispielsweise durch institutionalisierte Hilfs- und Beratungsdienste[14]), die auf die Mobilisierung der Bevölkerung zu gemeinsamer Verbesserung der Lebensbedingungen hinwirken.

Für den Entwicklungsprozeß relevant werden Selbsthilfeeinrichtungen mithin dadurch, daß sie traditionale Verhaltensweisen verändern und Innovationen in technischer, wirtschaftlicher und gesellschaftlicher Sicht zulassen und durch Einbeziehung und Mobilisierung breiter Bevölkerungskreise den „cultural lag" überwinden helfen.[15])

3.3 Funktionsfähigkeit

Die Funktionsfähigkeit der Selbsthilfeeinrichtung hängt dann ab von

— der ökonomischen Leistungsfähigkeit der Organisation. M. A. W. die Gruppe muß nach einer Anlaufphase ihre Interessen durch gruppeninterne Abstimmung koordinieren und nach außen insofern durchsetzen können, daß ihre Existenz nicht durch mangelhafte Erfüllung der Organisationsziele infrage gestellt wird,
— der Gruppendisziplin, die verhindern muß, daß die Einrichtung durch Ausnutzung von Positionen (besonders von den extrem leistungsfähigen, aber auch von den besonders schwachen) geschwächt wird,
— höchstmöglicher Interessenkongruenz der Mitglieder; diese sichert den Bestand über einen längeren Zeitraum,
— einem geeigneten Konzept zur Realisierung der Gruppenziele.

3.4 Konfliktmöglichkeiten

Es darf jedoch nicht übersehen werden, daß die nationalen und regionalen Entwicklungsziele nicht unbedingt im Einklang mit den Zielsetzungen von Selbsthilfeeinrichtungen stehen. Je stärker die Selbsthilfe auf Erfüllung von Grundbedürfnissen ausgerichtet ist, umso geringer werden aber vermutlich die Konflikte mit übergeordneten Entwicklungszielen sein. Deshalb darf nicht unterschätzt werden, daß soziale Bewegungen, sofern sie auf Massenmobilisierung ausgerichtet sind, die politische Stabilität eines Landes langfristig gefährden können, sofern diese Zielsetzungen konfligieren[16]).

4. Förderung von Selbsthilfe durch Entwicklungshilfe

Hilfe zur Förderung von Selbsthilfe verfolgt soziale, politische und wirtschaftliche Zwecke. Sie soll einerseits **wirtschaftlichen und sozial relativ schwachen Bevölkerungsgruppen** ein stärkeres politisches Gewicht verleihen; insofern soll sie einen Strukturwandel in Entwicklungsländern ermöglichen, um dem Ziel der Demokratisierung näher zu gelangen. Darüber hinaus soll Selbsthilfe dazu beitragen, Wachstums- und Verteilungsziele besser zu realisieren, und zwar über die Aktivierung breiter Bevölkerungsschichten für den Entwicklungsprozeß. Durch Zusammenfassung kleiner und wirtschaftlich schwacher Einheiten zu leistungsfähigen Organisationen soll effizienteres Wirtschaften ermöglicht werden. Die Entwicklungsziele sollen nicht von entfernten, teilweise sogar unbekannten Einrichtungen formuliert werden, sondern durch die Betroffenen, was andererseits auch einen **Zugang zum informellen Sektor** ermöglichen soll. Besonders geeignet ist diese Strategie für die **Deckung der Grundbedürfnisse**[17] deren Ziel es ja ist, institutionelle Hemmnisse des Entwicklungsprozesses abzubauen und einen Zugang zu Produktivvermögen zu schaffen, Gesundheit und Ausbildung breiter Bevölkerungsschichten zu verbessern, über besseren Zugang zu geeigneten Technologien die Produktionsmethoden zu modernisieren und kleinen Bauern und Gewerbetreibenden den Zugang zum finanziellen Sektor zu eröffnen.[18] Zu diesem Zweck sollen alle verfügbaren Produktionsfaktoren mobilisiert werden. „Die Mobilisierung des wirtschaftlichen Potentials im ländlichen Raum kann nur gemeinsam mit der dort lebenden Bevölkerung erfolgreich betrieben werden. Eigeninitiative und Motivation müssen zu den treibenden Kräften werden".[19] In Abhängigkeit vom Entwicklungsstand können dabei als förderungswürdige Entwicklungsziele gelten:

— Diversifizierung der landwirtschaftlichen Produktion,

— Verbesserung der Subsistenz,

— Einkommenssteigerung in der Landwirtschaft,

— Steigerung der Wertschöpfung in der Region,

— Verringerung der Landflucht,

— Versorgung der nationalen Verbraucherzentren,

— Substitution von Importen durch inländische Produkte,

— Erwirtschaftung von Devisen.

Damit ist aber nur der landwirtschaftliche Produktionsbereich angesprochen. Dams nennt weitere Bereiche, in denen Selbsthilfe möglich ist:[20]

— Spar- und Darlehensgeschäfte

— Gesundheitsdienst

— Konsum

— Ausbildung

— Bestattung

— gewerbliche Produktion

— Bezugs- und Absatzorganisationen

— Ausbau materieller Infrastruktur einschließlich dem Hausbau.

4.1 Hilfe bei der Errichtung

In Abhängigkeit vom Organisationsbedarf der Entwicklungsaufgabe, ist die Herausbildung eines institutionellen Rahmens erforderlich. Vermarktung erfordert eine andere, auf Dauer ausgerichtete komplexere Einrichtung als Hausbau durch Nachbarschaftshilfe.

Die folgende Abbildung zeigt verschiedene Organisationsformen; bis hin zu den traditionellen autochthonen Gruppen wird offizielle Entwicklungshilfe gewährt. Die private Hilfe erstreckt sich darüber hinaus auch oft auf andere Gruppen.

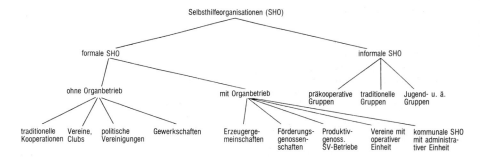

Quelle: E. Dülfer, Aufbau und Förderung von Selbsthilfeorganisationen in Entwicklungsländern nach „Phasenschema". Zeitschrift für das gesamte Genossenschaftswesen, Bd. 27 (1977), S. 17.

Die Hilfe muß nicht direkt an die Selbsthilfeorganisationen gehen, sondern kann auch über eine Selbsthilfe-Förderungsinstitution im Partnerland gewährt werden. Diese Selbsthilfe-Förderungseinrichtungen dienen dem Zweck, den Selbsthilfegedanken zu verbreiten. Sie kann auch durch Musterprojekte Anreize schaffen, wenn aufgrund von traditionalem Verhalten die Bereitschaft der Bevölkerung zur Mitwirkung an Selbsthilfeprojekten gering ist.[21] Der Selbsthilfegedanke kann durch zunehmende Informationen darüber, wie Bedürfnisse gemeinsam befriedigt werden können, bei den Betroffenen entstehen oder von „oben", d. h. durch Träger der Entwicklungspolitik, an die Bevölkerung herangetragen werden. In Abhängigkeit von der Entwicklungsstrategie eines Landes können die Selbsthilfeeinrichtungen ihre Ziele autonom bestimmen oder müssen sie einem nationalen Entwicklungsplan unterordnen.[22] Man kann wohl davon ausgehen, daß Selbsthilfe umso leichter initiiert werden kann, je besser die eigenen Interessen mit dem Organisationsziel in Übereinstimmung zu bringen sind. Die Wahrscheinlichkeit, daß das gelingt, ist bei Aktivierung kleinerer Gruppen höher als bei großen. Auch wird hier vermutlich eher eine ausreichende Solidarität feststellbar sein, die Realisierung der individuellen Interessen zugunsten von kooperativem Verhalten zurückzustellen.[23] Durch Entwicklungshilfe können die Mitglieder motiviert werden, an der Selbsthilfeaufgabe aktiv mitzuwirken. Positiv kann sich dabei auswirken, wenn bestehende Sozialstrukturen und Kooperationsformen genutzt werden können.[24] Die Förderung läßt sich hier über Programme zur Motivierung durchführen, die die Notlage bewußt machen, die Kooperationsneigung stärken, die Konzeption der Zusammenarbeit verdeutlichen und das individuelle Bewußtsein der Vorteile aus der Kooperation fördern.[25]

Große Sorgfalt muß bei der Formulierung des Zweckes, der durch Gemeinschaftsarbeit erreicht werden soll, walten. Dabei ist es wichtig, die Zusammenarbeit der Gruppe nicht zu überfordern, indem zu viele Bereiche in die Selbsthilfeaufgabe eingeschlossen werden. Zunächst wird sich die Aufgabenstellung sinnvollerweise nur auf einen Bereich beziehen.[26] Die Hilfe kann sich hier nur auf die Beratung für die Planung und Entwicklung einer Aufbaustrategie beschränken.

Nun wird die Größe einer Selbsthilfeeinrichtung schon häufig durch den Zweck bestimmt, den sie verfolgt. Landwirtschaftliche Produktionsgenossenschaften müssen eine ausreichend große Fläche bewirtschaften können, um hinreichend produktiv zu sein,[27]) beim Hausbau in Nachbarschaftshilfe wird eher eine kleinere Gruppe erfolgreich zusammenarbeiten. Andernfalls muß bei der Gründung die notwendige Mitgliederzahl ermittelt werden; die Organisation sollte so flexibel sein, daß weitere Mitglieder hinzukommen können. Auch der Zusammensetzung der Gruppe ist besondere Aufmerksamkeit zu schenken. Es ist zu verhindern, daß durch stark divergierende Ausgangspositionen oder durch wachsende Einflußnahme von außen, die Selbsthilfeorganisationen zweckentfremdet wird.

Neben den angesprochenen psychischen Voraussetzungen ist in Abhängigkeit vom Projekt ein gewisser Bildungs- und Versorgungsstandard notwendig, wenn das Projekt erfolgreich sein soll. Das engt den Personenkreis, der für die Selbsthilfe mobilisiert werden kann, ein. Gegebenenfalls müssen Ausbildungsprojekte vorgeschaltet oder angegliedert werden, die die gestellte Aufgabe technisch lösbar machen.

Die Beratung bei der Gründung von Selbsthilfeeinrichtungen soll und kann sich auch auf die organisatorischen Möglichkeiten erstrecken, die dazu beitragen, Konflikte innerhalb der Gruppe oder mit der Umwelt weitgehend zu verhindern. Dies bezieht sich sowohl auf den Rahmen der Zusammenarbeit, als auch auf die Gewinnung geeigneter Führungspersönlichkeiten und die fachliche Vorbereitung für ihre Tätigkeit. Bei bestehenden Selbsthilfeeinrichtungen kann Beratung notwendig sein, wenn die Effizienz der Organisation für die Mitglieder unbefriedigend ist. Die Hilfe kann sich auf die Prüfung des organisatorischen Rahmens und der technischen und wirtschaftlichen Vorgänge richten und gegebenenfalls Verbesserungsvorschläge unterbreiten.

4.2 Kapitalhilfe

Schon vom Zweck der Selbsthilfeeinrichtung her ist klar, daß die Möglichkeiten, über Kapitalhilfe einen Entwicklungsbeitrag zu leisten, gering sind. Eine Analyse der Finanzierungsmöglichkeiten der Selbsthilfeaufgabe muß zunächst klären, ob die Finanzierung aus eigenen Mitteln oder mit Hilfe von Fremdkapital erfolgen muß, das wiederum aus verschiedenen Quellen stammen kann, nämlich vom inländischen Kreditsystem oder von ausländischen Hilfsinstitutionen. Je nach den ländlichen Gegebenheiten und dem Organisationsgrad von Selbsthilfeorganisationen treten aber erhebliche Schwierigkeiten auf: wegen fehlender Verfügungsmöglichkeit über Sachkapital und Boden und mangelnder Sparfähigkeit ist anfänglich häufig die Eigenfinanzierung ebenso unmöglich wie eine Fremdfinanzierung über den Kredit- und Kapitalmarkt. Es fehlt sowohl das Startkapital als auch die Grundlage für eine Sicherung des Fremdkapitals.[28])

Damit die Selbsthilfeorganisation langfristig von externen Förderungsmaßnahmen unabhängig wird, ist der Schaffung einer soliden Finanzierungsstruktur großes Gewicht beizumessen. Häufig sind zunächst besondere Hilfeleistungen erforderlich, um die Selbsthilfeorganisation so funktionsfähig zu gestalten, daß sie aus eigenen Mitteln und unter Zuhilfenahme der finanziellen Infrastruktur des Landes ihre Betriebsführung sichern kann. Die Mobilisierung finanzieller Ressourcen der Mitglieder, auch über die Auswahl und Ausdehnung der Zahl der Mitglieder ist wesentliche Voraussetzung für die Finanzierung der Selbsthilfeorganisation mit Eigenkapital. In bestehenden Organisationen ist das Problem der Lenkung des Kapitals in diejenigen Bereiche, denen die Mitglieder eine hohe Bedeutung zumessen, zu lösen.

Die externe Finanzierungshilfe kann folgende Zwecke verfolgen:
— Kapitalversorgung der Selbsthilfeorganisation oder ihrer einzelnen Mitglieder für die Anschaffung von Anlageinvestitionen oder für laufende Betriebsausgaben (Betriebs-

mittel, Fachkräfte) in Form von Rotationsfonds, Zuschüssen oder Krediten, in Verbindung mit Förderungsmaßnahmen, die den effizienten Einsatz des Kapitals und die vereinbarungsgemäße Rückzahlung der Kredite sichern,

— Finanzierung von Sanierungsmaßnahmen bestehender Selbsthilfeorganisationen, sofern die Ursachen ermittelt und beseitigt wurden, die zu mangelhaften Ergebnissen führten,

— zeitlich begrenzte Finanzierung von Gehältern für das Führungspersonal, um die Identifikation mit dem Projekt besser zu erreichen.[29])

Bei der Versorgung mit Finanzierungsmitteln sind verschiedene Voraussetzungen zu beachten, die sichern sollen, daß die Mittel bedarfs- und phasengerecht eingesetzt werden. Den Entwicklungsphasen der Selbsthilfeorganisation entsprechend wird in den Phasen der Initiierung bis zur Gründung nur wenig Kapitalbedarf bestehen. Externe Finanzierung kann sich hier beziehen auf die Förderung der Planungstätigkeit, der Beratung und Konsolidierung der Gruppe und der Vergabe kurz- und mittelfristiger zinsgünstiger Kredite an eine Selbsthilfe-Förderungseinrichtung für eine Beteiligungsfinanzierung[30]) zur Erhöhung der Kapitalerstausstattung der Selbsthilfeorganisation.

In den folgenden Phasen, in denen die Selbsthilfeorganisation ihren Betrieb aufnimmt, die Betriebsbereitschaft des Organbetriebs herstellt, Dauerbetrieb einübt bis zur Verselbständigung, wächst auch ihr Kapitalbedarf. Gleichzeitig können finanzielle Hilfen in Form von Krediten gewährt werden, deren Konditionen so ausgestaltet werden sollen, daß die Selbsthilfeorganisation in der Endphase von ausländischer Förderung unabhängig ist.

5. Bewertung des Beitrages von Selbsthilfeorganisationen zu den entwicklungspolitischen Zielsetzungen

Der Beitrag von Selbsthilfeorganisationen zu den entwicklungspolitischen Zielen kann aufgespalten werden im Hinblick auf die Erreichung organisationsspezifischer Ziele und den gesamtgesellschaftlichen Entwicklungsbeitrag. Die Bewertung wäre auszurichten am Zielsystem und dem Beitrag, den Selbsthilfeorganisationen zur Realisierung geleistet haben. Wie leicht vorstellbar ist, ergeben sich dabei große Probleme. Sie sind vor allem darin begründet, daß ein vieldimensionales Zielsystem berücksichtigt werden muß, das außerdem oft nicht über einen langen Zeitraum unverändert bleibt[31]). Eine Zielanalyse hat deshalb zunächst zu klären, welche

— entwicklungspolitischen Ziele,

— Ziele der Selbsthilfeorganisation,

— Ziele des Leiters der Organisation und

— Ziele der einzelnen Mitglieder

durch die Selbsthilfeorganisation erfüllt werden sollen. Diese sind nicht nur ökonomischer Art, sondern sozialer, politischer und anderer Natur und konkurrieren auch miteinander. Will man eine Bewertung des Erfolgs der Selbsthilfeeinrichtung durchführen, so muß ferner ein geeignetes Bewertungsverfahren angewandt werden.

5.1 Messung der Effizienz im Hinblick auf die Ziele der Organisation

Beschränkt man sich in der Analyse auf die Organisationsziele, so kann man die Entwicklungseffekte nur über die Messung der Zielrealisierung der Organisationsziele abschätzen. Die genannten Schwierigkeiten werden aber oft nur ordinale Skalen verwendbar erscheinen lassen oder nur einzelne Zielwerte ergeben. Genauere Aussagen sind zu erwarten bei Erstellung einer Zielmatrix, aber auch hier wird die Frage der größeren Effizienz von Maßnahmen nur bei vergleichbaren Situationen oder Organisationen zu beantworten sein.[32])

Ein bedeutendes Problem, das auch bei der Effizienzbeurteilung zu beachten ist, ist das des großen Zeitbedarfs, ehe Selbsthilfeorganisationen voll arbeitsfähig sind.

In verschiedenen Ländern wurden gesetzliche Grundlagen geschaffen, die eine Anlaufphase von Selbsthilfeorganisationen von mindestens 2 Jahren vorsehen (Kenya, Tanzania, Uganda, Elfenbeinküste, Senegal). Die Erfahrungen zeigten jedoch, daß dieser Zeitraum meist zu gering war, um tragfähige Einheiten zu bilden.

5.2 Effizienzprobleme im Hinblick auf die entwicklungspolitische Zielsetzung

Ergänzend zu den bereits erörterten Problemen der Feststellung und Messung der Effizienz von Selbsthilfeorganisationen in entwicklungspolitischer Sicht sei hier nur noch angeführt, daß der entwicklungspolitische Beitrag durch Selbsthilfe umso höher ist, je mehr die Entwicklungsziele der Selbsthilfeorganisationen und die des Landes übereinstimmen. Auch darf nicht übersehen werden, daß entwicklungspolitische Wirkungen schon dadurch ausgelöst werden, daß durch die Selbsthilfeorganisation externe Effekte auf das soziale Umfeld ausgelöst werden,[33]) die eine Mobilisierung der Bevölkerung ermöglichen.

6. Abschließende Bemerkungen

Es ist unumstritten, daß Aktivierung der Bevölkerung für den Entwicklungsprozeß notwendig ist, wenn in absehbarer Zeit auch nur eine geringfügige Verbesserung der Lebensbedingungen gesichert werden soll. Insofern ist die Förderung der Selbsthilfe ein wichtiger Ansatz, um beispielsweise im Bereich der Subsistenzwirtschaft zu einem produktiveren Einsatz von Land und Arbeitskräften zu gelangen, oder in Slumgegenden von Großstädten die sanitären und hygienischen Bedingungen zu verbessern. Berücksichtigt werden muß dabei allerdings, daß die Erwartungen und Anforderungen nicht zu hoch gesteckt werden dürfen; vielmehr muß in vielen Fällen zunächst mit anderen Programmen die existentielle Not gemildert werden, damit überhaupt eine Chance entsteht, tragfähige Einrichtungen der Selbsthilfe schaffen zu können.

Anmerkungen:

[1]) Bundesminister für wirtschaftliche Zusammenarbeit: Grundsätze für die Förderung von Selbsthilfeorganisationen in Entwicklungsländern, Bonn 1977, 312-T 7410-51/77, S. 10.

[2]) Bodenstedt, A. A.: Selbsthilfe: Überlegungen zur entwicklungsstrategischen Verwendbarkeit eines allgemeinen sozialen Handlungsmusters. In ders.: Selbsthilfe: Instrument oder Ziel ländlicher Entwicklung, Saarbrücken 1975, S. 1.

[3]) Popp, K.: Zum Konzept der Förderung ländlicher Entwicklung in der Dritten Welt, in: Zeitschrift für das gesamte Genossenschaftswesen Bd. 26 (1976), S. 8 f.

[4]) Dülfer, E.: Aufbau und Förderung von Selbsthilfeorganisationen in Entwicklungsländern nach „Phasenschema", in: Zeitschrift für das gesamte Genossenschaftswesen Bd. 27 (1977), S. 19 sowie Seibel, H. D.: Das Entwicklungspotential autochthoner Kooperationsformen in Afrika, in: Archiv für öffentliche und freigemeinnützige Unternehmen, Bd. 13, Göttingen 1981, S. 313 ff.

[5]) Schmölder, K., Hielscher, K.: Nigeria — von der traditionellen Gemeinschaft zur angepaßten Sozialpolitik — Eine Enquête über Einrichtungen sozialer Sicherung in Nigeria, Stuttgart 1966, S. 14 ff. sowie Seibel, H. D.: Autochthone Kooperationsgruppen und ihre Eignung für die Projektarbeit: Ansätze zu einer „Entwicklung von unten und innen" durch einheimische Organisationen und Vereinigungen in ländlichen Gebieten, in: Deutsche Stiftung für Entwicklungsländer (Hrsg.): Selbsthilfeorganisationen als Instrument ländlicher Entwicklung. Seminarbericht (Berlin) 1979, (DSE) S. 132 ff. und ders.: Das Entwicklungspotential . . . a. a. O., insbes. S. 324 f.

[6]) Gangolf-Heim, F.: Problems and Constraints of Formal Self Help Organizations in Thailand, in: Entwicklung und ländlicher Raum, 14. Jg., H. 6, Dez. 1980, S. 17.

[7]) Vgl. Bergmann, Th.: Funktionen und Wirkungsgrenzen von Produktionsgenossenschaften in Entwicklungsländern, Frankfurt 1967, S. 127 ff., sowie Leinmüller, D.: Die Mobilisierung inländischer Ersparnisse zur Finanzierung des Entwicklungsprozesses — Das indische Beispiel —, Diss. Stuttgart 1975, S. 101. Ähnliches wird auch in anderen Entwicklungsländern beobachtet; bspw. aus Ägypten, wo der beamtete Supervisor die Genossenschaften kontrolliert, wird ebenfalls von Machtmißbrauch und Korruption berichtet. Vgl. Klöwer, G. G.: Der Genossenschaftsaufbau in Ägypten unter Anwar el Sadat, in: Entwicklung und ländlicher Raum, 16. Jg., H. 1, S. 22 f.

[8]) Vgl. Seibel, H. D.: Autochthone Kooperationsgruppen . . ., a. a. O., S. 135 ff. sowie ders.: Das Entwicklungspotential . . ., a. a. O. S. 325 f. weist das vor allem für Afrika und Ozeanien nach.

[9]) Vgl. dazu Kuhn, J.: Zu den Interessen von Mitgliedern landwirtschaftlicher Genossenschaften in Entwicklungsländern, in: Dülfer, E. (Hrsg.): Zur Krise der Genossenschaften in der Entwicklungspolitik. Marburger Schriften zum Genossenschaftswesen, Reihe B, Bd. 10, Göttingen 1975, S. 32.

[10]) Schönherr, S.: Führung und Macht bei dezentraler Entwicklungsplanung — Analyse indischer Erfahrungen, in: Wurzbacher, G. (Hrsg.): Störfaktoren der Entwicklungspolitik. Empirische Materialien zur Entwicklungsländerforschung, Stuttgart 1975.

[11]) Büscher, H.: Solidarische Selbsthilfe als innovatives kooperatives Handeln. Betrachtungen zur vorkooperativen Phase sozio-ökonomischer Entwicklung, in: Archiv für öffentliche und freigemeinnützige Unternehmen, Bd. 12, Göttingen 1980, S. 43.

[12]) Oppenheimer, F.: System der Soziologie, Bd. I/2 Allgemeine Soziologie 2. Teil: Der soziale Prozeß, 2. Aufl., Stuttgart 1964, S. 894.

[13]) Büscher, H.: a. a. O., S. 56.

[14]) Dams, Th.: Referenz-Rahmen für eine systematische Darstellung von Projekten integrierter ländlicher Entwicklung, in: ders. (Hrsg.): Integrierte ländliche Entwicklung. Theoretische Grundlagen und praktische Erfahrungen, München 1980, S. 202, insbes. S. 216.

[15]) Behrendt, R. F.: Gesellschaftliche Aspekte der Entwicklungsförderung, in: Weltwirtschaftliche Probleme der Gegenwart, Schriften des Vereins für Sozialpolitik, Bd. 35, 1965, wiederabgedruckt in: Fritsch, B. (Hrsg.): Entwicklungsländer, Köln 1973. Behrendt weist besonders auf die Notwendigkeit einer sozialen Entwicklungsstrategie hin, S. 114 ff.

[16]) Dülfer, E.: Operational Efficiency of Agricultural Cooperatives in Developing Countries, F.A.O., 1974, S. 181 gibt eine Gegenüberstellung nationaler und individueller Zielsetzungen. Freudendorff, H. U.: Selbsthilfeorganisationen: Ein Instrument zur Mobilisierung der ländlichen Bevölkerung, dargestellt am Beispiel der Sarvodaya-Shramadana-Bewegung in Sri-Lanka. In: A. A. Bodenhöfer (Hrsg.): Selbsthilfe . . . a. a. O., S. 85 ff. weist auf die potentiellen Gefahren der stark expandierenden Sarvodaya-Shramadana-Bewegung für die etablierten Machtträger hin.

[17]) Vgl. dazu auch Heierli-Hogaust, R.: Grundbedürfnisse und Projektarbeit. Vorschläge zur Konkretisierung der Grundbedürfnisstrategie in der Entwicklungspolitik mit einer Fallstudie aus Santander/Kolumbien, Diersenhofen 1980, S. 105 ff. sowie Münkner, H. J.: Wie kann Selbsthilfe in Entwicklungsländern aktiviert werden? — Schwierigkeiten beim Aufbau von Genossenschaften, autochthone Systeme —, in: Entwicklung und ländlicher Raum, 16. Jg., H. 2, 1982, S. 13 ff. sowie verschiedene Beiträge in ders. Zeitschrift, 16. Jg., H. 4, 1982.

[18]) Addicks, G.: Bünning, H.-H.: Ökonomische Strategien der Entwicklungspolitik, Stuttgart — Berlin — etc. 1979, S. 147.

[19]) Hornung, H.: Ergänzende Ausführungen zur GTZ-Konzeption und zu den GTZ-Grundsätzen für die Förderung von Selbsthilfeorganisationen, in: DSE (Hrsg.), Selbsthilfeorganisationen . . ., a. a. O. S. 146 u. ders.: Aufbau und Förderung von Selbsthilfe — Ein Schwerpunkt der GTZ-Aktivitäten, in: Entwicklung und ländlicher Raum, 16. Jg., H. 4, 1982, S. 8 ff.

[20]) Dams, Th.: a. a. O., S. 215.

[21]) Vgl. dazu Ghaussy, A. G.: Das Genossenschaftswesen in den Entwicklungsländern, Freiburg 1964, S. 22.

[22]) Hanel, A.: Zur Frage der Abstimmung staatlicher Entwicklungskonzepte für Genossenschaften mit den Zielvorstellungen der Mitglieder, in: Dülfer, E. (Hrsg.): Zur Krise . . ., a. a. O., S. 121 ff.

[23]) Brentano, D. v.: Die Bedeutung der Solidarität in Genossenschaften und bei genossenschaftlichen Gründungsvorgängen, in: Archiv für öffentliche und freigemeinnützige Unternehmen, Bd. 12, Göttingen 1980, S. 26.

[24]) Trappe, P.: Aspekte der Massenmobilisierung, in: Giordano, Ch. und Hettlage, R.: Mobilisierung oder Scheinmobilisierung. Genossenschaften und traditionale Sozialstruktur am Beispiel Siziliens, Basel 1975, S. 13.

[25]) Vgl. dazu Müller, J. O.: Voraussetzungen und Erfahrungen bei der Errichtung von Genossenschaften in Europa von 1900, Göttingen 1976, S. 75 ff.

[26]) Beispiele für landwirtschaftliche Genossenschaften finden sich bei Dülfer, E.: Bewertungs- und Meßprobleme bei der Evaluierung von Genossenschaften in Entwicklungsländern, in: ders. (Hrsg.): Zur Krise . . ., a. a. O., S. 32.

[27]) Bergmann, Th.: Funktionen und Wirkungsgrenzen von Produktionsgenossenschaften in Entwicklungsländern, Frankfurt/Main 1967, S. 29 ff.

[28]) Chukwu, S. C.: Moderne Kreditsicherung im Rahmen afrikanischer Gesellschaftsordnungen, Marburger Schriften zum Genossenschaftswesen, Reihe B, Bd. 12, Göttingen 1976, berichtet über die Möglichkeiten der Kreditsicherung in afrikanischen Ländern.

29) BMZ 312-T 7410-51/77, S. 23 f.

30) Vgl. dazu Stockhausen, J. v.: Finanzierung von Selbsthilfeorganisationen in Entwicklungsländern. Vortrag auf der Tagung der DSE „Selbsthilfeorganisationen als Instrument der ländlichen Entwicklung" v. 1.—12. 10. 1979 in Berlin, Manuskript S. 29 f.

31) Dülfer, E.: Eine analytische Methode zur Evaluierung von (ländlichen) Genossenschaften in Entwicklungsländern, Working Paper der F.A.O./UN, Rom 1976, S. 13 sowie Hanel, A., Müller, J. O.: On the Evaluation of Rural Cooperatives with Reference to Governmental Development Policies — Case Study Iran, Marburger Schriften zum Genossenschaftswesen, Reihe B, Bd. 15, Göttingen 1976, S. 15 ff.

32) ders.: Bewertungs- und Meßprobleme bei der Evaluierung von Genossenschaften in Entwicklungsländern, in: ders. (Hrsg.): Zur Krise . . ., a. a. O., S. 41 ff.

33) Dams, Th.: Referenzrahmen . . ., a. a. O., S. 224 u. 227 schlägt ein entsprechendes Evaluierungsschema vor, das die verschiedenen Effekte aufzeigt.

Slum- und Squatter-Sanierung in der Dritten Welt

Dieter Oberndörfer/Jürgen Rüland

Die Dritte Welt erfährt gegenwärtig ein Städtewachstum, das in seinem Ausmaß und Tempo alle Verstädterungsschübe zurückliegender Epochen bei weitem übertrifft. Fast überall in Asien, Afrika und Lateinamerika wächst die städtische Bevölkerung doppelt so schnell wie die der Länder insgesamt: Sekundarzentren und verschiedene afrikanische Hauptstädte verzeichnen sogar ein noch sprunghafteres Wachstum. Innerhalb von nur 20 Jahren wird sich die Einwohnerzahl der urbanen Zentren von annähernd 1 Mrd. (1980) auf voraussichtlich 2 Mrd. (2000) verdoppeln und dabei der Verstädterungsgrad von 33 % auf 44 % ansteigen.[1])

Die zunehmende Konzentration von Armut in den Ballungsgebieten, eine katastrophale Wohnungsnot und das rasche Ausufern von Slums und Squattersiedlungen[2]) sind die Begleiterscheinungen dieses Verstädterungsprozesses, der das Ergebnis tieferliegender entwicklungspolitischer Strukturprobleme ist, und nicht — wie seinerzeit in Europa — aus einem umfassenden Wirtschaftswachstum bzw. einem entsprechenden Zuwachs an Erwerbschancen gespeist wird. So lebt im Durchschnitt heute bereits ein Drittel der Stadtbewohner in Slums und Squattersiedlungen, deren Erschließung mit grundlegenden städtischen Dienstleistungen bestenfalls als rudimentär bezeichnet werden kann.[3])

Die Behörden der meisten Entwicklungsländer begannen erst mit erheblicher Zeitverzögerung auf diese komplexen sozialen Probleme zu reagieren, wobei die Impulse dazu vorwiegend von internationalen Organisationen und westlichen Sozialwissenschaftlern ausgingen. Seither jedoch wurden verschiedene Sanierungsansätze erprobt, mit denen sich der vorliegende Artikel befassen wird. Dies erfolgt zunächst durch eine Beschreibung der wichtigsten Strategien sowie ihre kritische Bewertung im Lichte der bislang gewonnenen Erfahrungen. Dabei spiegelt die Reihenfolge der Darstellung eine historische Entwicklung und ein sich wandelndes Verständnis des Slum- und Squatterproblems wider. Den Abschluß bilden einige grundsätzliche Überlegungen und Thesen, die sich mit dem Selbsthilfekonzept und den generellen Erfolgsaussichten von Slum-Sanierungsprojekten auseinandersetzen.

1. Abriß und Umsiedlung

Bis Mitte der 60er Jahre wurden Slums und Squatter-Siedlungen von den Regierungen der Entwicklungsländer nicht als entwicklungspolitisches Problem zur Kenntnis genommen. Medien und Behörden zeichneten von ihnen ein Bild negativer Stereotypen, das von den Angehörigen der höheren Sozialschichten bereitwillig übernommen wurde. Dabei galten insbesondere die Squatter-Siedlungen als ästhetisches Ärgernis, soziales Krebsgeschwür, Brutstätte von Kriminalität und Krankheit und als Gefahr für Privateigentum und öffentliche Ordnung. Die illegale Okkupation von fremdem Land durch Squatters zu tolerieren sei gleichbedeutend mit der Duldung eines illegalen Aktes und der Ermutigung zu weiteren unrechtmäßigen Landbesetzungen. Eine Integration dieser Armutsviertel in das urbane System durch ihre Erschließung mit kommunalen Dienstleistungen kam angesichts dieser Prämissen nicht in Frage.[4])

Staatliche Maßnahmen zur Eindämmung des Slum- und Squatterproblems trugen folglich überwiegend repressiven Charakter. Die Behörden bedienten sich dabei verschiedener Vorgehensweisen wie dem Abriß der Wohnquartiere und der Vertreibung ihrer Bewohner (ohne daß Ersatzunterkünfte zur Verfügung gestellt wurden), ihrer Umsiedlung in entlegene, topographisch ungünstige Gebiete am Rande der Ballungsräume, Migrationskontrollen oder der Errichtung hoher Mauern[5]) um die Armutsquartiere, so daß diese dem Blick der Passanten entzogen wurden.

Es versteht sich von selbst, daß diese Maßnahmen nicht einmal ansatzweise zu einer Lösung beitragen konnten. Im Gegenteil, sie markierten nicht nur einen rücksichtslosen Eingriff in den ohnehin stets prekären Überlebenskampf der städtischen Armen, sondern brachten auch in entwicklungspolitischer Hinsicht höchst unsinnige Wirkungen hervor. Der ersatzlose Abriß von Slums und Squatter-Siedlungen stellte eine Zerstörung von bestehenden Werten dar, zumal gerade Squatters — wie sozialwissenschaftliche Untersuchungen nachzuweisen vermochten — zum Teil in recht beachtlichem Umfang Investitionen in ihre Behausungen vornehmen.[6]) Meist wurden dabei sämtliche Arbeitsplätze innerhalb des betroffenen Viertels mitvernichtet, da der Abriß auch vor den Produktions- und Dienstleistungsstätten einer vielfach weitgefächerten informellen Sektor-Ökonomie nicht halt machte.[7])

Verschiedene Fallstudien, die in Brasilien[8]), Bangladesh[9]) und den Philippinen[10]) durchgeführt wurden, lassen des weiteren die Schlußfolgerung zu, daß Umsiedlungen an den Stadtrand ebenfalls ein untaugliches Mittel zur Bewältigung städtischer Armuts- und Wachstumsprobleme sind. So herrscht weitgehendes Einvernehmen darüber, daß Umsiedlungen die sozio-ökonomische Notlage städtischer Unterschichten in extremer Weise vergrößern. Die Haupteinwände lassen sich dabei in folgenden Punkten zusammenfassen:

1. Mit der Umsiedlung ist häufig der Verlust des Arbeitsplatzes verbunden, da in den Umsiedlungszentren keine ausreichenden Erwerbsmöglichkeiten vorhanden sind.

2. Sekundärverdiener besitzen kaum Gelegenheiten zur Aufbesserung des Familieneinkommens, da sich ein informeller Wirtschaftssektor hier allenfalls in Ansätzen und erst mit einiger Zeitverzögerung entwickeln kann.

3. Arbeit finden die Umgesiedelten fast nur in der Kernstadt. Ihr Budget wird damit entweder durch eine Zweitunterkunft in der Nähe des Arbeitsplatzes oder hohe Transportkosten zusätzlich in nicht vertretbarem Maße belastet.

4. Die Intrastrukturerschließung des Umsiedlungszentrums zum Zeitpunkt der Umsiedlung ist absolut unzureichend.

5. Die Umsiedlung führt zu psychischen Störungen und sozialer Orientierungslosigkeit bei den Betroffenen. Gewachsene Nachbarschaftsbeziehungen werden abrupt zerstört. Das wahllose Zusammenwürfeln der Umsiedler schafft Integrationsprobleme und Spannungen. Es entsteht „sozialer Treibsand".[11])

Die selbst im Vergleich zu städtischen Elendsvierteln wesentlich ungünstigeren Lebensverhältnisse bewogen viele Familien, die Umsiedlungsgebiete nach relativ kurzer Zeit wieder zu verlassen, um sich erneut als Squatters in der Kernstadt niederzulassen. Durch die Umsiedlung ins Hinterland werden die Probleme nur räumlich verlagert — vor die Tore der Stadt oder über die hohe Rückwanderungsquote in andere städtische Elendsquartiere.[12])

Heute sind Abriß, Vertreibung und Umsiedlung aus den offiziellen Regierungsprogrammen vieler Entwicklungsländer verschwunden. Dessen ungeachtet kommt ihnen in der Realität aber immer noch eine nicht zu unterschätzende Bedeutung zu. Zwar versucht man heute negative Konsequenzen für umgesiedelte Squatters abzumildern, indem man die Umsiedlungen als sites- and services-Projekte konzipiert, die Kernproblematik peripherer Armensiedlungen bleibt davon jedoch unberührt. Ebenso finden sich selbst in jüngster Vergangenheit in Bangladesh, Indien, den Philippinen[13]), Kenia und Mosambik[14]) — um nur einige Länder zu nennen — weiterhin zahlreiche Beispiele für periodisch durchgeführte Abrißkampagnen und Massenvertreibungen von Squatters. Sie sind die Kehrseite einer janusköpfigen Wohnungspolitik, die sich nach außen in einigen Vorzeigeprojekten und einer sozial fortschrittlichen Rhetorik darstellt.

2. Staatlicher Sozialwohnungsbau

Ein erster Versuch von staatlicher Seite, den wachsenden Armutsquartieren mit konstruktiven Maßnahmen zu begegnen, wird in den Sozialwohnungsbauprogrammen der 50er und vor allem 60er Jahre erkennbar. Zwar wurden Slums und Squattersiedlungen weiterhin abgerissen, doch ihre Bewohner wollte man von nun an zumindest teilweise in preisgünstigen Wohnungen in konventionellen Geschoß- oder Hochbauten unterbringen. Die Behörden, die Slums und Squatter-Siedlungen als Restbestände rückständiger Verhaltensnormen betrachteten, versprachen sich vom Sozialwohnungsbau Impulse für eine schnellere Adaption „moderner", urbaner Lebensformen durch die armen Bevölkerungsschichten. Darüber hinaus wurden gesundheitspolitische und ästhetische („Stadtverschönerungen") Argumente zur Begründung dieser Wohnungsbaukonzeption herangezogen. Es ist unschwer zu erkennen, daß dieser ersten Phase staatlicher Wohnungspolitik modernisierungstheoretische Denkmuster zugrundelagen.

Gemessen an ihren vorgegebenen Zielen, Wohnraum für unterste Einkommensgruppen zu schaffen, muß die überwiegende Mehrheit der Sozialwohnungsbauprogramme konventionellen Stils als Fehlschlag bezeichnet werden. In diesem Punkt unterscheiden sie sich nur wenig von den staatlichen Wohnungsbauprogrammen vieler Industrienationen. Ausnahmen von der Regel sind die beiden Stadtstaaten Hongkong und Singapur. In der mittlerweile umfangreichen Literatur zur Wohnungspolitik der Entwicklungsländer wird das Scheitern des Sozialwohnungsbaus mit folgenden Argumenten begründet:

1. Sozialwohnungsbau in Hochhäusern bzw. Geschoßbauten ist sehr kapitalintensiv und infolge des großen Anteils von Baumaterialienimporten devisenaufwendig. Hinzu kommen hohe Infrastrukturerschließungskosten sowie ständig steigende Verwaltungs- und Unterhaltskosten nach der Fertigstellung.[15]

2. Daraus folgt, daß die Wohnungen für unterste Einkommensschichten bei weitem zu teuer sind — ein Problem, das sich nur durch massive staatliche Subventionen beheben läßt.[16] Eine Weltbankstudie vermochte nachzuweisen, daß in sechs untersuchten Großstädten der Dritten Welt zwischen einem Drittel und zwei Dritteln der Bevölkerung nicht in der Lage waren, die Mieten selbst für die billigsten Sozialwohnungen aufzubringen.[17]

3. Abgesehen von den bei öffentlichen Förderungsprogrammen gegebenen Möglichkeiten der Korruption werden beim Versuch, kostendämpfend zu bauen, häufig minderwertige Baumaterialien verwendet, was dazu führt, daß schon nach kurzer Zeit schwerwiegende Bauschäden auftreten.[18] Die Überbelegung vieler Sozialwohnungen trägt ein Übriges dazu bei.

4. Konventioneller Wohnungsbau schafft durch den Einsatz rationalisierter Bautechnik (Fertigbauweise) nur wenig Arbeitsplätze. Außerdem werden vorzugsweise qualifizierte Arbeiter benötigt, die Arbeitskraft der städtischen Unterschichten daher nur in sehr geringem Umfang genutzt.[19]

5. Die moderne Wohnkultur zielt an den Bedürfnisstrukturen und Verhaltensmustern vieler Squatters vorbei.[20]

Hauptsächlich aus den genannten Kostengründen, aber auch infolge der sozio-kulturellen Widerstände vieler Squatters gegen Hochhäuser und Wohnblocks waren letztendlich fast immer mittelständische Schichten Nutznießer staatlich subventionierter Sozialwohnungsbauprogramme. Zahlreiche Studien belegen, wie die eigentliche Zielgruppe sehr rasch einem ökonomischen Verdrängungsprozeß zum Opfer fiel.[21]) Angesichts ihrer Kostenintensität und des hohen Subventionsanteils erwiesen sich diese Programme als eine Belastung, die die Tragfähigkeit des Staatshaushaltes bei weitem überstieg. Ihr quantitativer Einfluß auf das Wohnungsdefizit der Entwicklungsländer blieb daher gering. In vielen Fällen verbarg sich hinter derartigen Wohnungsbauprogrammen eine Gegenleistung des politischen Regimes für die politische Loyalität staatstragender mittelständischer Gruppen.[22])

Diese Überlegungen treffen in ihrer Mehrzahl jedoch nicht auf die Sozialwohnungsbauprogramme von Singapur und Hongkong zu. Rund 65 % der Bevölkerung Singapurs und fast 50 % der Einwohner Hongkongs lebten 1980 in einer staatlichen Sozialwohnung.[23]) Bei einem Mietanteil von 11 % — 13 % des monatlichen Haushaltseinkommens[24]) vermag der staatliche Wohnungsbau in Singapur mit Ausnahme der untersten 10 % — 15 % auch die armen Bevölkerungsschichten zu erreichen.[25]) Der unbestrittene quantitative Erfolg[26]) dieser Programme, die für viele Regierungen sehr schnell Modellcharakter gewannen, erfordert eine Erklärung. Dabei zeigt sich, daß diese Modelle nicht beliebig übertragbar, sondern an bestimmte Voraussetzungen gebunden sind und in eine umfassende Wirtschafts- und Raumordnungspolitik integriert sein müssen. So wäre das Wohnungsbauprogramm der beiden fernöstlichen Stadtstaaten ohne ein dauerhaftes Wirtschaftswachstum und breit gestreute Einkommenssteigerungen undenkbar gewesen. Singapur und Hongkong stehen damit in krassem Gegensatz zu den meisten anderen Entwicklungsländern, die mit wirtschaftlicher Stagnation und einem langfristigen Verfall der Reallöhne zu kämpfen haben. Desweiteren konnten Hongkong und Singapur ihre Wohnungsbauprogramme mit einer erfolgreichen Bodenpolitik verknüpfen. In beiden Staaten befindet sich ein großer Anteil des Bodens in öffentlichem Besitz. Positive Voraussetzungen im Falle Singapurs sind auch das als ,,Zwangssparsystem" zu kennzeichnende Finanzierungsmodell und die erfolgreiche Eindämmung des rapiden Bevölkerungswachstums, die das rasche Aufholen des Wohnungsdefizits erst möglich machten.[27])

3. Low-cost-housing: upgrading and sites-and-services

Spätestens seit der zweiten Hälfte der 60er Jahre gelang es sozialwissenschaftlichen Forschungen, die bis dahin kaum hinterfragten Stereotypen über Slums und Squattersiedlungen zu widerlegen. Die zentralen Aspekte dieser Neubewertung finden sich in den bahnbrechenden Arbeiten Abrams, Laquians, Mangins, Turners und anderen.[28]) Auf eine Kurzformel gebracht lassen sie sich wie folgt umreißen:

1. Slums und Squatter-Siedlungen sind nicht ein Problem per se, sondern eine aus der Sicht der Armen ausgesprochen funktionale und rationale Antwort auf das Defizit an billigem, standortgünstigem Wohnraum.

2. Slums und Squatter-Siedlungen befriedigen ein wichtiges Grundbedürfnis, indem sie unter Einsatz einfachster Technologien und Bauweisen Wohnraum zu Preisen bieten, die auch für die Ärmsten erschwinglich sind.

3. Eine wesentliche Voraussetzung für die Verbesserung der Lebensbedingungen armer Siedler ist die Sicherheit vor Vertreibung und die Erschließung ihrer Viertel mit einfachsten kommunalen Dienstleistungen. Nach Ansicht Turners kann Wohnungsbau somit zu einem ,,Prozeß" werden, da die Armen dann auch bereit sind, in ihre Behausungen zu investieren und diese im Laufe der Zeit und entsprechend ihrer finanziellen Möglichkeiten auszubauen.

Aus dieser Neueinschätzung ergaben sich entscheidende Schlußfolgerungen für die künftige Wohnungsbaupolitik der Entwicklungsländer:

1. Die Kosten für Wohnraum sind drastisch zu senken, so daß sie der Zahlungsfähigkeit der Armen angepaßt sind.
2. Dieses Ziel lasse sich am besten durch Turners Konzept vom „Wohnungsbau als Prozeß" realisieren.
3. Hochentwickelte Bautechnologien im Wohnungsbau für arme Bevölkerungsgruppen sind abzulehnen.
4. Die an Industriestaaten orientierten Baunormen müssen revidiert werden. Bau- und Designstandards sind erheblich zu reduzieren.
5. Abriß und Umsiedlungen sind auf ein Minimum zu beschränken, die vorhandene Bausubstanz muß erhalten werden („erhaltende Sanierung").
6. Wohnungsbau muß unter Beteiligung der Betroffenen, d. h. „nutzerorientiert" erfolgen.
7. Das Selbsthilfepotential der Armen muß in größtmöglichem Umfang mobilisiert werden.

Dieser Forderungskatalog paßte vorzüglich in die neukonzipierte Grundbedürfnisstrategie der internationalen Organisationen, mit der diese auf Fehlentwicklungen der zuvor propagierten Wachstumsstrategien reagierten. Unter Federführung der Weltbank und der UN entstanden Anfang der 70er Jahre neue low-cost-housing-Strategien, die seither als „upgrading" und „sites-and-services" Eingang in die Wohnungspolitik der Entwicklungsländer gefunden haben.[29]

Unter „upgrading" versteht man die Erschließung von Armutsquartieren mit den notwendigsten kommunalen Dienstleistungen (Bau von Zugangswegen, Wasserversorgung, Abwasserentsorgung, Toiletten und Elektrizität). Ferner soll durch Eigenleistungen der Bewohner die Qualität des vorhandenen Wohnraums in einem stetigen Prozeß verbessert werden.

Upgrading-Maßnahmen erfordern in der Regel auch eine Reduzierung der Bevölkerungs- und Bebauungsdichte, um den notwendigen Raum für die Infrastrukturerschließung zur Verfügung zu haben. Dazu bedient man sich eines sog. „reblocking"-Ansatzes. Das für viele Armutsviertel typische verwinkelte Bebauungsmuster wird dabei nach den Vorgaben eines rechteckigen Straßennetzes neu angeordnet.

Bewohner, die diesen Entzerrungsmaßnahmen weichen müssen, sucht man in der Regel durch die Umsiedlung in ein sites-and-services-Projekt zu entschädigen. Dazu erschließt der Staat ein Gelände mit grundlegender Infrastruktur, unterteilt es in Parzellen, um es dann bedürftigen Siedlern zuzuweisen. Was den Hausbau betrifft, bestehen verschiedene Varianten: Entweder der Siedler baut sein Haus von Grund auf selbst oder die Parzelle ist bereits mit einem sog. Kernhaus (d. h. Grundmauern und Sanitärzelle) ausgestattet, das der Siedler in Eigeninitiative schrittweise vollendet. In einem späteren Stadium kann das Projekt um Gemeinschaftseinrichtungen wie Schulen, Gesundheitsstationen, Sportanlagen, Märkte und Mehrzweckgebäude erweitert werden.

In beiden Fällen — beim upgrading wie beim sites-and-services — werden die Erschließungs- und Baukosten in Form von Mieten oder Kaufmieten einschließlich Verzinsung auf die Nutzer umgelegt (cost recovery). Begründet wird dies damit, daß auf diese Weise die aufgewendeten Mittel für weitere Projekte wiederverwendbar seien, so daß die knappe staatliche Kapitalmasse sich in möglichst rationaler Weise entwicklungspolitisch nutzen läßt.

Zweifellos kommt den beschriebenen Programmtypen das Verdienst zu, mehr Menschen mit geringem Einkommen adäquaten Wohnraum zugänglich zu machen als bisher. Doch gemessen am Gesamtbedarf sind sie weit davon entfernt, die Wohnungsnot in der Dritten Welt zu bewältigen. Dabei zeichnet sich ab, daß upgrading-Projekte den Bedürfnissen der Armen eher entsprechen als sites-and-services, weil sie infolge weniger aufwendiger Infrastrukturstandards vergleichsweise kostengünstiger sind.[30])

Versucht man, die bisherigen Ergebnisse von upgrading- und sites-and-services-Projekte auf einen Generalnenner zu bringen, so zeigt sich, daß derartige Vorhaben trotz aller Vorzüge, die sie gegenüber konventionellen Wohnungsbauprogrammen haben, immer noch für die ärmsten Bevölkerungsgruppen zu teuer sind.[31]) Bei Projekten in Manila und Lusaka etwa konnten zwischen 35 % und 60 % der Betroffenen die Mieten bzw. Kaufmieten nicht aufbringen.[32]) Diese Erkenntnis steht in eklatantem Widerspruch zur Auffassung der Weltbank, wonach es möglich sei, mit low-cost-housing-Programmen alle Sozialschichten mit angemessenem Wohnraum zu versorgen, sehe man von einer 5 — 10 %-starken Restgruppe am untersten Ende der Einkommensverteilung ab. In diesem Kontext ebenso unverständlich bleibt die Feststellung, Einkommen seien selten ein hemmender Faktor im Bereich der Wohnungsversorgung.[33])

Die Kostenproblematik läßt sich auf vier Hauptursachen zurückführen:

1. Die infrastrukturellen Erschließungskosten, die im Zuge der cost recovery-Politik häufig auf die Bevölkerung umgewälzt und nur zu einem geringen Teil von der öffentlichen Hand übernommen werden, liegen weit über der ökonomischen Leistungsfähigkeit der Squatters. Dies gilt umso mehr, wenn bei der Geländeerschließung große technische Schwierigkeiten (z. B. Landtrockenlegung) auftreten oder die Infrastrukturstandards aus Prestigegründen unnötig heraufgesetzt werden.

2. Sites-and-services-Projekte sind sehr flächenaufwendig. Da die Bodenpreise vor allem in Metropolitanregionen oder dicht bevölkerten Staaten (wie z. B. Bangladesh) in exorbitanter Weise ansteigen, sind sites-and-services-Projekte oft nur noch am Stadtrand durchführbar. Hier machen sich aber all diejenigen negativen Folgewirkungen geltend, die im Zusammenhang mit Umsiedlungen bereits dargelegt wurden.

3. Unter Berufung auf Empfehlungen der Weltbank gehen die meisten Regierungen davon aus, daß armen Bevölkerungsgruppen Ausgaben in Höhe von 15 % bis 20 % ihres monatlichen Haushaltseinkommens für Wohnen zuzumuten seien.[34]) Damit wird bereits a priori ein beträchtlicher Teil der Zielgruppe von den Förderungsmaßnahmen ausgeschlossen, denn sozialwissenschaftliche Untersuchungen in allen Kontinenten wiesen in großer Übereinstimmung nach, daß die Armen nur selten mehr als 10 % für Wohnen aufwenden können.[35]) Erschwerend kommt hinzu, daß die Kalkulationen hinsichtlich der Zahlungsunfähigkeit der Betroffenen oft von unrealistischen Einkommenssteigerungen ausgehen. Demgegenüber treffen Inflation und Reallohnverfall gerade die ärmsten Bevölkerungsgruppen infolge ihres hohen Anteils an konsumptiven Ausgaben in überproportionalem Maße.[36]) Es ist Fickert und Wetter daher zuzustimmen, wenn sie hervorheben, daß Berechnungen der ökonomischen Leistungsfähigkeit vom Mindesteinkommen einer Squatterfamilie auszugehen haben, das erforderlich ist, um die grundlegendsten Bedürfnisse zu befriedigen, und nicht von einem willkürlich festgelegten Einkommensanteil.[37])

4. Die umfangreichen Planungsvorarbeiten, der Einsatz ausländischer Experten und die Projektverwaltung verursachen hohe administrative Kosten.

Entgegen allen theoretischen Einsichten[38]) überwiegen in der Praxis des low-cost-housing noch immer allzu oft die rein physischen Projektkomponenten, während flankierende arbeitsmarktpolitische Maßnahmen zuweilen zwar miteingeplant, aber selten realisiert werden. Eine entscheidende Verbesserung der Lebensbedingungen einkommensschwacher Siedler kann letztendlich nur dann erreicht werden, wenn gleichzeitig ihre Erwerbschancen grundlegend verbessert werden.[39]) Vor dem Hintergrund der recht hohen Abzahlungsraten und der langen Laufzeiten ist ein gesicherter Arbeitsplatz und ein regelmäßiges Einkommen eine Grundvoraussetzung für die Teilhabe an den Sanierungsmaßnahmen. Auf die Bedürfnisse der Armen zugeschnittene Kreditinstitutionen fehlen in den meisten Ländern ebenfalls. Wegener weist daher darauf hin, daß die Marginalbevölkerung gerade infolge ihrer unsicheren sozialen und ökonomischen Situation davor zurückschreckt, langfristige finanzielle Bindungen einzugehen.[40]) Hinzu kommt, daß bis zur vollen Ableistung der Kaufmieten der Besitztitel des Landes in keiner Weise gesichert ist.

Entgegen den Erwartungen vieler Experten scheinen auch die Sanierungsmaßnahmen selbst nur geringe Beschäftigungseffekte in der Zielbevölkerung hervorzubringen. Fallstudien aus Dacca[41]) und Jakarta[42]) zeigen, daß die im Prinzip arbeitsintensiven Tiefbauarbeiten entweder mit modernen Maschinen oder billigeren Arbeitskräften aus dem Hinterland durchgeführt werden.[43])

Die Reihe der Schwierigkeiten ließe sich beliebig erweitern. Hier sei nur noch auf einige wesentliche Aspekte hingewiesen: Darauf etwa, daß die meisten Projekte ohne Mitsprache der Betroffenen durchgeführt werden, auf die Planungs- und Koordinationsprobleme während der Projektimplementierung, die häufig zu großen Verzögerungen in der Fertigstellung führen, oder auf die Schwierigkeiten bei der Einziehung der Mieten und Kaufmieten.

Als Konsequenz kommen soziale Segregationsprozesse in Gang: Die Bodenwertsteigerung, die unzureichenden Erwerbschancen und die hohen Projektfolgekosten verursachen einen Exodus der einkommensschwächsten Teile der Zielbevölkerung, an deren Stelle Angehörige des unteren Mittelstandes als Nutznießer treten. Die Regierungen wie auch die internationalen Organisationen, die als Geldgeber derartiger Projekte hervortreten, nehmen diesen Verdrängungsprozeß offensichtlich in Kauf. Als „erfolgreich" abgeschlossen gilt ihnen ein Projekt in der Regel dann, wenn die vorgesehenen Einrichtungen geschaffen wurden und über die Rückzahlungen die aufgewendeten Kosten wieder gedeckt werden können. Rentabilitätsüberlegungen erhalten damit Priorität vor sozialen Kriterien.

4. Selbsthilfe als Allheilmittel?

Selbsthilfe heißt derzeit das Zauberwort, mit dem das Slum- und Squatterproblem seiner Lösung entscheidend nähergebracht werden soll. Diese Überzeugung fand ihren Ausdruck in der Einführung von „upgrading"- und „sites-and-services"-Ansätzen und dem damit verbundenen Rückgriff auf die Eigeninitiative der Betroffenen. Doch angesichts der gigantischen Dimensionen des Defizits an billigem, dabei aber menschenwürdigem Wohnraum in der Dritten Welt stellt sich die Frage, ob die Selbsthilfeansätze in ihrer Tragweite nicht überschätzt werden. Diese Frage jedenfalls wirft die Debatte auf, die seit geraumer Zeit über die Selbsthilfe geführt wird, und in deren Verlauf eine Reihe kritischer Einwände gegen diesen Ansatz vorgetragen wurden.

Befürworter des Selbsthilfekonzeptes argumentieren in erster Linie mit seiner ökonomischen Rationalität: Selbsthilfewohnungsbau sei in höchstem Maße kostensparend und ermögliche eine effiziente Nutzung knappen Investitionskapitals. Darüber hinaus werden demokratietheoretische Aspekte hervorgehoben: Als eine dezentrale Strategie ließen sich lokale Strukturbesonderheiten und Erfahrungen sowie individuelle Bedürfnisse der Nutzer in optimaler Weise berücksichtigen; außerdem eröffneten sich Chancen zur politischen Organisation der Armen.[44])

Demgegenüber setzen sich vor allem marxistisch beeinflußte Arbeiten kritisch mit dem Selbsthilfekonzept auseinander. Selbsthilfe wird dabei als „Mythos" (Steinberg)[45], ..Palliativ" und „ideologischher Bluff"[46] (Burgess) charakterisiert. Burgess glaubt in ihr eine Strategie zur Erhaltung des gesellschaftlichen status quo zu erkennen, die den Blick auf notwendige Strukturreformen verstelle.[47] Für Steinberg führt Selbsthilfe zu einer unzumutbaren Verlängerung des Arbeitstages und einem langfristigen Reallohnverfall, da durch die Eigenherstellung von Billigstwohnraum der zur Reproduktion der Arbeitskraft notwendige Lohn niedrig gehalten werden könne.[48] Skinner spricht in diesem Zusammenhang von „Überausbeutung".[49] Weiterhin wird bezweifelt, ob Selbsthilfeprojekte nach Turner'schem Vorbild das Wohnraumproblem quantitativ zu lösen in der Lage seien. Burgess vertritt hier die These, daß diese Projekte kaum über ein Pilot- bzw. Experimentalstadium hinausgelangen.[50] Selbsthilfewohnungsbau schaffe somit nur eine kurze Atempause, aber keine langfristige Entlastung, insbesondere solange sich nicht die Erkenntnis durchsetze, daß das Wohnraumdefizit in erster Linie ein Strukturproblem des peripheren Kapitalismus sei. Es fällt auf, daß von dieser Kritik eine mittelfristig realisierbare Lösungsalternative nicht unterbreitet wird. Burgess und Steinberg etwa, die innerhalb der kapitalistischen Produktionsweise keine Chancen für eine grundlegende Änderung der Wohnraumproblematik unterer Einkommensschichten sehen, beschränken sich in ihrer Lösungsoption in nebulösen und allgemeinen Andeutungen über eine sozialistische Gesellschaftsordnung.

Aber auch von nicht-marxistischer Seite mehren sich die Vorbehalte gegen ein zum Allheilmittel hochstilisiertes Selbsthilfekonzept. Dadurch würden gesellschaftliche Konflikte verharmlost (Herrle u. a.)[51]. Im Gegensatz zu landläufigen Klischees seien Slums keinesfalls egalitäre Gemeinschaften von Armen, sondern häufig durch ein extremes Einkommensgefälle und interne Ausbeutungsverhältnisse gekennzeichnet (Oberndörfer)[52]. Nach Auffassung Wards läuft insbesondere die kapitalintensive Industrialisierungsstrategie vieler Entwicklungsländer den Selbsthilfeprogrammen zuwider. Damit werde das Arbeitsplatzangebot allenfalls geringfügig ausgeweitet, während zugleich die Masse der Arbeitssuchenden im minimalen Einkommen im informellen Sektor zusammengeballt werde, der seinerseits jedoch von einem bestimmten Punkt an seine Absorptionsfähigkeit verliert.[53] Ohne ein Mindesteinkommen und Ersparnisse bleibt für viele Arme — wie Sarin beobachtete — selbst bescheidenster Selbsthilfewohnungsbau eine Illusion.[54] Sogar die Weltbank gelangte inzwischen zu einer vorsichtigeren Einschätzung, nachdem Projekterfahrungen zeigten, daß das Surplus an ungenutzter Arbeitskraft innerhalb der armen Haushalte weit geringer ist als zunächst angenommen wurde.[55]

Die Selbsthilfedebatte und die zuvor erörterten Sanierungsstrategien ließen deutlich werden, daß das Wohnraumproblem in der Dritten Welt kein isoliertes bau- oder finanzierungstechnisches Problem ist. Slums und Squattersiedlungen sind eine Erscheinung, die von zahlreichen Variablen abhängig ist: von der allgemeinen wirtschaftlichen Lage eines Landes, der Entwicklungsstrategie, den Erwerbschancen der Bevölkerung, der Einkommensverteilung und der Struktur des politischen Systems. Eine Wohnungsbaupolitik, die diese Variablen außer Acht läßt, vermag daher nur an den Symptomen zu kurieren. Die wenig menschenwürdigen Wohnverhältnisse in vielen Entwicklungsländern erfahren nur dann eine nennenswerte Verbesserung, wenn die derzeit vorherrschenden politischen und ökonomischen Rahmenbedingungen verändert werden können. Dazu sind zwei Grundvoraussetzungen unabdingbar:

1. Ein anhaltendes, kräftiges Wirtschaftswachstum, das die Erwerbschancen drastisch erhöht und damit in Form von steigenden Reallöhnen breiten Bevölkerungsschichten zugute kommt.

2. Das Vorhandensein des politischen Willens seitens der Herrschaftseliten zur Bewältigung des Problems, da eine Lösung ohne einschneidende reformerische Eingriffe in die Sozialordnung undenkbar ist.

Das Slum- und Squatterproblem ist eine Gleichung mit zu vielen Unbekannten, als daß hier ein umfassendes Lösungskonzept vorgelegt werden könnte. Überdies wurden in der vorliegenden, umfangreichen Fachliteratur bereits für viele Einzelprobleme überzeugende Lösungsalternativen herausgearbeitet. Wir wollen uns daher im folgenden auf einige grundsätzliche Überlegungen beschränken, die im Kontext der beiden zuvor dargelegten Prämissen stehen und nach unserer Auffassung von zentraler Wichtigkeit für weitere Fortschritte bei der Problembewältigung sind.

1. Ungeachtet der (z. T. berechtigten) Kritik wird das Selbsthilfekonzept als eine Art „zweitbeste Lösung"[56] für einen beträchtlichen Übergangszeitraum nach wie vor einen hohen Stellenwert in den Wohnungsbauprogrammen einnehmen müssen. Diese Übergangsphase ist an das Tempo des wirtschaftlichen Wachstums gebunden und dauert solange an, bis auch die Armen in Form höherer Einkommen am wirtschaftlichen Aufschwung beteiligt sind.

2. Zu erreichen ist dieses Ziel nur dann, wenn die Regierungen von ihrer einseitigen, primarstadtorientierten Industrialisierungspolitik abrücken. Da das Wachstum der Slums und Squattersiedlungen in erheblichem Maße durch eine massenhafte Zuwanderung verarmter ländlicher Bevölkerungsgruppen verursacht wird, gewinnen ökonomische Dezentralisierungs- und Regionalisierungsstrategien Priorität in der staatlichen Entwicklungspolitik. Denkbare Maßnahmen zur Verbesserung der wirtschaftlich-sozialen Situation in ländlichen Regionen bestehen in einer umfassenden Förderung des Agrarsektors (etwa durch Landreformmaßnahmen, dem Aufbau vorgelagerter nichtlandwirtschaftlicher Kleinunternehmen, der infrastrukturellen Erschließung des Hinderlandes, der Verbesserung der Vermarktungschancen für landwirtschaftliche Erzeugnisse) und der Ansiedlung von arbeitsintensiven Industrien in regionalen Wachstumszentren.[57]

Beschäftigungspolitische Beachtung verdient auch der informelle Wirtschaftssektor.[58] Hierbei kommt es jedoch nicht allein auf die Erhaltung dieses Sektors als temporäre Überlebensnische, sondern auf seine dynamische Expansion (etwa durch fachliche Beratung, günstige Kredite usw.) und eine fortschreitende Anbindung an den modernen Sektor an. Dies setzt voraus, daß reglementierende und repressive Eingriffe in die Lebensverhältnisse der Armen (in Form von Baunormen, prohibitiven Vorschriften in Bezug auf ihre Erwerbstätigkeiten, Vertreibung oder polizeiliche Verfolgung) unterbleiben. Durch sie wird nicht nur die Flexibilität beeinträchtigt, mit der die einkommensschwachen Haushalte ihren Überlebenskampf an ungünstige Umweltbedingungen anpassen, sondern auch eine Einschränkung und u. U. sogar Vernichtung von Erwerbschancen bewirkt.

3. Auch in Zukunft werden gravierende Rückschläge in der Wohnungspolitik nicht ausbleiben, wenn nicht die Bedürfnisse der Bevölkerung hinreichende Berücksichtigung in den Projektmaßnahmen finden. Das erfordert ihre Mitwirkung an politischen und planerischen Entscheidungsprozessen, die ihren unmittelbaren Lebensbereich, d. h. ihre Nachbarschaft betreffen, zumal gerade Selbsthilfeprojekte ein großes organisatorisches Potential für arme Bevölkerungsgruppen bieten. Nur als organisierte Interessengruppen besitzen sie Chancen, Druck auf politische Entscheidungsträger auszuüben, und damit eine gerechtere gesellschaftliche Güterverteilung zu erzwingen.

Politische Partizipationschancen der Bevölkerung bestehen jedoch nur in den wenigen Entwicklungsländern mit einer offenen und pluralistischen Gesellschaftsordnung. Doch selbst hier bleibt die Mitwirkung der Bevölkerung häufig formal oder staatlich kontrolliert. Widerstand der Betroffenen gegen Planungsvorhaben der Regierung wird als Subversion interpretiert und infolgedessen unterdrückt. In der Regel begegnen staatliche Instanzen autonomer Partizipation und Selbsthilfe äußerst mißtrauisch, weil sie darin eine Bedrohung ihrer Legitimität erblicken. Leider liegt die von den meisten Entwicklungsländern verfolgte „etatistische" Entwicklungspolitik quer zum Gedanken der Selbstbestimmung der Basis.

4. Slums und Squattersiedlungen sind im wesentlichen das Spiegelbild einer ungerechten Sozialordnung und eines oligarchisch verkrusteten politischen Systems. Gesetzgeberische Reformmaßnahmen mit dem Ziel einer Umverteilung der Ressourcen besitzen folglich einen zentralen Stellenwert für die Lösung des Wohnraumproblems. Hierbei ist vor allem an staatliche Interventionen in den Bodenmarkt zu denken[59]) — etwa den Ankauf von großen Landflächen durch die öffentliche Hand. Darüber hinaus kommt gesetzlichen Vorkehrungen zur Verhinderung der Bodenspekulation (etwa durch eine Wertsteigerungssteuer, die Kontrolle über die Bodenpreise und Zoning-Maßnahmen) eine große Bedeutung zu.

Infolge der Landknappheit und der hohen Bodenpreise[60]) ist preisgünstiges Bauland für low-cost-housing häufig nur noch in den metropolitanen Randbezirken verfügbar. Wohnungsbauprojekte für untere Einkommensgruppen müssen deshalb an billige und schnelle Massenverkehrssysteme angebunden werden, um die Mängel auszuschalten, die bisher Umsiedlungsprojekte durchweg scheitern ließen. Die Weltbank warnt in diesem Zusammenhang jedoch zurecht vor dem Bau kostspieliger U-Bahnsysteme, die in den meisten Dritte-Welt-Metropolen die öffentliche Hand finanziell überfordern. Stattdessen wird der Ausbau und die Modernisierung des Busverkehrs empfohlen — wenn nötig mit subventionierten Fahrpreisen —, der den Personentransport bei weitem kostengünstiger und flexibler abwickeln kann.[61])

Hinter der Vertreibung und Diskriminierung der Armen stehen recht häufig mächtige wirtschaftliche Interessengruppen, die bei zunehmender Landknappheit und steigenden Bodenpreisen besiedelte Flächen einer profitableren Nutzung zuführen wollen. Der Primat der Politik in der Lösung des Wohnraumproblems wird jedoch gerade hier deutlich, wo staatliche Eingriffe in den Bodenmarkt dominanten Gruppen eine Grundlage ihrer wirtschaftlichen Macht zu entziehen drohen. Dominante wirtschaftliche Interessen und politisches System sind oft eng miteinander verflochten, so daß privilegiengefährdende Reformen bereits im Ansatz erstickt oder über Patronage und Korruption im Nachhinein manipuliert werden können.

5. Gelingt es den Regierungen der Entwicklungsländer nicht, das Wachstum ihrer Bevölkerung rasch und drastisch einzuschränken, bleiben ihre Anstrengungen im Wohnungssektor letztendlich ohne nennenswerte Auswirkungen.

Die erörterten Veränderungen in den politischen und ökonomischen Rahmenbedingungen des Wohnungsproblems lassen sich in den meisten Entwicklungsländern nur sehr langsam durchsetzen. Ungeachtet aller bautechnologischen Fortschritte und ausgeklügelter Finanzierungsmodelle sind daher die Aussichten auf eine spürbare Minderung des Wohnungsdefizits nur sehr gering. So werden Slums und Squattersiedlungen auf lange Sicht einem großen Teil der städtischen Bevölkerung weiterhin als Unterkunft dienen müssen.

Anmerkungen

1) Grimes, O. F., Housing for Low-Income Urban Families, Washington 1976, S. 4; Hauser, P. M./Gardner, R. W./Laquian, A. A./El Shakhs, S., Population and Urban Future, New York 1982.

2) Siehe dazu Oberndörfer, D. (Hrsg.), Kommunalverwaltung in Mittelamerika. Eine Studie über die Hauptstädte Guatemalas und El Salvadors, Mainz 1977, S. 114 und 215 ff.

3) Dieser Wert wird heute in zahlreichen Städten bereits erheblich übertroffen.

4) Lloyd, P., Slums of Hope? Shanty Towns of the Third World, Harmondsworth 1979, S. 48—49.

5) So etwa in Manila, Philippinen.

6) Jimenez, E., The Value of Squatter Dwellings in Developing Countries, in: Economic Development and Cultural Change, Vol. 30, No. 4, July 1982, S. 739—752; Laquian, A. A., Slums and Squatters in South- and Southeast Asia, in: Leo Jakobson/Ved Prakash (ed.), Urbanization and National Development, Beverly Hills 1971, S. 188.

7) Siehe dazu Kull, H., Von San Pedro/Elfenbeinküste zur Squattersanierung im Bardo, in: Margit Meßmer (Hrsg.), Kolloquium '79. Marginalsiedlungen in Ländern der Dritten Welt, Stuttgart, Mai 1979, S. 41.

8) Salmen, L. F., A Perspective on the Resettlement of Squatters in Brazil, in: America Latina, Vol. 12, Heft 1, 1969, S. 73—93; Willems, E., Barackensiedlungen und Urbanisierung in Lateinamerika, in: Kölner Zeitschrift für Soziologie und Sozialpsychologie, Vol. 23, Heft 4, 1971, S. 727—744.

9) Choquill, C. L., Linking planning and implementation: The Mirpur resettlement project, in: Ekistics 292, Jan.-Feb. 1982, S. 37—43; Hasnath, S. A., Sites and Services Schemes in Dacca: A Critique, in: Public Administration and Development, Vol. 2, 1982, S. 15—30.

10) Rüland, J., Squatter Relocation in the Philippines. The Case of Metro Manila, Bayreuth 1982.

11) Siehe dazu Oberndörfer, D., Strukturdaten zum Squattergebiet Tondo/Manila. Beschreibung und Analyse der amtlichen Förderungsmaßnahmen in dieser Region, Freiburg 1979, S. 59.

12) Rüland, J., Squatterumsiedlung. Ein untauglicher Versuch zur Bewältigung städtischer Wachstumsprobleme, in: Entwicklung und Zusammenarbeit 12/1982, S. 20—21.

13) Siehe hierzu Makil, P. Q., Squatting in Metro Manila, Paper read at the breakfast dialogue of the Bishops-Businessmen's Conference (BBC), 27th Aug. 1982, Makati.

14) So zuletzt von Juli bis Oktober 1983, als über 50.000 Menschen aus der Hauptstadt Maputo vertrieben und anschließend in die nördlichen Regionen Nampula, Pemba und Lichinga umgesiedelt wurden. Siehe Herald Tribune, 11. Okt. 1983, S. 5.

15) Herrle, P./Lübbe, H./Rösel, J., Slums- und Squattersiedlungen, Thesen zur Stadtentwicklung und Stadtplanung in der Dritten Welt, Stuttgart 1981, S. 156.

16) Fanger, U., Urban Policy Implementation in the Dominican Republic, Jamaica and Puerto Rico, in: Ekistics, Vol. 45, No. 266, January 1978, S. 28.

17) Grimes, O. F., Housing For Low-Income Families, a. a. O., S. 9.

18) Beobachtungen der Verfasser in Manila. Analoge Beispiele finden sich auch in Ägypten. Siehe dazu FAZ, 22. 8. 1983, S. 5.

19) Herrle, P. et al., Slums und Squattersiedlungen, a. a. O., S. 156.

20) Steinberg, F., Die städtische Wohnungsfrage in Sri Lanka. Perspektiven der Wohnungspolitik für die Armen, Saarbrücken 1982, S. 232.

21) S. Ebda., S. 231; Blenck, J./Bronger, D./Uhlig, H., Fischer-Länderkunde Südasien, Frankfurt, S. 377—385.

22) Ein typisches Beispiel dafür ist das Urban-BLISS-Wohnungsbauprogramm der philippinischen Regierung in Manila. Vgl. Rüland, J., Politik und Verwaltung in Metro Manila. Aspekte der Herrschaftsstabilisierung in einem autoritären politischen System, München 1982, S. 219 ff.

24) S. Ebda., S. 122.

25) Oestereich, J., Wohnungsversorgung — ein Knappheitsproblem?, in: ders. Elendsquartiere und Wachstumspole. Beiträge zur räumlichen Planung in der Dritten Welt, Köln 1980, S, 128.

26) Wenig ist allerdings über die langfristigen Auswirkungen dieser Wohnungsbauprogramme auf die Bewohner bekannt: etwa hinsichtlich psychischer Probleme, Kriminalität, Integrationsproblemen, Alkoholismus usw.

27) Vgl. Herrle, P. et al., Slums und Squattersiedlungen, a. a. O., S. 157—161.

28) Abrams, C., Housing in the Modern World. Man's Struggle for Shelter in an Urbanizing World, London 1966; Laquian, A. A., Slums are for the People. The Barrio Magsaysay Pilot Project in Philippine Urban Community Development, Honolulu 1969; Mangin, W., Latin American Squatter Settlements: A Problem and A Solution, in: Latin American Research Review, 1967, S. 65—98; Turner, J. F. C., Verelendung durch Architektur. „Housing by People". Plädoyer für eine politische Gegenarchitektur in der Dritten Welt, Reinbek 1978, Nickel, Herbert J., Unterentwicklung als Marginalität in Lateinamerika, München 1973.

[29]) Siehe hierzu World Bank, Sites and Services Projects. A World Bank Paper, Washington, April 1974; World Bank, Housing. Sector Policy Paper, Washington, May 1975; World Bank, Shelter. Poverty and Basic Needs Series, Washington, September 1980.

[30]) Belege für diese These liefern Projekte in Lusaka, Manila und Rio de Janeiro.

[31]) Oberndörfer, D., Strukturdaten zum Squattergebiet Tondo/Manila, a. a. O., S. 81.

[32]) S. Ebda., S. 48; Fickert, R./Wetter, M., Squatter und informeller Sektor in Lusaka, Berlin 1981, S. 289.

[33]) World Bank, Shelter, a. a. O., S. 4—5.

[34]) S. Ebda., S. 4.

[35]) Steinberg, F., Die städtische Wohnungsfrage in Sri Lanka, a. a. O., S. 229.

[36]) Oberndörfer, D., Strukturdaten zum Squattergebiet Tondo/Manila, a. a. O., S. 41—44.

[37]) Fickert, R./Wetter, M., Squatter und informeller Sektor in Lusaka, a. a. O., S. 289.

[38]) Vgl. dazu die Empfehlungen der HABITAT-Konferenz in Vancouver 1976, UN Centre for Human Settlements (HABITAT), The Residential Circumstances of the Urban Poor in Developing Countries, New York 1981, S. 2.

[39]) Oberndörfer, D., Strukturdaten zum Squattergebiet Tondo/Manila, S. 82.

[40]) Wegener, R., Wohnungsbau-Finanzierung in Entwicklungsländern. Ein integrierter Ansatz, in: Analysen aus der Abteilung Entwicklungsländerforschung der Friedrich-Ebert-Stiftung, Bonn 1982, S. 20.

[41]) Hasnath, S. A., Sites and Services Schemes in Dacca: A Critique, a. a. O., S. 23.

[42]) Meßmer, M., Kampung-Improvement in Indonesien, in: dies. (Hrsg.), Kolloquium 1979, a. a. O., S. 44, 53.

[43]) Häufig bleiben diese Arbeitskräfte anschließend in der Stadt und tragen damit zur Verschärfung der Slum- und Squatterproblematik bei.

[44]) So vor allem Turner, J. F. C., Verelendung durch Architektur, a. a. O.

[45]) Steinberg, F., Die städtische Wohnungsfrage in Sri Lanka, a. a. O., S. 308.

[46]) Burgess, R., Selp—Help Housing Advocacy: A Curious Form of Radicalism. A Critique of the Work of John F. C. Turner, in: Peter M. Ward (ed.), Self-Help Housing. A Critique, London 1982, S. 86, 91.

[47]) S. Ebda., S. 86.

[48]) Steinberg, F., Die städtische Wohnungsfrage in Sri Lanka, a. a. O., S. 318.

[49]) Skinner, R., Self-Help Community Organization and Politics: Villa El Salvador, Lima, in: Peter M. Ward (ed.), Self-Help Housing, a. a. O., S. 226.

[50]) Burgess, R., Self-Help Housing Advocacy, a. a. O., S. 91.

[51]) Herrle, P. et al., Slums and Squattersiedlungen, a. a. O., S. 174.

[52]) Oberndörfer, D., Strukturdaten zum Squattergebiet Tondo/Manila, a. a. O., S. 37.

[53]) Ward, P. M., The Practice and Potential of Self-Help Housing in Mexico City, in: ders., Self-Help Housing, a. a. O., S. 201.

[54]) Sarin, M., Urban Planning in the Third World. The Chandigarh Experience, London, 1982, S. 164.

[55]) World Bank, Shelter, a. a. O., S. 20.

[56]) Herrle, P. et al., Slums and Squattersiedlungen, a. a. O., S. 175.

[57]) Zur Problematik regionaler Wachstumszentren siehe Renaud, B., National Urbanization Policy in Developing Countries, Washington 1981. Hennings, G./Jensen, B./Kunzmann, K. R., Dezentralisierung von Metropolen in Entwicklungsländern. Elemente einer Strategie zur Förderung von Entlastungsorten, in: Dortmunder Beiträge zur Raumplanung 10, 1978.

[58]) Siehe dazu Evers, H.-D., The Contribution of Urban Subsistence Production to Income in Jakarta, Bielefeld 1980.

[59]) Casanova, R./Tan, S. H./Leong, K. C./Soepangkat, S. H., Land Politics and Practices, in: Yeh, S. H. K./Laquian, A. A. (eds.), Housing Asia's Millions, Ottawa 1979, S. 101—114.

[60]) Evers, H.-D., Urban Landownership, Ethnicity, and Class in Southeast Asian Cities, Paper read at the Fourth Bielefeld Colloquium on Southeast Asia „Urbanization in Southeast Asia", University of Bielefeld, 7/8 January 1983.

[61]) Third World Faces Great Subway Debate, in: The Urban Edge, Vol. 7, No. 7, August/September 1983.

ANHANG

Die voranstehenden Thesen und Überlegungen sollen im folgenden am konkreten Beispiel des mit Hilfe der Weltbank durchgeführten upgrading- und sites-and-services-Projektes in Tondo und Dagat-Dagatan, Manila, verdeutlicht werden.

Some Observations on the Low Cost Housing Projects in Tondo Foreshore/Manila financed by the World Bank

1. Upgrading of Tondo Foreshore and Resettlement of Squatters to Dagat Dagatan I (DD I)

1.1 Slow Implementation of Upgrading, Lack of Communication between the implementing Authorities and the Squatters

Implementation of Upgrading in the Tondo Foreshore area has been rather slow in spite of a high level of competence and motivation on the part of the field staff and the research division of National Housing Authority (NHA).

The slow progress of upgrading in TF — until the end of 1979 only 25 % of the reblocking has been completed — can be explained by various reasons for which the Philippine authorities cannot be held responsible (e. g. incendiaries of large area in spring of 1976, difficult legal questions regarding land holding and property titles in various areas).

One of the causes of the slow progress of upgrading, however, has also been the lack or almost total absence of genuine cooperation and communication between the implementing authorities and the squatters. The field staff of NHA certainly tried to do its best in informing the population on the procedure and the various options of upgrading. Much or most of this information, however, has not reached the squatters as various studies of the research division of NHA clearly show. The ward officials (barangay system officials) instituted by the Government were not very effective in their official role as a communication agency for informing the population on the overall planning and implementation procedures of NHA and vice versa informing the NHA on local conditions, basic needs and aspirations of the people. From a study of the research division of the NHA can be seen that about 50 % of the barangay officials did not even know the existence of the three possible different options for reblocking despite of the fact that all barangay officials were informed by sheets handed out to them by the NHA. These sheets contained all the relevant information on reblocking and explains the possible three options. The ignorance of the barangay officials can only be explained by a high degree of carelessness for the lot of the people affected by the various upgrading measures. Other studies show that the barangay officials consider themselves to be implementing agents of the authorities and only to a very limited degree as representatives of the people. Their lack of concern for the people has caused many unnecessary frictions with the squatters. If the barangay officials would have handed on relevant information to the NHA staff many of the mistakes and failures which have slowed down upgrading could have been avoided (e. g. implementation of reblocking options which are too castly for the squatters, lack of coordination between the planning of reblocking and the planning of technical infrastructures).

1.2 Affordability of Upgrading

On the basis of a survey on the impact of reblocking on household budgets carried out by the research division of NHA in 1978 it can be assumed that 28 % of the households can definitely not afford the subsequent rentals to be paid for infrastructure improvement and land titles under Presidential Decree 1314 (0,95 P. per square meter for infrastructure and

5 P. per square meter for land title at 12 % interests for 25 years). The sample of the survey quoted has been based on highly unrealistic assumptions as to the income structure in Tondo Foreshore (sample: 10 % = low affordability, 23 % = average affordability; 67 % = high affordability). Taking into account that according to official statistics 38 % of the Tondo Foreshore squatter population lives below the „non-starvation" level (30 % adequate, 12 % adequate to minimum, 21 % minimum to non-starvation, 38 % below non-starvation) it seems highly unprobable that these 38 % of the population can pay the rents foreseen by NHA. The number of households which cannot afford the rentals to be paid after the reblocking has been completed must be even much higher. Looking at the data available on income distribution (one third of population owns two thirds of total income) and expenditure patterns (40th percentile spends 78 % on food) we assume that only 30—40 % of the squatter households **can afford** to pay regularly the rents foreseen under PD 1314. This means that 60 to 70 % cannot pay the rentals. Within this context it is important to note that about two thirds of the households have highly irregular sources of income. As a result they will have great difficulties to pay their rents **regularly** on a monthly basis as required in PD 1314 (eviction after three months of non-payment).

2. Low Cost Housing in Dagat Dagatan II (DD II)

2.1 Resettlement Program of Squatters in Dagat Dagatan II A and B

Part of the upgrading of Tondo Foreshore will be the resettlement of about 500 families in DD I on 48 sq. m. plots. The size of plots in DD I A and B will be much bigger. The size of the smallest lots (30 % of total) will be 60 sq. m. At the same time the rents to be paid for infrastructure costs and land titles will be much higher per sq. m. than for the plots after the upgrading of Tondo Foreshore and the resettlements in DD I.

Squatters to be resettled from the International Port in Tondo Foreshore are required to pay 15 % of estimated household income for lease and 20 to 21 % for free hold lease. Even on the basis of official estimates (feasibility study Llewelyn-Davies Kinhill) 29 % of relocatees will not be capable to pay lease rents for the smallest 60 sq. m. plot (LDK Feasibility Study, Table 3.11., p. 98). Official estimates of the relocatees' household income are extremely unrealistic. They were „produced" on the basis of four surveys, selecting from these surveys for each population percentile the most favourable data. Considering that, conservatively estimated probably 40 to 50 % of the squatters in Tondo Foreshore cannot afford the much lower rentals within the upgrading project in Tondo Foreshore and the resettlement in DD I, the percentage of squatters relocated which will not be able to pay the higher rentals for bigger and more costly plots in DD II must be much bigger (probably 60 to 70 %).

2.2 Dagat Dagatan II C, D, E and F financed by World Bank

2.2.1 Affordability of Target Group

World Bank Report No. 2048 a — BH. from December 1st, 1978 defines the target group for the low cost housing projects in DD II C, D, E and F as follows: „The proposed project... would be addressed to the provision of basic needs for the lowest income families" (p. 7). The same report mentions shortly afterwards the goal of a „social mix... for housing both low and middle income families"(p. 10).

Within the frame of this rather contradictory definition of goals the 8.600 plots to be created in C, D, E and F shall provide low cost housing for the population of Metro Manila as a whole. According to the World Bank report quoted above the calculation of rentals is based on data of the income structure of the Metro Manila population (i. e. not of the squatter population). The World Bank also assumes that the future inhabitants of C, D, E and F will have to pay 18 to 20 % of income for rentals.

The World Bank report states that only 10 % of the Metro Manila population cannot afford the rentals for the smallest 48 sq. m. plots in C, D, E and F. The data on income of the Metro Manila population on which this assumption rests are the same as in the Llewelyn-Davies and Kinhill feasibility study. It is amazing that in the more detailed statistics of the LDK study only the 15th percentile of the Metro Manila population can afford the smallest plots.

Comparing the data on the number and sizes of plots in the World Bank Report (p. 40, Table VI. I) with the data in the LDK study on the rentals of these plots and their target groups (LDK Feasibility Study, Table 3.10) it becomes apparent that the Sites and Services Project in DD II C, D, E and F is not a project for the „lowest income families" or even for the urban poor.

Out of 8.600 plots only 860 will be 48 sq. m. plots. Out of these 8.600 plots only 600 are within the reach of the 15th percentile of the Metro Manila population. The rest, 260 plots are better equipped and therefore more expensive. They can be afforded only by the 20th or even the 25th percentile (option E). The rentals of 3.440 60 sq. m. plots (40 % of total) can financially be afforded only by the 30th to 40th percentile (varying with the equipment of the plots e. g. walls, roofing, etc.). 50 % of the plots in C, D, E and F are definitely not destined for the urban poor. Within this 50 % the smallests and least equipped plot (72 sq. m., option C) can be afforded only by the people of the 45th percentile. Option D and E of the same sized plot are intended for the 55th and 60th percentile. 30 % of the World Bank plots can be afforded only by families which earn more than 70 % of families in Metro Manila. It is questionable whether this group, the upper 30 % of the Metro Manila population, should be accomodated in a so-called „low cost housing project" for the urban poor, a project which will be heavily subsidized by public funds and foreign loans.

The source of the LDK and World Bank data on the Metro Manila income structure for 1979 could not be found. According to the latest official publications the last survey on Metro Manila family income was conducted in 1971. Data on Metro Manila household incomes in the Philippine Statistical Yearbook of 1978 and in the pocket book of Philippine statistics of 1979 refer to the survey in 1971.

It seems that the income data on the Metro Manila population for 1979 used by LDK and the World Bank are extremely inaccurate for the lower 50 % of the population. They do not take into account the rapid increase of the squatter population in Metro Manila, i. e. the changes in the social and income structure of Metro Manila since 1971. The percentage of squatters as to total population grew from 1971 to 1975 from 12.5 to 25 %. For 1979 it has been assumed that about 34 to 40 % of Metro Manila's population are squatters. Looking at the rentals only for the smallest lots in World Bank C, D, E and F, — which are again higher than in A and B or in DD I, — it appears quite improbable that squatters can afford to rent a lot in the World Bank project for „the lowest income families".

2.3 Social Effects of the World Bank Project

Lots in the World Bank sections will be distributed by a public lottery to be announced in the public media.

This system of distributing the plots is probably intended to prevent patronage and nepotism.

It may be that this purpose will indeed be achieved by a lottery. At the same time it must be seen that such a system of selection of settlers will have highly negative social side effects. All studies on the urban poor in the Philippines and a number of other underdeveloped countries show that settling together with relatives or friends and acquaintances from the same social background (tribe, ethnic groups, village area) creates a social fabric which is the most important means of economic and social survival. Many studies on the urban poor in the Philippines have shown time and again that kinship and neighbourhood relationships are highly effective, that particularly for the poor these relations are the only system of social security available. Distributing the plots of the World Bank selection by a lottery will therefore create amorphous social structures. The urban poor will be placed into an environment in which they cannot rely on the help of friends and relatives. They will not be imbedded in a familiar social fabric in which traditional norms will regulate life. Numerous examples show the desastrous social consequences of socially amorphous housing projects based on a western individualistic philosophy alien to most underdeveloped countries. Here the individual finds his direction and purpose in life only within the context of his traditional social fabric.

It is also deplorable that the settlement by a lottery system will exclude the use of the newly created plots within the context of city planning and the development of basic metropolitan infrastructures.

Some of the most dire infrastructures of Metro Manila (road building, flood control, sewage, water supply, publik recreation) will necessarily be connected with displacement of a large number of people. Within this context the World Bank sections could be used for accomodating people which **must** be removed for the sake of those immediate and most urgent problems of physical urban development. In contrast to this possibility the effect of the World Bank Project for creating additional housing in Metro Manila can be compared with the effect of a drop of water into a river.

Diese kritische Analyse löste innerhalb der Weltbank eine heftige Kontroverse über die Problematik von low-cost-housing-Projekten aus, die bei Walden F. Bello et al., Development Debacle: The World Bank in the Philippines, San Francisco 1982, S. 101—124, ausführlich dokumentiert wurde.

Zur staatlichen Budgetpolitik in der Initialphase autozentrierter Entwicklung — Untersuchungen über die Entwicklungserfahrungen der Demokratischen Volksrepublik Laos *

Inge Kaul

1. Problemstellung

In der jüngeren Diskussion über Entwicklungstheorie und -politik ist das Modell „autozentrierter Entwicklung" vorgestellt worden als eine mögliche Alternative für die Länder der Dritten Welt, die es ihnen erlauben würde, dem Prozeß ihrer Peripherisierung im Weltmarktkontext zu entrinnen und eigenständigen sozio-ökonomischen Wandel und Fortschritt zu erreichen.[1] Die Grundzüge des Modells sind qua kontrafaktischer Re-interpretation aus den Befunden von Entwicklungsländerstudien abgeleitet worden, deren Hauptaugenmerk gerichtet war auf asymmetrische Strukturen des Weltwirtschaftssystems, d. h. die Beziehung zwischen Dependenz/Peripherisierung der Entwicklungsländer und Dominanz/Metropolisierung von Industrienationen.[2] Die aufgefundenen Faktoren ökonomischer Abhängigkeit der Entwicklungsländer vom Weltmarktgeschehen und dem Wirtschaftsablauf in den Industrienationen, vornehmlich des westlichen, sowie die daraus resultierende Distorsion ihrer internen Produktionsstrukturen sind übersetzt und umgekehrt worden in Imperative autozentrierter Entwicklung.

Legt man etwa die von Senghaas formulierte Konzeption eigenständiger nachholender Entwicklung zugrunde, so lassen sich die zentralen Imperative einer autozentrierten Strategie in drei Punkten resümieren. Erstens, gefordert wird die zumindest zeitweilige Dissoziation der Entwicklungsländer von der gegebenen internationalen Ökonomie, genauer „die kalkulierte Isolation bei selektiver Nutzbarmachung des Weltmarktes" mit dem Ziel einer intensiven Entfaltung der eigenen Wirtschaftskraft „durch eigene Ressourcen und für eigene Bedürfnisse".[3] Eine solche Erschließung des wirtschaftlichen Binnenpotentials setze, zweitens, den „Aufbau aufgegliederter und gleichzeitig verknüpfter Wirtschaftsbereiche" voraus,[4] vor allem die Herstellung organischer Beziehungen zwischen Landwirtschaft und Industrie. Der landwirtschaftlichen Produktivkraftentfaltung wird dabei als erstem Schritt im autozentrierten Entwicklungsprozeß eine besonders grundlegende Bedeutung beigemessen.[5] Der dritte Imperativ richtet sich auf die Neuordnung der Arbeitsteilung zwischen den Entwicklungsländern selbst, etwa durch Intensivierung der zwischen ihnen bestehenden Kooperations- und Austauschbeziehungen.[6]

Die extrem weitreichenden und oft wohl revolutionären Konsequenzen, die sich für die meisten Entwicklungsländer aus der Option für einen so charakterisierten Entwicklungspfad ergeben würden, sind evident. Mithin erstaunt es auch nicht, in der einschlägigen Literatur die Anmerkung zu finden, daß es bislang nur wenige Gesellschaften gewagt haben, sich auf einen autozentrierten Entwicklungspfad zu begeben. Die meisten hätten sich „entmutigen" lassen und angesichts des scheinbar unaufholbaren Vorsprungs der Industrienationen dem gegen sie gerichteten Peripherisierungsdruck stattgegeben.[7] Der vorliegende Artikel befaßt sich mit einem Land, das sich von der vorgeblichen Übermacht der „Vorreiter" nicht hat decouragieren lassen und die Entscheidung für eine binnen-

---

* Der vorliegende Beitrag stellt die Ansichten der Verfasserin dar und gibt nicht notwendigerweise die Position der Vereinten Nationen wieder.

orientierte Entwicklung getroffen hat. Es handelt sich dabei um die Demokratische Volksrepublik (DVR) Laos.

Mit der Diskussion der Entwicklungsbemühungen und -erfahrungen der DVR Laos verbindet sich im hiesigen Kontext vor allem das Interesse, empirisches Anschauungsmaterial zu ausgewählten praktisch-politischen Aspekten des als weithin theorielastig und praxisfern kritisierten Modells autozentrierter Entwicklung zu präsentieren. Die Ausarbeitung des Modells hat sich bislang vornehmlich auf die Formulierung der oben zitierten zentralen Imperative konzentriert. Die Probleme, die sich bei deren Umsetzung in praktische Politik ergeben, sind noch kaum zur Sprache gekommen.[8]) Der vorliegende Aufsatz beabsichtigt, einen Beitrag an dieser Thematik zu leisten, indem er der Frage nachgeht, wie die gegenwärtige laotische Regierung in der Initialphase der von ihr intendierten Transition von außengeleiteter zu innenorientierter Entwicklung das Problem der Mobilisierung von Ressourcen zur Finanzierung geplanter Staatsaktivitäten zu lösen versucht hat. Wie noch zu zeigen ist, stellt die Finanzierung des Staatsbudgets eines der dringlichsten und entscheidendsten Grundprobleme der ersten Übergangsjahre dar. Die zu seiner Lösung gewählten Institutionen und Politiken sind von primärem Einfluß auf die Einfädelung der gewünschten Entwicklungsprozesse, deren Reichweite und Rapidität.

Der Aufsatz gliedert sich in drei Teile. Im Anschluß an die einführenden Bemerkungen zur Problemstellung werden in Teil 2 empirische Materialien zu den hier interessierenden Entwicklungsbemühungen und -erfahrungen der DVR Laos präsentiert. Im abschließenden dritten Teil werden die am Beispiel von Laos exemplarisch zu demokratisierenden praktisch-politischen Probleme der Initialphase autozentrierter Entwicklung zusammenfassend diskutiert.

2. Finanzierung von Staatsaktivitäten in der ersten Umstrukturierungsphase der Demokratischen Volksrepublik Laos

Die im folgenden zu untersuchenden Institutionen und Politiken der Mobilisierung von Staatsfinanzen in der DVR Laos sind als Ausdruck und Konsequenz der in der hier zur Diskussion stehenden Periode vorherrschenden gesellschaftlichen, wirtschaftlichen und politischen Umstände zu begreifen. In einem ersten Schritt der Analyse werden mithin die allgemeinen Rahmenbedingungen skizziert, innerhalb deren die später zu betrachtenden wirtschafts- und finanzpolitischen Maßnahmen formuliert und angewandt wurden.

2.1 Sozio-ökonomische und politische Rahmenbedingungen des Ausgangsjahres 1975

Zum Zeitpunkt der Machtübernahme durch die Revolutionäre Volkspartei Laos (Phak Pasason Patavit Lao) im Dezember 1975, war das Land gekennzeichnet und geschwächt von den Ausstrahlungen des Vietnam-Krieges: — Dreieinhalb Millionen Tonnen Bomben (d. h. eine Tonne pro Einwohner) waren über Laos abgeworfen worden und hatten weite Striche wirtschaftlich bedeutungsvoller Regionen — wie zum Beispiel die Ebene der Tonkrüge oder das Boloven Plateau — verwüstet und zerstört. Rund 700.000 Menschen waren während der Kriegsjahre evakuiert worden und erwarteten die Rücksiedlung in ihre Heimatdörfer.[9]) Mit dem Rückzug der Amerikaner aus Vietnam und der damit verbundenen Reduktion ihrer Präsenz in Laos versiegte zugleich auch der Zustrom der von ihnen gewährten Budget- und Finanzhilfe.[10]) Für eine schmale privilegierte Schicht der laotischen Bevölkerung, vor allem das Militär, die Angehörigen der früheren Regierungen und der Bürokratie sowie die in den Diensten von Ausländern stehenden Laoten, bedeutete dies ein abruptes Ende des von ihnen bis dahin genossenen komfortablen Wohlstands zumeist westlichen Stils. Viele von ihnen entschieden sich deshalb, ihr Land zu verlassen und anderswo nach Möglichkeiten der Fortsetzung der gepflegten Konsum- und Lebensgewohnheiten zu suchen. Es kam zu einem beträchtlichen Exodus vor allem der gebildeten Mittel- und Oberschicht.

Außerhalb der wenigen urbanen Zentren — wie Vientiane, Luang Prabang, Pakse und Savannakhet — hat sich das Leben stets nach uralten traditionellem Muster vollzogen. Die Wirtschaft war vorwiegend organisiert als familiale Produktion für Eigenbedarf. Austauschbeziehungen zwischen den familialen Produktionseinheiten kamen nur selten zustande. Der Grund hierfür liegt teils in dem niedrigen Produktivitätsniveau der familialen Wirtschaftsweise, teils wurzelt er auch in dem Mangel an Transport- und Kommunikationswegen und -mitteln. Die etwa 70 ethnischen Gruppen, aus denen sich die laotische Bevölkerung zusammensetzt, lebten, bei einem durchschnittlichen Pro-Kopf-Einkommen von US $ 90 (1975), in weitgehender Isolation, von Wissen und Technik abgeschnitten, die überbrachten naturwüchsigen Wirtschafts- und Gesellschaftsstrukturen auf immer gleicher Stufenleiter reproduzierend.[11])

Die Revolutionäre Volkspartei Laos hatte vor allem unter den deprivierten ruralen Bevölkerungsgruppen ihre Anhänger und Unterstützung finden können.[12]) Ihr politisches Programm setzte an den Interessen und Erfahrungen dieser Gruppe an und forderte Zweierlei: — „Nationale Unabhängigkeit" und „Gleichheit für alle".[13]) Mit diesem Postulat richtete sich die Partei gegen die Penetration Laos durch fremde Interessen und ausländische Mächte — vor allem Frankreich und Amerkia — und gegen die Monarchie und deren Regierungen, die mit diesen Mächten kollaboriert hatten. Die Folge dieser Kollaboration war, in den Augen der Partei, nicht nur die Involvierung Laos in das Geschehen des Vietnam-Krieges gewesen. Auch die Diskrepanz zwischen Stadt und Land wurde auf diese Interessen- und Machtkonstellation zurückgeführt. Die zweite Forderung, nämlich die nach Gleichheit, implizierte mithin die Abschaffung der Monarchie und die Einleitung einer sozialistischen Transformation der laotischen Wirtschaft und Gesellschaft.[14]) Die Entscheidung für einen nicht-kapitalistischen Entwicklungsweg[15]) wurde von der Revolutionären Volkspartei damit begründet, daß nach der Befreiung des Landes von ausländischen Mächten und Monarchie das entscheidenste Entwicklungshemmnis in der zersplitterten naturwüchsigen Familienproduktion gesehen werden müsse.[16]) Um die darin wurzelnde Stagnation der laotischen Wirtschaft und Gesellschaft zu überwinden, sei eine zunehmende Vergesellschaftung des Produktionsprozesses notwendig. Diese könne sich in verschiedenen Formen vollziehen, so etwa durch die Beförderung von Produktionsassoziationen, Genossenschaften und Staatsformen im landwirtschaftlichen Bereich und die Etablierung von Großbetrieben im industriellen Sektor. Die intendierte Umgruppierung und Zusammenfassung der Produzenten sollte die Basis schaffen für die Einführung moderner Technologien und damit die Voraussetzung für eine Steigerung der Arbeitsproduktivität.[17]) Die Anstrengungen zur Erhöhung der Produktion sollten, dem Aktionsprogramm von 1976 zufolge, im land- und forstwirtschaftlichen Bereich einsetzen. Die intendierte Agrarentwicklung würde einen zunächst agrar-bezogenen und später darüber hinaus sich ausweitenden Industrialisierungsprozeß zur Folge haben und somit dazu beitragen, eine fortschreitende Integration und Dynamisierung der gesamten Wirtschaft und Gesellschaft zu erreichen.[18]) Obwohl der skizzierte Entwicklungsprozeß primär binnenwirtschaftlich organisiert ist, wurde dennoch die Notwendigkeit und das Interesse an Außenhandel unterstrichen. Als strukturierendes Prinzip der einzugehenden internationalen Wirtschaftsbeziehungen wurde Gleichheit der Handelspartner und wechselseitiger Nutzen stipuliert.[19])

Es ist offensichtlich, daß das so umschriebene Entwicklungsprogramm der Regierung auf eine umfassende und finanzstarke Intervention von Seiten des Staates in den Wirtschaftsablauf angewiesen ist und über einen längeren Zeitraum hinweg bleiben wird. Nicht nur sind Erwartungen auf eine baldige Verbesserung des Lebensstandards in weiten Kreisen der Bevölkerung geweckt worden. Die beabsichtigte Stimulierung der landwirtschaftlichen Produktion und die sich anschließende engere Vermaschung aller Wirtschaftssektoren erfordert zudem kostenintensive Infrastrukturentwicklung (zum Beispiel im Bereich der landwirtschaftlichen Bewässerung, des Transports und der Kommunikation), Investitionen in die Mechanisierung ausgewählter Produktionsprozesse sowie den Aufbau eines ausgedehnten staatlichen Verwaltungs- und Dienstleistungsgesetzes. Die durch die Unterentwicklung des Landes bedingten immensen Entwicklungserfordernisse stehen damit in krassem Gegensatz zu dem Mangel an einheimischen Entwicklungsressourcen. Dieses Faktum, i. e. das Fehlen eines Überschusses der Produktion über den Konsum, läßt sich zudem kurzfristig kaum nennenswert revidieren. Es erhebt sich mithin die Frage, wie die von der Revolutionären Volkspartei Laos seit 1975 gestellte Regierung das von ihr präsentierte Entwicklungsprogramm zu finanzieren versucht hat. Wo hat sie ihre Revenuequellen gefunden und in welchem Maße ist es ihr gelungen, ihrem eigenen Anspruch gerecht zu bleiben, nämlich eine durch eigene Ressourcen getragene und an der eigenen Bedürfnisbefriedigung orientierte Entwicklung zu befördern.

2.2 Überblick über die Entwicklung staatlicher „Revenue"

Eine erste, vorläufige Antwort auf diese Frage ergibt sich aus der untenstehenden Tabelle. Sie präsentiert einen Überblick über die Budgeteinnahmen der laotischen Regierung. Empirische Daten zu diesem Problemaspekt sind erst von 1979 an verfügbar. Sie verdeutlichen, daß die Regierung sich sowohl auf einheimische als auch ausländische Finanzierungsquellen stützt. Das Verhältnis von intern- zu extern-mobilisierten Ressourcen ist im Staatsbudget des Jahres 1981 etwa wie 1:1 und hat sich seit 1979 kontinuierlich zugunsten der einheimischen Ressourcen verschoben. Transfers von Staatsunternehmen machen — im selben Jahr — ungefähr 72 % des intern abgeschöpften Surplus und 39 % des Gesamtbudgets aus. Sie sind damit von äußerst wichtiger Bedeutung für den Staatshaushalt. Von größenordnungsmäßig geringerer, politisch jedoch ganz zentraler Bedeutung ist, wie noch aufgezeigt wird, die Agrarsteuer. Sie ist in der Kategorie der dem Privatsektor auferlegten Abgaben enthalten und beläuft sich, ebenfalls im Jahre 1981, auf 5,6 % der Inlandseinnahmen.

Entwicklung des Staatsbudgets, 1979—82[a] (in Millionen Kip)*

	1979	1980	1981	1982
Einnahmen	**268.0**	**748.2**	**989.2**	**2755**
Transfers von Staatsunternehmen	184.2	567.8	713.3	2255
Besteuerung des Privatsektors	48.4	98.3	200.1	415
Agrarsteuer			(55.4)	(117)
Anderes	35.4	82.1	75.8	85
Ausgaben	**636.0**	**1,776.9**	**1,955.8**	**5475**
Laufende Ausgaben	393.9	1,028.7	1,028.3	2259
Entwicklungsausgaben	242.1	748.9	927.5	3216
Defizit	**—368.0**	**—1,028.7**	**—966.5**	**—2720**
Finanzierung	368.0	1,028.7	966.5	2720
Kredit der Nationalbank	13.6	—4.0	—	—
Externe Ressourcen	354.5	1,032.7	966.5	2720
Projekthilfe	(...)	(600.0)	(750.0)	(2275)
Andere Hilfe	(...)	(432.7)	(216.5)	(455)

* 1 US $ approx. 34 Kip.

a) Detaillierte Angaben zur Entwicklung der Staatsausgaben zwischen 1979 und 1982 befinden sich in der im Anhang stehenden Tabelle.

Die durch die Erhebung der Agrarsteuer erzielten Einnahmen, Transfers von Staatsbetrieben und externe Finanzierungsmittel sind mithin die drei wesentlichen Revenuequellen der laotischen Regierung. Die mit ihrer Nutzung sich verbindenden Probleme werden im Folgenden näher beleuchtet.[20])

2.3 Transfer von Staatsbetrieben

Der Anteil der Transfers von Staatsbetrieben am öffentlichen Haushalt und an den intern mobilisierten Haushaltsmitteln ist seit 1979 stetig angewachsen. Diese Entwicklung erklärt sich aus dem Zusammenwirken mehrerer Faktoren. Zum einen reflektiert sie zweifelsohne das Anwachsen des staatlichen Sektors, d. h. die sich überhöhende Zahl der von der öffentlichen Hand seit 1975 übernommenen und neugegründeten landwirtschaftlichen, industriellen und kommerziellen Betriebe.[21]) Ein weiteres erklärendes Moment liegt in der Wiederinstandsetzung und -inbetriebnahme der von den Kriegsereignissen und dem gesellschaftlichen Umbruch in Mitleidenschaft gezogenen Wirtschaftseinheiten. Nicht nur war in vielen Fällen das frühere Management durch neue, oft professionell kaum einschlägig vorgebildete Kader ersetzt worden; auch in der sonstigen Belegschaft hatte es nach 1975 starkte Fluktuationen gegeben. Hinzu kam, daß unmittelbar nach dem Regimewechsel die überlieferten Methoden der Betriebsführung als unpassend ad acta gelegt wurden, ohne daß alternative, explizit in sozialistische Wirtschaftszusammenhänge sich einordnende Kriterien und Techniken zur Hand gewesen wären. Nach einer Phase des Experimentierens und auf der Basis selbstkritischer Evaluierung der dabei gewonnenen Erfahrungen proklamierte die Oberste Volksversammlung im Jahre 1981 das Konzept des balancierten und profitablen Managements staatlicher Betriebe.[22]) Die Steigerung der Rentabilität staatlicher Wirtschaftseinheiten sollte, wie bereits im Jahr zuvor in der sogenannten Siebten Resolution der Volksversammlung dargelegt, unter anderem durch die folgenden Maßnahmen erreicht werden: — die Wiedereinführung von betrieblicher Kosten- und Gewinnkalkulation, vornehmlich von Verrechnungs- und Abschreibungsmethoden für die aus staatlichen Haushaltsmitteln finanzierten importierten Produktions- und Handelsgüter; die Rückzahlung des vom Staat als Vorschuß gewährten festen Betriebskapitals; und die Finanzierung, falls erforderlich, der laufenden Betriebskosten durch verzinsliche Bankkredite und nicht, wie bis dahin üblich, durch dem Staatshaushalt zur Last gelegte Subventionen.[23])

Bei den zuvor genannten Maßnahmen handelt es sich in erster Linie um Methoden der Kostenrechnung und Buchhaltung. Die die betriebliche Rentabilität eigentlich bestimmenden Parameter — Faktorpreise und Produkpreise — blieben der einzelbetrieblichen Entscheidung entzogen. Ihre Fixierung obliegt nationalen Preiskomitees, um sicherzustellen, daß die Zielsetzungen und Erfordernisse der gesellschaftlichen und wirtschaftlichen Gesamtplanung in den Produktionsprogrammen der verschiedenen Wirtschaftseinheiten adäquate Berücksichtigung finden. Auf diese Tatsache verweist das zweite in der Volksversammlung postulierte Kriterium, nämlich das des balancierten Betriebsmanagements. Den staalichen Wirtschaftseinheiten kommt danach nicht nur die Funktion zu, Surplus für die Deckung geplanter Investitionen in zukünftige Entwicklungsvorhaben zu produzieren. Nicht „abstraktes" Wirtschaftswachstum ist das Ziel, sondern Steuerung der Inhalte und der Verteilung der produzierten Güter in der Absicht, die beim gegenwärtigen Entwicklungsstand realisierbare Bedürfnisbefriedigung aller soweit wie möglich zu verwirklichen. Diese Rolle des staatlichen Sektors und seiner Wirtschaftseinheiten als Agenturen geplanten balancierten Wachstums limitiert in oft beträchtlichem Maße die Möglichkeit des Erwirtschaftens von Profit, vor allem auf einzelbetrieblicher Ebene, und macht unrentables Wirtschaften zu einem teilweise gezielt eingesetzten ökonomischen Instrument.[24]) Das gilt vor allem im Hinblick auf die in der Infrastrukturentwicklung tätigen Wirtschaftseinheiten, so zum Beispiel für die im Straßenbau und im landwirtschaftlichen Bewässerungswesen angesiedelten Konstruktionsfirmen. Im Interesse der langfristigen Bereitstellung und Sicherung notwendiger infrastruktureller Grundlagen der Gesamtentwicklung des Landes werden in diesen Fällen die Verluste der Einzelbetriebe vom Staatshaushalt absorbiert.

Ein weiteres Beispiel für geplant unrentables Wirtschaften ist auch die in der Nähe von Vientiane angesiedelten Tha Ngone Futtermittel-Fabrik, die von Vertretern sowohl multilateraler wie bilateraler Entwicklungshilfe-Institutionen immer wieder als Paradebeispiel fehlgeschlagener Entwicklungsplanung kritisiert worden ist. Die Kritik verweist auf die Tatsache, daß das in dieser Fabrik produzierte Futtermittel für 4 Kip/kg verkauft wird, obwohl sich seine Herstellungskosten zwischen 11 und 14 Kip/kg bewegen. Verläßt man freilich den einzelbetrieblichen Rahmen und fragt nach der Rolle dieser Fabrik im gesamtwirtschaftlichen Kontext, so gewinnt die aufgezeigte Unwirtschaftlichkeit entwicklungspolitischen Sinn. Eines der vorrangigsten Entwicklungsziele der laotischen Regierung ist nämlich gegenwärtig die Sicherung der Selbstversorgung mit Nahrungsmitteln. Von prioritärer Bedeutung ist dabei die Selbstversorgung mit Reis. Wichtig ist aber zugleich auch die Förderung von Viehzucht und die Herstellung tierischer Produkte, vor allem Schweinefleisch, das in der laotischen Diät traditionellerweise einen zentralen Platz einnimmt. Zur Ankurbelung der Produktion in diesem Bereich hat die Regierung mehrere Staatsfarmen etabliert. Die Tierbestände dieser Farmen, in erster Linie Schweine und Hühner, werden zu stark subventionierten Preisen an die ländliche Bevölkerung (Provinzfarmen, Genossenschaften und Privatproduzenten) verteilt, um so Tierhaltung für sie attraktiv zu machen und sie zu eigenen Produktionsanstrengungen in diesem Bereich zu motivieren. Die Niedrighaltung der Tierpreise wird vor allem durch die Niedrighaltung der Futtermittelpreise ermöglicht.

Neben der Förderung von Tierzucht fällt den genannten Staatsfarmen unter anderem auch noch die Aufgabe zu, staatliche Läden mit tierischen Produkten zu versorgen. Zugang zu diesen Läden haben die staatlich Beschäftigten (Verwaltungsbeamte und Beschäftigte der staatlichen Betriebe) und, soweit das Angebot ausreicht, auch Genossenschaftsmitglieder und andere Privatpersonen. Die Läden offerieren wichtige Lebensmittel — wie Reis, Zucker oder Milch — zu stark subventionierten Preisen.[25] Die offerierten Güter sind eines Teils, wie etwa im Fall tierischer Produkte, einheimischen Ursprungs; anderen Teils sind sie importiert durch die Laotische Handelsgesellschaft (LHG). Dieser Handelsgesellschaft unterstehen zugleich auch die Läden für die staatlich Beschäftigten sowie andere Handelszentren, die in zahlreichen Provinzen, Distrikten und selbst auf dörflicher Ebene eröffnet worden sind, um die Versorgung der Bevölkerung mit wichtigen Konsum- und Produktionsgütern sicherzustellen. Aufgrund der von der Regierung betriebenen Niedrigpreispolitik vis-à-vis der von der LHG vertriebenen Güter ist es den davon betroffenen einheimischen Produktionsbetrieben oft kaum möglich, Kosten und Einnahmem in Einklang zu bringen. Ebenso wie die in der Infrastrukturentwicklung engagierten Staatsfirmen stellen mithin auch diese Betriebe für den Staat oft eher eine finanzielle Belastung als eine Revenuequelle dar.

Diesem Negativum steht freilich ein entscheidendes Positivum gegenüber. Die an die diversen Produktions- und Handelsbetriebe geleisteten Subventionszahlungen, beziehungsweise der Verzicht auf einen von ihnen erwirtschafteten Profit, haben sich stabilisierend auf die Lebenshaltungskosten der staatlich Beschäftigten ausgewirkt, die in Laos zugleich den größten Teil der Lohnabhängigen ausmachen. Wären die Subventionszahlungen in Erhöhungen des Bargeldanteils der im staatlichen Sektor gezahlten Löhne und Gehälter umgesetzt worden — etwa zum Ausgleich für durch betriebliche Kostendeckung motivierte Preissteigerungen —, wäre ungewiß geblieben, welches Angebot eine so erweiterte monetäre Nachfrage geschaffen hätte. Durch die Option für Subventionszahlungen an ausgewählte für die Grundbedürfnisbefriedigung der Gesamtbevölkerung wichtige staatliche Betriebe ist es der Regierung bei gleicher Belastung des öffentlichen Haushalts gelungen, zwei entscheidende Entwicklungsaufgaben auf einmal zu bewältigen. Zum einen ist es ihr gelungen, den Bedarf der unselbständig Beschäftigten an essentiellen Konsumgütern zu decken. Zum anderen ist durch die Schaffung der zunächst primär auf diesen Zweck hin ausgerichteten Produktionskapazitäten ein Entwicklungspotential geschaffen worden, das bei entsprechender Ausweitung in fortschreitendem Maße der gesamten Bevölkerung zugute kommen kann.

Das staatlich fixierte Gefüge von An- und Verkaufspreisen wurde seit 1975 zwei entscheidenden Revisionen unterzogen, nämlich einmal zu Ende des Jahres 1979 und dann nochmals Anfang 1982.[26]) Insofern als die Verkaufspreise betroffen sind, war es die erklärte Absicht dieser Maßnahme, den staatlichen Betrieben eine realitätsgerechtere Produktionsplanung und kosten-deckenderes Wirtschaften zu ermöglichen. Die 1982 vorgenommenen Preiserhöhungen waren vor allem auch aufgrund der Verteuerung importierter Produktionsgüter notwendig geworden, die sich infolge der zur selben Zeit entschiedenen Devaluierung der einheimischen Währung ergeben hatte. Die erlaubten Preisanstiege reflektierten außerdem die ebenfalls zum selben Zeitpunkt beschlossene Anhebung der staatlichen Ankaufspreise für agrarische Produkte. Wie im nächsten Abschnitt noch ausführlicher dargestellt wird, stellte diese Maßnahme, vornehmlich 1979, eine Reaktion dar auf eine in der Bauernschaft sich ausbreitende politische und ökonomische Unzufriedenheit. Aufgrund des äußerst knapp bemessenen Bargeldanteils der im öffentlichen Sektor gezahlten Löhne und Gehälter folgten den genannten Preisanstiegen zudem noch unmittelbar Lohnerhöhungen. Sie beliefen sich 1979 auf etwa 300 % und 1982 auf 60—70 %. Die intendierte Verbesserung in der Ertragslage der staatlichen Betriebe war aufgrund der erwähnten Steigerungen in den Produktionskosten mithin nur partiell zu realisieren.

Zur Erklärung des zuvor beobachteten kontinuierlichen Anstiegs in den Transfers der öffentlichen Betriebe an den Staatshaushalt ist auch auf die positive Entwicklung laotischer Exporte zu verweisen. Das Monopol auf den offiziellen Export laotischer Güter — vor allem Holz, Kaffee und Elektrizität — hat die zentrale Handelsgesellschaft (LHG). Die in frei konvertierbarer Währung erzielten Exporterlöse beliefen sich 1982 schätzungsweise auf US $ 30 Millionen. Andere offiziell registrierte Ausfuhren erreichten einen Wert von umgerechnet etwa US $ 18 Millionen. Das in Laos potentiell vorhandene Exportpotential wird derzeitig jedoch nur in begrenztem Maße ausgeschöpft. Produktion für Export findet vor allem nur dann und nur insoweit statt, wie sie entweder notwendig ist zur Sicherung des Lebensunterhalts bestimmter Bevölkerungsgruppen (etwa in den primär vom Kaffeeanbau oder der Forstwirtschaft lebenden Regionen) oder aber als unabdingbar angesehen wird für die Einnahme erforderlicher Devisen oder die Importation bestimmter Güter und Dienstleistungen im Rahmen von direkten Austauscharragements. Die Entscheidung der laotischen Regierung für einen autozentrierten Entwicklungsweg, d. h. die prioritäre Schaffung eines einheimischen Produktionspotentials und die Deckung einheimischer Bedürfnisse, bedingt die beobachtbare Selektivität in der Partizipation am Weltmarkt. Export ist in der laotischen Entwicklungsstrategie ein Mittel des Ressourcenerwerbs, seine Anwendung bleibt, so wie die anderer Maßnahmen, dem Oberziel einer eigenständigen, nachholenden und grundbedürfnisorientierten Entwicklung untergeordnet.

Allgemeiner gefaßt läßt sich die vorangehende Diskussion so resümieren, daß die den staatlichen Produktions- und Handelsbetrieben im Rahmen der laotischen Entwicklungskonzeption zugeschriebenen entwicklungsinitiierenden und -steuernden Funktionen sich oft restriktiv auswirken auf die den Betrieben gleichzeitig zukommende Bedeutung als Stätten der Produktion von Surplus und damit auf ihre Rolle als potentielle Revenuequelle. Diese Limitierung ist durch eine Reihe von Maßnahmen zu minimieren versucht worden. Dazu gehören lohn-, preis-, finanz- und außenhandelspolitische Entscheidungen ebenso wie betriebswirtschaftliche Aktionen. Als Konsequenz ergibt sich der allmählich sich erweiternde Revenuestrom, der dem Staat aus seiner direkten Partizipation am Wirtschaftsprozeß zufließt.

2.4 Agrarsteuer

Der Anteil der Agrarsteuer an den intern-mobilisierten Staatsfinanzen beläuft sich, wie angemerkt, im Jahr 1981 auf 5.6 %. Nach vorliegenden Schätzungen wird sich ihr absoluter Wert von 1981 bis 1982 annäherungsweise verdoppeln, nämlich von 55.4 auf 117 Millionen Kip ansteigen. Trotz ihres im Augenblick noch vergleichsweise geringen Beitrags zum Staatshaushalt wird der Agrarsteuer dennoch eine ganz entscheidende politische Bedeutung beigemessen, wie aus den zahlreichen zum Thema veröffentlichten Reden, Stellungnahmen und Berichten in den staatlichen Presseorganen ersichtlich ist.

Die politische Relevanz der Agrarsteuer liegt zum einen darin begründet, daß, wie im Aktionsprogramm von 1976 unterstrichen, die Steuerzahlung als ein Mittel des Ausdrucks der Unterstützung der Regierung durch die Bevölkerung und mithin als Mittel und zugleich Indikator der sozialen und politischen Integration angesehen wird. Die ökonomische Bedeutung der Steuer tritt dann voll zutage, wenn man nicht nur ihren Anteil an den Staatseinnahmen mißt, sondern durchdenkt, welche Konsequenzen sich aus einem eventuellen Verzicht auf ihre Erhebung ergeben würde. Die Agrarsteuer ist in Reis zu begleichen. Reis wird von der Regierung benötigt einerseits, um die den staatlich Beschäftigten monatlich zustehende subventionierte Reisration zu liefern. Reis ist andererseits erforderlich, um die Ernährung der Bevölkerung im gesamten Lande zu sichern und einen Ausgleich herzustellen zwischen Regionen mit einem Reis-Surplus und einem Reis-Defizit. Müßte die Regierung die zu diesem Zweck benötigten Reismengen auf dem freien Markt erwerben oder importieren, würden sich die Regierungsausgaben nicht nur um ein Beträchtliches erhöhen; inflationäre Tendenzen wären eine weitere Konsequenz. Hinzu kommt, daß laut offiziellem Regierungsprogramm, Entwicklung langfristig durch einen Transfer von Surplus aus der Landwirtschaft in die Industrie ermöglicht werden soll. Die Agrarsteuer ist Teil des institutionellen Rahmens für diesen Transfer.

Eine Agrarsteuer wurde in Laos zum ersten Mal von der gegenwärtigen Regierung eingeführt und zwar im Herbst 1976. Nach der damals geltenden Regelung bewegte sich der Steuersatz je nach Produktionsvolumen zwischen 8 % und 30 %. Besteuert wurde nicht nur Reis, sondern auch andere Getreide (wie Mais und Sorghum), Genußpflanzen (etwa Kaffee, Tee und Tabak), Früchte und sonstige landwirtschaftliche Erzeugnisse. Zweiternten — zum Beispiel der Reisanbau während der Trockenzeit — wurden mit einer 8 %igen Steuer belegt, ungeachtet des erzielten Produktionsresultats. Die Reaktion der Bevölkerung auf die Einführung dieser Steuern war zum großen Teil und bleibt heute weiterhin oft eine negative.[27] Diese Reaktion wurde noch weiter verstärkt, als die Regierung 1978 eine breit angelegte Kampagne zur Kollektivierung der Landwirtschaft lancierte.[28] Gleichzeitig wurde in dieser Periode auch die fortschreitende Verschlechterung der Agrarpreise vornehmlich gegenüber den auf dem stets vorhandenen Schwarzmarkt geltenden Industriegüterpreise für die Bauern in zunehmendem Maße spürbar. Zu dieser Zeit besaß der Staat noch ein ausschließliches Handelsmonopol sowohl für den An- als auch den Verkauf von Produkten im ruralen Bereich. Im Interesse einer Niedrighaltung der

Lebenshaltungskosten vor allem der im öffentlichen Sektor Beschäftigten waren die vom Staat gezahlten Ankaufspreise für landwirtschaftliche Erzeugnisse auf niedrigstem Niveau gehalten worden. Die Folgen dieser Aktion waren ein kontinuierlicher Produktionsrückgang und Abfluß der produzierten Güter durch inoffizielle Kanäle auf den einheimischen Schwarzmarkt oder ins Ausland, in erster Linie nach Thailand. Die ökonomische Verunsicherung der Bevölkerung und die bereits erlittenen Produktionsverluste wurden noch weiter akzentuiert durch die in jenen Jahren extrem ungünstigen klimatischen Bedingungen, die sowohl Trockenheit als auch Überschwemmungen mit sich brachten. Die Deckung der allein 1979 erfahrenen Produktionseinbußen kostete die laotische Regierung 1980 unter anderem einen Reisimport im Wert von etwa US $ 10 Millionen. Zu Ende des Jahres 1979 kam es deshalb zu einer teilweisen Zurücknahme der zuvor initiierten Versuche der Abschöpfung des im landwirtschaftlichen Sektors produzierten Surplus. Das Kollektivierungsprogramm, das die Basis für eine Mechanisierung der Landwirtschaft herstellen und angesteigerter Arbeitsproduktivität führen sollte, wurde gedrosselt. Der Anspruch des Staates auf ein umfassendes Handelsmonopol im ruralen Bereich wurde reduziert. Es wird seitdem der freien Entscheidung der Bauern überlassen, ob sie eventuelle Überschüsse über den Eigenbedarf an den Staat oder an Privathändler verkaufen, und privater Handel in und zwischen den Provinzen ist wieder gestattet.[29] Mit der Eröffnung des Privathandels wurde die von den Bauern als längst überfällig empfundene Rückkoppelung der Agrarpreise an die Preise einheimisch produzierter und importierter Industriegüter um so dringlicher. Die bereits erwähnte Revision der staatlich fixierten Ankaufpreise, die Ende 1979 inkraft trat, hatte hierin ihren Grund. Mit Wirkung vom Januar 1980 wurde außerdem eine Neuordnung der Agrarsteuer wirksam. Erhoben wird seitdem eine Steuer, die sich im Fall von Paddy auf die Anbauflächen und die Bodenqualität bezieht, d. h. die eher eine Boden- als eine Produktionssteuer ist.[30] Außerdem bleiben nunmehr Zweiternten steuerfrei, um Anreize für intensivere Produktionsbemühungen zu schaffen. Andere landwirtschaftliche Produkte werden mit einer nur 6 %igen Pauschalsteuer belegt. Die Intention ist dabei die Beförderung der Diversifizierung landwirtschaftlicher Produktion.

Während das genannte Maßnahmepaket zur Ankurbelung verstärkter agrarischer Produktion — Agrarerleichterungen, Anhebung der Agrarpreise, Liberalisierung des Handels und Drosselung der propagierten Genossenschaftsbewegung — sich zunächst darstellt als Rückschritt von dem im Aktionsprogramm von 1976 und anderen politischen Grundsatzdokumenten proklamierten Entwicklungsweges, liegt seine Rechtfertigung gerade in der langfristigen Sicherung eben dieses Weges. Die partielle Zurücknahme der anfänglich intendierten Vergesellschaftung von Produktion und Planung der Distribution wurde von Partei und Regierung unter Verweis auf die gegenwärtige Klassenstruktur der laotischen Gesellschaft begründet. Wie von Ministerpräsident Kaysone auf dem Dritten Nationalen Parteikongreß 1982 aufgeführt, existieren in der laotischen Gesellschaft kaum nennenswerte Klassendifferenzen. Das Industrieproletariat ist bislang nur schwach entwickelt, und die Hauptverantwortung für zukünftige Produktion und sozio-ökonomische Entwicklung ruht mithin auf den Schultern der „arbeitenden Bauern".[31] Konsequenterweise gälte es, die Produktionsanstrengungen der Bauernschaft zu fördern. Dabei sei der Tatsache Rechnung zu tragen, daß es sich bei der Mehrzahl der Bauern um Privatproduzenten handele, deren Wirtschaften sich in erster Linie am Kriterium des familialen Eigenbedarfs orientiere. Darüber hinausgehende Produktion folgt dem Prinzip ökonomischer Rentabilität. Die Schaffung eines Mehrprodukts in der Landwirtschaft, das, der offiziellen Entwicklungspolitik gemäß, die Basis bildet für zukünftige Investitionen in anderen Wirtschaftssektoren, erfordert mithin die Akzeptierung der Tatsache, daß der größte Teil der Agrarproduktion von Privatproduzenten betrieben wird und mithin dem Wertgesetz unterliegt. Für die Mehrzahl der Privatbauern ist zudem eine Verbesserung ihrer ökonomischen Lage unter den gegenwärtigen Produktionsverhältnissen durchaus denkbar und wohl in der Tat auch realisierbar. Eine Veränderung der Produktionsverhältnisse etwa durch die Bildung von Genossenschaften und Staatsformen ist deshalb für sie in ihrer Notwendigkeit oder Vorteilhaftigkeit auch noch nicht leicht einsehbar. Die Entscheidung der laotischen Regierung zur aktiven Unterstützung der Privatbauern ist eine Anerkennung dieser Tatsache. Sie bedeutet zugleich, daß dem Moment des Nachholens und der Eigenständigkeit nicht nur im Bereich der Ressourcenmobilisierung und -nutzung Beachtung geschenkt wird. Auch im Bereich der subjektiven Entwicklungserfahrungen und der politischen Willensbildung wird diesem Entwicklungsprinzip Bedeutung beigemessen.[32]

2.5 Extern-mobilisierte Staatsfinanzen

Steuereinnahmen, Transfers von Staatsbetrieben und andere im Lande erworbene Einnahmen machen, wie in der obenstehenden Tabelle angeführt, 1981 etwa 50 % der der Regierung zur Verfügung stehenden Haushaltsmittel aus und decken in etwa die laufenden Staatsausgaben. Die anderen 50 % der staatlichen Budgetmittel kommen aus dem Ausland, vorwiegend in Form von Projekthilfe. Mit diesen Mitteln vermag die Regierung ihre Entwicklungsausgaben zu finanzieren. Staatliche Einnahmen und Ausgaben sind mithin balanciert und verweisen auf ein vorsichtiges Vorgehen der Regierung in der Budgetplanung. Ein weiteres Indiz hierfür ist die Tatsache, daß die Tilgungsrate von Auslandsschulden (Zins- und Kreditrückzahlungen) sich 1982 nur auf etwa 3 % des Exportwertes beläuft, nämlich auf etwa US $ 2.5 Millionen. Dieser Prozentsatz wird sich in den nächsten Jahren wohl erhöhen, nach vorliegenden Schätzungen jedoch weiterhin in durchaus tragbarem Rahmen bleiben.

Inoffiziellen Kalkulationen zufolge erreichte das Gesamtvolumen der Laos zur Verfügung stehenden ausländischen Entwicklungshilfe (Kredite und technische Hilfe) 1980 etwa US $ 93 Millionen und 1981 annäherungsweise US $ 72 Millionen.[33] Die „angenommene" Hilfe ist allerdings nur ein Teil der dem Land insgesamt offerierten externen Finanzierungsmittel. Die Regierung hat in jüngster Zeit wiederholt die Aufnahme neuer Kredite bei den internationalen Entwicklungsbanken hinausgeschoben. Ebenso hat sie sich auf der im Januar 1983 abgehaltenen Sitzung des Interim Mekong Komitees gegen ein vorgeschlagenes Großprojekt und die zu seiner Finanzierung bereits bereitgestellten Mittel entschieden. Das Projekt sah die Errichtung eines Staudamms im Norden der Vientiane Provinz vor. Bei voller Realisierung der intendierten Projekteffekte hätte sich die Produktion und der Export von Elektrizität derartig gesteigert, daß Laos bei Projektende wohl kaum noch — gemessen an Pro-Kopf-Einkommen — in die Kategorie der am wenigsten entwickelten Länder gefallen wäre. Die Entscheidung gegen dieses Projektvorhaben, das nicht nur einen beträchtlichen Einfluß ausländischer Experten, sondern auch die umfassendste jeweils mit einem Staudammprojekt verbundene Umsiedlungsaktion vorsah,[34] wurde von der Regierung damit begründet, daß die eigenen Kräfte für einen solchen Entwicklungsschritt zur Zeit noch nicht ausreichten. Das gälte sowohl im Hinblick auf die menschlichen als auch die wirtschaftlichen und finanziellen Ressourcen, die einem solchen Projekt von innen, d. h. auf laotischer Seite, entgegenzustellen wären, sollte die intendierte Entwicklung sich harmonisch in die Gesamtentwicklung des Landes einordnen lassen.[35]

Vergleicht man die in Laos anstehenden Entwicklungsaufgaben mit dem gegenwärtigen Staatsbudget, so wird deutlich, daß die Größe des öffentlichen Haushalts in keinster Weise den gegebenen Finanzierungs- und Investitionsbedürfnissen entspricht. Dennoch limitiert die Regierung wie gezeigt, den Zufluß von externen Ressourcen. Das Kriterium, an dem sich ihre Entscheidungen in dieser Hinsicht zu orientieren scheinen, ist zum einen das Volumen an Auslandsschulden, das unter Beibehaltung des begonnenen autozentrierten Entwicklungspfades als zu geforderter Zeit tilgbar erscheint. Mit der Verfolgung dieses Prinzips verbindet sich das Interesse an der Kontrolle von Außenverschuldung und externer ökonomischer Abhängigkeit. Zum anderen spielt bei der Kontrolle des Ressourcenzuflusses von außen wiederum die im vorangehenden Abschnitt erwähnte Idee des Nachholens und der Eigenständigkeit der intendierten Entwicklung eine Rolle. Das primäre Ziel ist nicht die rasche Realisierung eines maximalen intern produzierten Surplus, sondern die In-Gang-Setzung eines eigenständigen, sich selbst tragenden und an interner Bedürfnisbefriedigung ausgerichteten Wirtschaftsprozesses. Zugunsten dieser langfristigen Zielsetzung wird auf kurz- und mittelfristig zu realisierenden Konsum Verzicht geleistet.

3. Zusammenfassende Beobachtungen zur Rolle staatlicher Budgetpolitik im Kontext einer autozentrierten Entwicklungsstrategie

An Hand der vorangehenden Darstellung des laotischen Entwicklungsweges seit 1975, d. h. seit der Machtübernahme durch die Revolutionäre Volkspartei Laos, lassen sich exemplarisch einige der in der Übergangsphase von abhängiger zu autozentrierter Entwicklung auftretenden praktisch-politischen Probleme dokumentieren. Eines der dringlichsten Probleme in der Initialphase der Transformationsperiode ist die Mobilisierung von Ressourcen zur Finanzierung staatlicher Aktivitäten. Die Dringlichkeit dieses Problems ist besonders gravierend in unterentwickelten Ländern wie Laos, wo es kaum einen Überschuß der Produktion über den Konsum gibt. Aufgrund der Unentwicklung des Landes fällt dem Staat hier bei der Entscheidung für einen autozentrierten Entwicklungsweg eine besonders umfassende und komplexe Aufgabe zu. Der Staat übernimmt die Verantwortung für die Planung und Schaffung der Grundlagen einer organischen Vermaschung der verschiedenen Produktionsbereiche mit dem Ziel der Initiierung einer endogenen Entwicklungsdynamik und, letztendlich, der progressiven Erhöhung des Lebensstandards aller. Wie die vorangehenden Ausführungen haben deutlich werden lassen, handelt es sich dabei um eine gleichermaßen „politische und technokratische Aufgabe in einem politisch konfliktträchtigen Umfeld".[35]) In Anbetracht der enormen Diskrepanz zwischen den notwendigen Entwicklungsinvestitionen und den lokal vorhandenen Ressourcen gilt es nicht nur, mögliche mit den zentralen Prinzipien von nachholender eigenständiger Entwicklung zu vereinbarende Entwicklungsvorhaben in prioritärer Reihenfolge zu identifizieren. Darüber hinaus muß entschieden werden, welche Bevölkerungsgruppen in welchem Maße belastbar sind, d. h. wo Surplus abzuschöpfen und Konsum zu reduzieren oder noch weiterhin aufschiebbar ist.

Der staatliche Zugriff auf das intern vorhandene Mehrprodukt kann sich, wie das Beispiel von Laos zeigt, über verschiedene Wege und Mittel vollziehen. Die bedeutendsten sind die direkte Partizipation des Staates am Wirtschaftsprozeß, die Erhebung von Steuern und anderen Abgaben sowie staatliche Lohn- und Preispolitik. Die Tatsache jedoch, daß eine autozentrierte Entwicklungsstrategie an qualifiziertem Wachstum interessiert ist, nämlich an eigenständiger Entwicklung zum Zweck der Befriedigung eigener Bedürfnisse, limitiert, wie dargelegt, die Bedeutung der genannten Maßnahmen als Instrumente der Ressourcenmobilisierung. So wird etwa die Funktion der staatlichen Wirtschaftseinheiten als Stätten profitablen Wirtschaftens dadurch eingeengt, daß ihnen zugleich entscheidende entwicklungsinitiierende und -steuernde Aufgaben zukommen. Ihre Aktivitäten sind unter anderem gerichtet auf kurzfristig nicht rentable und deshalb von privaten Einzelkapitalien auch früher nicht geleistete Investitionen im Bereich der Infrastrukturentwicklung und des Ausbaus von produktionsrelevanten Dienstleistungssystemen (e. g. von

Handelszentren, landwirtschaftlichen Reparaturwerkstätten oder Saatgutproduktion). In der Mehrzahl der Fälle sind die staatlichen Wirtschaftseinheiten während der Initialphase der gesellschaftlichen und wirtschaftlichen Transformation somit für den Staat eher eine Belastung als eine Revenuequelle. Ausnahmen bilden die im Exportsektor angesiedelten Betriebe. Da sie ihre Produktpreise an die Kaufkraft der Abnehmerländer zu orientieren vermögen, ist ihnen profitables Wirtschaften möglich. Für die auf den lokalen Bedarf hin ausgerichteten Wirtschafteinheiten ist die Fixierung kostendeckender Preise aufgrund des gegenwärtigen Entwicklungsstandes des Landes kaum eine praktikable Möglichkeit.

Die staatlichen Betriebe dienen ferner, wie dargelegt, der Versorgung der Lohnabhängigen, vornehmlich der staatlich Beschäftigten, mit grundlegenden Konsumgütern. Sie tragen damit bei zur Finanzierung eines staatlichen Verwaltungs- und Dienstleistungsapparates, den sich ein unterentwickeltes Land wie Laos ansonsten kaum leisten könnte.

Die Profite und Transfers der Staatsbetriebe an den Staatshaushalt sind ferner auch eine Funktion der von ihnen gezahlten Ankaufpreise für die in ihre Produktionsprozesse einfließenden lokal hergestellten Inputs. Die Niedrighaltung etwa der vom Staat gezahlten Ankaufpreise für landwirtschaftliche Produkte ist, im Rahmen der von der laotischen Regierung praktizierten Politik der Ressoucenmobilisierung, ein Mittel zur Abschöpfung des im Agrarsektor produzierten Mehrprodukts. Ein weiteres Mittel zu diesem Zweck ist die Agrarsteuer. Die anfängliche Intention der Regierung war es, die Anwendung dieser Mittel zu kombinieren mit Maßnahmen zur Steigerung der landwirtschaftlichen Produktivität, vor allem der zunehmenden Vergesellschaftung und Mechanisierung des landwirtschaftlichen Produktionsprozesses. Die Erfahrungen in dieser Hinsicht haben gelehrt, daß wenn auf die Anwendung repressiver und autokratischer Maßnahmen verzichtet werden soll, dem Moment des Nach- und Einholens von Entwicklungserfahrungen angemessene Bedeutung beigelegt werden muß. Die erwähnte Revolutionierung der laotischen Landwirtschaft trafen auf politische Opposition, weil ihre Relevanz für die breite Masse der Bauern noch nicht deutlich geworden war. Die Regierung entschied sich deshalb, in ihre landwirtschaftliche Entwicklungsstrategie vorläufig auch noch die Förderung der privaten Kleinproduktion miteinzubeziehen, um so das unter den bestehenden Verhältnissen gegebene Produktionspotential voll auszuschöpfen. Die beschriebenen Revisionen der staatlichen Agrarpreis- und steuerpolitik zielten darauf ab, für private Produktion günstigere und motivierende Rahmenbedingungen zu schaffen. Eine solche Umorientierung der offiziellen Entwicklungspolitik war durchaus ohne bedeutende Veränderungen in der ursprünglich formulierten Entwicklungsperspektive möglich, da landwirtschaftliche Produktion eben in überwiegendem Maße Produktion von Kleinproduzenten zum Zweck des familialen Eigenkonsums ist. Aufgrund dieser Tatsache, die mit der relativen Gleichheit in der Landverteilung zusammenhängt, war das Risiko ökonomischer Machtbildung gegen die von der Regierung verfolgten politischen Zielsetzungen nicht gegeben. Andererseits hätte ein Beharren auf den anfänglich verfolgten Politiken — die Bildung von Genossenschaften, der Aufrechterhaltung des staatlichen Handelsmonopols im ruralen Bereich sowie die Festlegung fast allen Surplus abschöpfender Agrarsteuersätze — weitere Produktionseinschränkungen und damit gravierenden Einnahmeverlust und eine möglicherweise tiefgreifende Legitimationskrise der Regierung riskiert.

Während die Rücksichtnahme auf die inhaltlichen Zielsetzungen der angestrebten Entwicklung sowie die Politik des Nachholens von Entwicklungserfahrungen die Mobilisierung interner Ressourcen zur Finanzierung des Staatsbudgets limitieren, setzt die Rücksichtnahme auf die Minimierung von Auslandsverschuldung den geplanten staatlichen Entwicklungsanstrengungen weitere Grenzen. Als Folge ergibt sich ein in seiner Reichweite und Geschwindigkeit beschränkter, äußerst geduldiger Prozeß der wirtschaftlichen und gesellschaftlichen Transformation. Die für die laotische Entwicklungspolitik so charakteristische historische Geduld ist jedoch nicht nur auf die durch den gegenwärtigen Entwicklungsstand bedingte Ressourcenknappheit zurückzuführen. Die ökonomische Unentwicklung des Landes geht einher mit einer geringen Ausdifferenzierung seiner Klassenstrukturen. Darüber hinaus ist Laos aufgrund seiner Ausstattung an natürlichen Ressourcen, der Größe seiner Bevölkerung und seiner geopolitischen Lage nie in den eigentlichen Vordergrund der internationalen wirtschaftlichen und politischen Interessen gelangt. Eine dezidierte Opposition gegen die gegenwärtige Politik der laotischen Regierung ist gegenwärtig weder im nationalen noch im internationalen Kontext entwickelt oder gar organisiert. Damit entfällt für die laotische Regierung der "Zugzwang", der in anderen Ländern, die einen nicht kapitalistischen autozentrierten Entwicklungsweg zu gehen versucht haben, oft zu einer die eigenen einheimischen Mittel bei weitem übersteigenden Ausgabenpolitik der Regierung geführt haben.[37] Die Konsequenzen waren finanzielle, wirtschaftliche und politische Instabilität und die Aufgabe des gesetzten Ziels einer eigenständigen Entwicklung.

Die Unterentwicklung von Laos ist mithin nicht nur ein Grund dafür, daß die gegenwärtige Regierung sich für eine sozialistische, binnenorientierte Entwicklung als "Kraftakt" für die Initiierung von Entwicklung überhaupt entschieden hat. Die Unentwicklung des Landes und die damit verbundenen sozio-ökonomischen und politischen Interessenkonstellationen erlauben ihm zugleich die Verfolgung einer solchen Strategie und bieten damit eine Entwicklungsvoraussetzung, die in anderen Entwicklungsländern kaum gegeben ist.

Anhang

Entwicklung der Staatsausgaben 1979—82
(In Millionen Kip) *

	1979	1980	1981	1982
Laufende Ausgaben	393.9	1,028.0	1,028.3	2,259.0
Löhne und Gehälter	113.9	269.6	200.0	280.0
Materialien	95.5	667.8	724.5	1,798.0
Subventionen	)165.3			
Transfers	)	68.0	59.2	85.0
Schuldentilgung	19.2	22.6	44.6	96.0
Entwicklungsausgaben	**242.1**	**748.9**	**927.5**	**3,216.0**
Erziehung	3.8	23.5	20.7	77.0
Gesundheit	2.2	112.5	66.5	253.5
Land- und Forstwirtschaft	74.3	178.8	282.8	955.5
Bergbau und verarbeitende Industrie	) 24.5	) 43.4	)	)
Energie	)	)	) 148.9	) 573.0
Transport und Kommunikation	113.1	282.8	) 373.0	)1,237.2
Handel und Bauwesen	24.5	108.0	)	)
Anderes			35.6	119.8
Gesamt	**636.0**	**1,776.9**	**1,955.8**	**5,475.0**

* 1 US $ approx. 34 Kip

[1]) Vgl. hierzu insbesondere Senghaas, D.: Weltwirtschaftsordnung und Entwicklungspolitik. Plädoyer für Dissoziation, Frankfurt 1977; und ders., Von Europa lernen. Entwicklungsgeschichtliche Betrachtungen, Frankfurt 1982.

[2]) Vgl. Esser, K.: Lateinamerika. Industrialisierungsstrategien und Entwicklung, Frankfurt 1979, S. 11—19.

[3]) Black, C. u. a.: The Modernization of Japan and Russia. A Comparative Study, London 1975, S. 235, zitiert nach Senghaas, D.: Von Europa lernen, a. a. O., S. 335.

[4]) Ebenda, S. 336 ff.

[5]) Ebenda, S. 80.

[6]) Ebenda, S. 342 ff.

[7]) Ebenda, S. 28.

[8]) Eine Ausnahme in dieser Hinsicht ist die Untersuchung von Griffith-Jones, S.: The Role of Finance in the Transition to Socialism, London 1981. Die Relevanz dieser Studie im gegenwärtigen Zusammenhang erklärt sich aus der Tatsache, daß, wie von Senghaas (Von Europa lernen, a. a. O., S. 279) aufgezeigt, im 20. Jahrhundert die Versuche autozentrierter Entwicklung in der Mehrzahl der Fälle unter sozialistischem Vorzeichen gestanden haben.

[9]) Chanda, N.: Lao-Thai gulf is still wide, in Far Eastern Economic Review, 26. August 1977, S. 46. Siehe auch ders., Putting the pieces back together, in: Far Eastern Economic Review, 23. Dezember 1977.

[10]) Über die Größenordnung der von Amerika an Laos gemachten Zahlungen finden sich die folgenden Angaben bei Stevenson, Charles A., The End of Nowhere; American Policy Toward Laos Since 1954, Boston 1973, S. 2: „Since 1954, the United Staates has spent several billions of dollars to carry out its policies in Laos. Official figures show a total of $ 800 million in economic aid through June 1972, most of this going for budgetary support and the financing of imports. Military aid over the same period totals $ 1.06 billion." Und auf S. 4, a. a. O., heißt es weiterhin: „At $ 350 million per year, direct American aid is about ten times the size of the Loation budget and 75 per cent larger than the total gross national product of $ 202 million."

[11]) Vgl. zu den hier angesprochenen Problemaspekten u. a. Whitacker, D. P. u. a.: Area Handbook for Laos, Washington 1972, insbes. S. 41—59; Chagnon, Jacqui und Roger Rumpf, Dignity, national identity and unity, in: Southeast Asia Chronicle, Nr. 73, Juni 1980, S. 2—9; und den Artikel über „La stratégie de la transition au socialisme", in: Bulletin quotidien (Khan San Pathet Lao), 8. März 1982, insbes. S. 6—8.

[12]) Siehe hierzu Dommen, J.: Conflict in Laos. The Politics of Neutralization, New York, insbes. S. 88 ff.

[13]) Ebenda, S. 70.

[14]) Vgl. die von Ministerpräsident Kaysone PHOMVIHANE 1976 vor dem Nationalkongreß der Volksrepräsentanten gehaltene Rede, abgedruckt in: Documents du Congrès National des Représentants du Peuple, Vientiane 1976, insbes. S. 19 und auch das vom Kongreß verabschiedete Aktionsprogramm der Regierung der DVR Laos, ebenda, S. 59 ff.

[15]) Trotz ihrer weitgehend gleichlautenden zentralen Argumente ist bislang kaum eine Verbindung hergestellt worden zwischen den Beiträgen zur autozentrierten Entwicklung und jenen über nicht-kapitalistische Entwicklungswege. Zum Thema der nicht-kapitalistischen Entwicklung siehe die Sondernummer 9/10 (September-Oktober 1981) von World Development, die sich mit „Socialist Models of Development" befaßt.

[16]) Kaysone PHOMVIHANE: La révolution Lao, Moskau 1980, S. 204.

[17]) Die hier entwickelten Zusammenhänge wurden von der Revolutionären Volkspartei und der Regierung in der Parole von der Notwendigkeit der gleichzeitigen Realisierung der drei Revolutionen zusammengefaßt. Angesprochen sind damit die Revolution in den Produktionsverhältnissen, im wissenschaftlich-technischen und im kulturellen Bereich. Vgl. Kaysone PHOMVIHANE: La révolution Lao, a. a. O., S. 200.

[18]) Vgl. Aktionsprogramm der Regierung der DVR Laos, a. a. O., S. 65—66.

[19]) Ebenda, S. 73.

[20]) Die nachstehend präsentierten Fakten basieren auf Daten und Informationen, die von den jeweils zuständigen Regierungsbehörden zur Verfügung gestellt wurden. Da es sich dabei um zumeist nicht offiziell veröffentlichte Angaben handelt, werden sie hier ohne Nennung der Quelle angeführt.

[21]) Einem von Ministerpräsident Kaysone PHOMVIHANE dem Dritten Nationalen Kongreß der Revolutionären Volkspartei Laos vorgelegten Bericht zufolge hat sich der staatliche Wirtschaftssektor von 1976 bis 1982 folgendermaßen entwickelt: — 31 Staatsfarmen sind etabliert worden; die Zahl der industriellen Betriebe hat sich auf 188 erhöht und die Gesamtzahl der in diesen Betrieben Beschäftigten war 15.000. Das Luftfahrtwesen ist verstaatlicht und etwa 60 % des Transportwesens ist in die öffentliche Hand überführt worden. 100 staatseigene Handelszentralen sind eröffnet worden; und 356 Handelsgenossenschaften operieren mittlerweile unter staatlicher Aufsicht. (Vgl. hierzu Resolution of the Third National Congress of the Lao People's Revolutionary Party, April 1982, S. 8). Etwa 13 Industriebetriebe (von denen 5 mit privater Beteiligung arbeiten) unterstehen den Ministerien der Industrie und des Handels der Zentralregierung und machen mit einem jährlichen Produktionswert von ungefähr Kip 180 Millionen etwa 80 % des modernen industriellen Sektors aus.

²²) Siehe den von Ministerpräsident Kaysone PHOMVIHANE 1981 an die Plenarsitzung des Obersten Volksrates abgegebenen Bericht, insbesondere Teil 2, Punkt IV. A und B. Der Bericht und die in ihm enthaltenen Empfehlungen sind vom Volksrat als Achte Resolution angenommen worden.

²³) Siehe hierzu die Siebte Resolution der Obersten Volksversammlung von 1980.

²⁴) Vgl. hierzu die Rede von Ministerpräsident Kaysone PHOMVIHANE an die Plenarsitzung des Obersten Volksrates 1981, Teil 2, Punkt B.

²⁵) Die Gehälter der staatlichen Verwaltungsbeamten betragen 1983 Kip 150 bis 300 pro Monat; die von den staatlichen Betrieben gezahlten Löhne und Gehälter belaufen sich pro Monat auf etwa Kip 1000. Die Vewaltungsbeamten sind darüber hinaus dazu berechtigt, in den staatseigenen Läden Güter zum Preistarif I einzukaufen; die Beschäftigten der Staatsbetriebe können zu einem weniger stark subventionierten Preistarif II einkaufen. Die Differenz zwischen dem Preistarif I und den auf dem freien Markt zu zahlenden Preisen ist für die nachstehend genannten Produkte etwa wie folgt:

	Preistarif I Kip	Freier Markt Kip
Reis	3	25
Zucker	60	70
Dosenmilch	60	70

²⁶) Die Anfang 1982 vorgenommenen Preiskorrekturen wirkten sich im Fall der nachstehend genannten Güter folgendermaßen aus:

Ankaufspreis — Nationaler Durchschnitt

	1981 Kip	1982 Kip
Paddy	1.2—2.0	3.0—6.0
Kaffee	16.0	28.0
Holz		
Hart	800—1.000	2.000—2.500
Weich	400— 700	1.000—1.400
Verkaufspreise		
Zigaretten (Paket)	3—6	9
Bier (Flasche)	6	20
Cola	1	6
Elektrizität (pro Einheit)	0.02	0.04
Waschmittel	20	44

²⁷) Vgl. Dufumier. M.: Les premières transformations socialistes de l'agriculture en République Démocratique Populaire du Laos, in: Tiers Monde, Jahrgang XXI, No. 64, Oktober—Dezember 1980, S. 813—828.
Da es in Laos nie Landknappheit gegeben hat und praktisch jeder Produzent über eigenen, d. h. gewohnheitsrechtlich angeeigneten Boden verfügen konnte, waren Institutionen wie die der Pacht und des Pachtzins so gut wie unbekannt. Nur in den von der Pathet Lao, der laotischen Befreiungsbewegung, vor 1975 kontrollierten Gebieten war eine Art von Armeesteuer geleistet worden, d. h. eine Naturalienabgabe, durch die die Bevölkerung der Armee materielle Unterstützung gewährte.

²⁸) Vgl. Stuart-Fox, M.: The initial failure of agricultural cooperativization in Laos, in: Asia Quarterly, 1980; und ders., Socialist construction and national security in Laos) in: Bulletin of Concerned Asian Scholars, Jahrgang 13, Nr. 1, 1981, insbes. S. 68 ff.

²⁹) Swartzendruber, J.: Building for the future, in: Southeast Asia Chonicle, Nr. 73, Juni 1980, insbes. S. 17—18. In der 1980 von der Obersten Volksversammlung verabschiedeten Achten Resolution, Teil 2, Abschnitt I.6 heißt es hierzu: „All private traders must register their business and carry out business activities within the limits authorized by the State. They must promptly pay their taxes and are not permitted to hoard goods or upset the markets."

³⁰) Die Steuersätze für Reis variieren je nach Bodenqualität, wie folgt:

Bodenqualität (Tonne/Hektar)	**Steuersatz*** (Kg/Hektar)
— Gut (1.6 und mehr)	100
— Mittelmäßig (1.3—1.6)	80
— Schlecht (1.3 und weniger)	60

* Nach Abzug von 100 kg pro Familienmitglied und des Saatgutes für die nächste Saison.

³¹) Vgl. Resolution of the Third National Congress of the Lao People's Revolutionary Party, Teil 2, Abschnitt I.

³²) Die beschriebene Revision der Agrarpolitik kommt auch in den neuerdings propagierten landwirtschaftlichen Anbaumethoden und -techniken zum Ausdruck. Während in den ersten Jahren nach 1975 der Hauptakzent auf der möglichst raschen Einführung modernster Technologien lag, wird jetzt vor allem die Verbesserung der traditionellen

Arbeitsmethoden und -instrumente angestrebt. Im Zusammenhang mit dem Reisanbau wird zum Beispiel Betonung gelegt auf die Verbesserung der Pflüge zum Zweck der besseren Feldvorbereitung und Landnivellierung. Weitere Prioritäten sind die Herstellung von Kompost, die Verbesserung des Saatgutes lokaler Reissorten sowie die Vermeidung von Produktionsverlusten nach der Ernte.

[33]) Siehe in diesem Zusammenhang United Nations Development Programme — Vientiane, Report on Development Cooperation, Lao PDR, 1980.

[34]) Center for South and Southeast Asian Studies, The University of Michigan, Pa Mong Resettlement. Final Report of the Pa Mong Resettlement Research Project, Ann Arbor-Michigan, O. J., S. 1.

[35]) Siehe hierzu Draft Report of the Sixteenth Session of the Interim Mekong Committee (MKG/R. 399, 25. Januar 1983), S. 6

[36]) Senghaas, D.: Von Europa lernen. Entwicklungsgeschichtliche Betrachtungen, a. a. O., S. 292.

[37]) Siehe in diesem Zusammenhang auch die Fallstudien, die präsentiert werden in Griffith-Jones, S.: The Role of Finance in the Transition to Socialism, a. a. O., sowie den Aufsatz von Charles Bettelheim über den Übergang vom Kapitalismus zum Sozialismus, in: Sweezy, P. M. und Bettelheim, C.: On the Transition Between Capitalism and Socialism. New York and London 1971, S. 15 ff.

Autorenverzeichnis

Dipl.-Wirtsch.-Ing., Dipl.-Phys. **Kerstin Bernecker,** Consultant für Entwicklungsprojekte. Autorin mehrerer wissenschaftlicher Artikel und Gutachten. Adresse: Am Bahnhof Tierpark 44, 4600 Dortmund.

Ing. grad. **Eva-Maria Bruchhaus,** Mit-Autorin an ABI-Studie „Der Beitrag nicht-staatlicher deutscher Entwicklungsorganisationen an der Förderung von Frauen in Entwicklungsländern" (1979), Beiträge zum Thema „Integration von Frauen in die Entwicklungspolitik", freiberufliche Gutachterin.

Prof. Dr. **Maximilian Fuchs,** Universität Bamberg, Fachbereich Sozialwesen, Postfach 1549, 8600 Bamberg; Arbeitsschwerpunkte Zivilrecht und Sozialrecht, einschließlich Internationales Sozialrecht.

Dr. phil. **Udo Gaspary,** Dipl.-Kaufmann, seit 1979 geschäftsführender Gesellschafter des IP INSTITUT FÜR PROJEKTPLANUNG. Tätigkeitsschwerpunkt: Planung und Evaluierung von Entwicklungsprojekten, Feldaufenthalte in West- und Ostafrika, im Nahen Osten, Südostasien und Lateinamerika. Zahlreiche Veröffentlichungen zur Entwicklungspolitik und Projektplanung. Anschrift: IP INSTITUT FÜR PROJEKTPLANUNG, Bubenhaldenstr. 39, 7000 Stuttgart 30.

Dr. **Joachim Grawe,** Ministerialdirektor a. D., Geschäftsführer, Sarweystr. 3, 7000 Stuttgart 1; Verfasser zahlreicher Aufsätze und Beiträge für Sammelbände über Energie-Umwelt- und Entwicklungspolitik.

Dr. Dr. **Rainer Gross,** Visiting Professor, University of Rio de Janeiro, Mitarbeiter der Deutschen Gesellschaft für Technische Zusammenarbeit -gtz-, c/o Instituto de Nutrição, Bloco J, 2.° andar, Universidade Federal de Rio de Janeiro, 21941 Rio de Janeiro, Brasilien. Verfasser und Mitherausgeber von Büchern und Fachartikeln im Bereich Food Science, Landwirtschaft und Ernährung.

Dr. **Ursula Gross,** Visiting Professor, University of Rio de Janeiro, c/o Instituto de Nutrição, Bloco J, 2.° andar, Universidade Federal do Rio de Janeiro, 21941 Rio de Janeiro, Brasilien. Autorin von Fachartikeln im Bereich Ernährung.

Dr. **Michael v. Hauff,** Dipl.-Volkswirt, wiss. Mitarbeiter an der Universität Stuttgart, Herdweg 21, 7000 Stuttgart 1. Verfasser und Mitherausgeber mehrerer Bücher und wissenschaftlicher Artikel zur Wirtschafts-, Sozial- und Entwicklungspolitik.

Dipl.-Soz. **Frank Hirtz,** Studium der Rechtswissenschaften (1. Staatsexamen) und Soziologie/Sozialanthropologie. Praktische Tätigkeit und Veröffentlichungen in: Rechtssoziologie/Rechtsanthropologie, Landreform, ländliche Entwicklung, Evaluationsprobleme, Entwicklungsplanung; Mitarbeiter am MPI für Ausländisches und Internationales Sozialrecht, München, Stübbenstr. 12, 1000 Berlin 30.

Dr. **Inge Kaul,** Deputy Resident Representative, UNDP, POBox 5, Kabul, Afghanistan. Verfasserin mehrerer wissenschaftlicher Artikel über Probleme der Entwicklungsländer und der Entwicklungsplanung.

Dr. **Arnfried A. Kielmann,** MD. CM., Dr. P. H. Visiting Professor, University of Nairobi, P. O. Box 41607 Nairobi, Kenya, Public Health Nutritionist, Health Planner, author of articles and books on public health and applied nutrition issues.

Prof. Dr. **Volker Lenhart,** Professor der Erziehungswissenschaft an der Universität Heidelberg seit 1973; zahlreiche Buch- und Aufsatzveröffentlichungen zu Themen der historalen, vergleichenden und Schulpädagogik; seit 1982 Vorsitzender der Kommission „Bildungsforschung mit der Dritten Welt" der Deutschen Gesellschaft für Erziehungswissenschaft.

Dr. **Herbert Neubauer,** z. Zt. Principal im Department of Trade and Industry, London, 123 Victoria Street; Verfasser verschiedener wissenschaftlicher Artikel zur Wirtschafts- und Entwicklungspolitik.

Prof. Dr. **Dieter Oberndörfer,** Ordinarius für Politikwissenschaft und Soziologie an der Universität Freiburg, Direktor des Seminars für Wissenschaftliche Politik seit 1963, Leiter des Arnold-Bergstraesser-Instituts für kulturwissenschaftliche Forschung, Verfasser und Herausgeber zahlreicher Bücher und Artikel zur politischen Theorie, Wählerverhaltensforschung und Entwicklungspolitik.

Dr. phil. **Brigitte Pfister-Gaspary,** Dipl.-Volkswirt, Mitarbeiterin und Gesellschafterin des IP INSTITUT FÜR PROJEKTPLANUNG. Tätigkeitsschwerpunkt: Finanzierungspolitik in Entwicklungsländern. Zahlreiche Veröffentlichungen auf dem Gebiet der Wirtschafts-und Entwicklungspolitik. Feldaufenthalte im Nahen Osten, Asien und Afrika. Anschrift: IP INSTITUT FÜR PROJEKTPLANUNG, Bubenhaldenstr. 39, 7000 Stuttgart 30.

Dr. **Jürgen Rüland,** Stellvertretender Abteilungsleiter am Arnold-Bergstraesser-Institut, Windausstr. 16, 7800 Freiburg. Veröffentlichungen zu zahlreichen Problemen der Kommunal- und Stadtentwicklungspolitik in der Dritten Welt sowie zur Politik und Gesellschaft Südostasiens.

Dr. **Bernd C. Schmidt,** Dipl.-Volkswirt, 1979 Mitbegründer und seitdem Mitarbeiter des IP Stuttgart, Arbeitsschwerpunkt: Planung und Evaluierung von Entwicklungsprojekten, Feldaufenthalte in Afrika, Asien und dem Nahen Osten, zahlreiche Publikationen zur Entwicklungsplanung, Anschrift: IP INSTITUT FÜR PROJEKTPLANUNG, Bubenhaldenstr. 39, 7000 Stuttgart 30.

Dipl.-Ing. **Jürgen Schmid,** wiss. Mitarbeiter des Fraunhofer-Institutes für Arbeitswissenschaft und Organisation (IAO), Silberburgstr. 119 A, 7000 Stuttgart 1; ehemals Mitarbeiter bei der Technologietransfer-Leitstelle der FhG und von Gate/GTZ.

Dr. **Winfried Schneider,** Consultant für Projektökonomie und Projektmanagement. Autor und Herausgeber von Publikationen zur Wirtschafts- und Finanzpolitik. Adresse: IP INSTITUT FÜR PROJEKTPLANUNG, Bubenhaldenstr. 39, 7000 Stuttgart 30.

Dr. **Karin Thöne,** Akad. Oberrätin an der Universität Stuttgart, Autorin und Herausgeberin wissenschaftlicher Bücher und Artikel zur Wirtschaftsordnungs- und Entwicklungspolitik.

Richard Tutwiller, a social anthropologist, teaches at Wilkes College, Wilkes-Barre, Pennsylvania 18766. The author of several articles and a book on agricultural development in the Jemen Arab Republic, he is currently completing a thesis on rural socioeconomic differentiation.

Dr. **Claire-Marie Wheatley,** received her Ph. D. in the Sociology of Organizations from Columbia University, New York City. She has been a member of the faculty of Princeton University and Dartmouth College in the United States, and is currently a management consultant practicing both in Europe and the US. Her major current clients include the Deutsche Gesellschaft für Technische Zusammenarbeit (GTZ) GmbH, D-6236 Eschborn 1. She is the author of more than a hundred monographs, technical studies and reports. Her areas of specialization include project planning & management systems, and strategies for organization & management improvement of international and developing-nation institutions.

Dr.-Ing. **Thomas Winzer,** Verkehrs- und Raumplaner, 1980—1983 als Entwicklungshelfer und Experte in der Arabischen Republik Jemen tätig, Wölblinstr. 5, 7850 Lörrach.

20,00
803 85

6252y